Sociological Essences of China (II)
Collection of
Awarded Papers from
Lu Xueyi Sociology Foundation

群学荟萃 III

陆学艺社会学发展基金会
"社会学优秀成果奖"
获奖论文集
(第3—4届)

北京市陆学艺社会学发展基金会　编

社会科学文献出版社
SOCIAL SCIENCES ACADEMIC PRESS (CHINA)

北京市陆学艺社会学发展基金会成立大会

北京市陆学艺社会学发展基金会成立大会会场

北京市陆学艺社会学发展基金会成立大会会场

中国社会科学院社会学研究所副所长张翼、社会科学文献出版社社长谢寿光宣布陆学艺社会学发展基金会第三届社会学优秀成果奖获奖名单

陆学艺社会学发展基金会第三届社会学优秀成果奖颁奖者与优秀论文获奖者合影

赵延东代表陆学艺社会学发展基金会第四届优秀论文获奖者发表获奖感言

陆学艺社会学发展基金会第四届社会学优秀成果奖颁奖者与优秀论文获奖者合影

序 言

李培林

  陆学艺社会学发展基金会按照既定规划，结集出版基金会"社会学优秀成果奖"中的优秀论文，这是一件对我国社会学发展具有重要意义的大好事。我曾经担任基金会的第一任理事长，辞去理事长职务后又应基金会之请担任基金会学术委员会主任，对基金会的发展，对基金会开展的各项活动，尤其是社会学优秀成果评奖活动，我一直努力参与，不仅是为了对陆学艺先生的怀念，也是为了践行他的嘱托和社会学事业的发展。现在，基金会邀请我为文集作序，我欣然应允。

  陆学艺社会学发展基金会是我国著名社会学家陆学艺先生生前发起创办的一家非公募基金会，资金来源于陆先生本人及其子女、弟子和学界朋友的捐赠。基金会的宗旨是通过奖励社会学优秀成果，推动我国社会学的建设与发展。陆学艺先生一生致力于"三农"、社会结构、社会流动和社会分层、社会建设等领域的学术和政策研究，对促进我国农村发展和社会现代化建设，做出了重大贡献。陆学艺先生曾先后担任中国社会科学院农村发展研究所副所长，社会学研究所副所长、所长，中国社会学会会长、名誉会长，北京工业大学人文社会科学学院院长等职，为中国社会学学界的团结和社会学学科的发展进步殚精竭虑。陆学艺先生一生的学术成就和社会贡献，得到了学界和社会各界的广泛认可，也得到了党和国家的肯定，他先后担任第八、第九届全国人民代表大会代表，1986年被评为国家有突出贡献的中青年专家，1995年荣获全国先进工作者的称号，2006年任中国社会科学院荣誉学部委员。

  成立一家基金会，推进中国社会学的学科发展与人才培养，促进国家社会建设，是陆学艺先生多年的愿望。基金会的创办几经周折，最终于

2008年11月23日得到北京市民政局批准设立，2009年4月10日在北京召开成立大会。随后召开了基金会第一届理事会第一次会议，投票选举出由23人组成的理事会和由7人组成的监事会，通过了基金会的章程，讨论并确定了基金会的宗旨、主要工作内容和工作机制。基金会的成立，得到了全国社会学界的广泛欢迎和支持，许多资深学者欣然应邀加入基金会组建的学术委员会，为基金会的发展出谋划策，并承担由基金会组织的两年一度的社会学优秀学术成果评奖工作。

在成立大会上，陆学艺先生就基金会的宗旨和目的做了完整的说明。他指出，这个社会学基金会首先志在为社会学这个学科的重建和发展尽绵薄之力；其次要作为推动社会事业发展的力量，按照费孝通先生所言，尽社会学志在富民的力量；再次要为从事社会学研究的青年人搭建一个平台，通过这个平台可以给国家做一些贡献，给社会学事业的发展做一点贡献。他还用"心想事成"来表达对基金会成立的喜悦之情。

我作为基金会第一任理事长，也在基金会成立大会上做了主旨发言，对基金会成立的来龙去脉、其所秉承的基本理念和所要达成的主要目标以及以后的发展思路进行了说明。我特别指出，陆学艺先生把一生贡献给了中国社会学事业，现在又在其家人和学生的支持下创办了中国社会学界的第一个发展基金会，他期望借助这个平台，为中国社会学的发展提供一种持续的助力。我特别希望基金会的各位理事、监事以及学术委员会委员能够尽职尽责，做好基金会的各项工作，搞好优秀成果评奖活动，办好基金会的学术讲坛，组织好基金会的相关学术研讨会议，将其建设成为一个学界普遍关心、社会广泛认可的基金会，真正为中国社会学事业的发展提供持续的助力，进而为中国社会的现代化发展做出应有的贡献。陆学艺社会学发展基金会成立到现在已经过去7年有余，可以说，在基金会全体理事、监事和学术委员会委员的共同努力下，并通过基金会秘书处全体同事的辛勤工作，基金会很好地践行了自己的宗旨，一步一个脚印，朝着自己的目标迈进。

陆学艺社会学发展基金会的一项重要工作，是组织两年一度的中国社会学优秀学术成果评奖活动。"陆学艺社会学发展基金会社会学优秀成果奖"，是一个旨在推进社会学学科建设和学术研究、鼓励中国社会学教学科研人员尤其是中青年学者努力生产出具有原创性和创新性的社会学学术成果的公益性专门奖项。中国社会学学科从1980年恢复重建到本基金会成立之前，蓬蓬勃勃地发展了近30年，其间涌现和积累了不少经得住实践检验和时间考验的优秀学术成果。遗憾的是，其他社会科学学科先后建立了自己的专项学术成果奖项，有的学科（例如经济学）甚至建立了多个这样的奖项，但社会学一直缺少一个自己的有影响力的专门奖项。陆学艺社会学发展基金会设立"社会学优秀成果奖"，可以说很好地弥补了这一缺憾。

陆学艺社会学发展基金会"社会学优秀成果奖"每两年评选一次，奖励那些具有突出的原创性、创新性，对促进中国社会学学科发展和学术研究产生了重大影响，为中国社会发展做出了重要贡献的学术专著和学术论文。按照基金会章程，原则上每届评奖活动可以奖励优秀学术著作3部，优秀学术论文6篇。陆学艺先生亲自设定了基金会的评奖取向，要求获奖的论文和专著要突出关注中国经济社会发展中的重大理论和现实问题，要为解决和应对中国经济社会发展中存在的问题和面临的挑战做出一定的贡献——这也是他终生秉持的学术路线和学术精神。在每次评奖的时候，学术委员会都非常重视这一评奖取向，把它作为衡量优秀成果的重要准则之一。

"社会学优秀成果奖"首届评选工作自2009年7月启动。每次评奖活动，都严格遵循如下程序：在全国各地特邀资深专家学者推荐优秀成果；基金会秘书处组织相关学者，根据推荐成果发表以来的学术影响和社会影响对其进行初步筛选；基金会学术委员会召开专门会议，对经过秘书处初步筛选的推荐成果进行讨论，并采用无记名投票方式投票，选出获奖成果；基金会理事会召开会议，对学术委员会评选的获奖成果予以确认；在中国社会学网上公示、公布评奖结果；公示无异议，举行颁奖典礼，向获奖成果作者授奖。为了保证"社会学优秀成果奖"评奖活动的学术性和公正性，基金会在全国范围内聘请多年从事社会学教学科研工作，在社会学理论与应用研究方面有深厚造诣，并有重要学术建树的社会学专家学者组成基金会学术委员会，作为基金会的一个常设机构负责优秀成果评选工作；每次评奖活动启动之后，基金会秘书处首先特别邀请全国各地的资深专家学者担任优秀成果推荐人，成果推荐人的邀请，既充分考虑推荐人在社会学各分支学科和研究领域分布的大体平衡，也顾及他们在全国各省、自治区和直辖市分布的大体平衡。一直以来，各位专家和委员恪守职责，为评奖工作付出了大量的时间和精力，提供了宝贵的智力支持。

2013年5月13日，陆学艺先生因心脏病突发溘然辞世，距离他的八十寿辰仅仅三个月。在陆学艺先生不幸辞世之前，基金会就优秀成果评奖活动的后续工作提出了两个设想，一是出版获奖学术论文集，二是组织再版获奖专著系列。陆学艺先生本人对此非常支持，基金会也与社会科学文献出版社初步商定了有关事宜。由于陆学艺先生不幸突然辞世，论文结集出版的工作推迟到2015年下半年开始筹备。至于获奖专著系列再版计划，则由于其他原因，须待时机成熟才能付诸实施。

陆学艺社会学发展基金会"社会学优秀成果奖"原则上每届评出6篇获奖论文，同时严格遵循宁缺毋滥的原则，只有在基金会学术委员会评奖会议上获得三分之二及以上同意票数的推荐论文，才能最终被确认为获奖成果，因此个别届别的获奖论文可能不足6篇。从出版的角度来说，单届获奖成果最多6篇，结集成书显得单薄，因此基金会决定，每两届获奖论文结集为一册出版，这样每集最多将有12篇获奖论文。从每届评奖情况看，获奖论文的主题范围广泛，基本涵盖了社会学的主要分支学科和研究领域，体现了中国社会学界的学术水平和重要学术成就，也体现了中国社会学专家学者关注中国现实、回应中国问题、探索中国经验的学术志趣。将这些获奖论文结集出版，一方面能够更好地为中国社会学的学术积累提供条件；另一方面可以使这些优秀成果得到更加广泛的传播，为中国社会学教学科研人员和学生提供优秀、规范的学习、参考和研究的学术文献，从而成为中国社会学学科发展和人才成长的一个很好的阶梯。我想，这也是陆学艺先生愿意看到的吧。

2016年4月

目 录 Contents

陆学艺社会学发展基金会第三届"社会学优秀成果奖"获奖论文

利益受损农民工的利益抗争行为研究
　　——基于珠三角企业的调查 ………… 蔡　禾　李超海　冯建华 / 3
市场抑或非市场：中国收入不平等成因实证分析 ……………… 陈光金 / 27
再生产与统治
　　——社会流动机制的再思考 …………………………… 李路路 / 58
村落共同体的当代命运：四个观察维度 ………………………… 毛　丹 / 82
家庭背景、体制转型与中国农村精英的代际传承（1978—1996）
　　…………………………………………………………… 吴愈晓 / 116
项目制的分级运作机制和治理逻辑
　　——对"项目进村"案例的社会学分析 ……… 折晓叶　陈婴婴 / 142

陆学艺社会学发展基金会第四届"社会学优秀成果奖"获奖论文

国家政权建设与新中国信访制度的形成及演变 ………………… 冯仕政 / 179

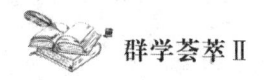

土地财政与分税制：一个实证解释 ……………… 孙秀林　周飞舟 / 202
公司治理与企业绩效
　　——基于中国经验的社会学分析 ……………………… 杨　典 / 225
逻辑、想象和诠释：工具变量在社会科学因果推断中的应用
　　…………………………………………………………… 陈云松 / 253
社会资本与教育获得
　　——网络资源与社会闭合的视角 ……………… 赵延东　洪岩璧 / 279
附录1　北京市陆学艺社会学发展基金会简介 ……………………… / 304
附录2　"社会学优秀成果奖"奖项简介 ……………………………… / 305
附录3　北京市陆学艺社会学发展基金会第三届"社会学优秀成果奖"
　　　　获奖名单公示 ……………………………………………… / 306
附录4　北京市陆学艺社会学发展基金会第四届"社会学优秀成果奖"
　　　　获奖名单公示 ……………………………………………… / 308
附录5　北京市陆学艺社会学发展基金会第一届组织机构 ………… / 310
附录6　北京市陆学艺社会学发展基金会第二届组织机构 ………… / 312

陆学艺社会学发展基金会第三届
"社会学优秀成果奖"获奖论文

颁奖词 《利益受损农民工的利益抗争行为研究——基于珠三角企业的调查》，基于珠三角地区农民工调查数据分析，清晰地分离出影响农民工利益抗争行为的不同影响的心理、制度和网络因素。该文不同于一般看法的一个重要结论是，企业所有制并不是影响农民工抗争行为的重要因素，农民工抗争行为在不同类型企业中相当普遍地存在，文章提出的一系列相应的解决方法，对规范中国劳动关系、促进社会和谐有着显著的政策意义。

利益受损农民工的利益抗争行为研究
——基于珠三角企业的调查*

蔡　禾　李超海　冯建华

摘　要：近年来，农民工为争取自己合法利益的抗争行为不断增长，他们或者采取体制内投诉的方式，或者采取体制外集体行动的方式，但也有相当一些农民工保持沉默。本文试图探讨是什么因素影响农民工在利益抗争方式上的选择。从整体上讲，农民工的相对剥夺感、对劳动法的认知水平、社会网络规模和企业集体宿舍制度对其利益抗争行为有影响。但是在投诉和集体行动的方式选择上，影响因素表现出差别，教育和网络对投诉有更显

---

* 本文原载于《社会学研究》2009年第1期。本研究得到（005）国家哲学社会科学重大招标课题"城市化进程中的农民工问题研究"和中山大学985项目经费资助。

著的影响，企业集体宿舍制度对集体行动有更显著影响，但企业所有制对减少农民工在企业外部展开利益抗争，或者在引导农民工用体制内方式解决利益纠纷问题上没有显著性影响。加快劳工组织建设，降低利益诉求成本，推进劳资关系的制度化，是提高农民工利益博弈能力、增加利益抗争的理性化程度、将利益抗争行为纳入制度表达内的前提。

关键词：利益受损农民工[①]　利益抗争　投诉　集体行动

一　问题的提出

随着中国市场转型和经济发展水平稳步上升，社会结构的分化和社会不平等现象日益严重，社会矛盾和利益冲突更趋显著，一系列以维权为目标的利益抗争行为频繁发生。例如，针对农村基层管理，农民为了争取土地权益和集体利益展开的抗争；针对城市小区开发和管理，城市居民为了争取物权和公共产品供给展开的抗争；针对企业转型，国有企业工人为了劳动保障权益展开的抗争；针对资本，农民工为了最基本的劳动权益展开的抗争（刘能，2004；石发勇，2005；张磊，2005；何艳玲，2005；冯仕政，2006；佟新，2006；陈映芳，2006；孔雯、彭浩，2004；李怀，2005；李连江、欧博文，1997；赵树凯，1999，2003；张静，2004；于建嵘，2000，2004，2006a，2006b；翁定军，2005；肖唐镖，2003，2005；应星、景军，2000；应星，2002，2007；郑广怀，2005；冯建华，2008）。有研究表明，近年来中国群体性事件一直保持着快速上升的趋势：1993 年 8709 宗，1999 年超过 32000 宗，2003 年 60000 宗，2004 年 74000 宗（于建嵘，2007），2005 年中国百人以上的集体事件 4.7 万起（赵鼎新，2006），2006 年 15 人以上的群体事件达 8.7 万起（吴忠民，2006）。广东省仅从 2001 年到 2004 年，政府有记载的群体性突发事件就从 2358 起增加到 4008 起（蔡禾，2007），而实际数字可能远远高出以上统计（陈晋胜，2004）。

[①] "利益受损"在本文中是指农民工在打工期间，在企业遭受的工资待遇、劳动保护等方面的利益侵害。

发达国家的经验显示，一个国家在人均 GDP 1000 至 3000 美元时是社会冲突的突发期，中国无疑正在进入这一时期。但是这一经验并不意味着一个社会频繁的、突显的，甚至以激烈、极端形式表达的社会冲突与社会因素无关，是一个制度不可为的结果。因为如果简单地按照这一解释来理解当今中国的现实，那么经济发达地区的社会冲突应该呈现随着 GDP 增长而变化的马蹄形变化，但事实似乎并非如此。另外，即使 GDP 增长与社会冲突在其他国家存在马蹄形关系就真的会在中国复制这个过程吗？我们认为，社会分化产生的社会矛盾会以何种利益表达形式显现出来，是需要在体制中寻找原因的。

在不断增长的利益抗争行为中，农民工的利益抗争行为越来越受到关注。这不仅因为他们是当今社会不平等现象最主要的受害者，还因为他们已经成为中国产业工人的主体，经历了近 30 年的打工历程，农民工正在从"沉默"或"失语"的状态中觉醒起来。在笔者 2006 年进行的珠江三角洲（以下简称珠三角）企业农民工的问卷调查中，遭受到利益侵害的受访农民工占 23.7%，其中有 28.2% 的人通过行政投诉进行利益抗争，有 24.8% 的人通过集体行动进行利益抗争。农民工在体制内的低下地位往往迫使他们比其他群体采取更为激烈的手段来表达自己的利益诉求，从而更加引起政府和学者的关注。例如，自 2000 年至 2004 年，珠三角地区农民工因维护自身权益而产生的群体性事件从 2405 起增加到 4008 起，参与人数从 2001 年的 16 万多人次增加到 2005 年的 25 万人次（冯建华，2008）。2003 年在广东惠州市，因拖欠农民工工资引发的集体上访、罢工等群体性突发事件占当年突发事件总数的 85%（全国政协社会和法制委员会，2004）。

尽管农民工是一个拥有相近乡土背景和相近城市地位的群体，但它并非一个同质的群体，在面对利益侵害的时候，他们的行为反应并不一致：有人采取了沉默，有人采取了抗争；有人运用投诉这种体制内的方式来表达自己的利益诉求，有人则采取集体行动这种体制外的方式来表达自己的利益诉求。本文试图以企业利益受损农民工为对象（以下简称农民工），以他们的利益抗争行为为问题，研究其在利益受损的情况下，什么因素影响他们进行利益抗争？什么因素影响他们对利益抗争行为方式的选择？

二 研究文献与研究假设

（一）心理学视角与研究假设

马克思的历史唯物主义告诉我们，"有压迫就有反抗"，但是马克思的历史唯物主义并非机械唯物主义，马克思在分析工人阶级从"自在阶级"向"自为阶级"转化的过程中，强调了"阶级意识"的重要中介作用（马克思，1972）。达伦多夫继承了马克思的这一传统，认为仅有资源分配的不平等并不会自然地导致社会冲突，只有当人们对这种资源分配制度缺乏认同，或者说制度缺乏"合法性"时，社会冲突才会产生（达伦多夫，2000）。经典社会学家的这一分析立场在集体行动的心理学理论中得到体现。集体行动的心理学理论强调集体行动来自诸如不满、隔离感、挫折、紧张、认知不协调、相对剥夺感等心理因素，关注集体行动这样一种"共同行动"背后的"集体意识"或"集体表象"是如何形成的。例如特纳的突生规范理论（emergent norm theory）认为，集体行动的产生需要某种共同的心理，包括共同的意识形态和思想，或共同的愤恨，而这种共同心理形成的关键是聚众中某个共同规范的产生（Turner & Killian, 1987）。黄家亮在分析华南P县农民面对环境破坏采取集体行动时就揭示了农民希望讨回"公道"、讨个"说法"的公平感（黄家亮，2008）。应星通过对西南地区的平县等农村地区农民的集体行动分析，揭示了农民参与群体行动"争一口气"的公平感（应星，2007）。尤其要指出的是格尔的"相对剥夺感"理论，他认为，每个人都有某种价值期望，而社会则有某种价值能力。当社会变迁导致社会的价值能力小于个人的价值期望时，人们就会产生相对剥夺感。相对剥夺感越大，人们造反的可能性越大（Gurr, 1970）。总之，集体行动的心理学理论告诉我们，研究集体行动必须关注不满情绪、怨恨、剥夺感、认知等因素是如何影响人们从不满走向愤怒，并怎样相互影响最终采取行动的。从集体行动的心理学理论出发，我们可以逻辑地演绎出以下命题：农民工是否参加利益抗争行为与他们对自身在城市中的经济社会状况的认知相关。

市场经济的发展打破了城乡劳动力市场的隔离，1亿多农民"洗脚上田"进入城市，成为工人的一分子。但是，这一转变是在城乡二元结构基本上没有解构的背景下展开的，"农民"的身份、"工人"的职业使他们成为"农民工"这样一个"矛盾"的阶层。作为农民，他们获得了进步和发展的机会，可以说，他们比中国现代历史上任何一个时期都更加自主，他们通过打工所获取的收入成为家庭经济的主要来源之一。但作为工人，他们似乎比中国现代历史上任何一个时期都更加困惑。因为作为一个群体，他们已经在城市中劳动和生活了近30年，"成为产业工人的重要组成部分"（中共中央、国务院，2003），成为城市运转不可缺少的组成部分；然而，他们被有形和无形的制度约束在低端的劳动力市场上，从事着艰苦、繁重、低收入、无保障的工作，缺乏获取住房、教育和救助的权利，被排斥在城市政治与社会参与的机会之外，这种矛盾的地位势必会影响农民工经济社会状况的认知。在经济上，每个农民工都会比较自身的劳动付出和劳动收入，并依此对资本的剥削做出评价，形成他们的不公平感。在这里，我们把这种不公平感称为绝对剥夺感。由此，我们得出经验假设1：农民工的绝对剥夺感越强，参加利益抗争行为的程度越高。

相对剥夺感是剥夺感研究中的重要分析概念，一般来讲，相对剥夺感有两个比较维度，一是与参照群体比较而得出的主观感受，二是与自身主观期望或历史状况比较得出的主观感受。斯塔克（转引自朱宇，2004）在分析移民行为时指出，尽管迁移者在新移入社区中的地位比较低下，但是只要他们以原社区为参照群体，他们现在的状况有助于改善他们在原社区中的社会地位，他们就会保持迁移。我们以斯塔克的社会地位纵向比较为相对剥夺感的分析工具，那么可以认为，尽管农民工今天在城市中的经济社会生活状况存在严重的不公平，劳动权益受到严重侵害，但只要农民工以打工前的社会地位为参照系，就可能在自我社会地位的纵向比较时给出正面评价。关于这一点，李培林等学者（李培林、李炜，2007）已经发现农民工的客观遭遇状况与他们自身主观感受之间存在差异的现象。事实上，农民工进城务工之前经历和体验的巨大城乡差别也会弱化他们在进城务工中的剥夺感。以农民工对自身社会地位的评价为相对剥夺感的指标，我们可以得出经验假设2：农民工的相对剥夺感越强，参加利益抗争行为的程度越高。

显然，绝对剥夺感与相对剥夺感之间存在相对独立性，而从以上的分析我们还可以得出经验假设3：农民工的相对剥夺感对其参加利益抗争行为的影响大过绝对剥夺感对其参加利益抗争行为的影响。

尽管我们假设相对剥夺感对农民工的利益抗争行为有重要影响，但是不可否认，相对剥夺感更多的是一种个体感性层面的认知。在农民工利益抗争问题上，农民工对法律赋予自己权益的认知，尤其是对《劳动法》在劳动者的就业、工资、保障和工作环境保护方面的权利认知是极为重要的，因为只有这种认知才会给他们一个权益获得是否公平的理性评价基础。已有学者指出，仅仅有利益失衡，但缺乏利益意识或无法形成不公正感，就不会产生集体行动（于建嵘，2000；应星，2007；刘能，2004）。长期以来，我们国家法制的不健全和农民工法律意识的淡薄，使他们的抗争往往建立在以"情"和"理"为基础的感性层面。随着近年来劳动法规的健全，农民工的法律意识也在逐步提高，已有学者指出，中国公民的利益抗争行为正从"依法抗争"（李连江、欧博文，1997）向"以法抗争"（于建嵘，2003）阶段转变。当然，这种法律意识在农民工中是参差不齐的，因此农民工以法抗争的能力也不同。由此我们得出经验假设4：农民工的劳动法规认知水平对其参加利益抗争行为有影响，劳动法的认知水平越高，参加利益抗争行为的程度越高。

（二）资源动员视角与理论假设

20世纪70年代兴起的关于集体行动的资源动员理论强调集体行动的参与者是理性的行动者；它将集体行动定义为一种理性的组织，有能力从周围环境中收集资源，以便达到目标。资源在行动的发起和发展中起到重要的作用（赵鼎新，2006：183），而在资源动员过程中，网络具有重要作用，可以起到沟通的功能，传递信息，协助认知解放（cognnitive liberation）的出现，提供"团结诱因"（solidarity incentive）。从社会资本的视角来看，网络是资源的载体，拥有网络意味着可以帮助行动者从网络关系中获取实现目标的资源。总之，资源动员理论强调了集体行动的兴起与外在资源环境（包括利益、传媒、知识分子及专业人员等）的关系（赵鼎新，2005）。这提示我们，要关注作为理性行动者的农民工，要认识到资源动员能力在农民工决定是否参与集体行动的时候的影响。由此我们则可以逻辑地演绎出以下命题：农民工是否参加过利益抗争行为与他们的网络资源动员能力相关。

时下中国市场体制的不完善，法律的不健全，城乡二元结构的影响，使农民工在就业、生活、家庭、保障等各方面仍然面临着信息不畅通、正式渠道不多或不通，甚至被歧视和不平等。由于缺少制度化的、正式的组织安排来帮助农民工迅速适应城市的工作和生活，因此求助于社会网络成为他们应对城市生活的主要策略。近年来，诸多有关农民工求职、升迁等的研究都证明了网络对农民工的重要性（李培林，1996；李强，1999；刘林平，2001；赵延东、王奋宇，2002；翟学伟，2003）。尤其要指出的是，由于农民工"非市民"的歧视性地位使他们在遭遇利益损害时，往往缺乏体制内的渠道来表达利益诉求，在强大的资本面前，他们以个体形式展开的利益诉求总是显得苍白无力；加之我国劳动权益和公民权益保护法规的不健全，农民工的利益抗争行为常常还会遭到某些企业的报复或地方政府的打压。因此依靠网络来收集信息、获取资源、集体决策、共担风险，就有可能成为农民工进行利益抗争的策略选择。网络分析可以从规模和性质两个角度展开。网络规模是指构成网络的关系数量，逻辑上讲，网络规模越大，从网络中获取资源的资源动员能力可能越强。由此我们可以得出经验假设5：农民工在打工地的社会网络的规模越大，参加利益抗争行为的程度越高。

网络是由不同性质的关系组成的。关系的性质不同，资源动员的能力就可能不同，关系拥有者的行动策略也就可能不一样。格兰诺维特（Granovettor，1973）与边燕杰（1998）关于求职中的弱关系作用和强关系作用之争就揭示了在不同制度背景下不同性质关系的功能差异性。在改革开放之前，中国的农民是一个祖祖辈辈居住在几乎没有什么流动的乡土社会中的阶级，因此他们有着极强的血缘和地缘的乡土关系网络。改革开放虽然使大量的农民进入城市，但由于他们"非市民"的身份和缺乏正式制度的支持，在就业、居住、寻求社会支持方面仍然依赖于乡土关系，导致在许多企业、行业和社区里形成"同乡聚集"的现象。而且，农民工"候鸟"式的打工生涯和极高的职业流动性使他们难以形成跨越血缘、地缘关系，以生产关系为基础的稳定的阶级关系（这种关系恰恰是发达工业国家工人抗争行为的基础）。裴宜理在分析旧中国工人运动时就曾经指出，那些曾被认为是工人行动障碍的同乡忠诚、性别、行会、帮会等因素，恰恰是上海工人得以进行罢工行动的基础。在中国，地缘政治虽然在不同隶属关系的工人中形成人为的壁垒，但也为工人的集体行动发展提供了机会和基础（裴宜理，2001）。如果裴宜理的分析今天仍然有效的话，那么我们借此可以得出经验假设6：农民工在企业中的地缘关系越紧密，参加利益抗争行为的程度越高。

（三）政治机会结构视角与理论假设

政治机会结构理论为我们提供了更为宏观的分析立场。基茨切尔特认为，政治机会结构是一个国家的政治体制的开放程度及其给社会运动带来的限制与助益（Kitschelt，1986：71）。何明修将政治机会结构概括为一组以国家组织为中心，对集体行动者形成一定程度的限制与可能性的变项，它可能提高也可能降低集体行动动员的成本（何明修，2005：116）。也就是说，政治机会结构理论提醒我们关注那些比较常规的、相对稳定的、能改变人们集体行动参与度的正式制度安排，强调一个集体行动能否兴起、怎样发展，取决于制度赋予的机会多寡。

西方的政治机会结构理论把视角主要集中在国家与社会的关系上，关注政治民主和公民社会发展对集体行动的影响，这一关注对于解释我们国家近十几年来集体行动为什么上升具有一定的帮助。但是，这一关注无力解释为什么在同一政治制度和公民社会发展水平创造的机会条件下，面对利益受损，有些农民工采取了抗争，有些农民工则采取了"沉默"。我们认为政治机会结构理论的核心是强调正式制度安排对行为的影响。其实，任何制度，无论是宏观制度还是中观、微观制度，对于置于其中的行动者来讲，都是行动机会的规则。对于农民工来讲，企业的制度安排同样是制约他们在企业内部开展利益诉求的机会结构。由此我们可以逻辑地演绎出以下命题：农民工是否参加过集体行动与他们所在企业的制度安排相关。

在改革开放初期，农民工在就业、工资、社会保障等各个方面都没有正式的制度保障，因此，他们没有任何合法的机会来表达或保障自己的利益。随着《劳动法》等相关法规的完善，尤其是劳动合同制度的建立，企业的劳资关系变得相对稳定，为解决农民工与企业之间的劳资纠纷提供了内部协商的政治机会。也就是说，在没有《劳动法》的时候，农民工即使利益受损，也无法在企业内与企业主"以据力争"，因此不得不在企业外部寻求利益抗争。但是当企业与农民工签订了劳动合同后，一旦遇到利益受损，农民工就有机会根据合同"以据力争"，这就有可能提高企业内部解决劳资纠纷的可能性。由此我们可以得出经验假设7：与企业签订合同的农民工有机会通过内部协商解决劳动纠纷，因此参加利益抗争行为的可能性会下降。

我国现阶段是一个以公有制为主体、多种所有制并存的社会主义社会，不同所有制企业与国家体制的联系存在差别。一般来讲，公有制企业与政府的联系紧密，企业内党政工团等各种正式组织较为齐备。从组织设计上来讲，这些组织都承担代表劳工利益、调节劳动关系的职能，加上它们与政府的密切关系使公有企业在解决劳动纠纷时，有更完备的组织内资源动员能力和强大的外部意识形态压力。因此，公有制企业在为农民工开展利益协商和谈判方面有更多的制度安排，大量的劳资纠纷有可能通过企业内部的协商或劳资谈判得到解决，从而大大减少通过外部投诉和群体性事件的抗争方式来表达利益诉求。由此我们可以得出经验假设 8：公有企业有更多的内部组织调节劳动关系，因此农民工参加利益抗争行为的程度要低于非公企业的农民工。

近年来，有学者在研究中国农民工问题时，提出了"工厂宿舍制度"的观点（任焰、潘毅，2006），即中国企业中普遍存在的集体宿舍制度是资本为了控制工人、加强工厂管制，有助于超时工作以获取资本利益的手段；同时，工厂宿舍制度为工人提供了互动和信息交流，这会在一定程度上促进工人集体怨恨和集体意识的形成。从政治机会结构的立场来看，集体宿舍制度提供了与分散居住制度不同的利益表达的政治机会，因为那些常年共同居住的农民工可以通过日常生活中的互动，交换对企业管理和劳动权益的看法，交流和比较从不同渠道获取的其他企业的状况，更容易形成剥夺感和利益抗争的共同意识，更容易从中产生利益抗争行为的非正式权威。借此，我们可以得出经验假设 9：企业宿舍制度对农民工的利益抗争行为有影响，居住在企业集体宿舍中的农民工参加利益抗争行为的程度要高过其他居住形式的农民工。

以上三种理论的分析立场和研究假设的呈现见表 1。

表 1　三种理论视角和假设的综合

理论视角	关注的问题	经验假设
心理学理论	怨恨、不满、剥夺感、意识对集体行动的影响	假设 1：农民工的绝对剥夺感越强，参加利益抗争行为的程度越高。 假设 2：农民工的相对剥夺感越强，参加利益抗争行为的程度越高。 假设 3：农民工的相对剥夺感对其参加利益抗争行为的影响大过绝对剥夺感对其参加利益抗争行为的影响。 假设 4：农民工的劳动法规认知水平对其参加利益抗争行为有影响，劳动法认知水平越高，参加利益抗争行为的程度越高。
资源动员理论	网络对集体行动的影响	假设 5：农民工在打工地的社会网络的规模越大，参加利益抗争行为的程度越高。 假设 6：企业中地缘关系紧密的农民工，参加利益抗争行为的程度越高。

续表

理论视角	关注的问题	经验假设
政治机会结构理论	制度对集体行动的影响	假设7：与企业签订合同的农民工有机会通过内部协商解决劳动纠纷，因此参加利益抗争行为的可能性会下降。 假设8：公有企业有更多的内部组织调节劳动关系，因此农民工参加利益抗争行为的程度要低于非公企业的农民工。 假设9：居住在企业集体宿舍中的农民工参加利益抗争行为的程度要高过其他居住形式的农民工。

显然，这三种理论分别从不同的角度为我们认识农民工的利益抗争行为提供了帮助。但是每一种理论的解释优势往往也是它的局限所在，因为影响利益抗争的因素不是唯一的，而是相互联系、相互影响的。整合不同的理论视角，对农民工利益抗争行为做出一个综合的解释是本文所追求的目的。不过这并不意味着笔者追求建立一个具有普遍性的农民工利益抗争行为的解释模型，因为影响抗争行为产生和发展的各个因素之间不可能存在某种非历史性、非文化性、非地域性的一成不变的联系。本文只希望能在分析农民工的认知水平、网络资源、劳企关系和政企关系的制度化联系基础上，揭示出那些影响农民工利益抗争行为的主要因素，以帮助我们更好地理解中国的现状。

三　变量与测量

（一）因变量

本文以利益受损农民工的利益抗争行为为分析对象，而农民工的利益抗争行为可以分为投诉和集体行动两大类：前者是指利益受损农民工通过向诸如劳动局、当地政府、公安司法机构、卫生部门、信访办、工会、妇联反映问题进行利益诉求；后者是指利益受损农民工通过诸如罢工、游行、示威、静坐、堵马路等形式进行利益诉求。前者是透过制度化表达展开的体制内抗争；后者是透过非制度化表达展开的体制外抗争。因此我们的因变量包括以下3个。

（1）是否参加投诉。测量的问题："如果你有过权益（如工资待遇、劳动保护等）受到侵害的经历，是否向有关部门投诉过（如劳动局、当地政府、公安司法机构、卫生部门、信访办、工会、妇联等）？"是＝1，否＝0。

（2）是否参加集体行动。测量的问题："为了争取自己的权益，你是否参加过以下群体活动（如罢工、游行、示威、静坐、堵马路等)？"是=1，否=0。

（3）是否参加利益抗争行为。由以上两个因变量的测量，我们可以将利益受损农民工区分为参加过利益抗争行为（无论参加投诉还是集体行动，只要参加其中一种就属于有利益抗争行为）和没有参加过集体行动两种，有=1，没有=0。

（二）自变量

1. 心理变量

（1）绝对剥夺感。用3个问题测量：你是否有以下感受，"我受到了老板的剥削"，"这个社会很不公平"，"我的收入并没有体现出我的劳动价值"。其回答的赋值为：从来没有=0，偶尔有=1，经常有=2，总是有=3；然后对3个问题的回答进行因子分析，形成"绝对剥夺感"因子（连续变量），因子值越大意味着绝对剥夺感越强。（2）相对剥夺感。测量的问题："与在家乡相比，进城打工后您觉得自己现在的社会地位如何？"有提高=1，没有提高或下降=0。（3）法律认知水平。测量的问题："您是否了解劳动法？"完全不知道=1，不熟悉=2，一般=3，比较熟悉=4，很熟悉=5。

2. 网络的资源动员能力变量

（1）网络规模。测量的问题是："在现在打工的地方你有几个好朋友？"（2）地缘关系的紧密程度。测量的问题是："你是否参加了企业同乡会？"是=1，否=0。

3. 社会结构变量

（1）居住模式。企业集体宿舍=1，非企业集体宿舍=0。（2）是否与企业签订劳动合同？是=1，否=0。（3）企业所有制？公有企业（包括国有和集体）=1，非公有企业（包括外资和私营）=0。

4. 人口特征变量

（1）性别。男=1，女=0。（2）年龄（连续变量）。（3）教育程度（连续变量）。小学及以下=6，初中=9，高中和中专职高=12，大专=15。

(三) 变量分布

表 2　变量值的分布 (N = 730)

变量名	变量值的分布	
因变量	1 (频数/百分比)	0 (频数/百分比)
是否有利益抗争行为 (否 = 0)	319 (43.9%)	407 (56.1%)
是否参加投诉 (是 = 1, 否 = 0)	205 (28.2%)	521 (71.8%)
是否参加集体行动 (是 = 1, 否 = 0)	181 (24.8%)	549 (75.2%)
自变量 (类别变量)		
性别 (男 = 1, 女 = 0)	467 (64.0%)	263 (36.0%)
企业所有制 (公有制 = 1, 非公有制 = 0)	78 (11.4%)	606 (88.6%)
居住模式 (企业集体宿舍 = 1, 其他居住模式 = 0)	416 (57.0%)	314 (43.0%)
是否签订合同 (是 = 1, 否 = 0)	301 (41.2%)	429 (58.8%)
地缘关系的紧密程度 (参加企业同乡会 = 1, 否 = 0)	30 (4.1%)	699 (95.9%)
自变量 (连续变量)	平均值	标准差
年龄	28.0	8.03
教育程度	9.43	2.29
劳动法认知水平	2.48	0.87
打工地朋友数量	7.02	10.36
绝对剥夺感	0.85	0.53

(四) 样本

本文数据来自笔者承担的 (2005) 国家哲学社会科学重大招标项目"城市化进程中的农民工问题研究"的问卷调查资料。该项调查在珠三角9个地级市地区展开, 按配额抽样的办法获取样本。具体办法是先按2500个样本设计初始调查规模, 按2005年广东人口统计中9个城市外来人口 (含省内跨县和外省) 比例分配样本量。由于一些城市按比例分配的样本数太少, 如肇庆只有25个样本数, 为了保证各城市的样本具有统计意义, 我们将少于200个样本的城市样本数量增加至200, 但多于200个样本数的城市保持样本数不变。这样我们得出各个城市最终的样本量, 结果如表3。

表3 珠三角9城市外来人口分布和样本比例

单位：人

	外来人口		初始样本量		最终样本量	
	数量	比例	数量	比例	数量	比例
广州	3312887	17.0	420	16.8	420	13.5
深圳	5848539	30.0	750	30.0	750	24.2
珠海	581476	3.0	75	3.0	200	6.5
佛山	2206538	11.3	280	11.2	280	9.0
江门	649831	3.3	83	3.3	200	6.5
肇庆	186533	1.0	25	1.0	200	6.5
惠州	913038	4.7	117	4.7	200	6.5
东莞	4922608	25.3	650	26.0	650	21.0
中山	863109	4.4	110	4.4	200	6.5
合计	19484559	100.0	2500	100.0	3100	100

然后，我们通过"拦截"和"滚雪球"方法获取被访对象。考虑到广东地区语言的多样性，访员均来自家庭居住在这9个地区的大学生。调查于2006年7—8月正式展开，获得有效问卷3086份（指企业就业农民工，不包含非正式就业农民工）。在这3086份样本中共有23.7%的农民工（730位）表示有过劳动权益受到侵害的经历，基于本文的研究问题，我们的分析仅以这730份样本为基础。样本的基本情况见表4。

表4 样本基本情况

选项	频数
性别	男性467（64.0%），女性263（36%）
年龄	26岁及以下379（51.9%），27—30岁108（14.8%），31—35岁112（15.3%），36—40岁71（9.7%），41—45岁38（5.2%），46—50岁15（2.1%），50岁以上7（1.0%），平均年龄：28岁
教育程度	小学及以下146（20.0%），初中356（48.8%），高中117（16.0%），中专或技校89（12.2%），大专22（3.0%）
婚姻状况	未婚366（50.1%），丧偶2（0.3%），离婚11（1.5%），已婚351（48.1%）
企业性质	私营个体企业442（64.6%），外资企业164（24.0%），集体企业14（2.0%），国有企业64（9.4%）
城市分布	广州88（12.1%），深圳169（23.2%），珠海54（7.4%），佛山81（11.1%），肇庆（四会、高要、鼎湖、端州）38（5.2%），东莞166（22.7%），惠州（惠城、惠东、惠阳、博罗）45（6.2%），中山39（5.3%），江门50（6.8%）

四 农民工是否有过利益抗争行为的影响因素分析

在本研究中，无论是参加投诉还是参加集体行动，都作为"有利益抗争行为"，它反映的是农民工整体上的利益抗争状况（见表5）。

表5 利益抗争行为的影响因素（Logistic Regression）

		有利益抗争行为 VS 无行为	
		B	EXP（B）
人口变量	年龄	-.001	.999
	性别（女=0）	.105	1.110
	教育程度	.018	1.018
心理变量	劳动法认知水平	**.363****	1.438
	相对剥夺感	**-.355***	.701
	绝对剥夺感	.032	1.032
网络资源	打工地朋友数量	**.022***	1.022
动员能力变量	参加企业同乡会（没有=0）	.441	1.554
机会结构变量	居住模式（单独居住=0）	**.392****	1.479
	劳动合同（没有=0）	-.200	.819
	企业性质（非公有=0）	-.264	.768
常数		-1.513**	
N		473	
Chi-square		24.99	
-2 Log likelihood		623.34	
Nagelkerke R Square		.069	

*** $p<0.01$，** $p<0.05$，* $p<0.1$。

从表5可以看到，年龄、性别、教育这些人口特征对利益受损农民工是否参加利益抗争行为没有显著影响。但在心理变量中，相对剥夺感和劳动法认知水平有明显影响，B值分别为-0.355和0.363，说明有相对剥夺感的农民工参与利益抗争行为的程度较高；劳动法认知水平越高，农民工参与利益抗争行为的程度越高。农民工的绝对剥夺感与参与利益抗争行为的关系虽然呈正相关，但是没有显著性。这说明在解释农民工是否参加利益抗争行为时，相对剥夺感比绝对剥夺感有更显著的解释力。假设2和假设3

16

得到证明，假设 1 没有通过检验。

在网络资源动员变量中，我们运用了农民工在打工地的朋友数量和农民工是否参加企业同乡会两个指标：前者是一个网络规模指标，后者是一个网络性质指标；前者反映了农民工在整个社会的网络资源，后者反映了农民工在企业中的地缘网络紧密程度。结果可以看到，网络规模对农民工参加利益抗争行为有正向影响，即在打工地的朋友越多，参加利益抗争行为的程度越高。农民工是否参加企业同乡会对参加利益抗争行为虽然也显示出相关，但是没有通过检验。假设 5 得到证明，假设 6 没有通过检验。

在机会结构变量中，宿舍模式对农民工是否参加利益抗争行为有显著影响，居住在企业集体宿舍中的农民工比其他居住方式的农民工参加利益抗争行为的程度要高，假设 9 得到证明。农民工与企业是否签订合同和企业所有制性质两个指标与农民工是否参加利益抗争行为虽然呈负相关，即有合同的农民工会降低参加利益抗争行为的程度，公有企业农民工参加利益抗争行为的程度会下降，与我们的假设相符，但是显著性不高，没有通过统计检验，假设 6 和假设 7 没有得到证明。

五 不同利益抗争行为方式的影响因素分析

如前述，农民工的利益抗争行为可以分为投诉和集体行动两种方式，我们将有无投诉和有无集体行动做一个交互分类，可以得出 4 种类型利益抗争方式：无任何利益抗争行为、仅有投诉行为、仅有集体行动、既有投诉又有集体行动（见表 6）。现在我们需要进一步分析的是，什么因素在影响农民工运用不同的利益抗争方式？或者说，哪些人更倾向投诉？哪些人更倾向集体行动？哪些人既投诉又有集体行动？

表 6 农民工利益抗争行为方式分类

		是否参加集体行动		合 计
		没有参加集体行动	有参加集体行动	
是否投诉	没有投诉	40（56.1%）	114（15.7%）	52（71.8%）
	有投诉	138（19.0%）	67（9.2%）	205（28.2%）
合 计		545（75.1%）	181（24.9%）	726（100.0%）

从表7可以看到，在不同类型的农民工中，影响因素呈现差别。

第一，年龄在表5的有无利益抗争行为的整体分析中没有呈现显著性影响，但在表7的分类分析中显示出影响，年龄越小的农民工越倾向于既投诉又有集体行动。在仅有投诉和仅有集体行动的两类农民工中，其相关性没有通过检验，但相关性方向的差别值得思考，表现出年龄越大的农民工越倾向于投诉，而年龄越小的农民工越倾向于集体行动。

表7 农民工利益抗争行为方式的影响因素（Multinomial Logistic Regression）

		有投诉无集体行动 VS 无投诉和无行动	有集体行动无投诉 VS 无投诉和无行动	既投诉又集体行动 VS 无投诉和无集体行动
人口变量	年龄	.0273	-.00869	**-.0635****
	性别（女=0）	.195	.0664	-.0903
	教育程度	**.101***	-.0751	-.0188
心理变量	劳动法认知水平	**.337****	**.512*****	.0995
	相对剥夺感	**-.485***	**-.684****	.452
	绝对剥夺感	-.102	.195	.159
网络资源动员能力变量	打工地朋友数量	**.0261***	.00192	**.0363****
	参加企业同乡会（没有=0）	**.890***	-36.09	.807
机会结构变量	居住模式（单独居住=0）	.342	**.524***	.127
	劳动合同（没有=0）	.0695	.113	**-1.457*****
	企业性质（非公有=0）	-.0925	-.42	-.566
常数		-4.027***	-1.777*	-.26
Pseudo R2		.0751		
DF		11		
-2Log likelihood		1057.61		

*** p<0.01, ** p<0.05, * p<0.1。

第二，教育程度在表5的有无利益抗争行为的整体分析中没有呈现显著性影响，但在那些仅投诉的农民工中显现出显著性影响，教育程度越高的农民工越倾向于投诉。在仅集体行动和既投诉又集体行动的两类农民工中，相关性则呈负值，即教育程度越高的农民工越不采取这两种利益抗争方式，但是没能通过统计检验。

第三，在仅有投诉和仅有集体行动两类农民工中，劳动法认知水平和相对剥夺感保持了与表5一致的影响，即劳动法认知水平越高的农民工，有相对剥夺感的农民工，越倾向于采用某一种方式表达利益诉求，而不是既投诉又集体行动。

第四，农民工在打工地的朋友数量对仅有集体行动的农民工有正向影响，其影响方向与表5一致，即在打工地的朋友越多，参加利益抗争行为的程度越高。但在其他两类利益抗争方式的农民工中没有发现显著影响。

第五，是否签订合同在表5的有无利益抗争行为的整体分析中没有呈现显著性影响，但在既投诉又集体行动的农民工中则呈现显著性影响，没有签订合同的农民工既投诉又集体行动的概率增加，但对其他两类利益抗争方式的农民工没有显著性影响。

第六，是否居住企业集体宿舍在仅有集体行动的农民工中保持了与表5的一致的影响，即居住在企业集体宿舍中的农民工参加集体行动的概率增加，但在其他两类利益抗争方式的农民工中没有显著性影响。

心理因素（劳动法认知水平、相对剥夺感）对投诉和集体行动都有影响，但是在只有投诉的农民工那里，表现出教育程度和网络的影响。教育程度越高、网络资源动员能力越强（打工地朋友数量，参加企业同乡会）的农民工，越倾向参加投诉。在只有集体行动的农民工那里，表现出机会结构的影响，即居住在企业集体宿舍的农民工倾向于参加集体行动，没有签订合同的农民工倾向于既参加投诉又参加集体行动。投诉和集体行动所表现出来的这种差别与我国现行的制度安排相关。

随着经济的发展，我们国家的法制也在不断完善，民主也在不断发展。例如我国的《宪法》明确确立了公民游行、结社的自由，但在制度实践过程中，这些权利往往难以充分实现，因此不同的利益抗争方式具有不同的合法性地位。投诉是一种体制内的利益诉求渠道，但它往往是一个花钱费时的漫长的等待过程。花钱是指为解决劳资纠纷而付出的误工费、车旅费、律师费等；费时是指劳动纠纷首先要经过仲裁，仲裁不服的才可以进入审判程序。但由于农民工在发生利益纠纷后往往被原雇主解聘而急于寻找一份新的工作维生，而极为低下的收入决定了他们承受不起投诉的经济代价，所以他们往往无法等待这一过程的完成而放弃诉求。另外，投诉往往也是一个与"官"打交道的"说理"过程，但在大多数农民工心里都存在对"官府衙门"的畏惧，而农民工又缺乏有组织的利益表达。不难想象，在这种状况下，借助于网络资源来增强自身的体制内利益抗争能力，缩小投诉带来的经济代价是农民工的理性选择，这在表6的结果中得以呈现。此外，教育程度与理性化程度呈相关性，而选择体制内投诉方式是一种更趋制度理性的行为，因此教育程度在表7也显示出显著性影响。

集体行动作为一种体制外的抗争，往往是投诉无果而导致的后果，因而其行动重在制造社会影响和情绪宣泄，缺乏组织性、持续性，具有明显的突发性和聚合性。其形成犹如布鲁默提出的循环反应过程，即经历集体磨合、集体兴奋和社会感染等三个阶段（Blumer，1946：170 – 177）。显然，企业集体宿舍提供了这一空间，因为工人们朝夕相处使他们更容易相互感染，滋生集体情绪，形成集体意识，产生集体压力。

在现实生活中，大量的集体行动都是投诉无果而导致的。而面对劳动纠纷，无论是仲裁还是诉讼，都是以文本合同为基础的。① 这意味着那些没有与企业签订合同的农民工，即使运用体制内投诉的方式来表达自己的利益诉求也无法获得成功，这大大加剧了他们进一步选择较为激烈的集体行动的利益表达方式，从表7呈现的结果可以看到，没有签订合同的农民工倾向于既投诉又参加集体行动。

六　问题的再思考

经历了改革开放30年，农民工队伍也在发生变化，1980年代后（以下简称80后）出生的第二代农民工正在成为农民工的主体。相对他们的父辈而言，这一代农民工具有鲜明的特征。我们的调查显示，1980年代前的农民工外出打工的动机更多地表现为赚钱或寻求赚钱门路，而80后农民工更多将外出务工作为职业规划，寻求长远发展，闯世界、早就业、长见识、学技术是外出的主要动机；80后农民工有1/3以上的人已经认为自己的身份不再是农民，而他们的父辈仍然有80%的人保持着农民身份的认同；80后农民工有更高的法律认知水平，但却没有他们父辈对社会地位变化的敏感，因为他们几乎没有经历过计划经济时代的乡村贫困，许多人甚至从小就在城市成长，因此他们对农民工在城市中的经济社会状况有更强烈的剥夺感。所有这些代际差异特征决定了新一代的农民工在遭遇到利益侵害的时候，可能比他们的父辈有更强烈的利益抗争冲动和更持久的利益抗争行为，这一点从表7的年龄与既投诉又集体行动的相关分析中可以看出。因

---

① 2008年新《合同法》颁布前是如此，我们的数据来自2006年的调查。

此，随着新生代农民工逐步成为农民工的主体，农民工的利益抗争行为发生的频率必然会增长。当然，我们从表7中的教育程度与投诉的相关性中也可以看到，随着新一代农民工教育程度的增长，他们选择体制内利益抗争方式的可能性也会增加。但是这一自我约束只能建立在投诉有效的基础上，否则他们就可能转向集体行动，且既投诉又集体行动。

（一）利益诉求机制

改革开放以来，我们国家在建设和完善利益纠纷调节机制方面进行了大量的探索，建立了法律诉讼和行政调节两套利益调节机制。但是我们发现，农民工在遭遇利益侵害时基本上不会选择法律诉讼，而是倾向于行政调节。因为，相对于行政调节，法律诉讼更费钱，更花时间，更注重程序公正，需要严谨的举证，再加上传统的"清官"思想和法律意识的不足，农民工往往在法律诉讼面前"知难而退"。但是，当大量原本应该通过法律形式解决的利益纠纷转向行政部门时，行政调节在市场经济下的局限就显现出来。在计划经济时代，国家垄断包括劳动力在内的全部资源，并以行政权力分配资源，因此国家具有运用行政权力和动员全部资源解决利益纠纷的能力。但在市场经济条件下，国家运用行政权力直接干预利益纠纷和动员政府资源直接解决利益纠纷的"合法性"和能力都在下降，而且行政调节在法律上也不具有最终裁定的性质。不断增长的行政诉求与有限的行政调节能力之间必然会产生紧张，导致行使行政调节权力的部门按照科层制的原则来有选择地处理行政诉求：一是上级领导督办的问题优先解决，二是已经或有可能产生重大社会影响的问题优先解决。虽然这样做确实使一部分问题得到解决，政府为老百姓办了实事，但同时也可能误导出以下信息——"不认识大官办不成事情"，"不把事情闹大办不成事情"，政府的公正性在实践公正的过程中反而被异化了，甚至还诱发了越来越多的利益诉求者在"只有把事情搞大才能解决问题"的误导下把利益矛盾一步一步推向极端。当我们在调查中进一步询问农民工"你是否愿意参加诸如罢工、游行、示威、静坐、堵马路、集体上访"时，达到50%的人表示"愿意"。

因此，要减少农民工采取体制外的利益抗争，将利益诉求引导到体制内的渠道，就必须降低体制内利益诉求的成本。从资源动员的角度来讲，意味着要建立一套利益诉求的资源保障制度，使农民工不仅有渠道诉求，而且有资源能够承受诉求的代价。这至少需要在以下几个方面做出努力，首先是加快建立针对社会弱势群体的利益诉求国家援助体系，同时积极动员社会力量，发展利益诉求的民间援助体系。其次是加快法律建设，应该针对不同类别的利益纠纷，分门别类地完善法律法规；尤其是针对那些侵权明显、数额不大的劳资关系纠纷，应该简化诉求程序；对于那些具有普遍性的利益诉求，应该建立专门的审理程序。

（二）利益诉求能力

改革开放30年来，尽管我们国家的各种劳动权益保障制度在不断完善，但总体上看，在政府、资本、劳工三者关系上，是一个强政府、强资本、弱劳工的状态，而农民工更是处在弱中之弱。这种弱不仅是在财富分配中的弱，也是在利益受损时，体制内利益诉求能力的弱。在计划经济时代，利益分化首先是建立在单位的科层地位上的，利益的获取能力取决于下级与上级之间的讨价还价能力，而个人与单位之间的依赖—庇护关系形成了"有问题在单位"解决的利益诉求方式，在这种体制下，诸多社会问题转化为单位问题，缓冲了国家与个人之间的矛盾。市场经济体制下的利益分化首先是建立在诸如劳动力、资金、技术、管理经验、原材料等生产要素的占有地位上，利益的获取能力取决于不同生产要素占有者之间的博弈能力。另一方面，市场经济解构了企业的单位体制，但社会并没有形成有效的、组织化的农民工利益诉求机制，农民工往往只能以个体的能力进入体制内的利益诉求过程。然而，相对于资本或权力，单个农民工是不具备实现平等对话和博弈的能力的。我们常说，在市场经济条件下，政府的职责是公平执法，在一般意义上讲，这是没有错的。但是，当进入市场的社会成员或群体，在相互对话、沟通、讨价还价、利益博弈之间存在巨大的能量差别的时候，无论政府如何公平执法，结果可能都是不公平的。例如，我们在关于农民工的调查中遇到一个明知自己扣发辞职工人工资的行为违法，但仍然坚持要打官司的私营企业主，当我们请他解释为什么不执行行政仲裁还要打官司时，他的回答是"我拖也要拖死他们"。因为他知道工人急于找到新的工作谋生，没有时间和金钱去打官司，因此而恃强凌弱并蔑视有关法律。也正因为如此，我们也便不难发现，大量的、显而易见的以权压人、以钱压人、以势压人的不公平现象的背后隐含着一个如此"凌弱"的逻辑。而当一个社会里，如果人们只能以个体的身份进行利益诉求时，国家与个人之间的中间地带也就消失了，必定会有越来越多的人把利益诉求的对象直接指向政府，寻求政府行政干预和解决，这就是为什么工人要讨工资不去围厂房而是围政府的缘由之一。当国家与个人之间的中间地带消失后，社会成员就会陷入"原子化"的境地；而在一个"原子化"的社会里，大量在个体层面积聚起来的"怨气"必然会以极端的形式来表达，形成大量突发的、无组织的集体行动事件。

显然，农民工有组织的利益表达是增强利益谈判能力、实现有序诉求的关键。我们的研究发现了网络等非正式组织的作用，而且这种网络通常是建立在同乡会这类地缘关系基础上的。这种以地缘关系为基础的非正式组织虽然对农民工的体制内利益诉求有积极贡献，但对我们这样一个政府主导的利益协调体制而言，如果它的影响不能调控在一定范围，就可能失去政府的主导性。要实现政府主导的利益协调体制，就必须发挥正式组织在农民工利益诉求中的作用，尤其是工会组织的作用。从世界工人运动的发展历史来看，工会无疑应该是现代社会代表和维护工人利益的主要组织形式，然而当今中国的现实没有突显出工会的地位和作用。因此，改革现行的工会组织体制，使其从企业组织内部的劳资利益纠纷的协调者角色转变为独立于企业的劳动者利益代表者角色，这是提高农民工利益诉求地位，有效维护和保障农民工利益，减少利益诉求方面非制度化表达的关键。同时，由于农民工问题的特殊性，在工会组织内部（包括劳动管理部门）设立专门的农民工维权部门也是十分必要的。

（三）劳动关系的制度化

30年来，与劳动关系相关的各种制度在不断完善，例如劳动合同制度和社会保障制度。这些制度不仅有效地保障了劳动者的个人利益，重要的是它还影响和改变着人们的利益诉求行为，从而对社会治理产生影响。因为劳动关系的制度化，不仅能在劳动纠纷发生时有"法"可依，还能降低劳资双方只从眼前或短期角度考虑问题的可能，这就会大大提高解决问题的理性化程度。因此，加快劳动关系的制度化建设是十分重要的，这里所说的制度不只是合同制度，还是应该围绕劳动就业、劳动工资、劳动环境、劳动保障、劳动福利等各种劳动权益开展的制度建设，或者说，应该从制度上将更多的劳动权益内容纳入现有的劳动合同建设中。制度建设或合同越具体或越细致，双方关系的利益关联度就越高，违约的代价也越大，从而使关系双方都愿意从理性和长远的角度考虑利益纠纷。而要实现这一点，首先就必须克服现在企业劳动合同格式化的现象，因为格式化的合同容易产生企业的"霸王合同"；其次，应该克服现在企业劳动合同往往只是简单陈述劳动法的基本权利的陋弊，实现在双方协商基础上，能够反映不同企业、不同行业、不同劳动环境、不同劳动岗位的不同权益的实质性内容的约定；最后，应该加快推进在农民工的劳动保护、社会保障等领域的制度建设，这样做不仅能保护农民工的权益，也能在更大范围的领域里建立起稳定的劳动关系，降低劳动力的流动性，增强企业对农民工人力资本投资的信心，最终提高农民工的劳动力素质。

农民工在数量上正在成为中国工人阶级的主体，因此农民工问题归根到底是中国工人阶级面临的问题。尽管由于历史和现实的复杂原因，彻底解决它还尚待时日，但是充分认识农民工问题的特点，科学分析其产生的原因，是我们在实践上解决问题的前提，笔者希望以此文抛砖引玉，引起学界更加深入的讨论与研究。

参考文献

边燕杰，1998，《找回强关系：中国的间接关系、网络桥梁和求职》，《国外社会学》第 2 期。

蔡禾，2007，《全面关注农民工的生存状况排除"群体性抗争"情绪、化解群体性社会冲突》（研究报告，未出版）。

陈晋胜，2004，《群体性事件研究报告》，北京：群众出版社。

陈映芳，2006，《行动力与制度限制：都市运动中的中产阶层》，《社会学研究》第 4 期。

达伦多夫，2000，《现代社会冲突》，林荣远译，北京：中国社会科学出版社。

冯建华，2008，《集体行动何以可能——基于珠三角非企业农民工集体维权行为的个案研究》，中山大学社会学系 2008 年博士论文（未刊稿）。

冯仕政，2006，《单位分割与集体抗争》，《社会学研究》第 3 期。

何明修，2005，《社会运动概论》，台湾：三民书局。

何艳玲，2005，《后单位制时期街区集体抗争的产生及其逻辑：对一次街区集体抗争事件的实证分析》，《公共管理学报》第 3 期。

黄家亮，2008，《通过集团诉讼的环境维权：多重困境与行动逻辑——基于华南 P 县一起环境诉讼案件的分析》，载黄宗智主编《中国乡村研究》第 6 辑，北京：社会科学文献出版社。

孔雯、彭浩，2004，《城郊农村群体性治安事件的行动分析——以村民聚众上访为例》，《四川警官高等专科学校学报》第 4 期。

李怀，2005，《城市拆迁的利益冲突：一个社会学解析》，《西北民族研究》第 3 期。

李连江、欧博文，1997，《当代中国农民的依法抗争》，载吴国光编《九七效应：香港、中国与太平洋》，香港：太平洋世纪研究所。

李培林，1996，《流动民工的社会网络和社会地位》，《社会学研究》第 4 期。

李培林、李炜，2007，《农民工在中国转型中的经济地位和社会态度》，《社会学研究》第 3 期。

李强，1999，《中国大陆城市农民工的职业流动》，《社会学研究》第 3 期。

刘林平，2001，《外来人群中的关系运用——以深圳"平江村"为个案》，《中国社会科学》第 5 期。

刘能，2004，《怨恨解释、动员结构和理性选择——有关中国都市地区集体行动发生可能性的分析》，《开放时代》第 4 期。

马克思，1972，《资本论》（第 1 卷），《马克思恩格斯选集》（第 2 卷），北京：人民出版社。

裴宜理，2001，《上海罢工：中国工人政治研究》，刘平译，南京：江苏人民出版社。

全国政协社会和法制委员会，2004，《关于维护进城务工人员合法权益问题的调查报告》。

任焰、潘毅，2006，《跨国劳动过程的空间政治：全球化时代的宿舍劳动体制》，《社会学研究》第 4 期。

——，2006，《宿舍劳动体制：劳动控制与抗争的另类空间》，《开放时代》第 3 期。

石发勇，2005，《关系网络与当代中国基层社会运动：以一个街区环保运动个案为例》，《学海》第 3 期。

佟新，2006，《延续的社会主义文化传统——一起国有企业工人集体行动的个案分析》，《社会学研究》第 1 期。

翁定军，2005，《冲突的策略：以 S 市三峡移民的生活适应为例》，《社会》第 2 期。

吴忠民，2006，《中国社会公正的现状与趋势》，载汝信、陆学艺、李培林主编《2006 年：中国社会形势分析与预测》，北京：社会科学文献出版社。

肖唐镖，2003，《二十余年来大陆农村的政治稳定状况——以农民行动的变化为视角》，香港：《二十一世纪》4 月号。

——，2005，《从农民心态看农村政治稳定状况：一个分析框架及其应用》，《华中师范大学学报》（社会科学版）第 5 期。

应星，2002，《大河移民上访的故事：从"讨个说法"到"摆平理顺"》，北京：生活·读书·新知三联书店。

——，2007，《草根动员与农民群体利益的表达机制——四个个案的比较研究》，《社会学研究》第 2 期。

应星、景军，2000，《集体上访中的"问题化"过程：西南一个水电站的移民的故事》，载《清华社会学评论》（第 1 辑）6 月号。

于建嵘，2000，《利益、权威和秩序：对村民对抗基层政府的群体性事件的分析》，《中国农村观察》第 4 期。

——，2003，《农民有组织抗争及其政治风险——湖南省 H 县调查》，《战略与管理》第 3 期。

——，2004，《当前农民维权的一个解释框架》，《社会学研究》第 2 期。

——，2006a，《当代中国农民维权抗争的行动取向——对湖南省衡阳县的实证研究》，《权利、责任与国家》，上海：上海人民出版社。

——，2006b，《集体行动的原动力机制研究——基于 H 县农民维权抗争的考察》，《学海》第 2 期。

——，2007，《威权政治面临的挑战——中国的骚乱事件与管治危机》，《中国与世界观察》第 8 期。

翟学伟，2003，《社会流动与关系信任——也论关系强度与农民工的求职策略》，《社会学研究》第 1 期。

张静，2004，《基层政权：乡村制度诸问题》，上海：上海人民出版社。

张磊，2005，《业主维权运动：产生原因及动员机制——对北京市几个小区个案的考查》，《社会学研究》第 6 期。

赵鼎新，2005，《西方社会运动与革命理论发展之述评》，《社会学研究》第 1 期。

——，2006，《社会与政治运动讲义》，北京：社会科学文献出版社。

赵树凯，1999，《社区冲突和新型权力关系——关于 196 封农民来信的初步分析》，《中国农村观察》第 2 期。

——，2003，《乡村治理：组织和冲突》，《战略与管理》第 6 期。

赵延东、王奋宇，2002，《城乡流动人口的经济地位获得及决定因素》，《中国人口科学》第 4 期。

郑广怀，2005，《伤残农民工：无法被赋权的群体》，《社会学研究》第 3 期。

中共中央、国务院，2003，《中共中央国务院关于促进农民收入若干政策的建议》，12 月 31 日。

朱宇，2004，《国外对非永久迁移的研究及其对我国流动人口问题的启示》，《人口研究》第 3 期。

Blumer, Herbert 1946, *Elementary Collective Behavior in New Outline of the Principles of Sociology*, (ed.) by Alfred McClung Lee. New York：Barnes & Noble.

Granovettor, M. 1973, "The Strength of Weakties." *American Journal of Sociology* 78.

Gurr, T. R. 1970, *Why Men Rebel*. Princeton N. J. ：Princeton University Press.

Kitschelt, Herbert 1986, "Political Opportunity Structure and Political Protest：Anti-Nuclear Movements in Four Democracies." *British Journal of Political Science*, Vol. 16, No. 1.

Turner, Ralph & Lewis M. Killian 1987, *Collective Behavior*. Englewood Cliffs：Pretice-Hall.

作者单位：中山大学社会学与社会工作系、
上海高校社会学 E–研究院（蔡禾）
中山大学社会学与社会工作系（李超海）
广东省总工会研究室（冯建华）
〔责任编辑：张宛丽〕

颁奖词 《市场抑或非市场：中国收入不平等成因实证分析》，用多阶段的大规模调查数据、多层面的分析，分别验证了学术界流行的关于收入不平等的几个主要假设，并验证了本文提出的综合性假设，其最有价值的一点，是论证了市场是影响中国收入不平等形成的主要因素，并对非市场的影响因素进行深入分析，阐明了中国转型时期收入不平等产生的复杂因素和机制，对认识和治理中国收入不平等具有参考价值。

市场抑或非市场：中国收入不平等成因实证分析[*]

陈光金

摘 要：关于中国收入不平等的形成机制问题，已有研究大体形成两种归因模式，第一种模式主要甚至完全把这种不平等归因于中国经济的市场化进程，第二种模式则主要甚至完全归因于非市场化机制。本文基于1989—2008年进行的8次全国性住户抽样调查数据，首先运用分组分解方法对这20年中的中国收入不平等的成因进行实证分析，对根据学术界流行的几个主要论断提出的假设进行检验；然后运用基于回归的夏普里值分解分析方法，把通过半对数线性回归发现的对中国现阶段收入分配有显著影响的主要变量纳入一个统一分解分析框架，估计出每一种变量的集中程度对总体收入不平等的贡献，对本文提出的一个综合性假设

---

[*] 本文原载于《社会学研究》2010年第6期。

进行综合检验。分析结果表明，中国收入不平等的成因是复杂的，市场化机制扮演着主要的角色，非市场的结构—制度因素也发挥着不可忽视的作用，还有一些因素所起的作用则具有混合性质。

关键词： 市场化机制　非市场化机制　混合机制　不平等指数　不平等分解

一　文献回顾：中国收入不平等的两种归因模式

在现阶段，中国收入不平等已经达到相当高的水平，甚至可以说已经过高了。这种不平等的形成机制，吸引了大量研究者的注意。相关研究文献之多，可谓汗牛充栋，但其寻找收入不平等形成机制的主要思路，总的来说都围绕一个焦点问题展开：考虑到30多年来中国改革收入分配体制的最主要路径是引入市场化机制，从计划经济时代受到国家再分配权力调控的按劳分配转向市场经济体制下的按要素分配，同时这一转变迄今尚未完成，因此，一个被不断追问的问题就是，中国收入不平等的不断加剧是市场化分配机制的引入所造成的吗？如果粗略地把收入不平等的形成机制简化为市场化机制与非市场化机制两大类别，同时注意到市场化改革尚未完成，那么，我们可以把这个问题重新表述为：推动中国现阶段收入不平等加剧的主要原因是市场化机制还是非市场化机制？问题的这种提法意味着，我们并不把现阶段中国收入不平等问题的成因完全地归结于其中某一类机制以至于排除另一类机制的影响，只是期望在其中识别出起主要作用的机制。

关于决定收入分配的所谓市场化机制，尽管似乎还没有哪个研究者给出一个完备而明了的界定，但综合已有的各种说法，可以这样来理解它的基本含义。一个社会中参与收入分配的人们依靠自身的能力、努力和要素投入获取收入的过程；当然，在这种情况下，收入分配（不）平等程度的变化，往往还反映着市场体制下经济增长和经济结构调整过程的影响（库兹涅茨，1996/1989）。反之，如果人们的收入获得所依凭的不是这样一种机制，那就是依凭所谓非市场化机制了。组成非市场化机制的因素很多也很复杂，在当代社会，大致包括诸如税收和再分配、权力、行业垄断、特定社会结构（尤其是附着于某种具有强制性和歧视性的制度安排的社会结构），以及规范各种社会集团之间利益博弈的特定制度安排等因素。按照这样的理解，先验地认定两类机制中的任何一类机制整体上具有扩大或缩小收入不平等的作用，要冒很大的误读现实的风险，因为每一类机制所包含的各种因素中，都会有一些因素倾向于扩大不平等，一些因素倾向于缩小不平等，还有一些因素的作用则不确定，取决于其他条件的影响及其性质，因而需要根据经验材料加以具体研究（参见库兹涅茨，1996/1989）。

从现有关于改革以来中国收入不平等形成机制的研究文献看，上述风险是存在的。这些文献所持有的观点基本上介于两种归因模式之间，并且有分别向其中一种模式靠拢的趋势。第一种模式主要甚至完全把中国收入不平等归因于市场化机制，认为经济的市场化改革，以及在收入分配中引入市场化机制，必然导致收入不平等的扩大（胡代光，2004；杨圣明，2005；傅玲、刘桂斌，2008；徐现祥、王海港，2008；张奎、王祖祥，2009）。第二种模式则主要甚至完全归因于非市场机制，尤其是权力因素和社会结构因素，认为市场化机制应当是一种缩小不平等的机制，或者说即使在一个时期内市场化机制扩大了不平等，那也是经济发展过程中的必然现象，因而是正当合法的，并且经济的进一步发展将会缩小收入不平等（林幼平、张澍，2001；陈志武，2006；李实、罗楚亮，2007a；何伟，2006）。

与属于第二种归因模式的相关研究相比，第一种归因模式的相关研究显得实证性不足。大多数这类研究满足于某种抽象的论断，然后罗列一些现象来为这种推断提供"经验"支持。当然，也有一些研究运用了实证方法来探究市场化机制扩大收入不平等的具体表现。周业安（2004）认为，中国经济的市场化进程必然带来不平等，因为城镇和农村都出现了日益严重的收入不平等。不过，周业安似乎并未直接指斥市场化机制导致的不平等，因为他强调，如果说这种不平等中蕴含着不公平，那也是各项相关制度不完善的结果。另外，江苏省统计局在一项经验研究中发现，江苏省收入不平等扩大的一个重要原因是非公有制单位劳动报酬增长速度较慢（江苏省统计局，2007），这在某种程度上为第一种归因模式提供了支持。在中国，非公有制经济的发展与市场化的进程基本上是一致的，因此，当有学者把中国的收入不平等归咎于"生产关系具有资本主义性质"的非公有经济的存在（谭芝灵，2006；卢嘉瑞，2002）时，实际上也是试图为市场化机制寻找具体的表现方式。

有一些研究分析了不同收入来源的差距对总体不平等的影响（吕杰、张广胜，2005；李学灵、张尚豪，2006；万广华，2006）。例如，农村家庭经营收入差距和工资性收入差距据认为是农村收入不平等的两大成因，其中家庭经营收入差距的贡献尤其大，不过，随着时间推移，工资性收入差距对农村收入不平等的贡献在上升；也有研究认为，农村住户收入不平等的主要决定因素是工资性收入（辛翔飞等，2008）。还有一些研究分析了教育对收入不平等的影响。田士超、陆铭（2007）通过对上海的研究发现，教育是地区内收入差距的最重要影响因素。国内外不少类似研究都得出了相似的结论（Chiswick，1971；Tinbergen，1972；赖德胜，2001；白雪梅，2004；岳昌君，2004）。应当指出，在农村内部，无论家庭经营收入还是工资性收入，都主要与市场化机制相关；而城乡劳动力的教育回报差异也较多地受到市场化机制的影响。因而，这方面的研究本来可以为第一种归因模式提供支持，但相关研究者似乎并未有意识地从这个角度来理解它们的作用。

第二种归因模式在相关研究者中看来是占据主流地位的。在这一模式下，权力和某些结构性因素一般被当作主要的解释变量。关于权力在收入获得进而在收入不平等中的影响，由于数据获得的困难（陈宗胜、周云波，2001），很难进行研究。不多的一些相关文献是把与权力寻租相关的收入和其他非正常、非法收入合在一起研究，并赋予"灰色收入"这样的名称（陈宗胜、周云波，2001；王小鲁，2007）。在这些研究看来，灰色收入是中国收入不平等的主要根源。不过，问题在于，首先，这些研究都承认，全部灰色收入中只有部分直接或间接与权力寻租相关，还有一部分是公共权力和公共资源受到不法侵害的产物；其次，其数据的获得既不可能依靠严格抽样调查，也不可能依靠官方统计，基本上只能依靠研究者的估计，或者以少量非随机调查数据为基础做出的推测；再次，包括权力"租金"在内的灰色收入通常既不在官方收入统计范围之内，也不在有关收入的学术调查范围内，因此它们虽然肯定加剧了中国收入不平等问题，但无法成为官方统计或学界调查所发现的收入不平等的解释因素。与权力相关的另一个影响收入不平等的因素是行业垄断。近年来，垄断行业高工资问题不断见诸报端，学术性研究也呈现繁荣景象。一个似乎已成为共识的看法是：劳动报酬的行业差距不断扩大，且与垄断有着密切的关系（金玉国，2001；管晓明、李云娥，2007；崔友平、李凯，2009）。不过，垄断行业与非垄断行业之间的劳动报酬差距对全社会总体收入不平等的影响究竟有多大，还是一个值得研究的问题，因为现阶段中国收入分配体系中不仅有劳动报酬，还有其他分配形式，因而肯定不能单纯用两类行业之间的劳动报酬差距来解释总体收入不平等。与权力相关的第三个得到研究的因素是再分配问题。杨天宇（2009）发现，用转移性收入测量的再分配因素对总体收入不平等产生了相当大的影响，不过总的来说这一因素的贡献是下降的。

在第二种归因模式下受到广泛关注的结构性因素，是众所周知的城乡和区域收入不平等。从已有研究来看，区域不平等的影响相对较小。例如，李实等人的研究显示，1995年，中国东部、中部和西部三大地区内部收入不平等对全国总体收入不平等的贡献合计达到90.7%，地区间差距贡献了9.3%（李实等，2000）。有的研究所发现的这种贡献份额要大一些，例如，万广华（2006）在研究1987—2002年中国地区间差距的影响时发现，区域间差距对全国总体收入不平等的贡献可达到20%—30%。

城乡收入差距吸引了研究者最多的注意力。但客观地说，如果城乡间差距对全国总体不平等的贡献很大，甚至超过了城镇和乡村内部不平等对总体不平等的贡献之和，则无异于给第一种归因模式提供了强有力的支持。不过，这方面的研究结果也不一致。这种不一致表现在两个方面：一方面是城乡间差距对总体不平等的贡献率差异较大，一些研究认为该贡献率超过一半，甚至高达70%—80%（万广华，2006；王洪亮、徐翔，2006；王红涛，2009；杨天宇，2009）；另一些研究则认为低于50%（林毅夫等，1998；李实、罗楚亮，2007b）。另一方面是城乡间差距贡献率的变动趋势不同，一些研究发现该贡献率随着时间的推移而上升（李实、罗楚亮，2007b；王红涛，2009；杨天宇，2009），而另一些研究则发现其呈下降趋势（林毅夫等，1998；王洪亮、徐翔，2006）。总的来说，凡是依据官方统计的城镇人均可支配收入和农村人均纯收入五等分（或七等分）数据来研究城乡间差距对总体不平等的影响，都容易得出城乡间差距是中国收入不平等的主要贡献因素的结论；而根据全国住户抽样调查进行的研究则会发现，虽然城乡间差距的贡献份额仍然不小，但城乡内部不平等的贡献还是更大一些。这种差异出现的原因，归根究底还是在于前一种数据在某种程度上掩盖了各地区城乡内部不平等的真实水平。[①]

有的学者还试图用权力差异来解释区域差距。例如，陈志武（2006）

[①] 不少的经验研究指出，各省（市、区）城镇和农村内部的收入不平等都在显著扩大。例如，李实和罗楚亮发现，农村居民收入基尼系数从1978年的0.21上升到2005年的0.38，而城镇居民收入基尼系数也相应地从0.16上升到0.34（李实、罗楚亮，2007b）。

认为，大、中、小城镇之间以及地区间的国民收入差距，应当用中国的权力等级差异来解释，换言之，在区域这样的结构性因素背后起作用的实际上还是权力的差异。当然，陈志武的分析矛头所指主要不是掌握权力的个人通过权力寻租获得特殊收入从而导致收入不平等的行为，而是国家权力通过控制和调配资源而造成不平等的问题。陈志武的分析有一定的道理，但问题也非常突出。一方面，他所使用的收入数据是人均国内生产总值，而不是住户收入；人均国内生产总值与住户人均收入之间实际上存在很大差异，前者一般只能反映一个地区的经济发展水平，而不能反映该地区的住户收入不平等。另一方面，他把地区之间的经济发展水平差异完全归咎于国家权力配置上的差异，而忽视了各地区与经济发展相关的条件差异，以及各地区市场化进程的相对差异。① 因此，虽然陈志武对权力导致不平等的批判慷慨激昂、不遗余力，但其方法和论据却难免牵强。

二 分析框架与研究假设

已有研究一般把注意力集中于对某一种因素进行分析，因而几乎每一种研究都"发现"了一个对中国过大的收入不平等的形成具有决定性影响的"主要原因"。由于未能把相关因素纳入一个统一框架进行系统分析，它们在中国收入不平等形成过程中所起作用的相对重要性显得模糊不清。我们将尝试构建一种统一的分析框架，把代表市场化机制和非市场化机制的诸因素都纳入其中，以便较为完整地分析它们的不平等效应的相对重要性。

我们采用一种三步骤策略来构建这样一个分析框架。第一步，基于已有研究和跨越20年的8次全国性城乡住户抽样调查数据，运用差距分解分析的方法，分别对受到广泛关注的几个重要的收入不平等影响因素进行分析，由此识别两类形成机制中何种机制更为重要，以便对已有研究提出的观点做一个初步检验。第二步，从理论和经验研究已经获得的某些共识出发，提炼一组变量，包括第一步分析所涉及的变量，也包括简单的分组分解或收入来源分项分解的方法难以分析的变量，运用半对数线性回归方法和最近一次全国住户抽样调查数据进行回归分析，探寻它们与收入获得的关系。第三步，基于半对数线性回归结果，运用夏普里值分解分析方法

---

① 根据有关学者的研究，在中国地区市场化相对进程排名中居于前列的，基本上都是东部省份（樊纲等，2006）。

（万广华，2008），对那些影响收入获得的主要变量进行不平等贡献的综合分析，从而据以判断这些因素影响不平等的相对重要性，得出一种相对统一的分析结果。

最近20年来，中国经济的市场化已经达到较高水平。据马广奇（2000）测算，1999年中国经济的市场化水平达到60%左右；据北京师范大学经济与资源管理研究所（2005）测算，2003年中国市场化水平达到73.8%。另据国家发展与改革委员会提供的最新数据，目前在社会商品零售总额和生产资料销售总额中，市场调节价所占比重已分别达到95.6%和92.4%（参见江国成，2009）。当然，不同研究者的测算结果往往不同，甚至有很大差距，但认为目前中国经济的市场化程度至少超过了60%，还是比较稳健的判断。据美国学者对经济合作与发展组织核心国家的研究，20世纪60年代末期以来这些国家强化市场机制的改革确实使它们的收入不平等出现扩大趋势，到20世纪末期经历了一个大U型转变（Nielsen & Alderson, 1997）。有鉴于此，我们关于最近20年中国收入不平等形成机制的研究假设，将倾向于遵循上述第一种归因模式，但并不预先强硬主张市场化机制是导致中国目前过大的收入不平等的唯一机制。

基于上述分析，本文提出如下基本研究假设：最近20年来，在中国收入不平等的形成机制中，市场化机制所起作用趋于加强，而且大于非市场化机制所起作用。然而，无论是市场化机制还是非市场化机制，都包含着许多因素，因此直接对这一基本研究假设进行检验是困难的。为此，我们将提出若干操作假设，并通过对操作性假设的检验来间接检验这一基本假设。作为贯彻本文分析框架的第一步骤研究策略，我们将提出四个可操作研究假设。

假设1：20年中，中国城乡间收入差距对总体收入不平等的贡献将呈下降趋势，而城镇和农村内部的收入不平等对总体不平等的贡献则将呈上升趋势。

假设2：20年中，中国的所谓"体制内"与"体制外"之间的收入不平等对总体不平等的贡献趋于下降，而它们各自内部的不平等对总体不平等的贡献将会上升。

假设3：市场化程度较高的收入来源对总体不平等的贡献将大于非市场化收入来源对总体不平等的贡献；而且随着时间的推移，前者的贡献将会上升，而后者的贡献将会下降。

假设1的含义是清楚明白的，无须需进一步解释。如果这一假设得到数据的支持，那么上述第二种归因模式就失去了主要或完全以某种非市场化的制度或社会结构因素解释中国收入不平等的依据，从而间接对本文的基本研究假设提供支持。

假设2与中国改革进程的特征密切相关。与苏联、东欧地区不同，中国改革所采取的不是"休克式疗法"，而是渐进式方案，这种渐进式改革使中国的社会转型过程没有与传统体制形成断裂关系，一方面，传统体制在转型过程中得到了一定程度的维持（孙立平，2008）；另一方面，在传统体制之外逐步成长起一个影响日益扩大的市场化经济社会活动空间。其结果之一就是形成了所谓的"体制内"与"体制外"两大部门的区隔，对中国不平等产生了重要影响（李春玲，2004）。一般而言，所谓"体制外"因素主要涉及市场化机制起作用的社会经济领域；"体制内"因素的内涵更复杂一些，但可以认为综合反映了与传统体制相关的国家权力、行政垄断和再分配因素对收入分配的影响。不过，随着改革的不断深化，"体制内"与"体制外"区隔的意义是逐步弱化的，因而这种区隔所造成的"体制内"与"体制外"之间的收入不平等对总体收入不平等的贡献会呈现下降趋势；而且，由于"体制外"因素代表着高度市场化，因而"体制外"部门的收入不平等对总体不平等的贡献会超过"体制内"部门收入不平等的贡献。这样，如果假设2得到数据的支持，那就削弱了上述第二种归因模式的力量。

假设3要求从收入来源角度对总体收入不平等进行分项分解分析。迄今为止已有不少学者研究了这个问题。本研究的不同之处在于，首先，我们要通过对不同收入来源的市场化程度的识别，以及它们对总体收入不平等的不同贡献，来从一个方面检验本文的基本研究假设；其次，我们将对家庭经营性收入做进一步的细分，即分成农业经营收入与非农业经营收入，我们认为，农业经营收入的市场化程度相对较低。至少有两个理由支持这一判断，一是农户的土地未被私有化，不能进入市场，即使租赁经营，一般其规模也相当有限；二是广大农户的农业生产在相当程度上具有自产自销性质，按照农产品市场价格估算自产自销产品所产生的收入，在很大程度上不同于通过真实的市场销售而产生的收入。而农村住户的非农经营收入，则无论在城镇还是在农村，都是高度市场化的。因此，把两者区分开来，有助于我们更加准确地从收入来源角度识别市场化机制对收入不平等的影响。如果假设3得到数据的支持，那么也将加强对本文基本研究假设的支持。值得注意的是，我们没有以"一种收入来源的市场化程度越高，其对总体收入不平等的贡献越大"这样的表述来提出这一假设，这是因为，在绝大多数社会成员的收入中，工资性收入占据了最大比重，而不同社会成员的工资性收入会有不同的性质，一些人的工资性收入的市场化程度较低，另一些人的工资性收入则可能是完全市场化的，但在按收入来源进行分解分析时，我们只能把它们作为同一种收入来源纳入分析模型。不过，假设2的分析结果应当略可弥补这一不足。

除了上述三个操作性假设所涉及的因素之外，还有许多其他因素也会对收入不平等产生比较重要的影响，如住户的人口学、社会学特征，以及经济资源占有/投入状况等。许多研究表明，住户人口规模和性别结构、劳动力数量和受教育程度、劳动力就业/失业状况、住户收入结构、社会阶层地位、住户生产经营投入、住户金融资产存量，加上户籍和所在地区这样的制度和结构性因素，都可能对中国城乡住户的人均收入不平等产生不可忽视的影响（Zhou，2000；赖德胜，2001；Zhao & Zhou，2002；Li，2003；李实、丁赛，2003；李春玲，2003；白雪梅，2004；岳昌君，2004；刘欣，2005；Millimet & Wang，2006；王妲、汪三贵，2006）。我们把这些因素称为住户的经济社会特征（禀赋），其中一些特征对收入不平等的影响主要体现市场化机制的效应，另一些特征的影响则主要体现非市场化机制的效应，或者与市场化机制没有直接的联系。因此，当作为本研究第二步和第三步研究策略的实现途径而把它们纳入一个统一的分析框架进行分析时，我们期望分析结果能够支持下述混合性操作假设，否则我们的基本研究假设就不能从总体上得到支持。

假设4：主要体现市场化机制不平等效应的住户经济社会特征对总体收入不平等的综合贡献，将会大于那些主要体现非市场化机制不平等效应的特征的综合贡献。

在理论上，整体收入不平等不仅受收入集中程度影响，也受不同收入人口群体规模的影响（万广华，2008）。因此，不管基于经验数据的分析结果如何，假设4的成立还有一个前提条件：在总人口中，在收入获得上受市场化机制影响较大的人口群体应当占据多数。在1992年中国正式确立市场化改革方向，以及随后的公有制企业大规模改制以后，这一要求应当可以得到满足。例如，根据2009年《中国统计年鉴》提供的数据，2008年城镇国有单位和集体单位在岗职工共计6749万人，在全社会就业人员总数中仅占8.97%。

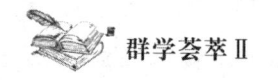

三 研究数据和方法

本文将以两种数据作为分析依据。第一种数据是中国社会科学院社会学研究所"中国社会和谐稳定问题研究"课题组 2008 年进行的全国住户抽样调查（简写为"CGSS·2008"）。第二种数据来自中国居民营养和健康调查（CHNS），该调查由美国北卡罗来纳大学和中国预防医学科学院联合执行。[1] 调查始于 1989 年，并于 1991、1993、1997、2000、2004、2006 年分别对住户上一年的人口、就业和收入等状况进行了调查。这样，我们就有了 1988—2007 年 8 个年份的全国住户抽样调查收入数据，时间跨度为 20 年。已经公开的 CHNS 数据根据被调查住户情况，以及 2006 年的物价指数进行了调整。为了大致与此配合，我们按照 2007 年各省份的消费物价指数对 CGSS·2008 的样本住户收入进行了消胀处理。关于将这两种数据结合起来使用的可行性，作者已另文分析说明，兹不赘述（陈光金，2010）。

本文使用的主要研究方法，一是不平等的分组（分项）分解，二是半对数线性回归分析，三是基于回归的夏普里值分解分析。对于本文提出的假设 1 和假设 2 进行贡献分解分析以资检验的方法，就是基于泰尔 T 指数的分组分解分析，其模型为：

$$T = \sum_{g=1}^{G} p_g \lambda_g T_g + \sum_{g=1}^{G} p_g \lambda_g Log \lambda_g \tag{1}$$

式（1）中，G 表示分组，p_g 为第 g 组人数与总样本人数之比，λ_g 为第 g 组样本户家庭人均收入的均值与总样本户家庭人均收入的均值之比，T_g 为第 g 组的泰尔指数；等号右边第一部分为组内差距之和，第二部分为组间差距。只要观察历年两种差距的贡献率变动趋势，就可以分别对假设 1 和假设 2 进行检验。

需要说明的是，对于假设 2，由于数据的限制，本文的分析限于非农从业人员的收入不平等。况且，在学术界关于"体制外"与"体制内"的界

---

[1] 该项调查由美国国家卫生研究所（R01-HD30880, DK056350, and R01-HD38700）、卡罗来纳人口中心和中国疾病控制和预防中心共同资助，调查者向作者慷慨提供了 7 个年度的调查数据，谨此表示感谢。

定中，一般不考虑农业劳动者。我们尊重这一"传统"。我们将按如下方法对非农从业人员进行分组：将所有具有非农户籍的党政机关和国有事业单位的正式职工、国有企业单位的经营管理人员，以及专业技术人员归类为"体制内"从业人员；其余全部归入"体制外"从业人员。我们假定，体制内工作人员的工资性收入由国家规定或认可，因而具有非市场化性质；其余人员的工作和报酬获得，基本由市场机制决定。按照这种分组进行收入不平等分解，可以看出市场化收入不平等与非市场化收入不平等对非农从业人员收入不平等的贡献及其变化。

对于本文提出的假设3，考虑到基于泰尔指数的分解分析主要适合分组数据，而不适合收入来源这样的非分组数据，我们将以基尼系数为不平等指标，按收入来源进行不平等的分项分解。运用基尼系数进行分项分解的基本模型是：

$$G = \sum_{k=1}^{K} (\mu_k/\mu_y) \times C_k \tag{2}$$

$$R_k = \text{cov}\left[(y_{ki}, f(Y)\right]/\text{cov}\left[y_{ki}, f(y_k)\right] = C_k/G_k \tag{3}$$

式（2）中，G表示总体收入不平等的基尼系数，K表示第k项收入来源，μ_y为总样本均值，μ_k为第k项收入的均值，C_k为第k项收入的集中系数，G_k表示第k项收入的基尼系数。C_k可以通过式（3）计算出来。在式（3）中，R_k表示第k项收入与总收入的相对相关系数，y_{ki}表示第k项收入的第i个观察值，f是第k项收入的各个观察值的序号，$f(Y)$表示在计算R_k时按总收入的升序排列第k项收入的分布，$f(y_k)$表示在计算R_k时按第k项收入自身的升序排列其分布，因此，中间项的分子表示第k项收入与按总收入升序排列时的相应收入观察值序号的协方差，分母意为第k项收入与按其自身的升序排列时的相应收入观察值序号的协方差。被调查住户的收入来源包括家庭农业经营收入、非农业经营收入、工资性收入、财产性收入、公共转移性收入，以及其他收入（如私人赠予性收入）。其中，公共转移性收入具有明确的非市场性质；各种非农经营性收入具有较为明确的市场属性；工资性收入则由于人们的就业单位不同而内在地蕴含着市场化与非市场化的两重性，但考虑到就业市场化程度不断提高，它的分布差异的变化应当越来越多地反映市场化的影响；财产性收入主要是指各种有价证券产生的收入、资产出租收入，以及其他金融资产（如存款）的孳息，因而具有市场收入属性，遗憾的是，CHNS调查把财产性收入与赠予性收入、继承

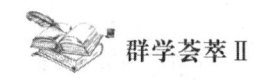

性收入等都归入"其他收入"范畴，难以将其剥离出来。

由于上述分析没有涉及其他家庭禀赋特征对收入分布的影响，因此，需要我们根据家庭各种禀赋特征对家庭人均收入不平等的形成机制进行综合考察，这一分析的核心同样是对各项禀赋特征的不平等贡献进行分解，其目的则是检验假设4。关于这种分解，有很多方法可供利用，不过，其中不少方法往往都受到这样那样的限制，尤其是难以在同一种分解方式中纳入不同测量尺度的变量，例如，分组分解不能综合考察非分组分布的影响，基于基尼系数的分解不能有效处理分类性质的变量。万广华提出了基于回归的夏普里值分解方法，初步解决了这个问题（Wan，2002，2004）。这一分解方法由两个步骤组成。首先基于明塞（Mincer）收入决定方程建构回归模型。万广华经过多种尝试后认为，半对数线性模型是比较合适的模型。其次，在通过回归得到回归模型后，根据各项回归因素的回归系数进行夏普里值分解。① 半对数线性回归模型的基本数学形式为：

$$Ln(Y) = a + \sum_{i=1}^{n}\beta_i X_i + \varepsilon \tag{4}$$

式（4）中，a 是常数项，X_i 为变量，β_i 为各变量的回归系数，ε 为残差。在一般的 Mincer 收入决定方程中，表示人力资本的教育和经验往往都有一个平方项进入模型，但我们在尝试之后发现，它们的平方项不仅没有统计显著性，反而降低模型解释力，所以在具体确定模型时剔除了这种平方项。得到回归模型后，需要将模型从半对数线性方程转变为自然对数的底 e 的指数方程，其具有如下形式：

$$Y = (e^a) \cdot (e^{(\beta_1 X_1 + \beta_2 X + \cdots + \beta_n X_n)}) \cdot (e^{\varepsilon}) \tag{5}$$

具体运算时，常数项贡献暂可不予考虑，残差项贡献等于总体不平等与式（5）右边中间项各变量对总体不平等的贡献之和的差额。

最后还应说明，本文的分析单位是城乡住户，被分析的收入指标是住户人均收入，只有在分析非农就业人员的收入不平等时，才把个人作为分析单位，把他们在调查时的月收入作为被分析的收入指标。

---

① 此项分解的工作量巨大，非手工所能完成。万广华在联合国大学工作期间开发出了一个 JAVA 程序，他慷慨地将该程序提供给了作者，在此表示诚挚的感谢。

四 数据分析结果

（一）基于城乡分组的收入不平等分解

我们首先把调查得到的家庭人均收入分为城镇与农村两组，划分标准是被调查住户的长期居住地区的类别；然后根据泰尔 T 指数的分解公式，通过计算获得 20 年来中国城乡间收入差距对总体收入不平等的贡献及其变动趋势。需要说明的是，即使数据分析结果显示城乡间差距的贡献缩小了，也不意味着城乡间差距本身缩小了，而是说明城镇和/或农村地区内部的收入不平等加剧了，它们对总体不平等的贡献上升了。计算结果见表 1。

从表 1 的结果看，20 世纪 90 年代初、中期是一个转折点，组间差距的贡献率在 1992 年达到 37.5%，此前和此后，组间差距的贡献率都比较小，组内差距的贡献率则是巨大的，总体不平等的绝大部分由城镇内部差距和农村内部差距构成。另外，城镇内部差距的贡献率，在 1992 年以前是下降的趋势，此后有所上升；相应地，农村内部差距的贡献则在总体上呈现下降趋势，但到 2005 年为止一直大于城镇内部差距的贡献，2007 年的情况看来有些特殊。CHNS 调查住户的城乡分布特征是城镇住户较少，而 2008 年调查住户中，城乡住户大约各占一半，因而由此计算出的城镇内部差距的贡献率更大一些。从式（1）可以看出，由于城镇居民人均收入远高于农村居民人均收入，因而前者与总体均值之比（λ）也会大大高于后者与总体均值之比，此时，如果城镇人口比例上升，城镇内部差距对总体差距的贡献也会上升，甚至超过农村内部差距的贡献，即使农村内部差距仍然大于城镇内部差距。

表 1 基于泰尔 T 指数和城乡分组的收入不平等分解

年 份	泰尔 T 指数	城乡组内贡献额 城镇	城乡组内贡献额 农村	城乡组内贡献额 合计	城乡间贡献额	城乡组内贡献率 城镇	城乡组内贡献率 农村	城乡组内贡献率 合计	城乡间贡献率
1988	.1287	.0391	.0791	.1182	.0105	30.4	61.5	91.8	8.2
1990	.1053	.0279	.0694	.0973	.0080	26.5	65.9	92.4	7.6
1992	.2145	.0452	.0889	.1341	.0804	21.1	41.4	62.5	37.5
1996	.1237	.0442	.0715	.1157	.0081	35.7	57.8	93.5	6.5

续表

年份	泰尔T指数	城乡组内贡献额 城镇	城乡组内贡献额 农村	城乡组内贡献额 合计	城乡间贡献额	城乡组内贡献率 城镇	城乡组内贡献率 农村	城乡组内贡献率 合计	城乡间贡献率
1999	.1628	.0612	.0865	.1477	.0151	37.6	53.1	90.7	9.3
2003	.1805	.0681	.0930	.1611	.0195	37.7	51.5	89.3	10.8
2005	.2179	.0880	.1123	.2003	.0177	40.4	51.5	91.9	8.1
2007	.2445	.1497	.0652	.2141	.0296	61.2	26.7	87.9	12.1

无论如何，表1的结果表明，目前，中国城镇和农村内部的不平等对总体不平等的贡献，远大于城乡间不平等的贡献。

（二）基于"体制内"与"体制外"分组的非农从业人员收入不平等分解

依据前面论述的方法，把非农从业人员按其就业单位的性质和个人的职业地位分成"体制内"与"体制外"两个组群，分析组内差距和组间差距对其收入不平等的影响，结果如表2所示。

表2的结果颇为耐人寻味。首先，从非农从业人员收入的总体不平等变化过程看，1996年是一个转折点（虽然1990年的泰尔T指数很小，但这是一种与特殊历史时期相关的现象），泰尔T指数呈现一种U型而非倒U型变化的趋势（见图1），这让我们想起西方发达国家发生的所谓收入不平等大U型转变（Nielson & Alderson，1997）。

表2 非农从业人员收入不平等的泰尔T指数分组分解

年份	泰尔T指数	组内贡献额 体制内	组内贡献额 体制外	组内贡献额 合计	组间贡献额	组内贡献率 体制内	组内贡献率 体制外	组内贡献率 合计	组间贡献率
1988	.3335	.0764	.1283	.2047	.1288	22.9	38.5	61.4	38.6
1990	.0885	.0180	.0819	.0999	-.0114	20.3	92.6	112.9	-12.9
1992	.1517	.0417	.0775	.1192	.0325	27.5	51.1	78.6	21.4
1996	.1078	.0219	.0847	.1066	.0012	20.3	8.6	98.9	1.1
1999	.1188	.0328	.0852	.1180	.0008	27.6	71.7	99.3	.7
2003	.1309	.0359	.0873	.1232	.0077	27.4	66.7	94.1	5.9
2005	.1806	.0403	.1328	.1731	.0075	22.3	73.5	95.8	4.2
2008*	.3014	.0582	.2508	.3090	-.0076	19.3	83.2	102.5	-2.5

* 这是根据调查前一个月非农从业人员的月收入计算的。

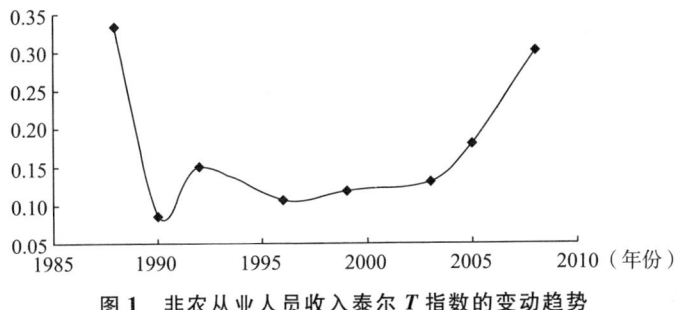

图1 非农从业人员收入泰尔 T 指数的变动趋势

其次，组间差距对总体差距的贡献最初较为可观，但随后迅速下降，个别年份为负值。当然，这并不意味着组间的绝对差距不重要。不过这种差距的变化也很有意思：从图2可以看到，体制内从业人员的收入均值与总体均值之比在多数年份是上升的，并且在1999年变得大于1了；而体制外非农从业人员的收入均值与总体均值之比，则经历了一个下降过程，相应地，在1999年变得小于1。也就是说，在1999年以前，两类从业人员之间的收入差距的特征是，体制外非农从业人员的平均收入水平高于体制内非农从业人员，而此后则颠倒过来了。2005年及以后，两者重新开始靠拢。

再次，组间差距贡献率的下降当然意味着组内差距贡献率的上升，在多数年份，组内差距贡献巨大，是非农从业人员收入不平等的绝对成因。尤其要注意到，体制内非农从业人员收入差距对总体差距的贡献率基本维持在25%上下，而体制外的这种贡献在8个调查年份里有5个年份高于70%，最低也达到38.5%。由此可以有把握地说，在非农从业人员中，体制外从业人员内部的收入差距是总体差距形成的主体因素。由于体制外非农从业人员规模巨大，这种状况必然影响更大范围的收入不平等。

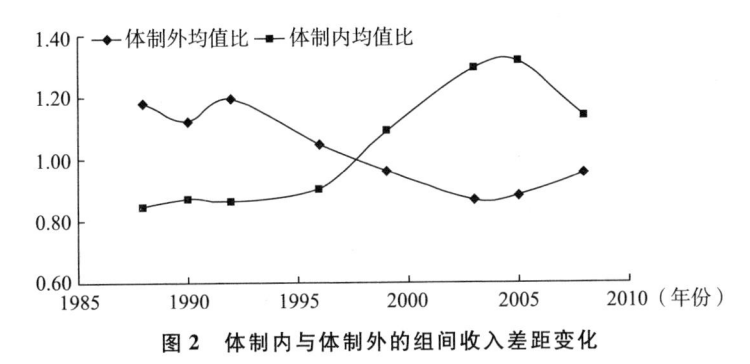

图2 体制内与体制外的组间收入差距变化

(三) 基于收入来源的住户人均收入不平等分解

表3是基于收入来源对收入分布的基尼系数进行分解分析的结果，从中不难看出以下几种趋势。

表3 基于收入来源的住户人均收入分布基尼系数分解结果

年 份	农业经营收入	非农经营收入	工资性收入	转移性收入	财产性收入	其他收入	合计	总体基尼系数
1988	9.2	8.1	57.9	20.7	4.2		100.0	.3979
1990	9.0	12.2	57.7	15.3	5.9		100.0	.3787
1992	10.0	14.4	58.3	10.0	7.3		100.0	.425
1996	7.2	16.7	62.2	5.9	8.0		100.0	.4069
1999	2.5	9.9	72.8	8.3	6.5		100.0	.4586
2003	5.2	8.2	65.9	4.4	16.3		100.0	.4941
2005	4.1	9.4	72.0	3.1	11.4		100.0	.5221
2007	1.2	19.6	69.6	0.6	5.7	3.4	100.0	.5401

首先，一个最为清晰的趋势是，来自国家和集体的各种转移性（再分配）收入对不平等的贡献，在20年中比较稳定地下降了。对于促成这一趋势的原因，大抵可从三个方面来理解。一是1992年以后的乡镇企业改制，导致发达农村地区的社区福利急剧下降，从而缩小了与原先乡镇企业不发达地区的社区福利差距。二是国家社会保障和其他福利制度在20年中无论如何还是有显著发展的，尤其是最低生活保障制度的建立和在城乡地区的逐步推行，以及近年来国家陆续出台的各种惠农政策，都理应起到了缩小城乡各种福利分配差距的作用。三是城乡居民的劳动收入和经营收入客观上也在增长，转移性收入在居民收入中的相对地位必然会下降。这些解释在多大程度上成立还值得进一步研究，但转移性收入占居民收入的比重下降则是不争的事实。在调查涉及的8个年份中，这一比重分别为：19.04%、12.44%、7.91%、4.29%、5.07%、2.95%、2.32% 与 1.46%。另外，这项收入的集中率在2005年以前一直大于总体基尼系数（参见图3），而在2007年的调查中，总体基尼系数为0.54左右，转移性收入的集中率为0.2099。这样，转移性收入便有可能不再像以往那样扩大不平等。

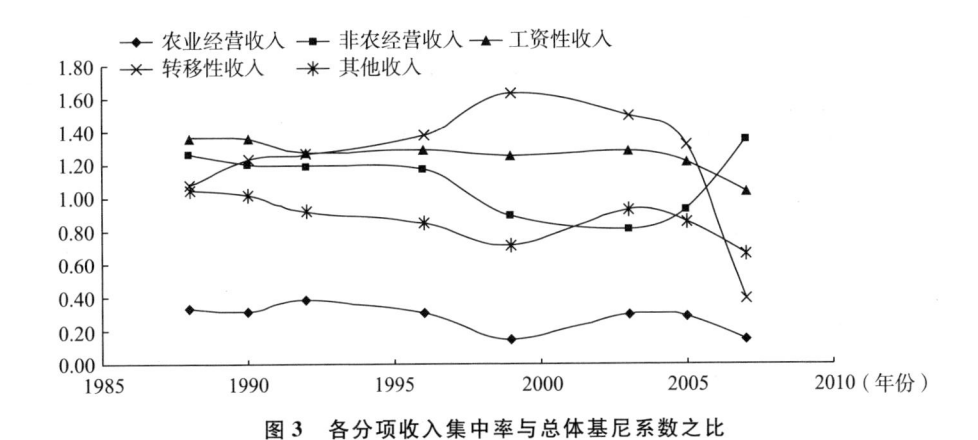

图 3 各分项收入集中率与总体基尼系数之比

其次，农业经营收入不平等的贡献同样明显下降了，虽然在个别年份还有所波动。应当说，20 年来中国农业经营的市场化程度是在不断提高的。不过，至少由于两个方面的原因，住户农业经营收入难以成为收入不平等的拉动力量。一方面，对于绝大多数从事农业经营的住户来说，土地等农业生产资本规模有限，并且其配置总体上比较平均。另一方面，农业的市场化其实更多地与"资本下乡"有关，我们不难看到，各地各种大规模农业企业，其实与个体农户没有多大的直接关系。对于绝大多数农户来讲，在非农收入不断增长的形势下，农业生产越来越成为一种生存保障途径。实际上，在各个调查年份，农业经营收入的集中率始终远低于总体基尼系数。

再次，非农业经营收入对不平等的贡献有较大的起伏波动，潜伏着一种上升的趋势。不过，调查结果可能并未完全反映此项收入的不平等对总体不平等的影响，因为能够进入调查范围的非农业经营者较少，经营规模较大者尤其如此。另外，在多数调查年份里，此项收入的集中率大于总体基尼系数，同时还呈现一种先有所下降然后迅速上升的趋势，表明它将成为未来拉动中国收入不平等的一个重要因素。

最后，工资性收入不平等一直是总体不平等的主要来源，但具有某种阶段性变化特征。在 1999 年以前，其贡献率基本呈稳定上升趋势；2003 年以后，则呈现某种波动，但总体水平高于 1999 年以前。此外，从图 3 看，工资性收入的集中率与总体基尼系数之比一直大于 1，表明它始终是扩大不平等的主要拉动力量，究竟是什么因素使其产生这样的影响，尚需更深入的分析，初步的判断是，就业市场化程度不断提高的影响不容小觑。不过，我们从图 3 也能看到某种缓慢下行的趋势，到 2007 年，两者之比仅为

1.04，未来降低到1以下也未必没有可能，当然，这也取决于其他几种收入来源——尤其是非农经营收入不平等——对总体不平等的影响的变化。

（四）基于半对数线性回归的夏普里值分解

在运用基于半对数线性回归的夏普里值分解分析方法进行综合分析之前，先要具体构建回归模型并界定相关变量，这里遵循学术界普遍采用的扩展的 Mincer 收入决定模型。

宏观上影响收入分配的因素应当包括工业化和城市化的水平、经济发展差异，以及社会制度和社会结构因素。基于以往的研究，我们使用家庭有效获得非农收入者的比重，以及家庭人均非农收入占人均收入的比重作为测量工业化的指标，使用一个住户是否有多数成员（60%以上）居住在城镇作为反映住户城市化的指标（这样设计这一指标的目的主要是为了反映农民工及其部分家庭人口进城的现实），以户籍（以农业户籍为参照）作为反映社会制度影响的指标，以被调查住户居住区域作为反映地区发展差异的指标（以西部为参照）。

除宏观变量外，家庭的人口结构和资产状况也是影响家庭收入的重要因素。在人口方面，考虑使用家庭人口总数、老少人口比重（意味着扶养负担）和家庭有收入者中的女性比重（间接反映家庭人口的性别结构，直接测量家庭收入获得是否受其性别结构影响）作为主要指标。家庭资产状况包括两个方面，即物质资产和人力资本的占有水平。测量物质资产的指标有两个，即家庭人均生产性资产总额和人均金融资产总额。在人力资本方面，以家庭有效的有收入者数作为表示家庭人力资本的数量指标，同时以家庭有收入者的平均受教育年限和年龄作为测量家庭人力资本的质量指标；工作经验方面缺少较好的测量指标，因为大量农民工的工作年限无法界定。所谓"有效的有收入者"，既包括从业人员中全职工作者（视为1人）和半职工作者（视为0.5人），也包括拥有离退休收入的人员（以各地平均离退休收入与平均工资水平之比作为权数加权）。

家庭劳动力的就业状况和职业地位属于中间层次的变量，它们一方面连接着宏观经济社会发展形势，另一方面又连接着家庭及其成员的个人特征。[①] 就业水平以家庭失业劳动年龄人口比重作为测量指标，职业地位以中国社会科学院社会学研究所"当代中国社会结构变迁研究"课题组提出的

---

① 这里存在共线性问题，但半对数线性函数允许共线性和异方差性存在（万广华等，2008）。

"十阶层"分类框架为依据（陆学艺主编，2001），把家庭主要成员的最高职业阶层地位作为代表家庭职业地位的指标。① 同时，为了减少变量，我们做了聚类分析，发现大体可以把十个阶层分成五组：第一组为私营企业主和企业经理人员家庭，第二组为国家与社会管理者、专业技术人员和办事人员家庭，第三组为个体工商户、产业工人和商业服务业员工家庭，第四组为无业失业半失业人员家庭，第五组为农业劳动者家庭（分析时作为参照变量）。但是，我们的数据中缺少可以识别家庭全部劳动力就业单位的体制性质指标，又不能直接以被访者个人就业单位的体制性质来代表，因而无法通过回归分析判断体制内、体制外划分对家庭人均收入的影响。

基于上述指标和CGSS·2008的数据，我们以被调查住户2007年人均收入的自然对数为因变量，以上述测量指标为自变量，建立简单的半对数线性回归模型，回归结果见表4。表中的前4个模型是这样形成的：首先是全变量模型，然后逐步将3个在该模型中没有统计显著性的变量剔除，产生其余3个模型。

在模型1到模型4中，从业人员平均年龄、家庭成员居住状况以及户籍身份，都没有显著影响。在其余变量中，从回归系数看，影响最大的是家庭人口数，且其符号为负，亦即具有显著减少家庭人均收入的作用，这一点不难理解。其次是地区因素和职业阶层因素。地区因素的影响如此突出，出乎我们最初根据已有研究形成的看法。职业阶层地位的重要影响则在我们的意料之中。属于第三层次的影响因素包括家庭有效的有收入者人数、有效的有收入者平均受教育年数，以及家庭人均物质资产，它们分别反映了家庭的人力资本和物质资产存量对家庭收入获得的影响，它们的符号均为正，表明它们将增加家庭人均收入。第四层次的变量则包括回归系数小于0.01但具有统计显著性的几个因素，即家庭人均非农收入比重、家庭有效非农收入获得者占全部有效收入获得者的比重、家庭劳动年龄人口失业比重、家庭老少人口比重，以及有效女性收入获得者比重。其中，前两个变量的作用是增加收入，而后三个因素的作用则是减少收入。不过，有效的女性收入获得者比重的回归系数最小，表明性别歧视问题并不突出。老少人口占家庭总人口的比重的回归系数在各模型中也比较小，但其影响比有效有收入者中女性比重的影响大。

---

① 这样做自然存在一定的风险，不过国外的研究表明，在没有更好的处理办法的情况下，这仍然是一种可行的选择（Crompton，2008）。

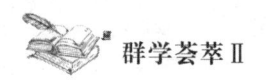

表 4　2007 年被调查家庭人均收入的半对数线性回归分析*

	模型 1	模型 2	模型 3	模型 4	模型 5
Constant	7.455（90.161）***	7.484（141.148）***	7.482（141.267）***	7.481（141.303）***	7.435（152.568）***
住户人口数	-.168（-13.240）***	-.168（-13.234）***	-.167（-13.196）***	-.169（-13.603）***	-.173（-14.082）***
有效收入获得者数	.051（3.257）***	.051（3.229）***	.051（3.189）***	.051（3.308）***	.051（3.534）***
女性有效收入获得者比重（%）	-.001（-2.126）**	-.001（-2.195）**	-.001（-2.092）**	-.001（-2.186）**	—
有效非农收入获得者比重（%）	.003（6.563）***	.003（6.772）***	.003（6.697）***	.003（6.710）***	.003（6.495）***
有效收入获得者平均年龄	.001（.457）	—	—	—	—
收入获得者平均受教育年数	.067（16.085）***	.067（16.423）***	.067（16.394）***	.067（17.108）***	.067（17.182）***
失业人口比重（%）	-0.006（-6.107）***	-0.006（-6.136）***	-0.006（-6.313）***	-0.006（-6.285）***	-0.006（-5.919）***
老少人口比重（%）	-0.002（-2.516）**	-0.002（-2.614）***	-0.002（-2.627）***	-0.002（-2.599）***	-0.002（-2.484）**
金融资产（万元/人）	.053（12.346）***	.053（12.346）***	.053（12.336）***	.053（12.350）***	.053（12.350）***
生产投资（万元/人）	.011（4.519）***	.011（4.512）***	.012（4.539）***	.011（4.513）***	.011（4.501）***
人均非农收入比重（%）	.008（24.917）***	.008（24.950）***	.008（24.942）***	.008（24.172）***	.008（25.380）***
住户人口主要居住在城镇	-.037（-1.029）	-.036（-1.006）	—	—	—

* 各模型的标准化残差平均值为 0，标准差为 0.999，基本满足半对数线性回归模型的相关要求。

续表

	模型 1	模型 2	模型 3	模型 4	模型 5
住户人口户籍身份主要为非农户籍	.038（1.033）	.041（1.139）	.020（.679）	—	—
东部	.390（14.375）***	.391（14.466）***	.391（14.476）***	.391（14.463）***	.392（14.484）***
中部	.009（3.875）***	.009（3.882）***	.009（3.899）***	.009（3.913）***	.009（3.946）***
阶层类别1	.192（3.301）***	.193（3.322）***	.191（3.287）***	.199（3.503）***	.208（3.671）***
阶层类别2	.117（3.679）***	.118（3.746）***	.114（3.640）***	.121（4.128）***	.128（4.409）***
阶层类别3	.295（7.083）***	.298（7.245）***	.293（7.177）***	.302（7.812）***	.308（7.962）***
阶层类别4	.507（8.260）***	.510（8.358）***	.505（8.303）***	.513（8.628）***	.520（8.745）***
模型总结		R^2=.506，调整 R^2=.504，N=5772			R^2=.505，调整 R^2=.504，N=5772

** $P<0.05$；*** $P<0.01$。

总结上述结果，可以认为，大多数变量的作用都反映出市场化发展对城乡居民家庭收入获得的影响。当然，一些表面看起来的非市场化因素也具有影响，主要表现为住户人口规模、住户居住地区和住户阶层地位的影响，后两个因素具有混合性质。地区发展水平差距的存在，既有市场化水平不同的影响，也有非市场因素（如制度和文化传统差异）起的作用。阶层地位的获得，从现有许多研究成果看，也是市场性因素与非市场性因素共同作用的结果。不过，这里我们还无法把其中两类因素的影响分别识别出来。城乡居住状况没有产生具有统计显著性的影响，与一般的看法似乎冲突，但可能反映了如下的事实。首先，在经济层面，现阶段的中国并不存在典型的二元结构，即现代产业集中于城镇，传统产业分布于农村；相反，在中国，农村同样有大量现代产业在发展。其次，社会层面的二元结构在改革开放以来不断被打破，至少农村劳动力可以进城务工经商。当然二元社会制度的影响还是存在的，但这种影响也随着农民工进城而被复制到城市社会，城乡间差距由此在城镇内部发展起来，从而冲淡了既有的城乡间差距的影响。

回归分析中各个变量的影响，本质上意味着家庭收入获得的差异化或分化。但回归分析并不能具体确定这些变量对收入不平等的影响的大小，这个问题需要通过不平等分解分析来解决。为此我们特别设计了表4中的模型5。设计模型5的出发点是尽可能减少变量，以便进行夏普里值分解分析，因此剔除了有效的女性有收入者比重，分析结果显示，减少这个变量，模型的解释力几乎不受影响。模型5中还有几个虚拟变量，即地区变量和职业阶层变量，根据有关学者的建议，[①] 可以基于它们的回归系数，对它们做进一步的归并整理：一是分别以东部和中部的回归系数作为预测值（参照地区即西部的观察值仍为0），建立一个统一的地理变量；二是分别以四个阶层类别的回归系数为预测值（参照群体即农业劳动者的观察值仍为0），建立一个统一的阶层地位变量。这样，我们就可以将进入夏普里值分解程序运行的变量减少到11个。将模型5转换为一个指数方程，对收入不平等的基尼系数进行夏普里值分解，得到表5的结果。

从表5看，分解分析结果非常理想，得到解释的不平等占94.2%，残差部分仅占5.8%。所有11个变量都具有扩大不平等的作用，而从贡献大小来看，大体可以把它们分为4组。第1组由人均非农经营和劳动收入占人

---

① 确切地说，这是复旦大学陆铭教授向作者提出的建议，在此谨致谢忱。

均收入的比重、人均金融资产和有收入者的平均受教育年数组成,三者的贡献率合计达到 52.7%。第 2 组包括住户人口数和阶层变量,它们的贡献率都略高于 10%,合计为 22.4%。第 3 组包括地区变量和有效的有非农收入者比重,它们的贡献率合计为 15.6%。其余 4 个变量是第 4 组,它们的贡献率合计为 5.4%。

大致说来,第 1 组变量与市场化关系最为密切,而与非市场化机制的关系较小,当然,即使在这类变量中,也包含着非市场化因素,例如,非农收入既有来自"体制外"的也有来自"体制内"的,但多数人的收入肯定主要来自体制外部门。在第 2 组变量中,住户人口数与市场化机制无关,阶层地位差异对总体收入不平等的影响则混合地体现了两种机制的不平等效应。第 3 组变量也混合地体现着市场化机制与非市场化机制的不平等效应,但以市场化机制的不平等效应为主。在第 4 组变量中,住户人均生产性投资是体现市场化机制效应的变量;住户失业人口比重可能体现了两种机制的混合效应,因为至少在城镇户籍人员中,有一部分人属于制度性失业(即公有制企业改革的结果),不过,十多年已经过去了,因为公有制企业改制而失业的人很多已经不再继续属于劳动年龄人口范畴,换句话说,2007 年调查时处于失业状态的人员中,多数应当不属于制度性失业者,而是在劳动力市场竞争中暂时失败的人。住户老少人口比重与市场化问题无关,有效的有收入者包括在业人员和有离退休收入的离退休人员,其人数差异对住户收入不平等的影响也是两类机制的混合效应的体现,不过该变量对总体不平等的贡献份额很小,基本可以忽略不计。

表 5 基于半对数线性回归的基尼系数夏普里值分解

因　素	贡献额	贡献率(%)
人均非农经营/劳动收入占人均收入的比重	.0999	19.2
住户人均金融资产	.0909	17.5
有收入者的平均受教育年数	.0833	16.0
住户人口数	.0621	11.9
阶层变量	.0548	10.5
地区变量	.0435	8.4
有效的有非农收入者比重	.0267	5.1
住户人均生产投资	.0149	2.9
住户失业人口比重	.0063	1.2

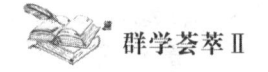

续表

因　　素	贡献额	贡献率（%）
住户老少人口比重	.0053	1.0
有效的有收入者人数	.0016	.3
合　　计	.4894	94.2
残　　差	.0303	5.8
总　　计	.5197	100.0

进而言之，在表5所涉及的诸多变量中，主要体现市场化机制的不平等效应的变量，包括人均金融资产、平均受教育年数、人均生产投资，以及失业者比重这四个变量，它们的差异对总体收入不平等的贡献份额合计达到37.6%。完全或基本与市场化机制无关的变量包括住户人口数、住户老少人口比重，以及有收入者人数，它们的差异对总体收入不平等的贡献额合计为13.2%。其余的变量则不同程度地混合体现着市场化机制，以及社会结构—制度性机制的不平等效应，它们的贡献合计占43.7%。其中，人均非农收入比重的贡献率为19.2%。根据前述表2的分析结果，"体制外"收入不平等的贡献将大大超过体制内不平等的贡献，当然，由于表2的分析以个人为单位，并未考虑到家庭其他成员的收入，因此可能低估"体制内"不平等，以及两种就业体制间的收入不平等的贡献，但考虑到"体制外"就业已经成为中国非农就业的绝对主体部分，有理由认为"体制外"非农收入内部不平等的贡献占了主要份额。这里我们不妨做最保守的估计，即将非农收入不平等的贡献平均分配给市场化机制与非市场化的结构—制度机制。住户人口中有非农收入者所占比重，也是一个混合着市场化因素与非市场化的制度性因素的变量，非农业户籍住户的劳动力自然是在非农产业就业，而农业户籍住户劳动力则需要通过自身努力获得在非农产业就业的机会，因此，这个变量的贡献也应当在两种不平等机制间分配（姑且也按照平均分配处理）。阶层变量和地区变量从深层次看同样具有混合性质，但从保守的考虑出发，不妨完全把它们视为反映结构—制度影响的非市场化机制的不平等效应。最后，表5的分析没有包含行业因素，一般而言，这是残差部分的主要成因，这里姑且把残差部分归属于行业因素的不平等效应，而且视之为结构—制度性质的不平等。如此，则在总体的不平等中，市场化机制的不平等效应所做贡献接近50%，反映社会结构—制度问题的非市场化机制的贡献份额接近37%，其余13%的份额主要属于住户的自然人口特征的贡献。

五 简要结论和讨论

本文围绕中国现阶段收入高度不平等的事实，基于对现有相关理论和研究文献的梳理，针对现有收入不平等格局的形成机制，尝试建构一个统一的分析框架，并提出一个基本研究假设和四个操作性假设，利用 CHNS 和 CGSS·2008 的调查数据，运用各种分析工具，对这些假设进行了检验，并得到了一些重要的发现和结果。总的来说，四个操作性假设都在不同程度上得到了数据的支持，从而对基本研究假设也提供了肯定性的支持。

城乡分组的泰尔 T 指数分解分析结果显示，由于近年来中国城镇和农村内部收入不平等都在上升，城乡间不平等对总体不平等的贡献大致存在下降趋势；相应地，城镇内部和农村内部的不平等对总体不平等的贡献是巨大的、决定性的；尤其是农村内部的不平等，在大多数年份对总体不平等做出了一半以上的贡献，当然，这种贡献总体上也存在一种下降趋势，而城镇内部不平等的贡献则呈现上升趋势。

基于泰尔 T 指数对"体制内"与"体制外"非农从业人员的收入不平等分组分析结果同样表明，"体制外"从业人员的收入不平等对总体不平等的贡献远远大于"体制内"收入不平等的贡献，而"体制内"收入不平等的贡献又远远大于两种体制之间的收入不平等的贡献。我们还注意到，非农从业人员的收入不平等在 20 年间呈现一种比较明显的 U 型变化趋势，这一结果尤其不容小视，因为随着中国工业化和城市化进程快速推进，非农从业人员比重将越来越高。另外，目前中国社会舆论对国有垄断行业职工收入过高，认定其是导致全社会收入不平等过大的主因的批评之声甚大，然而我们的数据分析结果表明这种说法并不严谨。因为整体收入不平等不仅受收入集中程度影响，也受不同收入水平的人口群体规模的影响。垄断行业职工规模在全部非农就业人员中所占比重，应当不会超过城镇国有和集体单位职工的相应比重，因此以他们的人口规模，他们的收入水平与其他行业就业人员收入水平的差距不可能成为总体收入不平等的主要形成因素，何况在 CGSS·2008 的调查数据中，"体制内"从业人员所占比重为 23.5%，已经大大超过了官方统计中城镇国有单位和集体单位在岗职工占全社会就业人员的比重，也就是说，他们在 CGSS·2008 中的样本已经被过分代表了。当然，这样说并不是为国有垄断行业职工高收入辩护，毕竟在本文所研究的多数年份里，"体制内"与"体制外"的组间收入差距对总体收入不平等做出了正的贡献；但需要警惕的一种倾向是，把这种不平等作为替罪羊，掩盖其他因素造成的不平等。

基于基尼系数对收入来源不平等的分解分析结果显示，工资性收入的贡献始终是最大的，这一点可以理解，因为对于绝大多数城镇住户来说，工资性收入是家庭收入的最主要来源；对于大多数农村住户来说，工资性收入的比重也不断上升，目前也占到了农户人均纯收入的一半左右。更重要的是，除了工资以外的其他收入来源与市场化的关系越是密切，其对收入不平等的影响就越大；而工资性收入本身，也应当在很大程度上具有市场化性质。

半对数线性回归分析和基于半对数线性回归的夏普里值分解分析，综合地反映了影响中国收入分配的一个基本机制，这就是中国现阶段的收入不平等主要来源于市场化机制的不平等效应。夏普里值分解分析测量了各种反映住户禀赋特征的因素对总体收入不平等的贡献大小，根据分析结果，综合地看，市场化机制的不平等效应对总体不平等的贡献份额至少可达50%，与社会结构—制度问题相关的非市场化机制的不平等效应所做贡献接近37%。当然，本研究依据的数据并未完全反映中国的实际不平等，因为各种灰色收入信息都无法通过入户调查收集，而灰色收入不管是通过权力寻租的方式产生，还是通过其他方式（如偷逃税等）产生，大抵都与原则上合法的市场化收入无关，因而可以预期，一旦把灰色收入信息收集起来，非市场化机制的不平等效应对总体不平等的贡献份额会有较大幅度的提升，不过其最终可能仍然难以超过市场化机制的不平等效应的贡献，因为这种收入的获得者在总人口中所占比重会是比较小的。

应当着重指出的是，本研究对不平等的综合性分析，仍然存在若干不足。首先，作为分析基础的调查对住户全体从业人员的信息收集不完备，因此，本研究不能把从业/就业的体制区隔和行业区隔纳入模型，从而未能有效地把它们的不平等效应识别出来。其次，对导致收入不平等的混合效应的分析，仍然缺乏足够的确定性，目前所做的估计只有一些间接的和经验观察性的依据，而没有直接的实证性证据。再次，即使我们努力识别出市场化机制和非市场化机制的不平等效应，但这可能并不意味着这些机制在现实中是单独地起作用的，不仅一些因素的混合效应可能包含着两类机制的共同效应，而且它们可能还会相互推动。要解决这些问题，既需要改进调查设计，也需要对数据进行更深入的挖掘，并且需要在方法上进行创新，还需要深入探讨各种机制背后的社会—政治机理。

尽管存在这样那样的问题,但本研究的主要发现仍然具有重要的理论和政策意涵。最重要的是,这些发现与现有的一些关于收入不平等变化的理论学说或假说(例如库兹涅茨倒U型假说)相背离。库兹涅茨假说是基于对西方发达国家第二次世界大战前50年收入不平等变动历程的研究提出来的(Kuznets,1955),而中国也已快速发展30多年,按照库兹涅茨理论,中国收入分配的变动趋势应当开始出现倒U型拐点,但现实是,目前还没有出现这种拐点的迹象,从某些角度分析,甚至存在U型变动趋势,1996年前后是这种U型变动趋势的拐点。这并非偶然。正是在这一时期,迈向市场逻辑的经济体制转轨,以及力度和范围前所未有的公有制企业改制,成为中国自改革开放以来强度最大、影响最深远的剧烈社会变革,经济的市场化程度前所未有地提高,收入不平等问题不可避免地加剧起来。

与此同时,一种新的、与以往迥然相异的机会结构和利益关系结构也在这种变革中形成,并且很快覆盖了整个社会。在这种机会结构和利益关系结构中,各种强势社会群体和阶层占据了有利位置,获得了更多机会,能够更好地利用市场获得更大收益。例如,作者在一项经验研究中发现,正是从1996年前后起,新兴私营企业主阶层的新增成员中,来自其他优势阶层的人与来自底层社会的人在比例上发生了根本性的倒转,前者从此前不到1/3迅速上升到超过3/4,而后者则从此前的50%多下降为不到1/4(陈光金,2005)。

在一个相当长的时期里偏好效率和经济增长的制度和公共政策安排,或者与优势阶层的强势利益诉求相配合而不能有效克制这种强势诉求对其他社会阶层利益造成的不利影响,或者支离破碎、软弱无力而不能支撑弱势阶层获得发展机会、分享改革发展成果,以及获得基本社会保障,因此在某种意义上强化了这种机会结构和利益关系结构。一个突出的表现是,迄今为止,相关公共政策在调整收入不平等方面的作用很不理想。换句话说,现阶段中国收入不平等的形成机理中,不仅有着市场化机制和非市场化机制的混合效应,而且市场化机制的不平等效应有其特定的制度—结构基础,而制度—结构性机制的不平等效应中也渗透着市场化机制的影响。结果,一些在类似库兹涅茨假说这样的理论看来理应减少不平等的因素和机制难以发挥作用。

库兹涅茨假说就是这样失效的。不过,库兹涅茨本人对收入不平等的倒U型变化趋势的理解与后人的理解是不同的:后人只是看到了市场发展和工业化的"积极"作用,而他本人则还看到西方发达国家收入不平等出现倒 U 型变化背后指向社会公平的社会哲学,以及相关公共政策的影响(库兹涅茨,1996/1989);一旦这样的社会哲学和相关公共政策被放弃,收入不平等就必将扩大,这是 20 世纪 60 年代末期以来西方发达国家的收入不平等出现大 U 型转变的关键。因此,最近 20 年来中国收入不平等的变化,验证了卡尔·波兰尼(2007)的论断:当市场过度强势以至于对社会产生破坏性影响时,我们就要保卫社会。

参考文献

白雪梅,2004,《教育与收入不平等:中国的经验研究》,《管理世界》第 6 期。
北京师范大学经济与资源管理研究所,2005,《2005 中国市场经济发展报告》,北京:商务印书馆。
陈光金,2005,《从精英循环到精英复制——中国私营企业主阶层形成的主体机制的演变》,《学习与探索》第 1 期。
——,2010,《中国收入不平等的内部结构及其演变》,《江苏社会科学》第 5 期。
陈志武,2006,《国有制和政府管制真的能促进平衡发展吗?——收入机会的政治经济学》,《经济观察报》1 月 2 日。
陈宗胜、周云波,2001,《非法非正常收入对居民收入差别的影响及其经济学解释》,《经济研究》第 4 期。
崔友平、李凯,2009,《行政垄断造成行业收入差距过大的机理分析及治理对策》,《山东经济》第 2 期。
樊纲、王小鲁、朱恒鹏,2006,《中国市场化指数——各地区市场化相对进程 2006 年报告》,北京:经济科学出版社。
傅玲、刘桂斌,2008,《解决收入两极分化的途径探讨》,《统计与决策》第 13 期。
管晓明、李云娥,2007,《行业垄断的收入分配效应——对城镇垄断部门的实证分析》,《中央财经大学学报》第 3 期。
何伟,2006,《资源分配不公决定收入分配不公——再论公平与分配不能联姻》,《中国流通经济》第 7 期。
胡代光,2004,《剖析新自由主义及其实施的后果》,《当代经济研究》第 2 期。
江国成,2009,《国家发改委:我国社会主义市场经济体制初步建立》,新华网,10 月 5 日。
江苏省统计局,2007,《江苏城镇职工劳动报酬分配状况探析》,中国统计信息网,10—17。
金玉国,2001,《行业工资水平与垄断程度的 Granger 因果关系分析》,《江苏统计》第 8 期。

库兹涅茨，西蒙，1996/1989，《现代经济增长》，戴睿、易诚译，北京：北京经济学院出版社。

赖德胜，2001，《教育与收入分配》，北京：北京师范大学出版社。

李春玲，2003，《文化水平如何影响人们的经济收入——对目前教育的经济收益率的考察》，《社会学研究》第 3 期。

——，2004，《断裂还是碎片——当代中国社会阶层分化趋势的实证分析》，北京：社会科学文献出版社。

李实、丁赛，2003，《中国城镇教育收益率的长期变动趋势》，《中国社会科学》第 6 期。

李实、罗楚亮，2007a，《中国城乡居民收入差距的重新估计》，《北京大学学报》（哲学社会科学版）第 2 期。

——，2007b，《收入差距与社会公平》，载中国改革研究院（海南）《2007 年中国改革评估报告》。

李实、张平、魏众、仲济根等，2000，《中国居民收入分配实证分析》，北京：社会科学文献出版社。

李学灵、张尚豪，2006，《安徽省农村居民收入差距的测度与分解》，《农村经济与科技》第 17 卷，第 12 期。

林毅夫、蔡昉、李周，1998，《中国经济转型时期的地区差距分析》，《经济研究》第 6 期。

林幼平、张澍，2001，《20 世纪 90 年代以来中国收入分配问题研究综述》，《经济评论》第 4 期。

刘欣，2005，《当前中国社会阶层分化的多元动力基础——一种权力衍生论的解释》，《中国社会科学》第 4 期。

卢嘉瑞，2002，《收入差距与两极分化》，《河北经贸大学学报》第 3 期。

陆学艺主编，2001，《当代中国社会阶层研究报告》，北京：社会科学文献出版社。

吕杰、张广胜，2005，《农村居民收入不均等分解：基于辽宁农户数据的实证分析》，《中国农业大学学报》第 10 卷，第 4 期。

马广奇，2000，《中国经济市场化进程的分析与度量》，《求实》第 10 期。

波兰尼，卡尔，2007，《大转型：我们时代的政治与经济起源》，冯钢、刘阳译，杭州：浙江人民出版社。

孙立平，2008，《社会转型：发展社会学的新议题》，《开放时代》第 2 期。

谭芝灵，2006，《试论贫富两极分化的本质、特征以及我国的贫富分化问题》，《生产力研究》第 1 期。

田士超、陆铭，2007，《教育对地区内收入差距的贡献：来自上海微观数据的考察》，《南方经济》第 5 期。

万广华，2006，《经济发展与收入不平等：方法和证据》，上海：上海三联书店、上海人民出版社。

——，2008，《不平等的度量与分解》，《经济学》（季刊）第 8 卷，第 1 期。

万广华、张藕香、伏润民，2008，《1985—2002年中国农村地区收入不平等：趋势、起因和政策含义》，《中国农村经济》第3期。

王妲、汪三贵，2006，《教育对中国农村地区收入差距的影响分析》，《农业技术经济》第2期。

王红涛，2009，《中国城乡收入差距分析——基于泰尔指数的分解》，《经济论坛》第12期。

王洪亮、徐翔，2006，《城乡不平等孰甚：地区间抑或城乡间？》，《管理世界》第11期。

王小鲁，2007，《中国的灰色收入与居民收入分配差距》，《中国改革》第7期。

辛翔飞、秦富、王秀清，2008，《中西部地区农户收入及其差异的影响因素分析》，《中国农村经济》第2期。

徐现祥、王海港，2008，《我国初次分配中的两极分化及成因》，《经济研究》第2期。

杨圣明，2005，《论收入分配中的两极分化问题》，《消费经济》第21卷，第6期。

杨天宇，2009，《中国居民收入再分配过程中的"逆向转移"问题研究》，《统计研究》第26卷，第4期。

岳昌君，2004，《教育对个人收入差异的影响》，《经济学》（季刊）第3卷增刊。

张奎、王祖祥，2009，《收入不平等与两极分化的估算与控制——以上海城镇为例》，《统计研究》第26卷，第8期。

周业安，2004，《市场化、经济结构变迁和政府经济结构政策转型——中国经验》，《管理世界》第5期。

Chiswick, B. 1971, "Earnings Inequality and Economic Development." *Quarterly Journal of Economics* 85.

Crompton, Rosemary 2008, *Class and Stratification*. London: Polity Press.

Deng, Quheng & Shi Li 2009, "What Lies behind Rising Earnings Inequality in Urban China? Regression-based Decompositions." *Global COE Hi-Stat Discussion Paper Series* 021.

Kuznets, Simon 1955, "Economic Growth and Income Inequality." *American Economic Review* 45 (1).

Li Haizheng 2003, "Economic Transition and Returns to Education in China." *Economics of Education Review* 22.

Millimet, Daniel L. & Le Wang 2006, "A Distributional Analysis of the Gender Earnings Gap in Urban China." *Contributions to Economic Analysis and Policy* 5 (1).

Nielsen, François & Arthur S. Alderson 1997, "The Kuznets Curve and the Great U-Turn: Income Inequality in U.S. Counties, 1970 to 1990." *American Sociological Review* 62 (1).

Tinbergen, J. 1972, "The Impact of Education on Distribution." *Review of Income and Wealth* 16 (2).

Wan, Guanghua 2002, "Regression-based Inequality Decomposition: Pitfalls and a Solution Procedure." Discussion Paper No. 2002/101, *World Institute for Development Economics*

Research. United Nations University.

—— 2004,"Accounting for Income Inequality in Rural China: A Regression Based Approach." *Journal of Comparative Economics* 32 (2).

Zhao, Wei & Xueguang Zhou 2002,"Institutional Transformation and Returns to Education in Urban China: An Empirical Assessment." *Research in Social Stratification and Mobility* 19.

Zhou, Xueguang 2000,"Economic Transformation and Income Inequality in Urban China." *American Journal of Sociology* 105.

作者单位：中国社会科学院社会学研究所
〔责任编辑：张宛丽〕

> **颁奖词** 《再生产与统治——社会流动机制的再思考》，是中国社会分层和社会流动研究方面一篇具有重要理论价值的论文，它在两个方面有重要的贡献：一是通过中外社会流动研究的相关数据，进一步证明了在各国之间存在代际之间优势持续性为特征的普遍模式；二是从理论上解释了"再生产"这一普遍社会流动模式存在的原因，弥补了以往现代化理论和制度主义理论解释的不足。

再生产与统治

——社会流动机制的再思考*

李路路

摘 要：在代际社会流动研究中，以代际之间优势的持续性为主要特征的关系模式成为一个普遍的模式。中国作为一个转型社会的数据也显现出同样的模式。作者认为，已有的工业化和制度主义的解释逻辑没有对在不同社会中存在的普遍性关系模式给出合理解释。作者从"再生产"和"统治"两种机制的角度，对关系模式所表现出来的普遍特征进行了理论探讨。

关键词：社会流动 再生产 统治 权力

一 理论背景与问题

社会流动研究关注的是社会不平等结构的形成过程和结构状况的变化。

---

* 本文原载于《社会学研究》2006 年第 2 期。我的同事刘精明教授曾和我多次讨论本文中的一些思想，并在统计分析上给了我很大帮助，特此致谢！

社会流动模式的研究揭示了社会分层结构形成的机制以及变化趋势。如果说20世纪50年代和60年代上半期对（职业）流动表中的职业流动率的分析属于第一代社会分层与流动研究的话（甘泽布姆等，2002/1991），布劳和邓肯有关社会地位获得的研究成为第二代社会流动研究的代表者。布劳和邓肯为现代工业社会的社会流动提供了一种工业化—功能主义的解释，认为工业化和技术的发展作为一种理性化的过程，必然要求将职业地位作为社会地位的核心，社会选择的标准将从家庭出身转变为成就，随着工业化和技术的发展，社会分层结构将日益开放，社会流动率不断增长，流动机会的平等化趋势将占据主导地位（Blau & Duncan，1967；Treiman，1970）。

1975年，费瑟曼、琼斯和豪泽发表论文，应用古德曼（Goodman，1979a，1979b，1984）发明的对数线性模型方法，利用美国和澳大利亚两个国家的数据，对家庭出身和最终位置之间的关系进行了分析，区分了"表型的"（phenotypical）流动和"遗传型的"（genotypical）流动。论文指出，由于两国的结构状况和其他因素的不同，家庭出身和最终位置之间的关联强度存在差异，但在关联模式上则表现出相似性，由此他们给出了一个普遍假设：在具有市场经济和核心家庭制度的国家里，不同国家尽管流动率有所不同，但代际间的关系模式都是相似的，即著名的"FJH假设"（Featherman et al.，1975）。其所建立的代际流动的跨国比较模型，亦被称为"共同社会流动模型"（common social fluidity）。由此观之，他们是试图用一个制度主义的逻辑来解释遗传型流动的普遍存在。

后继学者在更大范围内检验了FJH假设。其中最具代表性的是两个模型。一是埃里克森和戈德索普的"核心模型"（core model）。他们在阶级分类的基础上，利用"工业化国家社会流动比较分析"（CASMIN）项目所提供的11个国家社会流动数据，检验了FJH假设的共同社会流动模型（Erikson & Goldthorpe，1987a，1987b，1992）；与此同时，豪泽（Hauser，1984a，1984b）利用CASMIN数据，在"职业群体等级"的框架下，也发现了一个关于家庭出身与最终地位间联系的普遍模型。这些验证模型虽然分别在一定程度上修正了FJH假设，但在基本的代际间关系模式上仍持同样的结论，即尽管结构性变动等因素会导致"表型"流动趋于改变，不同国家的社会流动模式也存在差异，但社会流动的"遗传型"模式不因国家的不同而改变。换言之，在不同的国家，家庭出身与最终地位间的关联强度有所差异，但关联的模式（流动模式）则呈现惊人的相似性，即这一关联

（流动）模式是以社会继承性和短距离流动为主导特征，代际之间优势的持续性都是显著的（Hout，2004）。

作为第三代流动研究的代表，FJH假设具有重要的理论和方法意义（甘泽布姆等，2002/1991）。它将由结构性变动而引起的流动率的变化和相对流动机会的变化区分开来，依据"遗传型"模式的跨国相似性，否定了工业化假设提出的社会流动率将随工业化进程的发展而不断提高的机制，并且为社会流动的研究提供了制度主义的解释逻辑。第二代，特别是第三代流动研究所提供的基本解释逻辑和基本分析工具的普遍运用，使得延续上述两种解释逻辑的研究已经相当深入，问题的分析已经相当确定，给后继者留下的讨论余地已经很少（Grusky，2001），以至于有人认为，由于大量研究越来越多地依赖新的统计模型和方法的进展，致力于原有理论逻辑的精致化而缺乏在宏观社会学理论上的突破，社会流动的研究已经逐渐丧失了理论潜力，在社会学研究中的重要性日渐衰微，新的研究方向和领域逐渐转向收入群体流动性研究、社会分层与消费和生活方式、后现代主义的挑战等（Grusky，2001）。

社会流动研究是否已经陷入"终结"的境地？确实，工业化和制度主义理论从各自角度解释了社会流动及其内在机制，在一定程度上揭示了社会流动的变迁趋势，但是，我们并不认为它们的存在使得社会流动的分析已经丧失了理论发展的潜力。工业化的机制和制度主义的机制，都在一定程度上解释了社会流动的趋势和模式，但也都留下了巨大的解释空白。

首先，正如FJH假设所表明的，工业化的机制对于结构性流动和教育在流动中的作用给出了合理的解释，但无法解释在不同社会中普遍存在的代际间以继承性为主要特征的关系模式。其关于社会流动的功能主义解说直接将工业化的背景和个人的最终位置联系起来，缺失了对于具体联系机制的分析，而其关于社会流动随工业化进程不断增长的预言也没有得到证实。

其次，虽然FJH假设的制度主义解释明显否认了基于相对机会模式的流动中出现任何增长的可能性（Erikson & Goldthorpe，1987a；Grusky & Hauser，1984），然而与工业化假设一样，在FJH假设中，并没有对制度主义的具体机制给予很好的分析。其间所强调的市场经济与核心家庭制度仅仅被作为分析遗传型流动模式的背景，对于这些制度作用于共同社会流动模型的机制并没有给予深入的说明。

更为重要的是，制度主义的逻辑无法对不同国家中普遍存在的社会流动的继承性模式提供完备解释。后来的研究者对 FJH 假设的大量验证和修正，除了确认继承性流动模式的普遍性外，大多数集中于揭示不同国家流动模式上的差异性，例如所谓"一致性差异模型"（参见 Erikson & Goldthorpe, 1987a, 1987b, 1992），因此，这些研究基本上都没有对关系模式中共同的"继承性"特征形成的机制给予深入的解释。在我们看来，一是市场经济与核心家庭制度实质上是作为一种"理想类型"而存在，即使是同样被归结为市场经济与核心家庭理想类型中的各个社会，它们之间也存在极大的差异。二是如果在非市场经济社会，特别是中国这样的转型社会中也表现出相似的继承性流动模式，那么现有的制度主义逻辑也将无法给出合理解释。在更为一般的意义上，无论各个国家是否具有市场经济和核心家庭制度，无论各个社会之间在制度、文化、历史，乃至意识形态等方面存在什么样的显著差异，如果原有的和新的研究都证明了它们在继承性模式上表现出极大相似性，那么，我们就有理由假设，这意味着社会流动中还存在着其他没有得到分析和解释的机制。恰如是，才使得一般流动模式得以存在。

再次，一些经验研究中关于代际关联度的分析结果也对工业化和制度主义的解释提出了挑战。1989 年甘泽布姆等人（Ganzeboom & Luijkx et al., 1989）对 35 个国家 149 张流动表的分析表明，各国的社会流动随时间变化存在一般性趋势，同时又发现，在一些国家和地区，如芬兰、菲律宾、波兰和中国台湾等，其代际关联度要低于法国、（前）联邦德国、爱尔兰。代际关联度的复杂状况使得研究者无法用统一的工业化逻辑和制度主义逻辑对此进行解释。

几乎所有的分析——无论是关联度还是关系模式的分析都表明，在工业化机制和制度机制的后面，还存在着其他社会机制，它们至少与工业化机制和制度机制共同决定了社会流动的过程和结果。在这个意义上，社会流动的研究还远未达到充分的程度。

基于对以上理论背景和问题的讨论，本文的重点集中于对共同的继承性模式特征进行分析。促使我们这样做的重要原因之一是：前中央计划经济体制向社会主义市场经济体制转型过程中社会分层结构的变化，以及前些年围绕"市场转型"理论所引发的争论。这一制度转型所具有的广泛性和深刻性为社会流动模式的研究提供了新的机会。于此，中国的个案经验具有特殊重要性。

中国曾经是一个长期实行中央计划经济体制的社会，同时，又几乎是唯一一个通过渐进式改革的方式向市场经济体制转型，并保持工业化高速增长的社会。作为一个转型社会，中国对传统中央计划经济体制进行了深刻的、全方位的改革，但至今还未建立一个完善的市场经济体制。对这样一个转型社会的代际间的关联度和关联模式的分析，无论是验证还是挑战已有的模式，或是回答"市场转型理论"所出现的争论，都会对继续深入的研究具有重要意义。另外值得指出的是，过去对中国社会流动模式的分析，几乎都缺乏基于全国抽样调查的数据基础，因而缺乏对中国整体的分析，本文将以新的数据尝试弥补这一缺陷。

本文的主要工作是：第一，在社会流动的研究领域中已经积累了大量的跨国数据，本文将以工业化和制度主义理论为背景，选择若干在工业化、经济和政治制度以及文化、历史方面存在显著差异的国家的数据，同时加入1996年和2003年在中国大陆所进行的两次全国抽样调查数据，分析社会家庭出身和最终位置之间的关联强度和关联模式，对既有的社会流动模式进行检验。第二，如果我们仍然能够确认普遍的社会流动模式，我们将试图对既有的解释机制存在的缺陷进行讨论，并对可能的新的解释机制进行探讨。我们的基本结论是：现有的理论逻辑不足以解释共同的继承性流动模式，除了工业化和制度的机制外，再生产的机制和统治的机制也是形成共同的继承性流动模式的重要机制。由于传统的研究设计思路，在本文中我们无法对这两种机制给予经验性的分析，而更多的是在假设的意义上对这两种机制进行讨论。但我们坚持认为，恰恰是理论解释方面缺乏新的假设和想象力，在一定程度上限制了社会流动研究的进展。

二　数据、模型及解释

（一）数据

本文所使用的数据来源于两个方面。第一，国际社会流动数据，来自ISMF（国际社会分层与流动）项目所收集的代际流动表。[①] 我们从该数据库

---

① ISMF（The International Stratification and Mobility File）是在加州大学洛杉矶分校社会学系、社会科学数据库的支持下，由甘泽布姆（mail to：H. Ganzeboom@ hetnet. nl）、特莱曼（mail to：treiman@ dudley. sscnet. ucla. edu）发起并维护的一项"社会分层与社会流动"数据收集和整理项目，其目标是创建适用于社会流动的国际比较研究的数据资料库。至2004年12月止，该数据库已经涵括了42个国家和地区的200项调查。数据库网址：http://www. sscnet. ucla. edu/issr/da/Mobility/mobindex . html。

42个国家和地区的数据中选择了16个国家大致在1970—1980年代的流动表数据,为了更好地说明上面所提出的问题,这16个国家和地区的选择考虑到了不同经济发展水平、不同经济和社会制度,以及不同的文化和历史背景。第二,中国社会流动数据,分别来自由中国人民大学社会学系与香港科技大学社会调查中心共同主持的2003年中国GSS项目,以及1996年由中国人民大学社会学系与美国学者共同实施的一项全国性抽样调查。① 为了比较的需要,我们对于所有使用的数据,按照戈德索普等人的EGP方案对受访者的职业进行了重新分类;其中,中国的两次调查数据也根据ISCO68对职业进行重编码,并按照甘泽布姆提供的转换程序转化为相同的EGP码,最后确定了一个6分类的职业框架,如下所示:②

Ⅰ. 服务阶级(high, lower controllers, EGP:Ⅰ+Ⅱ③);
Ⅱ. 常规非体力(routine non-manual, EGP:Ⅲa+b);
Ⅲ. 小业主、自雇佣者(small self-employed, EGP:Ⅳa+b+c);
Ⅳ. 技术工人(skilled workers, EGP:Ⅴ+Ⅵ);
Ⅴ. 非技术工人(unskilled & semiskilled, EGP:Ⅶa);
Ⅵ. 农民(farm, EGP:Ⅶb)。

(二) 模型

就本文的研究目标而言,作者力图从具有不同工业化历史、制度、文化和政治背景的国家中,探寻阶级结构之中的共同流动机制,而不仅仅局限于工业化国家。这不仅是本研究选择流动表数据的一个导向,而且也决定了模型建立的基本策略。

---

① 2003年度全国综合社会调查(GSS)是由中国人民大学社会学系和香港科技大学社会调查中心合作主持的全国抽样问卷调查项目,调查内容主要是中国城镇地区的社会分层、职业流动、职业获得、户籍迁移、社会网络、居住、收入和社会保障状况、生活方式、社会认同等。南京大学、南开大学、吉林大学、兰州大学、武汉大学、上海社科院的社会学系(所)合作参与了部分调查工作。有关本年度GSS项目的具体情况可查看网站:http://www.chinagss.org。1996年数据是由中国人民大学社会学系与美国学者共同进行的包括城市和农村在内的全国性抽样问卷调查,调查采用PPS抽样,样本量为6090份。主要内容涉及个人的教育与工作经历、家庭历史、收入与经营等多个方面。
② 我们知道EGP分类框架并不能够很好地适应中国社会。有两个原因使我们决定采用EGP框架:第一,国际比较的需要;第二,如前所述,"阶级框架"或"职业等级框架"对于关联模式的分析没有根本的影响。
③ 对照EGP全分类框架的Ⅰ+Ⅱ类,见Erickson & Goldthorpe, 1992:38-39。下同。

1. 代际关联度

我们首先采用"对数乘积层次模型"①（Xie，1992），选择了一些国家（包括中国）的代际流动表数据，比较了国家之间的代际关联性的差异，分析显示出与甘泽布姆等相同的结果：代际关联较弱、较为开放的国家，并不是那些较早完成工业化进程的国家；相反，一些工业化起步较晚，或者曾经历过社会主义制度背景的国家，反而表现出更低的代际关联（详见表1和图1）。

表1 不同类型的国家关联系数的差异比较估计值

国　　家	φ系数（去除主对角）	φ系数（包含主对角）
匈牙利	.1571	.1739
新西兰	.1743	.1759
中国	.1813	.1832
捷克	.1825	.1864
日本	.1767	.1936
美国	.2174	.1968
瑞典	.217	.2089
菲律宾	.1893	.2153
澳大利亚	.2279	.2165
巴西	.2312	.2181
波兰	.2166	.2195
英国	.2812	.2615
印度	.2111	.2642
法国	.2786	.2793
奥地利	.2934	.2905
意大利	.388	.3441
德国	.3566	.3777

---

① 谢宇（Xie，1992）的对数乘积层次模型可表述为 $Log(F_{ijk}) = \lambda + \lambda_i^R + \lambda_j^C + \lambda_k^L + \lambda_{ik}^{RL} + \lambda_{jk}^{CL} + \phi_k \psi_{ij}$。这里，$F_{ijk}$ 为多层次流动表单元格频数，i、j 分别表示单个流动表的行与列，k 表示不同国家或地区，λ_i^R、λ_j^C、λ_k^L 分别表示行、列与层次的主效应，λ_{ik}^{RL}、λ_{jk}^{CL} 分别表示行、列与层次之间的二维交互效应，而 $\phi_k \psi_{ij}$ 表示流动表行与列的整体关联性（ψ_{ij}）及与不同国家或地区之间的差异（ϕ_k）。其中，ϕ_k 服从平方和为1的约束条件：$\Sigma \phi_k^2 = 1$。此处所设定的代际关联模型为全交互效应模型和去主对角线的全交互模型。所使用的数据，详细介绍见下节。

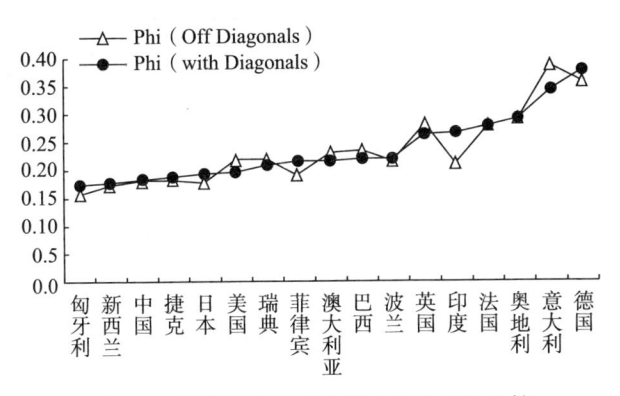

图 1 不同类型的国家关联系数的差异比较

表1和图1所展示的即是不同类型国家的关联系数的差异比较估计值。根据前面的讨论，分析中首先假定这些国家的代际流动具有相同的流动模式，并分别用包含主对角线效应和去除主对角线效应的全交互效应作为关联模式（从估计值来看，两种估计基本一致）来分别估计和比较各国的代际关联性差异。

数据显示，像匈牙利、新西兰、中国和捷克，代际关联强度大体相当，相差在6.7%（=1－0.1739/0.1864）以内。代际关联相对强的是德国和意大利，在这些国家中，极差达到54%［=1－0.1739（匈牙利）0.3777（德国）］。发展中国家印度的代际关联系数与英国、法国、奥地利极为接近，而日本、美国、瑞典、菲律宾、澳大利亚、巴西、波兰却处在另外的相似位置上。

上述国际的比较表明，即使我们仅用代际关联系数来表示一个社会或国家中职业流动的开放或封闭性程度，单纯使用工业化和制度主义的逻辑都不足以勾勒国际性差异。也许正因为看到了代际关联性在国际上存在的多种差异才使得研究者更多地关注差异性，但忽视了关系模式的共同性特征或者忽视了对这种共同性模式的解释和分析。

2. 代际关系模式

对于社会流动模式的研究，埃里克森和戈德索普（Erikson & Goldthorpe，1992）提供了一个较为完整、严谨的分析框架，他们用"层次"（hierarchy）、"继承"（inheritance）、"区隔"（sector）、"亲合"（affinity）四个基本概念来描述阶级结构对社会流动的影响。这意味着阶级结构本身的层次位置、不同阶级位置上的资源与机会优势的传承、阶级结构中固有的流动樊篱和障碍，以及阶级位置之间的一些亲和关系，是影响社会流动的四个主要维度。以此为基础，他们通过设计多维矩阵 TOPO 图建立了著名的 Core Model，用以分析 CASMIN 数据，并得出各国社会流动具有"继承与短距离流动"的"共同性模式"（Cmsf）的结论。将这一模式引入本研究的数据分析，当然会具有一定的价值，特别是模型所提出的四个分析维度，无疑是对流动表结构的深刻把握。但是，考虑到本研究数据中的一些独特性，也许我们需要考虑新的模型建构方式。

对于流动表的单元格的一个更为概括的分类是流动与不流动两种类型。因而就阶级之间的流动、阶级阶层间关系而言，可以有更为直接的理解：要么是继承，要么是对阶级边界的渗透，即阶级地位及其优势的代际继承性或差异与变化（阶级边界的渗透性）。在上述分类的阶级阶层结构中，我们可用下列拓扑图来表示几种主要的代际间阶级继承关系和阶级渗透关系。图2、图3是两种阶级继承模式。其中图2是主对角线继承，典型地描述了阶级位置上的"不流动"或继承效应，图3是技术工人和非技术工人之间的流动，这种流动可以看成工人阶级内部的流动，因而也体现为体力劳动的代际继承。图3、图4则是三种形式的阶级渗透模式。在上述阶级阶层分析框架中，存在三条基本的阶层分界，即体力劳动者与非体力劳动者之间、农业劳动者与非农劳动者之间的分界，以及自雇佣者阶层的自我封闭性。参照戈德索普（Goldthorpe，1992：124-131）对阶级分割和渗透的理解，在设计阶级渗透的拓扑图时，我们首先设计了一组工人阶层与服务阶级、服务阶级内部的流动模式（图3：PEN1）；其次是自雇佣者向其他各社会阶层的渗透（图4：PEN2）；再次是农民阶层向其他各社会阶层的渗透（图5：PEN3）。

	Ⅰ	Ⅱ	Ⅲ	Ⅳ	Ⅴ	Ⅵ			Ⅰ	Ⅱ	Ⅲ	Ⅳ	Ⅴ	Ⅵ
Ⅰ	2	1	1	1	1	1		Ⅰ	1	1	1	1	1	1
Ⅱ	1	2	1	1	1	1		Ⅱ	1	1	1	1	1	1
Ⅲ	1	1	2	1	1	1		Ⅲ	1	1	1	1	1	1
Ⅳ	1	1	1	2	1	1		Ⅳ	1	1	1	1	2	1
Ⅴ	1	1	1	1	2	1		Ⅴ	1	1	1	2	1	1
Ⅵ	1	1	1	1	1	2		Ⅵ	1	1	1	1	1	1

图2　阶级继承模式（1）　　　　图3　阶级继承模式（2）
INH1 [a (i, j)]　　　　　　　　INH2 [b (i, j)]

	I	II	III	IV	V	VI		I	II	III	IV	V	VI
I	1	2	1	2	2	1		1	1	2	1	1	1
II	2	1	1	2	2	1		1	1	2	1	1	1
III	1	1	1	1	1	1		2	2	1	2	2	1
IV	2	2	1	1	1	1		1	1	2	1	1	1
V	2	2	1	1	1	1		1	1	2	1	1	1
VI	1	1	1	1	1	1		1	1	1	1	1	1

图 4　阶级渗透模式（1）　　　　图 5　阶级渗透模式（2）
　　　PEN1 [c (i, j)]　　　　　　　　　PEN2 [d (i, j)]

由于所采用的阶层框架在变量形式上是定序的变量，因此，在运用对数线性模型来拟合流动表数据时，我们首先可通过一致性关联模型（uniform association）来表示父代—子代职业位置高低本身对流动的影响（β系数）：

$$Log(F_{ij}) = \lambda + \lambda_i^R + \lambda_j^C + \beta ij$$
$$(i = 1, 2, \cdots I; J = 1, 2, \cdots J; I = J = 6) \quad \text{（模型 1）}$$

I	II	III	IV	V	VI
1	1	1	1	1	2
1	1	1	1	1	2
1	1	1	1	1	1
1	1	1	1	1	2
1	1	1	1	1	2
2	2	1	2	2	1

图 6　阶级渗透模式（3） PEN3 [e (i, j)]

以一致性关联模型为基础，将描述阶级继承与阶级渗透的五种拓扑模式纳入模型，以比较继承与渗透两种代际关联模式在各国社会流动中的具体表现方式。对各国流动表数据的拟合模型，其统一形式如下（模型 2）。

$$Log(F_{ij}) = \lambda + \lambda_i^R + \lambda_j^C + \beta ij + \lambda_{a(i,j)}^{INH1} + \lambda_{b(i,j)}^{INH2} + \lambda_{e(i,j)}^{PEN1}$$
$$+ \lambda_{d(i,j)}^{PEN2} + \lambda_{e(i,j)}^{PEN3} \quad \text{（模型 2）}$$

这里 $\lambda_{a(i,j)}^{INH1}$、$\lambda_{b(i,j)}^{INH2}$、$\lambda_{e(i,j)}^{PEN1}$、$\lambda_{d(i,j)}^{PEN2}$ 和 $\lambda_{e(i,j)}^{PEN3}$，分别为上述五种拓扑图所描述的继承与渗透模式。在模型比较过程中，我们以模型 1（一致性关联模型）作为基准模型。模型比较及模型参数结果见表 2。

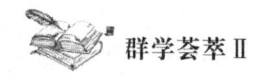

表 2 模型比较、各类继承、渗透模式之参数以及数据说明

国家及相应序号		模型比较					
		基准模型 df = 24		模型 2,df = 19			
		G^2	Δ	G^2	p 值	Δ	rG^2
1	澳大利亚	318.96	15.1	65.82	0.000	6.5	0.87
2	奥地利	1546.53	16.4	299.45	0.000	5.9	0.91
3	巴西	475.08	4.6	57.31	0.000	1.7	0.97
4	捷克	301.79	8.4	107.52	0.000	6.7	0.94
5	英格兰	981.29	7.8	82.68	0.000	2.5	0.97
6	法国	781.81	22.1	92.49	0.000	5.3	0.91
7	德国	1005.31	18.7	85.7	0.000	4.5	0.93
8	匈牙利	508.11	6.1	123.79	0.000	4.3	0.97
9	印度	528.02	4.8	58.17	0.000	3.9	0.96
10	意大利	499.9	10.5	105.24	0.000	4.2	0.93
11	日本	185.45	12.1	30.58	0.045	3.9	0.89
12	新西兰	116.88	14.3	35.39	0.013	3.5	0.82
13	菲律宾	822.72	4.7	47.73	0.003	2.2	0.98
14	波兰	4420.32	8.8	274.74	0.000	2.9	0.94
15	苏格兰	554.64	8.9	76.03	0.000	4	0.94
16	西班牙	277.43	11.3	32.57	0.027	3.4	0.92
17	瑞典	133.52	9.9	23.38	0.221	3.9	0.89
18	美国	948.01	8.5	74.07	0.000	1.8	0.98
19	中国 2003 年	289.51	11	37.59	0.007	3.1	0.94
20	中国 1996 年	503.64	3.6	56.57	0.000	2.4	0.98

国家及相应序号		模型 2:各国继承模式与渗透模式的参数					
		β	继承模式		渗透模式		
			INH1	INH2	PEN1	PEN2	PEN3
1	澳大利亚	.062***	1.088**	.0868*	.645	-.384	-.241
2	奥地利	.12***	.351**	.181	-.12	-.677**	-1.163***
3	巴西	.122***	1.062***	.908***	.786***	.422**	-.093
4	捷克	.108***	.916***	.744**	.838***	.445	.104
5	英格兰	.107***	.793***	.659***	.357**	.026	-.813***
6	法国	.116***	.830***	.629***	.422***	-.114	-.644***

续表

国家及相应序号		模型2：各国继承模式与渗透模式的参数					
		β	继承模式		渗透模式		
			INH1	INH2	PEN1	PEN2	PEN3
7	德国	.142***	1.383***	.871***	.605***	.065	-.561**
8	匈牙利	.108***	.396***	.225	.118	-.163	-.288*
9	印度	.073***	.645***	-.669*	-.67**	-.616***	-.715***
10	意大利	.351***	.718***	.422**	-.012	-.011	-.323*
11	日本	.066***	.731***	.357	.116	-.055	-.31*
12	新西兰	.071***	.779***	.446*	.388*	.284	-.258
13	菲律宾	.068***	.948***	.402**	.204	-.341**	-.316*
14	波兰	.073***	.951***	.836***	.544***	-.272***	-.354***
15	苏格兰	.099***	.950***	.908***	.593**	.161	-.711***
16	西班牙	.13***	1.213***	.631***	.178	.509***	.168
17	瑞典	.106***	.479*	.414*	.22	-.112	-.525**
18	美国	.092***	.721***	.582***	.504***	.184*	-.423***
19	中国2003年	.008	1.097***	.809***	.597***	.392**	-.11
20	中国1996年	.048***	1.101***	.825***	.700***	.006	-.06

国家及相应序号		第一类继承与各渗透模式的流动密度比较			数据说明	
		IN—P1	IN—P2	IN—P3	数据来源、调查者及调查时间	样本规模
1	澳大利亚	1.56	4.36	3.78	Broom & Jones, 1976年	1852
2	奥地利	1.6	2.8	4.54	Haller, 1982年 minicensus imputed	9971
3	巴西	1.32	1.9	3.17	IBGE, 1973年 10% sample	5964
4	捷克	1.08	1.6	2.25	Jungman, 1972年	3942
5	英格兰	1.55	2.15	4.98	Hauser, 1984年	9489
6	法国	1.5	2.57	4.37	Hauser, 1984年	4769
7	德国	2.18	3.74	6.99	Kleining, 1969年	4047
8	匈牙利	1.32	1.75	1.98	Kulszar & Harcsa, 1983年	10710
9	印度	3.72	3.53	3.9	VerbaNie & Kim, 1966—1971年	1944
10	意大利	2.08	2.07	2.83	Heath, 1986年	3513
11	日本	1.85	2.19	2.83	Tominaga, 1975年	2053
12	新西兰	1.48	1.64	2.82	Jones & Davis, 1986年	1453
13	菲律宾	2.1	3.63	3.54	PopulationInstitute, 1973年	5300

续表

国家及相应序号		第一类继承与各渗透模式的流动密度比较			数据说明	样本规模
		IN—P1	IN—P2	IN—P3	数据来源、调查者及调查时间	
14	波兰	1.5	3.4	3.69	Zagorski, 1972 年	31561
15	苏格兰	1.43	2.2	5.26	Moore & Payne, 1974—1975 年	3887
16	西班牙	2.82	2.02	2.84	FOESSA, 1970 年	2127
17	瑞典	1.3	1.81	2.73	Hauser, 1984 年	2094
18	美国	1.24	1.71	3.14	Featherman & Hauser, 1962—1973 年	20310
19	中国 2003 年	1.65	2.02	3.34	全国综合社会调查（GSS），2003 年	4816
20	中国 1996 年	1.49	2.99	3.19	中国人民大学社会学系, 1996 年	4514

$^* p < 0.05, ^{**} p < .01, ^{***} p < 0.00$

对于独立模型，我们列举的比较项主要有偏差 G^2（拟合优度卡方值）和 Δ 值，① 而对模型 2 的检验，则除上述两个比较项外，还列举了 G^2 的显著性水平，以及观测数据与拟合数据之间的类相关系数。之所以不列举独立模型 G^2 的显著性水平，是因为对各国家的流动表数据来说，模型 2（一致性关联模型）对流动表数据的拟合优度都在 $P < 0.0001$ 的显著性水平下是显著的。然而，尽管模型 2 对流动表数据的拟合，除了个别国家外，拟合优度都显然不太好，但是，相对于独立模型来说，G^2 的改进量都较大，且表示预测与观察之间差异的误差百分比 Δ 值有明显降低。所以我们决定以模型 2 的参数来大致说明存在于不同国家内部的社会流动的继承与渗透形态。

（三）社会流动模型结果及解释

表 2 的模型结果（模型 2 的参数）基本上印证了埃里克森和戈德索普等人关于社会流动的一个基本结论：在所有的国家中，与渗透性模式的参数相比较，其基本的代际继承关系模式（即主对角线继承特征）是各国社会流动中最为主要的特征。各国流动表数据模型中，主对角线继承参数（INH1）都显示出显著的正向效应，且所有的对角线参数都比其他渗透参数要大。因此，通过优比计算，我们可以发现，对角线上的继承，相对任何

---

① Δ 是度量各单元格中拟合数据与观测数据之间差异的一个综合指标，它是一个误差的百分比值，其公式为：$\Delta = \frac{1}{2N}\sum_{i}^{I}\sum_{j}^{J}(\mid \pi_{ij} - f_{ij}\mid)$，这里 π_{ij} 为拟合模型的单元格预测频数，f_{ij} 为单元格观测频数，N 为样本总数。

形式的流动效应而言，都有更高的优比值。这意味着在职业阶级的继承与渗透关系上继承是更为基本的。

表2中"第一类继承与各渗透模式的流动密度比较"一栏对此进行了更进一步的说明。该栏中的三列分别列示了对角线继承与三类渗透之流动密度的比较。各国家流动密度比较的计算方式如下：

$$IN - P1 = \exp(INH1 - PEN1)$$
$$IN - P2 = \exp(INH1 - PEN2)$$
$$IN - P3 = \exp(INH1 - PEN3)$$

以第三个国家巴西来说，$IN - P1 = \exp(1.062 - 0.786) = 1.32$，表明在巴西，相对技术工人、非技术工人与白领职业阶层之间的流动，以及白领职业阶层内部的流动来说，父子同业的代际继承优势要高出32%。正如我们在流动密度比较一栏中所看到的，所有的比较值都大于1，它表明在所有国家中，父子同业的代际继承都比任何一类阶级渗透的流动密度要高。

就国家间的比较来看，我们可以发现，不同国家职业阶级的代际继承与代际渗透的相对强度是很不相同的。从父子同业的代际继承与第一种形式的阶级渗透之比较来说，印度、西班牙、德国、新西兰、意大利等国家体现了更为强烈的继承优势；相反，在一些发达的资本主义国家，如美国、瑞典等，其相对继承优势较弱；然而一些有过社会主义实践经历的国家，如捷克、波兰、匈牙利和中国，也表现了相近的特征。这表明，在代际的阶级继承与流动相对强弱的差异上，仍然可能存在制度、政治和文化上的解释，包括工业化的解释。但是，我们还可以看到，几乎在所有国家中，都表现了一种相似的流动模式，即农民与其他阶级的流动、自雇佣者与其他阶级之间的流动相对于第一类渗透模式来说，都要小很多。这也再次证明了底层的封闭性更强，以及基于财产的阶级分割——小所有者与其他职业阶层间的渗透更不容易发生。

继承与渗透关系的模型拟合结果，尽管反映了在不同工业化路径、不同政治文化背景和制度背景的众多国家和地区之间，代际继承与渗透的相对强弱模式很不相同，但是应该说，在"继承性占主导地位"这一基本模式上本研究和以往研究之间不存在差异。

上述结论也在一定程度上回答了围绕"市场转型理论"所发生的争论。1996年和2003年（GSS）的数据分析结果同样表明，即使是在中国这样一个正在经历重大制度转型和高速现代化的社会中，虽然代际关联度相对较低,但是,代际间的继承性趋势仍然强于流动性,原有的社会分层秩序(不同阶层之间的相对地位和相对机会)并没有因为由再分配经济向市场经济的转型而发生根本变革。

三 社会流动模式中的再生产与统治机制

对跨国数据分析的结果表明,在现代社会,无论是哪一个社会,绝对的流动和绝对的不流动都不存在。但是,在流动率(关联度)上各国之间存在差异,这种差异可以看作职业结构、制度、文化、政治等因素影响的结果。由于不同国家间工业化结构和发展的差异,由于各国的制度、文化和政策的不同,不同国家结构性流动和推动或阻碍流动的因素存在相当的差别,这些差别通过关联度系数表现出来。特别值得指出的是,一个社会的运行状况,例如,是处于稳定发展之中还是处于剧烈变迁之中,对于一个社会的结构性流动都有可能产生很大影响。对于正处于急剧转型或变迁中的中国社会来说,经济结构、制度结构乃至文化的变革,高速的现代化过程和大规模的制度变迁,推动了中国社会结构的巨大变迁;如此社会背景下,代际间的关联度相对较弱是一个可以预计的结果。但是,正如豪特所指出的,这种差异局限在一定范围内(Hout, 2004)。我们的统计表明,在这些被观察到的国家里,除了中国城镇地区2003年GSS调查显示出更弱的关联强度外,包括中国1996年的全国性调查数据在内,家庭出身与最终位置之间相关性系数都分布在一定的范围(0.1571—0.3777)。

除关联度差异外,我们也看到了跨国数据在关联模式的"继承性强度"上也存在一定差异。但是,正如我们在本文开始时就已经强调的,关联度和关联模式的差异不是本文分析的目标。我们的统计再一次确认了关联模式中继承性占有优势的特征。因此,我们最为关注的问题是:为什么不同结构、不同制度、不同文化、不同社会运行状态的社会在流动的关系模式上显现出继承性特征占主导地位的模型?在我们看来,现有的工业化理论和制度主义理论对此没有给予完备的解释。

我们尝试对占有优势的继承性模式给出不同于工业化和制度主义的理论解释。为了避免引起歧义及叙述方便,首先要说明两个概念。第一,无论是在"阶级"还是在"(职业)等级"概念下所进行的社会流动分析,都得出了基本相似的共同流动模式,即代际间以继承性为主导特征的流动模型。毫无疑义,"阶级"和"(职业)等级"不是同一的概念,其理论框架和所确定的实质性关系之间存在本质差别,尽管我们倾向于"阶级"的理论视角,并将相关分析建立在阶级分类基础上,但是在这里,我们无意对两种理论视角的优劣进行争论,对于我们来说重要的是两种视角下的流动模式所显示出的共同特征。因此,下面的讨论和分析将使用"社会集团"或"社会群体"的概念来表示社会分层系统的分析单位。当然,由于社会集团或社会群体概念的宽泛性,在这里有必要对本文所使用的社会集团或社会群体概念做一个限定:它们主要指那些处于社会不平等系统中的社会集团或社会群体,包括了阶级和职业群体,但不是泛指一切社会群体。第二,这里讨论的是社会分层(包括阶级结构和职业等级)而不是"精英"的流动模式,社会分层概念和精英概念虽然具有某种程度的一致性,但二者之间存在很大区别:精英理论强调的是"精英"和"大众"的对立,而社会分层理论强调的则是不同阶级或阶层之间的关系(Giddens,1973:106)。

依笔者所见,造成在社会流动模式中继承性模型占据主导地位的主要是两种机制,即社会集团或社会群体的再生产机制和统治权力机制。受这两种机制的作用,代际间的继承性模式得以在具有不同结构、不同制度、不同文化和不同社会运行状况的社会中普遍存在并延续。

(一) 再生产机制

所谓"再生产机制"是指那些被置于社会不平等体系中的社会集团,特别是那些具有垄断位置和某种社会优势的社会集团,基于维护、扩大、延续自己地位和利益的需要,使用各种方式使得自身社会位置能够持续保存并在代际间不断传递下去的机制。在不同的社会结构、制度和文化中,这种机制的表现形式有所不同,但内在的逻辑是相似的。由于这种机制的存在,不同国家社会流动的一般模式具有相似性。这种继承性模式存在的内在动力,来自不平等的社会结构和在此基础上形成的利益。无论是生产资料、社会权力、社会机会,还是其他各种社会资源,一旦在社会中形成了不平等的占有和分配结构,就构成了占据这些位置的社会集团的既有利益。维护、扩大和延续这些既有利益的内在动力,推动着这些社会集团采用各种各样的形式再生产自身。

任何一个在社会分层系统中居于一定位置,特别是居于垄断位置和优势地位的社会群体,由于维护、扩大和延续自身位置和利益的需要,都会通过其他各种社会形式再生产社会分层系统本身,从而表现出一种强烈和顽固的"社会封闭"(social closure)倾向。对此做出经典分析的当属马克斯·韦伯。韦伯在讨论社会行为概念时指出，一种社会关系如果可能为参加者开拓满足内在和外在利益的机会，那么，有关利益者的共同体在面对其他积极的或消极的竞争者时，不管是根据目的还是根据结果，也不管是通过团结一致的行为还是通过利益的平衡，都会导致垄断特定利益的倾向。

一些社会集团可以利用自己所占有的垄断地位在各种利益竞争和冲突的领域中，将有利于维护自己利益的意志在各种（政治的、经济的、文化的、社会的）领域中实施，包括在市场上、讲台上、政府里，甚至在体育运动中（韦伯，1997/1976下册，265）。例如，一些社会成员现实的或潜在的、有别于他人的特征，如种族、语言、宗教、籍贯、出身、家世、住址等，都可以作为垄断和封闭的标准。再如，纯粹市场条件下以公平交易为形式的垄断者与无财产者之间实质不平等的交易，以自由参加为形式的各种录取资格考试制度，各种各样的成员资格限制、婚姻，或者干脆根据一种已经被占为己有的权利，排除其他人对这些权利和资源的觊觎，也都可以成为社会封闭的方式（韦伯，1997/1976，上册：72—75，378—381；下册：248，254，257；Parkin，1974：ch.1）。

社会封闭即排除或限制其他人的参加或与各种参加条件联系起来，通过各种方式，保障给予参加者以实质上被垄断了的机会。社会封闭或社会排斥之所以得以存在，是由于各个社会集团所处的位置不同，实现利益的能力和机会不同，因而所采取的社会封闭策略和方式也有所不同。社会分层系统本身即是一个权力关系的结构（布尔迪约、帕斯隆，2002：17—18）。社会集团再生产社会分层秩序的方式，是在一个权力结构中进行的。或者说，各种社会封闭的方式，是以分层系统的权力关系为基础的。那些在社会分层系统中占据统治地位的社会集团运用自己在权力上的优势地位，使得社会分层结构再生产的各种方式得以维持，社会分层的秩序得以稳定地延续。

这种基于某种垄断地位而再生产自身的机制，在现代市场经济中有充分的表现。现代市场经济在形式上是以参与者的自由交易和形式上的平等为原则的，是建立在不同个体或组织相互交换关系之上的经济系统。那些在财产和资源等方面处于不同垄断地位的参与者，可以利用自己在财产和资源上的优势，迫使那些需要这些资源的参与者服从自己的意志，以此来交换他们所需要的资源（布劳，1987：145—164）。这样一种权力的实施往往不存在直接的强制性，而是以"惯例""自愿""契约"等形式间接实现的。现代市场交易是以参与者各方的权利平等、自由交换和契约的形式进行的,例如,交易一方有不签署一个契约的"自由",被雇佣者可以"自主"选择不受雇,但是,那些处于"弱势地位"的市场参与者即使对交易的过程和结果不满意,也很少有改变这种状况的能力和机会,在市场的权力结构中,他们的"选择"已经被限定。因此,布迪厄强调,现代社会中的教育行动符合在权力关系中处于不同地位的集团或阶级的物质和符号利益,无论从它强加的方式,还是从它强加的内容及对象的范围来说,它们总是有助于这些集团或阶级之间文化资本分配结构的再生产,但它所采取的形式总是间接的(布尔迪约、帕斯隆,2002:15、19)。吉登斯指出,在以自由竞争为基本原则的表现市场能力的具体形式中,由于存在着"邻近型结构化"(proximate structuration)和"中介型结构化"(mediate structuration)两种机制,因而都存在流动机会的封闭,并影响决定了超越一代的共同生命经历的再生产,构成了界定或形成阶级形式的"固定"(localised)因素(Giddens,1973:107－109)。

上述有关再生产机制的讨论,喻示了社会分层结构实际上是一个具有很强"刚性"的结构。尽管在现代社会中,特别是在市场经济体制的社会中,几乎不存在任何歧视性地限制人们社会机会的正式规范或制度;但是,维护、扩大和传递自身利益的内在动力,会动员起各种各样的方式以建构社会的分层结构,并顽固地将分层秩序一代一代传递下去。这样一种再生产的逻辑会超越工业化和制度的影响,在各种不同的社会中发挥作用。

当社会分层系统显示出如此稳定的一种继承性模式时,一个不可避免的问题是:社会变迁与再生产机制之间是一种什么关系?难道社会变迁对社会分层秩序没有影响吗?这是一个非常复杂的问题,这里可以尝试从不同层面的社会变迁角度对此问题给出回答。前面的讨论已经指出,工业化和技术的变革,无疑会影响社会流动的规模和速率,但这种影响主要属于结构性的流动。在我们看来,一个社会的分层系统并非一个纯粹"客观"的结构,而是一个由不同社会群体构建并运作的社会系统,利益的竞争或冲突会导致多种多样的再生产机制,从而保护一些社会群体,特别是那些占据优势地位的社会群体,利用自己的优势地位将其利益基础从一种社会位置或社会资源转移到另一种社会位置或社会资源,分层秩序的继承性在变迁的过程中依然得以保持。

即使在制度变迁的过程中,这种再生产的机制也会支配着社会流动的模式。这里,我们想强调制度变迁过程的两种不同形式,以及它们对社会流动的再生产机制的影响方式。其一，当制度变迁是在原有的优势阶层领导和控制下发生时，再生产机制会导致原有的社会分层秩序直接延续下去，大量有关东欧及中国向市场经济转型的研究，为这样一种变迁形式下的再生产机制提供了佐证（参见边燕杰等主编，2002）。其二，当制度变迁是由原有社会分层系统中的下层领导和推动时，原有的社会分层秩序有可能发生翻天覆地的改变，过去的优势阶层变为新秩序中的底层，而过去的社会底层有可能成为这个新秩序的"领导阶层"。看起来，再生产的逻辑似乎被这样的制度变迁打断了；然而，一个新的社会分层秩序形成以后它的社会流动模式也会很快显现出继承性的特征，分层秩序的运行逻辑仍然建立在再生产的基础之上。有关社会主义社会的一些研究证明了这一过程（例如，Giddens, 1973, ch. 12, 13; Parkin, 1969）。也就是说，虽然"社会革命"可以改变一个社会的社会分层秩序，建立一个"新的"社会分层系统，但它的流动模式仍然会遵循再生产的逻辑运行。

正是基于以上的讨论，在我们看来，并不是社会流动研究在确定的结果面前已丧失了理论上深入的潜力，而是因为我们对于上述再生产机制尚未找到更精确的概念和更好的操作化方法去研究和测量。

也许人们会反驳，有关经济资本、文化资本、社会资本和政治资本在代际间的继承，已经揭示了继承性流动模式形成的机制，因为它们显示了社会资源、权力和机会在代际间的传递。但是，在我们看来并非如此。各种资本在代际间的继承或传递，实际上显现的是再生产的对象和结果，也就是说，在一个分层系统中，社会位置之间的差异可以看作不同社会集团或社会群体在占有这些资本上的差异。因此，将再生产机制表述为这些资本的传递，实质上并没有揭示这一再生产过程的内在机制，即社会集团通过什么样的方式将这些资本继承或传递下去？而我们在上面讨论过的各种再生产的机制，则提供了解答的基础：正是由于存在各种社会封闭或阻隔的机制，那些占有优势地位或垄断地位的社会集团才能对外封闭或垄断各种资本获得的机会，从而将它们继承或传递下去。

（二）统治的机制

在确定了社会流动的继承性模式内存在着一个再生产机制，因而存在着一种再生产的逻辑后，依然存在着一个分析上的空白，即这种再生产机制如何得以维持？在一个分层的系统内，处于不同位置上的社会集团都会为了维护、扩大和延续自身的利益，采取各种各样的方式，去争夺相对稀缺的各种资源、权力和社会机会，从而引发激烈的竞争甚至冲突。那些在社会分层系统中处于优势的社会集团，如何能够面对那些处于相对劣势的社会集团的竞争甚至对抗，使得自己对于权力、资源和机会的垄断和封闭一代一代地延续下去；那些在分层系统中处于相对劣势的社会集团，为什么能够容忍自己的劣势位置一代一代地被继承下来而没有能力去改变自身的位置？换句话说，为什么再生产的逻辑很少被打破并为流动的机制所取代？例如，如果教育系统像布迪厄所讲的那样，是阶级再生产的工具，为什么那些处于劣势位置的社会集团或阶级不能拒斥这样的系统，建立新的系统？这表明，还有其他的机制对继承性模式的存在起作用，这就是本文要继续讨论的问题。在我们看来，与再生产机制并存的另外一种机制，可称之为"统治的机制"或"统治的逻辑"。

在资源相对稀缺和利益竞争激烈的社会中，再生产的逻辑或各种垄断、封闭和排斥的机制之所以能够持续下去，是因为那些占据统治地位的社会集团不仅将它们所拥有的权力作为直接的"暴力"或"强力"来使用，更为重要的是其权力转变为一种特殊情况——"统治"（韦伯，1997/1976，下册：263），即维持整个社会分层系统及其再生产的统治秩序。统治的权力可以被区分为以下两种基本形式。

1. 制度化权力

各种再生产的形式如果要稳定地维持下去，需要在那些更多涉及社会整体或社会权利的领域中建构制度化的权力统治，例如，在财产权利和公民权利的领域中，任何具有某种垄断优势的社会集团都有可能利用自己的优势地位，给现实的或潜在的竞争者规定竞争的规则，使得这些规则符合它们自身的利益，并迫使竞争者遵守这些规则，从而有助于社会分层秩序的再生产。

将暴力或强力的权力制度化为统治权力，意味着权力的统治具有一整套正式的规范，这些规范在原则上是非个人化的、普遍化的，即它不因个人的改变而有所改变，也不因具体情景的不同而有所不同。制度化的权力统治是由一系列直接的强制性手段来实施的，在一般的情况下它会要求采取一种法律上存在的规范，最终是和强力乃至暴力联系在一起，甚至可以说它本身就是由强力转化而来的（伦斯基，1988：64）。制度化的权力统治所覆盖的领域往往可能不及于社会分层系统中的实际权力，但更具有强制性和直接性，因而往往更具稳定性和有效性。从另一种角度说，权力统治的实践并非仅仅依靠权力的大小或强弱；权力的大小和强弱固然是权力统治的基础，但这样的权力统治更容易遭到竞争集团的反抗或破坏。因此，权力统治有必要制度化。

当社会分层系统中的权力关系具有了制度化权力的形式时，一方面，垄断、封闭、排斥等再生产机制在一定程度上脱离了具体的社会集团，成为一种普遍化的社会规则，制度化的权力统治往往得到国家权力的支持，甚至本身就表现为国家权力。对这样的权力进行挑战会面对更大的压力和困难。另一方面，"权力"转变为"权利"，社会集团特别是占据统治地位的社会集团的利益保证和地位延续将变得更加稳定。因为统治权力的制度化赋予了一定社会位置以制度化的"权利"，从而有助于将各种社会封闭和社会排斥的方式制度化，维持社会位置的努力变得更加简单，即获益者只需要占有这些位置或角色就自然拥有了统治权力，正如伦斯基所说，"制度化权力保证了利益自动流向这些人"（伦斯基，1988：73）。一些学者在研究中国社会的社会流动模式时，已经对制度化的权力形式——例如，中国社会中工作单位的所有制性质和特有的行政级别等——给予了充分的注意，不考虑这些制度化的统治权力，就无法很好地解释中国的社会流动模式（Walder，1996/1986，1992；林南、边燕杰，2002/1991：83—115；许欣欣，2000：84—93）。

2. "合法化"的权力

在社会分层的框架下，无论是各种社会封闭的方式还是制度化的权力统治，虽然都是保证再生产的基础，但并非是权力统治实践、保持和传递社会位置并从中获取利益的最有效的工具。统治的权力只有具有了社会的"合法性"，即这种统治权力符合社会中大多数人关于公正、公平和道德的观念，为大多数人所接受认可，对大多数社会成员来说成为"不容怀疑"乃至"不假思索"的社会秩序时，各种再生产的方式才能稳定地发挥作用，才能最少受到各种各样的挑战或反抗。因此，统治权力的合法性机制相对于制度化权力来说，其维持再生产机制的实践方式更加具有隐蔽性、内在性，因而也许更加有效。

其实，在分层系统中存在的各种社会封闭方式和制度化的权力本身就具有程度不同的合法化意义，它们如果不具有合法性，就很难在激烈的竞争和冲突中维持下去。如果出现这种状况，暴力或强力的统治将成为维持社会分层系统的最重要方式。需要指出的是，我们所谓的"合法性"不仅指权利的合法性，而且强调这种权利的合法性更多地表现为文化价值观或意识形态意义上的认同，也就是说，那些占统治地位的社会集团，通过它们所掌握的文化和意识形态权力,将一种社会分层的秩序和统治秩序作为"天经地义"的事,灌输到大多数社会成员的头脑中,被人们接受为公正的或合法的;于是这种社会分层秩序和统治秩序就会涂上一层合法性光辉,产生于社会的不平等就变成了"天然的"权利,恰如帕斯卡所说,"人们不能使公正的事物变得强大,但却已把强大的事物树为公正"(转引自伦斯基,1988:65)。在这种情况下,"遵从"某种秩序不再是出于恐惧或限制,而是成为"义务"或"习惯"。帕森斯的社会系统理论早已分析了文化价值观念在维持社会秩序中的意义,现代社会学家则从统治权力的角度将这种分析方法运用于社会分层结构再生产的过程,例如关于"话语权力"和"符号暴力"的概念。

统治权力的制度化和合法化对于社会分层秩序的再生产还具有另一方面的意义,即它们为继承性为主导的社会流动模式提供了有限流动的空间。一方面,它们使得社会分层秩序的再生产更加稳定、更少受到挑战;另一方面,它们也限定了统治权力的作用范围,使一些跨越边界的流动或短距离流动成为可能,社会分层秩序保持着某种程度的弹性。

本文有关再生产机制和统治机制的分析,意在指出它们在社会流动的继承性模式形成中的重要作用。社会流动中继承性模式的普遍存在,是因为在社会分层结构的形成及其变迁过程中遵循着再生产的逻辑和统治的逻辑,各种再生产机制和统治机制决定了继承性模式的持续存在;而在一个存在社会分层结构的社会中,上述两种逻辑或机制都必然要发挥作用,也许我们可以将这两种机制或逻辑存在的基础归结为任何一个社会集团维护、扩大和延续自身利益的内在动力。继承性模式在过去的研究中并未得到充分的说明,如果研究者想更深刻地说明社会流动模式,特别是继承性模式持续存在的结果,应该考虑上述两种机制的作用。但是必须承认,有关再生产机制和统治机制的分析,尽管在社会学,包括在社会分层的研究中不断得到强调,但在经验性研究中一直缺乏系统的分析,多数仅限于概念化的解释。本文关于再生产机制和统治权力机制的讨论属于对研究假设前提或条件的讨论,并没有能够提供可操作化的方案。我们的分析试图在笼统的再生产概念和统治权力概念中,区分出再生产和统治权力的不同形式,希望能够有助于在社会分层,特别是在社会流动模式的研究中推进关于继承性模式持续存在的实证分析,从而揭示社会分层系统运作的规律。

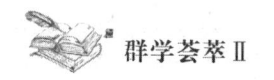

参考文献

彼德·布劳，1987，《社会生活中的交换与权力》，北京：华夏出版社。

边燕杰、孙立平、卢汉龙主编，2002，《市场转型与社会分层：美国社会学者分析中国》，北京：三联书店。

布尔迪厄，1997，《文化资本与社会资本》，包亚明译，《文化资本与社会炼金术——布尔迪厄访谈录》，上海：上海人民出版社。

蔡瑞明，1997，《"对数线性模型"与"对数相乘模型"的发展与应用》，载杨文山主编《社会科学计量方法发展与应用》，台北："中研院"中山人文社会科学研究所。

甘泽布姆、特莱曼、乌尔蒂，2002/1991，《代际分层比较研究的三代及以后的发展》，《清华社会学评论》2002卷。

格尔哈斯·伦斯基，1988，《权力与特权：社会分层的理论》，关信平等译，杭州：浙江人民出版社。

林南、边燕杰，2002/1991，《中国城市中的就业与地位获得过程》，载边燕杰等主编《市场转型与社会分层：美国社会学者分析中国》，北京：三联书店。

P. 布尔迪约、J.-C. 帕斯隆，2002，《再生产——一种教育系统理论的要点》，邢克超译，北京：商务印书馆。

涂肇庆、林益民主编，1999，《改革开放与中国社会：西方社会学文献述评》，香港：牛津大学出版社。

许欣欣，2000，《当代中国社会结构变迁与流动》，北京：社会科学文献出版社。

华尔德（Walder, Andrew G.），1996/1986，《共产党社会的新传统主义》，龚小夏译，香港：牛津大学出版社。

——，2002/1992，《社会主义再分配经济中的产权与分层》，载边燕杰等主编《市场转型与社会分层：美国社会学者分析中国》，北京：三联书店。

韦伯，1997/1976，《经济与社会》，林荣远译，北京：商务印书馆。

Blau, Peter M. & Otis Dudley Duncan 1967, *The American Occupational Structure*. New York：John Wiley Press.

Erikson, Robert & John H. Goldthorpe 1987a, "Commonality and Variation in Social Fluidity in Industrial Nations, Part 1：A Model for Evaluating the 'FJH Hypothesis'." *Europe Sociological Review* 3.

—— 1987b, "Commonality and Variation in Social Fluidity in Industrial Nations, Part 2：The Model of Core Social Fluidity Applied." *Europe Sociological Review* 3.

—— 1992, *The Constant Flux：A Study of Class Mobility in Industrial Societies*. Oxford：Clarendon Press.

Featherman, David L., F. Lancaster Jones & Robert M. Hauser 1975, "Assumptions of Social Mobility Research in the United States：The Case of Occupational Status." *Social Science Research* 4.

Ganzeboom, H. B. G. & R. Luijkx et al. 1989, "Intergenerational Class Mobility in Comparative Perspective." *Research in Social Stratification and Mobility* 8.

Giddens, Anthony 1973, *The Class Structure of the Advanced Societies*. London: Hutchinson.

Goodman, Leo A. 1979a, "Multiplicative Models for the Analysis of Occupational Mobility Tables and Other Kinds of Cross-Classification Tables." *American Journal of Sociology* 84.

—— 1979b, "Simple Models for the Analysis of Association in Cross-Classifications Having Ordered Categories." *Journal of the American Statistical Association* 74.

—— 1984, *The Analysis of Cross-Classified Data Having Ordered Categories*. Cambridge, Mass.: Harvard University Press.

Grusky, David (ed.) 2001, *Social Stratification: Class, Race, and Gender in Sociological Perspective*. Boulder, Colo.: Westview Press.

Grusky, David & R. M. Hauser 1984, "Comparative Social Mobility Revisited: Models of Convergence and Divergence in 16 Countries." *American Journal of Sociology* 49.

Hauser, Robert M. 1984a, "Vertical Class Mobility in Great Britain, France and Sweden." *Acta Sociologica* 27.

—— 1984b, "Some Cross Population Comparisons of Family Bias in the Effects of Schooling on Occupational Status." *Social Science Research* 13.

Hout, Michael 2004, "How Inequality May Affect Intergenerational Mobility." in Neckerman, K. M., *Social Inequality*. New York: Russell Sage Foundation, Chapter 26.

Parkin, Frank 1969, "Class Stratification in Socialist Societies." *The British Journal of Sociology* 20.

—— 1974, *The Social Analysis of Class Structure*. London: Tavistock Publication.

Treiman, Donald J. 1970, "Industrialization and Social Stratification." In *Social Stratification: Research and Theory for the 1970s*, (ed.) by E. Laumann. Indianapolis: Bobbs-Merrill.

Xie, Yu 1992, "The Log-Multiplicative Layer Effect Model for Comparing Mobility Tables." *American Sociological Review* 57.

作者单位：中国人民大学社会学系
〔责任编辑：张宛丽〕

> **颁奖词**　《村落共同体的当代命运：四个观察维度》，系统地讨论了当代中国村落共同体与市场化、现代国家、公民社会发展以及城市化的关系，从理论和实证两个方面论证了村落共同体对中国现代化的必要性和重要性，在一定程度上改变了当前去社会学化和去社会理论化的村落研究弊病，深化了社会学对村落的研究，并为中国城乡统筹发展提供了理论依据以及可能的方向和路径。

村落共同体的当代命运：
四个观察维度[*]

毛　丹

摘　要：去社会学化、去社会理论化的村庄研究忽略了以下四个问题。(1) 在批判社会学的视野里，村庄面临市场力量的持续冲击，后者要求土地和劳动力全部从共同体中分离，纳入作为价格形成体系的市场。故村庄转型的核心问题就是听任市场力量，还是保留村落共同体。(2) 在专业社会学的视野里，如果承认现代社会还需要小型、地方性共同体的存在，以满足非市场经济性质的互助与交换，并发挥情感和社会认知方面的功能，就意味着要承认村落共同体的农业经济支撑条件在现代可能松动剥离，但它作为社区共同体仍然是正常的现代社会的基本资源；它能否在空前复杂的推压力

---

[*] 本文原载于《社会学研究》2010年第1期。本文隶属教育部人文社科重点研究基地（卡特中心）重大课题"农村社区的成长、转型与城乡社区衔接问题研究"（07JJD630011）、教育部新世纪优秀人才支持项目"中国农民行动逻辑研究"（NCET-07-0749）。

量下采取恰当的"过海策略",实现与社会的联结,首先取决于国家和社会把何种社会视为正常。(3)在公共社会学的视野里,地方性共同体是否被视为公民社会的敌人,首先取决于公民社会被视为应基于方法论个人主义之上还是方法论社群主义之上。从后一立场看,恰当的村落共同体不是公民社会的敌人。(4)在政策社会学的视野里,国家应该在允许农村劳动力向城市转移的同时,积极发展乡村社区,并且在解决城乡社区的经济社会不平等问题的基础上发展城乡社区衔接,避免加快城市化与建设新农村两大国家战略之间出现断裂。

关键词： 村庄研究　村落共同体　社区　城乡衔接

中国目前还有60多万个行政村,堪称"村庄大国"。关注、研究中国村庄的生存、转型和前景,是社会学的当然责任。然而,社会学学者研究村庄并非天然就是村庄的社会学研究。20世纪90年代以降,村庄研究著述层出不穷,但是在这些研究——包括大量被冠以社会学名目的研究——中,去社会学化、去社会理论化倾向很普遍;至少,村庄研究与社会学的关联性相当模糊,社会学也未能在村庄研究中获得多少知识更新、理论前进的有效动力。

要改变这种状况,在微观技术上也许可以强调在单个村庄研究中运用布洛维的"拓展个案法"：将观察拓展为参与,拓展时间和空间上的观察,从而发现社会情景与社会过程中的利益的联系,进而拓展到发现社会机构的权力作用,以及拓展理论。由此,一方面"将反思性科学带到民族志中,目的是从'特殊'中抽取出'一般'、从'微观'移动到'宏观',并将'现在'和'过去'建立连接以预测'未来'——所有这一切都依赖于事先存在的理";另一方面也将"重点突出反思性研究的社会性嵌入"(布洛维,2007：77—135)。我相信,如果认真运用"拓展个案法",每一个村庄研究都会成为社会学发挥作用并实现社会学自我更新的机会。在宏观上,也可以从布洛维的社会学工作分类中找到纠正村庄研究去社会学化、去社会理论化的角度。布洛维从2004年开始一直倡言发展公共社会学。他提出社会学已经形成了专业的、政策的、公共的、批判的四类分工。专业社会学提供真实、可检验的方法,积累起来的知识、定向问题以及概念框架,为政策社会学和公共社会学提供合法性和专业基础。政策社会学服务于合同规定的某个目标,为客户提出的问题提供答案。公共社会学要在社会学家与公众之间建立公开的对话关系,其著述有非学术阅读者,从而成为公

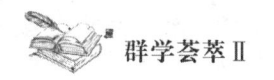

共讨论社会状况的载体；社会学家通过公共社会学紧密联系公共事务进行工作，目标是维护和促进公民社会的存在和成长，并达到对公民社会的认识。批判社会学则审查专业社会学的基础，扮演专业社会学的良知，一如公共社会学承当政策社会学的良知（Burawoy，2005：7-10；布洛维，2007：15—20）。布洛维对社会学关注公共事务和公民社会的倡言虽然得到广泛理解，但是他的社会学分类、公共社会学定位和谋求四类社会学之间的和解，在逻辑、修辞、可能性和影响诸方面都受到部分美国社会学家的尖锐批评（例如 Brint，2007）。然而，布洛维反驳说，这些批评完全出自专业社会学中的强纲领（the strong program in professional sociology），而专业社会学强纲领所要求的纯粹科学充满了矛盾，并且是美国社会学早期发展的产物。他还以图表概述其意见（见下表）。

三波市场化与社会学

	市场化第一波 （1850—1920）	市场化第二波 （1920—1979）	市场化第三波 （1970年以来）
抵抗市场的权利	劳工权利	社会权利	人权
社会对市场的抵抗	地方共同体	国家调节	全球公民社会
对社会的贡献	乌托邦社会学	政策社会学	公共社会学
一致原则	洞察	以知识为目标	立场
科　　学	思辨科学陈述规则	纯粹科学	价值科学

资料来源：Burawoy，2007：326。

本文不仅以搁置这些争议的方式表示赞成布洛维，而且认为从布洛维提示的角度，可以发现村庄研究与社会学的紧密关联性，发现一些解决村庄研究去社会学化、去社会理论化问题的可能性。

一　为什么要关心村庄转型与村落共同体的命运：批判社会学的意识

从批判社会学的立场说，村庄研究不仅应该纳入主流社会学的视野，而且社会学的村庄研究应该具有一个起码的意识：在农业人口居多的社会，农民与村庄不仅注定是这个社会现代化、"常规化"的最拖后、最复杂、最深奥的部分，而且注定牵扯到这个社会究竟采取何种基本社会原则。这是因为，一方面，村庄在现代市场经济、现代国家进程的严重冲击下仍然很顽强。① 村庄数量庞大而不易被整齐纳入市场统治，它组织下的居民很难被平和而迅速地转移，都是显在原因，但尚属次要；更主要的是村庄的存在一直基于地理、生产、文化和治理四个方面的条件，只要存在着粮食和农产品生产需要，存在着地理、文化、治理体系方面的支持，农业和农民、村庄似乎就会继续存在（Essex et al., 2005）。另一方面，虽然很多人肯定乡村地区在保证国家食物安全、保护自然资源、提供土地与人类息息相关这样的价值体系，以及保护生物多样性等方面有突出的贡献（Flora & Flora, 2008: 23），但是村庄的大量存在总被认为与现代社会不相称，而市场力量对于村庄的敌意也几乎不会改变，冲击几乎不可能停止。这种状况及其性质在韦伯和波兰尼那里有很充分的解释。依韦伯的分析，现代资本主义有两方面的运作特征。其一是围绕营利取向的工业企业及其制度性要素，其中最重要的就是合理的会计核算及与此关联的六项制度要素，即独立经营的私人企业可以任意处理土地、设备、机器等一切生产手段；市场自由；基于合理的会计技术之上的各种技术理性运用；可预测的法律法则；自由劳动力；经济生活的商业化，即普遍使用商业手段（金融工具）来表明企业所有权和财产所有权的份额。其二是企业家的资本主义精神，即视追求财富本身为人生的最大价值（韦伯，2006）。我们知道，现代市场经济不等于资本主义，但资本主义是最典型、最完整的现代市场经济。所以，资本主义进程至少表明，现代市场经济所期待的制度设置、精神要素，在各种细节上（韦伯，2004）都与村庄的运行传统、结构、制度处在不同轨道上，如果两轨相并或交叉，不可能不对村庄的经济和社会产生否决性的冲击。而波兰尼则证明，资本主义市场力量不仅要求把货币、土地、劳动力都变成可以自由交易的商品，而且要求经济从社会中脱嵌，要求一切社会制度都转向适应营利目标、效用原则，以便把社会变成市场社会（波兰尼，2007）。按此要求，土地必须从农民手中剥离；农民必须作为自由劳动力个体从农户和村落共同体中分离，至多允许农户与村落共同体分解成经济合作体，并作为市场里弱势的一员。因此，如果社会保护、国家保护方面没有比资本更强大的力量和干预，市场力量断然不会放弃对农村社会特别是村落共同体的瓦解，虽然瓦解途径多样，有些在表面上似乎和缓，或

---

① 据估计，在全球化、城市化的推动下，未来25年中，发展中国家增长的90%人口将住在城市地区。但是到2025年，非洲和亚洲仍会有50%以下的人口、美洲和欧洲有20%以下的人口生活在农村地区（Virchow & Braum, 2001: 1）。

者显得与市场力量没有直接关系。①

现代市场力量渴求简明的关系。一方是追求营利的资本，其他都是受资本支配的商品，以便摆脱一切社会公正的牵制而实现市场公正。其中，作为生产主体的劳动者应与生产资料一样成为纯粹的商品（劳动者所需的生活物品也必须作为商品生产出来），资本与生产活动的主体之间才能建立起由资本全面支配劳动的、市场经济性质的关系。因此，对市场力量而言，瓦解村落共同体和农户家庭共同体是必需的，甚至决定性的条件；因为无法设想共同体可以像自由劳动力个体一样便于在市场交易——例如廉价购买一个农民工的劳力时顺便拖家带口购买或照顾好他的全家，也无法设想这些自由劳动力个体进入市场、工厂后，继续奉行村落共同体成员的原则和规范，使共同体规则影响或取代效用最大化原则。为此，市场力量不仅需要切断劳动者与原共同体的联系，"以便能够作为工厂日后的员工而被重新调派"（鲍曼，2007：31），而且需要釜底抽薪，彻底摧毁共同体及其规则。鲍曼曾不失历史感地勾勒资本主义市场力量反对与瓦解共同体的策略、进程和后果：资本主义制度是反对传统农业的，而资本主义的策略则是反共同体的。在资本主义瓦解传统的过程中，"自我维系和自我再生产的共同体，位居需要加以熔化（瓦解）的固体物（传统）名单的榜首"。所以，从工业化开始，市场力量一直全力以赴把劳动者从共同体中分离，并且"分解共同体的模式设定和角色设定的力量"，在经济领域与社会生活中剔除共同体，以便使脱离了共同体的个人凝结成为"劳动的大众"。②

---

① 例如，交通事业发达，加速了社会人口流动；大众传播发达，影响了社区意识形态；工厂制度发达，改变了社区生活方式；科层制度发达，改变了地方社区关系。这些都严重影响社区结构，导致社区的疏离和衰落，包括农村社区（徐震，1980：1—6；Flora & Flora，2008：13-14、19-20）。类似的重大影响因素显然还包括全球化、网络化等，对于社区产生三种特别明显的影响，即分解地方、加速流动、导致认同不稳定（Day，2006：182）。
② 鲍曼（2007：27—41、47—54）认为这产生了两个显著的社会结果。一是形成了个人化的社会以及虚假的全球化社会，从此，"管理就不是一件（可）选择的事情，而是一件必需品"，因为"现代资本主义模式"需要的是服务于获利动机的秩序和为秩序服务的东西，诸如建立全景式监狱以便规范、监视、控制、管理人们的行为，用人为设计出来的规则惯例取代共同体的维系，以满足资本主义现代性。二是共同体破碎化后，除市场权贵声称不需要共同体之外，人们为了恢复共同体体验和获得确定性，重新轻率地期待共同体。但是，"在新的权力结构框架内，恢复或从零开始创造一种'共同体的感觉'"，显然是"一种延误了的努力"。所以，鲍曼写道，再度连接共同体的承诺，"可能预示着伤害要比收获更多"，它不仅是用吸墨纸做成的纸筏，而且可能在获救的机会已经失去时才会被发现。

韦伯、波兰尼和鲍曼共同提示了一条线索：市场力量在农村的冲击焦点是村落共同体和次一级共同体农户家庭，目的是把农村劳动力和土地全部纳入作为价格形成系统的市场，① 接受资本的统治。而且，市场力量对共同体的敌意和瓦解，虽采取解放农村自由劳动力的激进姿态，并不能遮掩它是要求经济从社会脱嵌并以市场自由规则支配社会的组成部分；使劳动力脱离家庭和乡村是为了让他们担当两个角色：为资本主义生产廉价商品、作为廉价劳动力本身（Brass，2005）——正是这种要求使市场力量在本性上不会放弃对村庄社会的冲击。

应该说，面对市场力量的持续冲击，已经没有多少人会认为村庄可以不变化、不适应、不转型。地方性自治实体和共同体意义上的村庄显然很难抵抗不同寻常的市场力量（Day，2006：152 - 153）。为此，这十多年间很多农民研究者实际上已转向两个问题：在资本主义向第三世界农村地区扩张的情况下，农民可以在什么范围和什么程度上幸存（Brass，2005）。但是，由于市场力量对农村、农民的冲击根本上就是对共同体的冲击，村庄转型的根本难题主要是村落共同体问题，因此关键性的争议也就在于：村庄转型究竟是采取农民变为自由劳动力个体的方式，还是保留共同体的方式？村庄作为农民、农业的传统的重要聚集单位，是否还有代价最小地融入现代社会的通道？在融入过程中，村庄单位中某些要素的保存是否具有社会意义？其中特别尖锐的问题就是，村庄居民都转变为以个体为单位的自由劳动力，是市场力量的要求，但农民通常要为此付出惨痛代价，并通常会成为市场中的弱者。社会、国家究竟该如何对待这些村庄及其居民？这显然不仅是一个经济学上的效用计算问题，更是一个与社会态度和社会立场相关的问题，其本质是如何对待市场与社会的关系，即是否支持经济从社会中脱嵌。

在我看来，目前多数主流经济学家关于农村劳动力大幅度转移与城市化的常规性理论与计划，基本上是基于发达国家资本主义进程的一般抽象和展望——在这种展望中农民和村庄只有数字意义，完全忽略了农民变成单个劳动力、村庄瓦解过程中农民和村庄可能付出的代价，以及由此引起

---

① 波兰尼曾辨析过，市场有两个概念，一个指根据惯例或法律交换物品的场所，另一个指作为价格形成系统的市场。共同体内部不属于后一种情况。施坚雅关于中国农村市场体系的空间分布研究（施坚雅，1998）显然混淆了这两种市场及其社会后果的根本区别。

的社会问题，村落共同体的命运几乎被置若罔闻。倒过来说，20世纪70年代以来越来越多的发挥小农户作用、以农业促发展、主张扶持农户以合作社进市场的理论与计划（世界银行，2008），虽然其同情农民、重视农业、要求经济与社会协调的立场值得尊敬，并富有经济学的想象力，但是多少有点低估市场化力量及其对村庄的"敌意"。事实上，20世纪后半期在全球各地出现的重建乡村地区、保护农民权利和乡村活力的"新乡村社会运动"，虽然赢得了重大进展，但也迫使研究者们重新审视以下一系列复杂论题："乡土性"在规制社会运动的性质、对象和修辞方面承担了什么角色？在社会和经济变迁的背景下，社会运动在重构乡村地位方面的角色是什么？在当代乡村政治参与方面，乡村社会运动的组织形式告诉了我们什么？乡村社会运动之间、乡村社会运动与其他组织之间的联盟是怎样的？是什么因素赋予了乡村社会运动构成及其动员以地理特征（Woods，2008）？这些问题都应该受到社会学，特别是农村社会学和政治社会学的关注。

在中国，60多万个行政村及其涉及的村落共同体向何处去，显然是牵扯全局的问题，不仅关乎农民，也关乎整个中国市场经济、整个中国社会的将来。什么是村落共同体？它是否值得在社区脱域化和居民个体化趋势下生存、适应与转型，有没有未来？这些都是需要倍加关心的大问题，不仅作为社会学分支的农村社会学要加入研究，而且完全应该进入主流社会学的研究视野，以便一方面克服单纯依靠常识观察重大社会问题的缺陷，另一方面省察社会学的知识更新和社会责任。在此意义上，每一个村庄及其转型方式，表面上微不足道，本质上兹事体大。坦率地说，没有这一层面的关心，关于村庄的个案研究多半看似富有现实感，实际上没有现实感，能够生产的只是鸡零狗碎的地方故事，而一些看似更加鸡零狗碎实际上极为重要的东西，又将被过滤殆尽。

二 村落共同体作为小型地方性共同体的现代命运：专业社会学的维度

如果专业社会学接受上述判断并且关注村庄转型及村落共同体的命运，那就需要重新关心现代社会是否还有小型、地域性或地方性共同体的存在余地和需要，关心这种共同体与社会的关系。由于共同体或社区（community）的讨论从来都涉及人们究竟是如何聚结成社会这个社会学的一贯主题，因此，这种关心不仅间接地反对社会消失论，① 而且意味着要再次反省关于共同体和乡村社区已经消失在大众社会中的社会学判断。

应该承认，自滕尼斯 1881 年做出 Gemeinschaft（通常译为共同体、集体、公社、社区等）和 Gesellschaft（通常译作社会、社团、联合体等）的类型学划分，以及涂尔干早期区分机械团结社会与有机团结社会以来（涂尔干后来放弃了早期的意见），共同体、社区与社会的关系以及社区或共同体的前景一直被置于相对黯淡的通道内。与韦伯把共同体（community）和联合体（association）视为连续、混合地存在于社会关系中的观察不同（韦伯，2004），大多数人不仅把它们视为对立的、相互排斥的两方（Day，2006：5），而且多少有点忧郁地预计社会兴盛、共同体衰竭是不可逆转的。② 20 世

---

① 山口重克（2007：中文版序）曾批评说："现在，源于主流经济学派的市场原理主义的怪物正在世界上空徘徊，美国式的市场经济全球化也正在向全世界蔓延。"这正是社会消失论的两个支持背景。前者是指，市场力量固然力求经济与社会关系、社会规则脱嵌，要求用市场规则支配社会关系或只保护社会纽带中的货币关系纽带，但实际上从来不曾存在完全不受国家规制的市场经济，社会也并未真正允许过这样的脱嵌（波兰尼，2007；山口重克，2007）。然而，新古典经济学坚持经济从社会中抽离，坚称市场能理顺一切关系，还是相当程度地模糊了经济仍嵌入社会的事实，社会似乎已是一个无意义的概称。至于村庄与其他小型社会共同体更是旧社会的古怪残余，将很快被市场扫净。后者是指全球化进程助长了一个古怪的后社会理论判断。即文化分裂与跨文化交流稀少，在历史上、在古典社会学和一些人类学家那里的确曾被视为一个共同体形成和存在的必要条件。一种有影响的后社会理论认为，在全球化进程中地方性的社会已经无可奈何、无足轻重，霍布斯以来社会科学所讨论的国家管理下的"社会"已消失在全球化、信息化、互联网之中。显然，如果社会真的已消失，包括村落共同体在内的所有社会共同体自然是无须关心的多余问题。不过，绝大多数社会学研究者都会认为社会实在论根本毋庸争议，社会消失论只是华丽而虚妄的论断（梅勒，2009：1）。因此，这里不遑直接论辩，而是准备反一个方向去观察共同体存在的基础和意义，从而观察共同体问题是否还能够继续或重新成为社会学的严肃论题。如果农村社区这类小型、亲密、地方性共同体都继续存在，并具有意义，社会消失与否是不言而喻的；它甚至有助于解释社会究竟是如何结成的。

② 滕尼斯强调两种类型本身只是抽象的理想类型、极端形式，用以观察实存的社会关系类型，后者实际上是动态的，在社会时期共同体作为衰退的力量甚至也会存留。但是，他的确强调过村庄共同体是 Gemeinschaft 的突出例子。所以，通常 Gemeinschaft 代表"旧"、自然的、同质化，而 Gesellschaft 意味着"新"、理性化、异质化、具有自我意识的个人。滕尼斯还提到 Gemeinschaft 在市镇、工作团体和宗教团体中可以达到新的水平，但城市则是它的终极敌人（Day，2006：5-7）。强调共同体的自然、有机性，并认为它代表着某种相对的稳定与同质化，的确很容易令人认为共同体属于旧的社会秩序（Noble，2000）。而工业化、城市化进程和社会异质化程度提高，显然支持了人们更多地注意两者的对立，以及非共同体关系在现代社会中的持续扩张现象，从而把社会联合体大量兴起且与共同体并存的情况理解为前者逐渐取代后者，如雷德菲德强调俗民社区与都市社区之间存在着连续性变化（Redfield，1947），实际上就是指社区向社会的变迁是一个连续的过程。

纪60年代，沃伦甚至提出了一个具体模型解释社区与社会的关系及社区变迁：社区存在着纵与横两种关系；纵向或垂直轴面的关系指社区内各社会单位与超社区组织（诸如区域性、州级、全国性组织）之间的关系；横向或水平轴面的关系是指社区内个人与个人间以及团体间的关系。依此模型描述，现代社区变化的特征是社区的纵向关系强化而横向关系趋弱，垂直整合（vertical integration）即社区中超地方的力量逐渐破坏社区的水平整合（horizon integration），小型乡村社区变得无力面对强大的城市化、工业化、中产阶级化和中心化的力量。这些宏观进程产生的社会组织变迁已经使乡村社区无法依旧自治，并把它们吸纳进了大众社会（Warren，1963）。基于大众社会已经淹没了社区的判断，20世纪60年代的美国社会学实际上不再把乡村社区作为研究对象（Gallaher & Padfield，1980）。70年代末情况发生转变，虽然信息时代、网络社会、全球化在一些人看来更加意味着传统社会和共有认同的解体，表明社区研究越来越失去意义，但是另有许多研究者意识到共同体、社区，包括乡村社区消失论属于言过其实，垂直整合进程没有削弱，至少没有取消社区水平整合，当代社会学需要在自己的核心保持一种原则，即继续把共同体视为社会组织、社会存在和社会经验的一种形式（Almgren，2000）。① 甚至可以开始用共同体或社区的"丧失""拯救"和"解放"标示社区观点随时代而更新的过程，即社区"丧失"论是基于工业化时期城市和城镇大量兴起的社会经验，社区"拯救"的主张基于社区与共同体关系继续存在于工业化的城市社会的现实，而社区"解放"观点则基于社区纽带的空间依赖将被流动性和通信便利所取代（Wellman & Leighton，1979）。此后伴随着社会资本理论的流行，在社会学中出现了所谓共同体或社区概念复兴的现象（Vaisey，2007）。甚至可以观察到在反对经济、文化和政治剥夺的人们中间，存在着针对全球化和激进个人主义的抗拒性认同和接受共同体的认同，其中包括以地域认同反抗作为信息社会统治特征的流动空间的无场所逻辑，这才是信息时代的潜在主体（卡斯特，2006a，2006b）。在我看来，这个转向有益于认识有关共同体、社区的现代意义，并使农村社区发展、城市社区建设的实务不至于沦为没有前景的工作，但是，如果我们意识到市场力量对于广大村落共同体的敌意，以及村

---

① 沃伦本人在《美国社区》1972年第二版中也承认社区死亡论是一种夸张的说法，在1978年第三版中则提出宏观系统会对社区发生有力作用，但并不意味着完全决定和替代了地方，许多地方结构与行为首先是在地方水平上规定的，社区仍然可以相对自治（Summers，1986）。

落共同体可能面临的转型陷阱,那么就有必要特别深思以下两个问题。

第一,社区作为地域性的共同体在现代社会仍然被需要;地域或地方特征并不表示社区共同体悖时,关键是地域性共同体(例如社区)是否能建立起共同体与共同体之间、共同体与更大社会之间的联合体。

与滕尼斯一开始就从地域条件、社会关系以及文化一致性两方面同时定义 Gemeinschaft 有关,① 一方面从齐默尔曼(Carle C. Zimmerman)开始,共同体的地理要素被社会学所强调,社会学常识意义上的共同体(community)一度主要指自然、地域性、小型、成员彼此熟悉、日常互动频繁、相互帮助、有某种共同生活方式的团体——这些条件支持着作为组织、范围内、实体(都经常与地方和区域相连)内的成员相互依赖、感情的纽带。小镇社区方面林德夫妇(Robert S. Lynd & Helen M. Lynd)著名的中镇研究、沃纳(W. Lloyd Warner)的扬基城研究,村庄社区方面艾瑞森伯格与肯波(C. M. Arensberg & S. T. Kimball)对爱尔兰西南部乡村的研究,工人阶级社区方面格林(Bethnal Green)关于伦敦东区工人社区的研究,都支持从地方性定义社区共同体。汉语社会学所表述的"社区"(也就是聚居共同体)即是家庭共同体之外最典型的地域性共同体,接近于韦伯所注意的"邻人共同体",② 或者说是邻人共同体的规整(甚至是极限)形态;村落共同体则是指农村社区意义上的共同体。相反,社团或联合体代表着处在不基于地域边界、契约关系内的人们之间的交流关系,彼此之间的纽带仅仅是便利。③ 但是另一方面,共同体的社会关系类型、文化类型的要素,也颇受社会学的关注。特别是当代一些主张共同体存在而且应该存在,但又认为现

---

① 滕尼斯把 Gemeinschaft 分为三种类型:1. 地理的社区,以共同的居住区及对周围(或附近)财产的共同所有权为基础。邻里、村庄、城镇等都属这种社区。2. 非地区社区,亦称精神社区,只内含着为了一个共同目标而进行的合作和协调行动,与地理区位无关,如宗教团体和某种职业群体等。3. 亲属社区,也称血缘社区,即由具有共同血缘关系的成员构成的社区。所以,无论从地理还是从文化去观察、定义社区,都会有滕尼斯的影子。
② 韦伯极其注意并强调大多数社会关系中存在着自然的集体特征,即社会行动者并非只关心自己的兴趣,而几乎总是留意其他人的希望、需求和行为。在人们卷入社会互动之处,总会发现共同体的潜在可能性,那些持续性的联系特别产生互相依存的共同感觉。在这类关系中,除了军队单位、班级、车间、办公室以及情同兄弟的宗教团体等例证外,韦伯特别注意到,邻居的近距离是他们相互依赖感特别真切的根源,邻居正是所需要的典型的帮助者。邻居特别表现了组成兴趣共同体的倾向(韦伯,2004)。
③ 在此意义上说,固然最好把社区和共同体加以区分,以便区分和定位家庭共同体、社区共同体、农村社区共同体即村落共同体等,但在本质上,英语社会学术语对共同体和社区不加区分,其实并没有什么不妥;费孝通以社区(聚居共同体)译 community 也并无不妥。

代常规社会采取而且应该采取联合体关系类型的社会学家，通常强调地域条件不再是共同体的必须要求，共同体只是"指人们共有某些东西，它把人们紧紧连在一起，而且给人们一种彼此相属的感觉"（Day，2006：1），即它是指这样一种社会结合团体：人们在其中互相帮助以满足需求，彼此有一些共同的利益和可以分享的文化，有一些团结纽带以维持这个团体。所以，小至家庭与社区，大至国家的结合团体，只要有这些特征都可以视为共同体。而传统共同体范式不再能容纳当代现实（Bernard，1973），更像一个哲学梦想而不是真实现象（Day，2006：9-10）。按维塞的分类（Vaisey，2007），当代社会学中强调共同体的地域条件的解释，属于共同体的结构主义理论，它主张共同体基于四方面机制：时间空间性互动、类似性、权威以及收益。这是一种基于组织要素、环境条件的共同体机制分析，主要在社会网络、社会资本理论（Brint，2001）和美国新城市主义理论（Calthorpe，1993；Kaitz，1994）中得到集中表述。而主张共同体首先基于共享性道德秩序的观点则属于共同体的实质性理论，它强调共有道德秩序会在面对面交往的团体中激发一种归属感。这是一种基于文化意义、道德产物的共同体机制分析，主要在泽奥尼对普特南等人的批评（Etzioni，2001）、泰勒的社群主义理论及其在社会学理论方面的延伸（Colhaun，1991；Smith，1998，2003）中得到集中表述。

　　实质性理论有利于认识共同体在当代社会的存在及其价值，但是，把所有的社会结合体都泛视为共同体，降低甚至取消共同体的地域性质，并不见得明智。这不仅因为大多数社会学家观察到地域性团体仍然是共同体普遍的、关键性的特征，[①] 而地区、城市、都市、国家等完全不借助

---

① 奥姆格林指出，齐默尔曼（Zimmerman，1938）关于社区或共同体的经典定义包含四个特征：社会事实、规范、联合、有限地区；它需要一种区域性内容。希拉瑞（Hillary，1955）分析了既存的94种社区定义后，发现它们基本集中在三个因素上：人们之间的社会互动、一个或更多的共有纽带，以及一种地域关系。希拉瑞提出地域关系是最基础的元素。其他研究者（McMillan & Chavis，1986）则认为只要社会网络充分到足以维持 Gemeinschaft 水平的互动与协作，社区就能存立，所以区域对于社区或共同体而言既非必要条件，也非充分条件。麦克米兰和查维斯提出只要四个元素同时存在即可视为社区或共同体的状态：成员资格、影响、整合与需要的满足，以及共同的情感联系；只要这四个元素共存，社区或共同体既可以从关系条件去定义，也可以从地域条件去定义（Almgren，2000）。在我看来，这些争议显示了很难否定地域边界性仍然是社区或共同体的重要条件。即便在社区脱域性较强的美国城市也是如此。一项新的关于美国50个城市公社的实证研究成果，虽然指出美国的城市共同体十分依赖于道德秩序与文化的共享性，甚至提出这可能是最直接作用于共同体形成的机制，但是也承认对自然空间、权力关系、高收益要求等机制的团（转下页注）

Gemeinschaft或Community的概念也能获得清楚的内涵与外延；更主要的是因为，社区或共同体的地域性与其说是一种保守陈旧，不如说显示了人仍然是"划分边界的动物"（Day，2006：2）。就社区边界划分而言，它本身不是目的，主要目的和功能在于借此才能有效支持经济互助与情感联系。一方面，划分社区边界通常是便于满足边界内（特别是面对面交往的）成员间的非市场经济性质的互助与交换。在历史上，虽然绝大部分的共同体主要不是以营利为取向的经济团体，但一般都具有经济功能，内部通常也存在着分工和交换，只是这种分工和交换一般不是纯经济，至少不是以营利为目的的市场经济性质的。[①]在市场经济嵌入社会的情况下，市场经济因素主要在共同体之间发挥作用，可能也会在共同体内部发挥补充作用，而共同体的规则被用于弥补市场经济无法满足共同体的群集生活的那部分内容。[②]当然，社区共同体在现代社会的命运，也由此相当程度地取决于它的成员间非市场经济性质的互助与交换是否仍然被需要，取决于这个系统与市场交换特别是社区外市场交换能否衔接、如何衔接。另一方面，社区作为小型、紧密的地方性共同体被需要，也是在情感和社会认知意义上的——鲍曼甚至把它概括为人们寻找确定性的需要（鲍曼，2007）。社会学研究通常承认，面对面日常互动与非面对面互动的效果完全不同，熟悉的

（接上页注①）体认同，与Gemeinschaft积极关联，两类因素同时发挥作用（Vaisey，2007）。至于共同体研究中的社区研究（community study），则一直聚集在三个确定的地方类型上：乡村或村落社区、小镇，以及工人阶级社区；从中形成的关于传统社区自然状态的概念，对共同体研究起支撑作用（Day，2006：27）。弗雷泽研究了社区研究的传统后，甚至断言社会学家们是把社区视为一个居民定居的位置、一个由多元关系的密集性网格组成的稳定社会结构，以及高度相关的对外边界（Frazer，1999：67）。

① 经济史家已经指出，当斯密强调新时代中分工与交换的效用，通过市场交换带来社会各阶层普遍富裕时，他混淆了一个问题。分工与交换也存在于共同体之中，这种分工并不一定需要市场经济中的交换，交换作为人与人之间交换各自的剩余物品的行为，也未必直接与分工相关。人和动物都拥有不依靠货币媒介便可合作生存的群体性生存形态，即共同体的生存形态。市场经济性质的分工与交换是从共同体之间交换的基础上成长起来的。在这个意义上，我们可以理解为什么马克思会说商品交换是在共同体的尽头，在它们与别的共同体或其成员接触的地方开始的（山口重克，2007：91—92、18、45）。

② 因此，一些善良的经济学家希望实现与共同体相协调的市场经济的繁荣，希望共同体之间能够通过和平的市场经济相互交流，用交换规则建立共同体之间的联系（山口重克，2007：84）。这种愿望既表明共同体之间可能需要市场联系并因此连接成更大的社会结合体（例如区域社会、国家管理下的社会，等等），但是共同体本身不是基于市场经济实现互相帮助、满足需求的，也并非所有的现代社会结合体都是共同体；同时，它也表明所谓社区共同体衰退是获得现代社会的自由与机会的代价（Little，2002：8）可能是鲁莽之论。

人群中产生的道德约束与情感联系的强度与性质也完全不同于陌生人群。[1] 对于个体而言，社区共同体边界里面对面互动的、相互熟悉的人群，不仅常常是个体认知社会的基本场域、基本情景区，而且是个体在社会中满足与否的基本定位点、基本参照对象。例如，个体满足与否的内心感受、社会生活评价，首先或经常是在熟悉的人群中比较出来的，人群愈熟悉愈有可比较性和可持续比较效度，愈不熟悉愈只有即时或暂时的比较效度，甚至不被个体在意；或者说，愈是被个体所熟悉的人群，愈是个体关于社会和自我的定位点，愈是个体关于自我与社会的经验与感受的"不会消失的见证人"（鲍曼，2007：52）。这是社区作为面对面交往的地方性共同体隐蔽地嵌入个体意识的心理基础。[2]

---

[1] 所以，敏感的社会学家发现了两个有趣的现象。其一，在现代都市，所谓异质化的人们在个人行为方面其实很相似，具有行为上的"同质"化，而没有什么当地性。依沃伦的观察，"可以肯定，社区之间在价值观、准则、主导利益、方式和其他文化方面有区别。但如果观察一个人在繁华街道角落、超市，或自己家，或体育事件的公开行为，他会很难知道这人是在匹兹堡，而不是圣路易斯；是在布利奇波特，而不是洛克兰；是在亚特兰大，而不是丹佛"（Warren, 1978: 429）。其二，在交往行为上，陌生人之间（城市、社会）与熟人之间（社区）是不同的。鲍曼说："塞特纳……认为，'城市就是一个陌生人可能在此相遇的居民聚集地'。让我补充一点，这意思是说……陌生人以适合于陌生人的方式相遇；陌生人之间的相遇不同于亲戚、朋友或熟人之间的邂逅——相比而言，它是一个不合适的相遇。在陌生人之间的相遇中，不会去重新找到他们最后相见的地方；在两次相遇的间歇期间，他们谈不上痛苦，也谈不上高兴，更不会产生任何共同的回忆；对任何东西都不会产生回想，也没有任何东西需要在当前的邂逅过程中加以遵循。陌生人的相遇是一个没有过去的事情，而且多半也是没有将来的事情（它被认为是，并被相信是一个摆脱了将来的事性），是一段非确切的不会持续下去的往事，是一个一次性的突然而至的相遇，在到场和它持续的那个时间里，它就会被彻底地、充分地完成，它用不着有任何的拖延，也不用将未了之事推迟到另一次相遇中……在他们相遇之时，没有尝试和错误的余地，无法吸取错误的教训，也没有另一次尝试的机会和希望。"结果，都市生活只要求有一个相当特殊和熟练的技巧、礼仪客套规则（鲍曼，2002: 147—148）。沃斯也提出，在人口密度高、异质性强的城市社区，人和人的接触表面化或片面化，初级的人群关系变淡，个人容易感到孤独（Wirth, 1938）。这些批评本质上支持一种观念：社会是一种存在于广泛合作关系中的综合实在，所以既是外在的，又是内在于个人的（梅勒，2009: 15—16）；共同体则既是一种合作层次，是社会子层合作的形成，更是体现了一种需要紧密合作的情感。所以，地方性的共同体很难说是过时的，虽然它在所谓的传统社会中更为常见。

[2] 所以，梅勒说社会情感刺激存在于最平常的日常互动中而产生"初级社会性"（梅勒，2009: 162）。而布迪厄所谓惯习（各种不言而喻的信念、知识）作为一个持续的、可转化的秉性系统，也是首先就存在于社区为人们提供的日常生活圈。社区就这样不受人注意地嵌入到个体意识中。依威尔金森等人的观察，社区显然是个体人格成长的主要影响要素，它是个体与社会联系之所，是家庭之外的社会体验的最初领域，是直接表达人走向联合的舞台，可以培养独特的集体责任态度（Wilkinson, 1979）；也是人满足需求，特别是避免社会孤独感的基石（Greisman, 1980）。在某种意义上说，当滕尼斯一开始指（转下页注）

第二,社区作为地方性共同体在现代社会的价值和基本境遇,一方面表明村落共同体的农业经济支撑条件以及其他条件(例如国家的行政村体制安排)在现代可能松动甚至剥离,但它作为社区共同体仍然是正常的现代社会的基本资源,因此,听任或助推市场力量扫荡村落共同体,并不是正常的社会要求和社会现象。另一方面,它也表明,村落共同体要在现代社会保持活力,不仅需要谋求社区内发展,更需要恰当地突破地理边界,通过谋求社区外联系以及社区外力量对社区的介入而发展社区(Summers, 1986),而不是谋求使村落逃避复杂的变迁力量,更不能指望把社会重新"部落化"为一个个孤立的、自我维系的单位(Boissenvain, 1975)。但是,由于村落共同体在现代社会面临空前复杂的推压力量,村落共同体究竟可以以何种方式、途径联系社区外力量,究竟趋向存留、新生还是衰亡,客观上存在着多种可能性。

与其他共同体特别是现代各种职业团体相比,支持传统村落共同体存在的特别基础通常来自两方面。其一,经济方面,农耕技术经济条件不仅支持家庭农业,而且导致不易分割农户家庭财产,社会通常也支持家庭作为共同消费之地。农村家庭的稳固存在不仅造成经济与社区不分离的状况,而且一般会支持邻人关系及村落共同体的形成和维持,并强化村落共同感。一如韦伯所说:"家是一种满足一般日用的财货需求与劳动需求的共同体。在自给自足的农业经济中,遇到紧急的状态,极端的匮乏与危机而有非常需求时,其中很重要的一部分必需仰赖超越家共同体之上的共同体行动,亦即'邻人'(Nachbarschaft)。"① 其二,出于特定政治统治或治理体系的需要,政治权力通常也会支持或强化村落作为一个政治共同体单位,甚至以

(接上页注②)出 Gemeinschaft 体现了人们的自然的、本质意志(natural will,即基于感情与信任的结合),而 Gesellschaft 体现理性选择意志(rational will,即基于彼此利益或契约的联合)时,他至少是觉察到人的社会感觉的定位标度是有地方性的,社区作为地方性共同体则是人们感知社会与自我,以及做出满意与否评价的基本参照系统之一。共同体的实质性理论所强调的共享道德感及其激发的归属感,可能的确是社区共同体的特征和基础,但是,这不意味着人们的道德感、归属感与地方感(特别是面对面交往之地)不是联系在一起的。

① "所谓'邻人',我们所指的并不单只是因为农村聚落的邻居关系,而形成的那种'原始的'形式,而是所有因空间上的接近,换言之,基于长期或暂时的居住或停留而形成近邻关系,从而产生出一种长期慢性或昙花一现的共同利害关系……以此,按聚居方式之不同,'邻人共同体'在表面上看来自然极为形形色色,诸如:散居的农家、村落、城市街坊或'贫民窟'"(韦伯,2004:261—262)。当然,村落共同体存在并不表示共同体行动总是通则,比起家共同体的经济功能和社会功能,其总是不密集连贯、范围不太确定(山口重克,2007:15、20)。

政治和行政力量认可或划定村落共同体的地理边界。正因如此，传统村落共同体常遭诟病的特别问题也有相应的两方面。其一，地域边界明显。村落共同体有可能"不借助社会其他成分的帮助而独立进行其自身的再生产，即通过自身的手段（内部社会化）最终把下一代培养成与自己相似的成年人，从而使社区结构及其文化以这种方式世代存续。作为传统社会的组成部分，这种社区只是它所组成的更广泛的社会一个较小的变异体，可以在更小的范围内做那个更大的单位即社会能够做的一切"。"这种社区具有强烈的地域认同感和忠诚感"（冯钢，2002），但是既存生活方式的重复再生产（Day，2006：28）也会形成鲍曼所讥讽的严格区分你我、限制自由入出的共同体边界。其二，如韦伯（2004：234—245）略带讥讽的描述：共同体可能发展为独占体，如果解体则权益落于私有制。所以，共同体有可能向扩张为更大的社会结合体的方向发展，也可能往独占体方向发展。由此，村落共同体在现代社会能否继续存在并发挥社会团结作用的关键，也就在于是否存在着社区共同体连接社会的可能性，即在抽象意义上说取决于村落共同体关系能否被发展成韦伯所说的"合理性的'结合体关系'"。[①] 具体地说，取决于：其一，向内能否适当地强化村落共同体的经济规制团体的性质和功能，有效地把家庭共同体置基于经济上互助互补，而不仅是文化上的手足之情；其二，向外能否在现代职业团体发挥越来越大的社会整合作用的情况下，找到打破村落边界，既联合外部社会又保持村落共同体团结纽带的原则与途径，把村落共同体发展成为社会结合体的一部分。

现在的问题不是没有村落共同体与社会连接的可能性，而是市场和国家力量同时介入农村后，村落共同体面临的推拉力量空前复杂，从而面临着联结社会的多重可能性。所谓"推拉力量"，不仅是经济性质的——例如刘易斯假设的农村为缓解人地矛盾、转移剩余劳动力而产生的推力，以及资本与现代部门解决劳力不足而产生的拉力（刘易斯，1989；黄宏伟，2005），同时也是社会性的。韦伯曾提出一个关于家共同体解体的解释："在文化发展的过程中，促使紧密一体的家权力趋向衰微的内在动因与外在动因不断增加。自内而起的解体动因在于：能力与需求的开始与分化，而这与经济手段在量方面的增加相关联。随着生活可能性的多样化，个人愈

[①] 韦伯还指出，共同体成员专门资格规定易招致有些人一味追求会员资格可资利用的门路；近似的共同体在互相争取成员时，即使基本上非经济性的共同体也有意识许诺具体的经济利益（韦伯，2004：243）。不过，这主要不是针对邻人共同体与村落共同体。

来愈不能忍受共同体先前所硬性规定的、未分化的生活形态,从而愈来愈倾向于以一己之力来形塑自己的生活,并且自由享受单凭个人能力所创造出来的成果。外在的解体因素则来自于竞争性社会组织的介入:例如国库有意要更加密集地榨取个人的赋税能力。"前一种力量,即个人主义营利方式一旦成立、个人主义观念一旦形成,"将自己委身于一个大型的共产家计里的诱因,委实愈来愈少"(韦伯,2004:281—282),这可以被视为家庭共同体瓦解的内推力量;后一种力量则可以称为共同体瓦解的外拉力量。显然,韦伯所言并不仅仅适用于观察家庭共同体,也适用于观察社区共同体之外的种种社会经营所产生的村落共同体的分解力量。另一方面,通常还同时存在着抑制村落共同体分散的"反向推拉力量"。其一,存在着把个人推向村落共同体的力量。除了农村居民可能有乡土归属感,可能通过合作社进入市场,以及特定国家在政治上选择村庄为基层治理单位并支持村庄自治,等等,小农个体在城市和市场上的经常受挫也会迫使他们转而依赖传统的村落共同体互助。例如,一些关于东、中欧前社会主义国家市场化的研究已经发现,计划经济与市场经济混杂时期产生的新的不平等、阶层化,使农村居民产生心理痛苦,被迫发展适应性的家庭经营策略(Brown & Kulcsar,2000,2001)。农民家庭面临矛盾的选择:一是选择发展更密集的社会性网络,农村居民个体和家庭将更少联系对他们达到市场目标没有直接帮助的人,结果是更少卷入所居住的社区;另一个选择是更倾向于发展社区内的非正式社会互助网络,去应对混乱的经济和社会保障系统的缺失,个人与家庭都因此更加依赖邻居互助,结果更加紧固了社区纽带而疏离了社会纽带(O., Brien et al., 2005)。其二,还存在着出于经济、政治甚至文化和人道的力量和目的,试图平衡城乡发展,振兴乡村地区的农业经济和社区共同体,改变传统乡村精英把持权力的格局,增强乡村大众的权力,并使村落共同体连接社会以形成社会结合体的拉力。例如从20世纪后半期起,拉美和非洲的地权运动,亚洲的小农组织,北美和欧洲的改革活动与社区激活,欧洲、北美与澳洲的激进农场主团体,乡村认同运动与乡村社区发展运动(包括本土居民运动、回到土地自愿者和环境维护者对乡村调整的抗议,等等),都为积极进行乡村社会重建的新乡村社会运动的动员创造了空间。虽然这些运动在乡村社区与社会的关系目标上存在某些不同取向,但要求小农的土地权利,保护农业的传统方式并反对新自由主义土地改革、经济自由化和农产品跨国企业行为,则是其共同取向(Woods,2008)——在我看来都是反对用市场规则联结乡村与社会。

以上四个方向力量的存在，客观上造成村落共同体有四种联结社会的可能性。通常，既要打破共同体边界又要保持小型、地方共同体规则是极其困难的。莫尔在《乌托邦》中曾表达过天才而忧郁的预见：一个乌托邦即使全力抑制公民间差异性而达到平等和一致性，仍然面临外部世界的威胁，除非全世界都通行乌托邦规则。因此，莫尔为乌托邦设想了一项重大工程：掘开海沟把与大陆连接的乌托邦半岛变为乌托邦海岛。该工程绝不只为了便利乌托邦的军事防卫，更是为了把乌托邦与外部世界的必要交换减少到最小、最主动的程度，以便在不能把全世界都变成乌托邦的情况下，最大限度地保护作为小型共同体的乌托邦——这恐怕是马克思关于共产主义不可能在一国单独取胜论断的思想来源。这里如果借用莫尔的乌托邦文学底本，把广阔社会比作茫茫大陆，把弱小而相对封闭的村落共同体视如小型岛屿，那么可以说，村落共同体与社会的联系原来就以共同体成员不认识或不方便的自然形式存在（一如大海把岛屿和内陆连接在一起），而人们自觉建立与发展两者间的联系则犹如设法过海。莫尔设计的乌托邦掘海工程，把连接大陆的半岛再变回岛屿，岛民与世界联系只能通过船只，实际上就是第一种过海可能性与策略选择。在现代社会，它可能表现为要求简单强化村落共同体的主张和行动，属于逆市场化、逆城市化的方式。第二种过海方式，是指原本处在岛屿的居民（村落共同体成员）自然地以船过海，与其他岛屿和大陆做各种必要交换，彼此关系相对不密切不方便但可以取其所需，其中的经济交换可能是非市场交换性质也可能是市场经济性质的。某些国家和社会选择听任乡村地区和村落共同体自生自灭，大体属于这一类方式。第三种过海方式与乌托邦掘海工程逆向，即实施填海工程，人为建立岛屿与岛屿、岛屿与大陆的陆行联系，把所有岛屿最终都变为陆地。填海工程的造价昂贵；工程完成后，岛民从此可以自如陆行，但是走远了走久了可能不再回来，或者想回来却迷路。在现代社会，纯粹以市场经济方式扫荡村落共同体，从而满足市场力量对于自由劳动力和土地的觊觎，属于典型的社会填海工程。第四种过海方式，则是本文后面要讨论的建立恰当的、旨在减轻或消除城乡社会不平等的城乡社区衔接，如同造跨海大桥，既可以最小环境代价和小农权益最大化的方式建立起岛屿间、陆岛间的快捷交通，又保持岛屿生活的可选择性；跨海大桥还需有不同于普遍桥梁的形制设计——包括在公民个体间友善原则之上推动共同体之间的友善政治伦理。

面对过海比喻或"过海理论"所表述的四种可能性，国家以及包括村落共同体在内的社会力量究竟选择哪一种，取决于人们争取什么，取决于人们采取何种社会原则、把哪种社会构成视为正常。对于这个问题，公共社会学和政治社会学理应积极介入。

三 村落共同体与公民社会：
公共社会学的关心

关心公民社会建设的公共社会学实际上也面临一个重大问题：村落共同体作为地方性共同体究竟是不是公民社会的敌人？村落共同体在当代社会有多大意义，在很大程度上也取决于它与公民社会的关联。

倡言公共社会学的布洛维本人并没有细致触及公民社会究竟是基于个体的个人主义理性聚集，还是基于公民社群或团体的价值与利益共享，抑或是公民个体、公民团体与共同体的结合——这在他也许是不言而喻的。如前所述，共同体或社区从古典社会学开始就被用来解释社会如何团结在一起，是什么赋予集体或团体以单位和区分，以及社会纽带被强化或被社会变迁社会发展所规定，等等。因此，"社区"，特别是肯定"社区"存在意义的研究代表的是一种关于团体及其区别于孤立状态或个人主义的重要讨论（Day, 2006：2, 24-25），即关于社会构成的非方法论个人主义的讨论；而个人主义的纯粹竞争性聚合会被倾向于视为失序状态或"失范"。不过，政治社会学、社会学所设想的公民社会的确存在着两种甚至更多的可能性。在自由主义关于合理的公民社会的设想中，个体作为理性个体、私人进入公民社会，[①] 一如哈贝马斯早期所强调的，理想的资产阶级公共领域是由理性的私人组成，公共领域作为市民社会衔接国家活动的区域和部分，本身仍属于私人领域的组成部分（哈贝马斯，1999：2、31、41、59、96；Warren, 1995：171-172）。因此，自由主义的公民社会在根本上没有理由重视共同体，更没有理由尊重村落共同体。另一类政治社会学则把共同体视为一群人，在表达认同感时吸收了一组相同的符号资源；它不仅是与认同的其他形式相匹敌的一种认同形式，还是塑造认同的一种共同的手段。所谓共同体是通过划定边界和管辖成员来发挥功能，边界则是通过相似性和差异性的二重数轴划定的。身处共同体的体验就是以一种方式阐释或解释社会世界，尽管这种方式与我们理解他

[①] 社会学的社群主义认为共同体或社群是两种要素的联合：（A）在个人组成的团体中间的一种充满影响力的关系网络，这些关系经常交叉并且互相强化，而不只是一对一或个人关系的连接。（B）对于共享价值、规范、意义的承诺，以及共享历史和对特别文化的认同（Etzioni, 2000）。

人的方式不完全相同，但却可以与之一致（Cohen，1985；纳什、斯科特，2007：297）。因此，既然国家在现代仍不可能依靠行政手段来控制社会的每一个人，那么要把社会凝聚、整合起来，"社区发展"就是将社会控制下移到一个个自治社区手中的"分权方案"，其目标是通过社会基层组织的自治，来调整政府与民间的关系，并实现社会整合（冯钢，2002）。

这种分歧表明，地方性共同体是否被视为公民社会的敌人，首先取决于公民社会是什么性质的，或者说，取决于公民社会应该被视为基于方法论个人主义之上还是方法论社群主义之上。从前一立场说，村落共同体可能是公民社会的潜在敌人。从后一立场看，村落共同体不是公民社会的敌人，而是一个友善的公民社会的组织支柱。例如，1990年发布"积极的社群主义的宣言"，并将泰勒（Charles Taylor）、桑德尔（Michael Sandel）、沃泽尔（Michael Walzer）的政治哲学的社群主义拓展为社会学流派和社会运动的泽奥尼，曾这样概括两种立场的区别：社会哲学的社群主义（communitarianism）的核心预设是必须共享利益；自由主义的核心预设则是人们的考虑无论对错，都有权做出个人决定，社会安排与公共政治在某种程度上是需要的，但是不应该被共享价值所驱使，只能由个人卷入的自愿性安排和契约所驱使并反映他们的价值和志趣。社群主义认为社会制度与政治受传统，因而受代代相传的价值的影响，它通过非理性的过程，特别是内化过程而成为自我的一部分，并且被诸如说服、宗教或政治教化、领导，以及道德对话等过程所改变。由此，社群主义还强调人们对其家庭、亲属、社区以及社会有一种特殊的道德责任，因此，它虽不拒斥基本的自由主义理想及其功绩，但是鼓励一种责任伦理，一个好社会被认为是基于小心翼翼达成的自由与社会秩序之间、个人权利与社会责任之间、特性（伦理的、种族的、共同体的）与全社会价值及联合之间的平衡。而自由主义则强调但凡个体都有普遍权利，可以忽略个体的特殊的成员身份——在此意义上所谓社会的观念甚至是虚构的。

泽奥尼强调，社会学的社群主义见解既是经验性的也是规范性的，比起基于方法论个人主义的自由主义更具经验依据。它观察到，人生来与动物类似而非自由主义所谓人生而道德，但是在社会制度下经过适当的价值内化与强化，人能增进品德。作为一个好社会基石的道德基础则是由四个社会形式塑造的，即家庭、学校、社区，以及许多社区组成的社区（the community of communities），这四个核心要素如同大盒套小盒的中国盒子：婴儿出生在家庭中，慢慢接受价值、发生道德自我；学校在孩子变大时进一步发展他们的道德自我，或者矫正其特性；社区或社群则通过强化其成员特征而加固其道德基础，不至于使个人失去对价值的承诺。社区中的道德声音作为他人的非正式赞同会形成一个非正式影响的关系网络，比国家力量更能为社会秩序提供道德基础；社区或社群愈弱（例如人口流动量愈大、共享核心价值愈少、异质性愈高），则社会网络愈疏，道德声音愈稀。当然，社群具有边界性，社群之间可能发生冲突，因此社群之上、由许多社区或社群所组成的社群——社会——就是重要的。基于这个经验基础，社会学的社群主义坚持不能视社会由千百万的个体所组成，而应视之为复合团体（as pluralism with in unity），其中的亚文化与地方单位并不是对社会整合的威胁，只要社会的核心共享价值和制度受到尊重；自由与社会秩序、自我与共同体的关系也不是零和的，社群中的个体比孤立的个体更加理性、有效率（但是如果社会压力持续达到高水平，它会破坏自我的发展与表达）。社会学的社群主义就是在这个意义上，一方面强调公民社会（civic society, or civil society），即各种公民结社制度有助于个体互助以满足其社会需要，可以部分地肩负起原本应由国家承担的福利责任；另一方面则强调公民社会虽然好但是不够充分，因为公民社会在许多事务上更倾向于道德中立，而不是关心价值自身固有的品性，以及如何把它们变成公民的需要并使他们成为公民社会更有效的成员（例如更加批判性地思考），为此，一个好社会要追求发扬实质性的核心价值，而且不能不区分对待公民团体，即认为其中某些社会团体和活动更有品德（Etzioni, 2000）。

泽奥尼发起的社会学的社群主义运动并不专门、大量地涉及村落共同体与公民社会的关系，但是它与自由主义的争辩还是有助于人们重新认识村落共同体与公民社会的两个层面的关联。

第一，如果在社会学的社群主义立场上做出拓展，则不难发现：1. 存在着非城居的国民是否应该和如何组成公民社会的问题，因此有必要面对既存的村落共同体、农村居民与公民社会的关系和通道问题。甚至，问题首先不是村落共同体与农村居民是不是公民社会的敌人或拖累，而是农村居民有权成为公民社会的一部分。2. 类似于托克维尔《论美国的民主》观察到的 19 世纪美国广泛存在的社团、社区组织等自治团体不仅有助于抵挡国家暴政，而且有助于公民在参与熟悉的地方性公共事务过程中自然地培养公共热情与公益能力，成为合格的公民；社会学的社群主义也强调好的公民社会是社群的复合体，好的地方性共同体是好社会的基础，身处这类共同体中的公民会由于共享价值、文化纽带、互助互惠而更富于合作、理性和效率。这类经验观察，说到底是在规范意义上主张公民社会中公民与

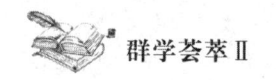

公民之间不能只存在计算私利、斤斤计较的经济关系，只在公共领域中发展你争我斗的权力关系，而要保持阿伦特（Hannah Arendt——台湾译鄂兰）反复致意的友善、乡谊（鄂兰，2006：31—32），以免公民社会、公共领域沦为公民的合法争吵场。在此意义上说，一个与社会核心价值、制度保持一致的村落共同体，正是公民社会的有机部分，而且好的村落共同体正是农村公民培养公共关心，同时保持乡谊、保护公民间友善的特别温床。3. 与"过海理论"相一致，在实践上由于公民社会类型、村落共同体前景都存在着不确定性，村落共同体与公民社会的关系与通道完全可能趋向不同方向。例如，听任市场力量自行作为，村落共同体有可能被瓦解成为残余的私人的聚居连接，遑论成为公民社会的乡村形态；单纯推进基于方法论个人主义而设计的选举政治、乡村自治，村落共同体成员也有可能加速趋向原子化公民，或政治利益小宗派，遑论确立农村与城市的公民政治联系，以及基于农村的经验和政治实践达致公民社会。

第二，社区虽然被视为新进步主义的基石之一（Day，2006：15），共同体精神虽然被社会学的社群主义反复提议，甚至被期望成为抵制自由市场经济学及其自由主义哲学的社会基石，存在于家庭和小型社区内的互惠被认为需要扩展到目前受经济思潮主导的国家关系和全球关系中；但是，社群主义的公民社会并非没有疑问。诚如人们所批评的，公民社会并不尽善，某些社团、社群甚至是反社会核心价值和制度的，社区或社群并非解决现代社会利益宗派化的天然解毒剂。因此，公民社会及其理论甚至需要祛魅。就村落共同体而言，所谓祛魅，是指它能否成为一个好的公民社会的组成部分，不仅取决于村落共同体内部能否维系良好的公民团结，而且取决于村落共同体能否处理好与其他共同体的关系，由共同体内部的公民乡谊发展出共同体之间的友善，共同维护核心共享价值与制度，并避免形成社会组织间的宗派争斗；取决于能否与一个好的公民社会形成良好连接，并与整个社会的核心价值、制度保持一致。换句话说，村落共同体要成为公民社会的构成，需要迈出两大步：基于村落共同体的资源，恰当地训练农村居民的公共关心和处置公共事务的能力，是为第一步；解决村落共同体与其他共同体及社会的政治联合，是为第二步。但是，争取这种关系与前景，首先需要以各种共同体的社会、政治平等和经济互补为条件。如果村落共同体还被置于城乡二元化的社会结构、政治体制、国家福利框架之中，城乡两种社区还处在极度的社会不平等之中，村落共同体作为公民社会的积极构成只是奢谈。显然，改变这种状态，有待于积极的国家干预。

四 十字路口的中国村落共同体与城乡衔接：政策社会学的问题

英语世界的乡村社会学把乡村聚落分为小村落（hamlet）、村落（village）、集镇（township）、城镇（town）等。小村落通常是没有教堂的小村子。村落比之于小村落，规模大（从数十户到数百户）还属次要特征，最重要的是它有教堂及其他公共性的中心。这里所讨论的中国村落，确切地说是指行政村，即中国当代政治、社会进程中产生的一种"village"（自然村大体对应于 hamlet）。这种行政村算不算共同体，是什么意义上的共同体，在概念上显然有争议。在乡村社会学领域，20 世纪 70 年代以后一些研究者曾从社会史角度特别有力地论证过，与"社会"形成对照的传统村庄共同体或社区只存在于概念和假定上，更多的是某种民俗记忆，乡村社区一直被卷入社会发展进程（Newby，1987：78）。有些关于乡村社区性质、功能、特征的经典描述与定义（诸如把社区描述为静态的、传统的、团结的与边界固定的），还被批评为缺乏历史分析尺度，以至于把一时现象视为永久特性，例如吉本（Gibbon，1973）等人指出 20 世纪 40 年代艾瑞森柏格和肯波所描述和解释的爱尔兰西南部乡村社区的团结、稳定、互助、和谐等特征（Arensberg & Kimball，1940），有很多实际上是受 19 世纪 40 年代马铃薯歉收影响的结果。批评者们虽然多少承认社区具有团结和整合功能，但是更强调农村社区充满了变迁、分化、矛盾而具有复杂的模式。本文同意这类批评，因为本来就很少存在完全吻合 Gemeinschaft 概念的共同体，实存的中国村落共同体同样也处在雷德菲尔德所说的连续变迁序列中的某个位置。此外，19 世纪 40—70 年代日本学者曾基于同样的满铁调查材料，专门就中国村落能否被称为共同体展开论战。持否定意见者认为中国村落缺乏共同体应有的边界、共有财产、村落观念，而持肯定意见者则强调有这些证据（李国庆，2005；黄宗智，2000b：26—27）。论战的"核心实质"曾被归为"是家优先还是村优先的问题"（李国庆，2005）。实际上，"家优先"作为农村常态一般并不妨碍村落共同体的产生与维系，关键是中国同一时期不同地方的村落共同体受国家、市场和内部三种压力的不同交替作用，会导致共同体的产生过程、形式、机制、松紧度有所不同，这才是日本学者使用同一批材料而得出不同意见的根源之一。通常，只在理论上存在着村落共同体完全由社区内部力量自发形构的可能性，实际上国家力量、市场力量总是参与、影响甚至决定村落共同体的边界、机制和功能。① 因此，清末民初以来国家影响甚至划分村落边界，本身并不一定意味着取消了中国的村落共同体（黄宗智，2000b：24—28、312—314，2000b：148—159），而是意味着村落共同体的边界、方式、功能以及自治（如果有的话）受到共同体之外力量的形塑，以便适合国家选择的乡村治理模式。

20世纪80年代随着人民公社体制结束、实施政社分离而出现的80多万个行政村（现减并为60多万个），显然既具有国家行政规定的色彩，同时也有农村自然聚落的基础。它基本上都在人民公社体制中的大队一级设置，与公社体制相比，一方面是延续了1949年以来，特别是集体化以来国家在农村以集体组织取代其他村落共同体（例如宗族共同体）的政治努力；另一方面则把农村集体的核心层面从公社下降一级、从生产队上提一级。这个体制推出之初，作为显性规制，它使原来大队一级的村集体被确认为村落首要的、首级的共同体，其他合作体（如原生产队、后来的村民小组）为次级，家庭为基本共同体。它意味着国家承认农村集体（或共同体）是有地方性的，它涉及特定的居民、文化和环境的关系，与国家设置的地方边界可能很不一致，至少公社作为集体过大，政府也无力把公社与城市社区或单位一样整合纳入国家政治、经济和福利体系；同时承认从高级社以来渐次形成的自然村联合的大队已经是被农户广泛认同的村集体，要求它在国家撤出对农村经济和社会直接治理之后作为农村社区共同体担当村落公共供给的主要责任（毛丹，1998）。作为隐性规制，实施政社分离、行政村制度，并且与联产承包制相配置，是在激励农户单位的生产积极性的同时，把农村基层公共供给的负担卸给行政村，以便继续保持国家供给和发展城市的能力。它意味着更多地增强了农户的自主性，放松了对农民以劳动力个体进入市场的束缚，并为市场力量影响农村创造了条件。而集体与农户"统分结合"设计中"统"的一端，即村集体发挥组织农户的基础与能力没有得到充分的、切实的资源保障和制度保障（仝志辉、温铁军，

---

① 以美国为例，研究者和政策制定者关于乡村与城市的界定，依赖于联邦政府的两个系统关于城乡的划分。美国人口普查办公室依照人口密度划分城市与乡村地区，根据2000年人口普查，有近500万乡村人口生活在2500人规模以下的社区中。而管理与预算部门则以都市区和非都市区表示城市、乡村的整合角度，并且对乡村使用了15个以上的不同角度的界定（例如从通信负担角度把5000人以下居住区视为乡村，而从供电角度划分乡村的标准，2000年前为1500人以下，2000年改为2500人以下，等等）。美国政府建立这种地方标识通常出于管理目的：决定哪些地方适合特定的政府项目，即相应的乡村界定都服务于政策目标（Flora & Flora，2008：7-9，12-13）。

2009)。因此，行政村虽然被要求成为经济上的集体单位和政治上的自治单位，但是其变迁前景实际上却具有某种不确定性。改革30年来，对于行政村形态的村落共同体而言，显然有一些力量在推动村落共同体的强化，有一些因素则在发挥瓦解"集体"的作用，村落共同体不能不进入村集体与传统共同体之间的不确定地带（毛丹，2008）。

就村庄与市场关系而言，改革以来既保持村集体又发展农村与市场的联系，形式上有利于发展村落共同体与大社会的联结，但是卷入村庄经济关系重建的三种力量——资本、农民、政府——对于市场经济及村落共同体的态度、要求显然不一样。如前文所论，资本在农业、农民、农村与市场的关系问题上，断然不会顾忌农业的弱质和农民的弱势，按其习性只是要利用农业的弱质和农民的弱势，把农民从村落共同体中分解为单个、廉价的劳动力，去获取资本最大收益。而农民对于市场经济的态度是随条件而变化的，即对于市场怀抱着一种安全经济学逻辑，活不下去的时候会做出各种方式的反叛，仅有糊口条件时采取生产消费均衡模式，在条件具备时则接受和进入市场经济。政府则抱有经济繁荣与政治稳定的双重标准，在对待农业、农民、农村与市场的关系上，客观上面临五种选择可能：压榨剥削"三农"，任其暴露在市场，对"三农"实行半保护，保护"三农"，用各种方式提升农民进市场的能力。中国作为发展中大国的政府政策选择显得更加困难些，通常很难简单采取一种选择，推动村庄经济转型的各项改革政策不能不在非市场化、市场化与保护农民进市场之间不断寻求平衡点。于是，在重建村庄与市场的关系过程中就产生了一些相互冲突、相互牵扯的力量，一方面形成了分解村落共同体，把村庄打散进入市场的力量、形式与过程，例如，乡村工业化并最终实行乡镇企业转制、商品农业、农民进城打工与迁离、撤村建居，等等，以及与此伴生的农村劳动力从农户单位逐渐转向以劳动力个体为单位。另一方面，它也促成村庄、农户面对市场采取各种自我保护办法，例如，土地制度改革因突出考虑农地对农民的社会保障功能而步伐较小，采取农村新合作，村集体经营及其转化问题受到关注，经济与村社区继续保持紧密性，进行新农村建设，等等。通常，农业生活提供社区共同体的维系，非农化生活及对集体政治的不信任则被引导为损坏社区共同体（Caldeira，2008）。因此，前一方面变化总体上削减村庄作为社区经济共同体存在的必要性，后一方面变化则使村集体、村庄共同体得到维持、强化或转型，农业村落共同体由此继续扮演社区经济共同体单位，并替代或仍然部分替代国家实施农村公共物品与服务的供给，村庄仍然具有某种生命力。

就村庄与国家的关系变化的维度观察，改革30年间的变化大致上是村庄经历了行政化、半行政化、以村民自治为基础的共同治理三个阶段。行政化主要指在人民公社体制下，政府通过公社对村庄公共事务有直接决定权和优先决定权。这种行政关系并不总是单向的，它也使村庄、农民具有某种要求地方政府对村庄日常生活、命运负责的权利。半行政化则是指人民公社制度解体后出现的过渡性格局，主要时间在20世纪80年代初至1998年。村庄根据《村组法（试行）》应享有自治权，地方政府则常常习惯沿用行政化时期的办法干预村庄的生产、生活和公共事务，村庄也在一定程度上仍习惯地接受干预。但是受政府财力、村组法规定等限制，村庄与农民的实际自治权在扩张，同时，村庄公共供给方面受政府支持的力度也相应下降。共同治理则是村组法正式实施以后呈现的国家与村庄关系的某种新趋势。这个时期从1998年延续至今，村庄与国家相互间的权利、义务关系趋向明确，各自的权力边界日益明晰，村庄自主事务的范围也得到了国家法律和实践的尊重；与此同时，政府也趋向于承担村庄的公共物品供应、公共服务、社会安全网构建等方面的部分责任，把农民、农村重新纳入国家建设的议事日程。三个阶段的总体趋势，形式上有利于行政村成为自治的农村社区政治共同体。但是，由于在地方政府与村庄的关系调整过程中，农民、农村始终处于关系弱端，村落作为自治的社区共同体的前景仍具有不确定性；由于自治的社区政治共同体究竟基于社群主义还是个人主义的选择不明晰，它究竟能否成长为公民社会的重要基础和重要部分也存在着不确定性；甚至，由于行政村的撤并归的权力掌控在政府手中，村落作为自治的社区政治共同体有没有将来，还有待于国家对村庄存在的必要性做出清晰的总体定位。

就村庄与城市的关系观察，行政村作为社区共同体有没有确定的前景，一方面取决于国家在农村劳动力向城市转移的同时，是否同时发展乡村社区；另一方面取决于国家能否在解决城乡社区的经济社会不平等的基础上发展城乡社区衔接，既非消灭村庄，也非城乡隔离，而是建立一种有机联系城乡经济和城乡社区的衔接带。它在理论上是指：（1）在相对消极的意义上，承认城乡经济、城乡社区是有差别的，这种差别是普遍现象，而不是发展中国家所独有。（2）在积极的意义上，承认经过对农村社区基础设施的大幅度改善，确立城市和村庄之间的路、讯、人、货四畅通，可以达到城乡社区生活条件的基本均等；依然存在的村庄，主要是为依然存在的农业从业人员提供便利的社区条件,并且向城市中选择乡村生活的返郊、返村的人口开放;大城市、中小城市、小城镇、中心村和其他村庄等,形成一个经济上互为支持和补充、文化风格不同但是彼此平等、社区基本生活类型不同但品质并不悬殊的衔接带,各自都是这个衔接带上不可替代的纽结点(毛丹,2009)。改革中前期,国家整体上偏向于劳动力转移路径。2000年以后,在统筹城市、改善农村社区生产生活条件方面的一系列政府举措,有利于触发城乡社区衔接带的议程。一个充满活力的城乡社区衔接带意味着村落共同体的重生,村落共同体的转型最终能否完成,需要以此为检验尺度。但是,国家目前对于这个路径的含义、进程和前景并不清晰。

换句话说,如果把农村社会30年的变迁放在村庄与市场、与国家、与城市社会三重关系转变中考察,几乎可以说村庄正在经历从农业共同体到城乡社区衔接带之弱质自治社区的大转型。即(1)经济共同体转型——基于农业和农民半市场化、半受非市场化保护的政策环境,以及双层经营而农户经营实际上更受政策支持的经营环境,村庄从人民公社体制下的集体大队,转向具有不确定性的社区经济共同体。(2)治理共同体转型——基于村民自治的制度安排和地方性实践,村庄有可能从国家的基层治理单位转向国家与社会共同治理的单位。(3)村庄作为农民社区的转型——从传统农业社区有可能转向城乡社区衔接带的弱质端。以上转变究竟以何种形态实现,既取决于农村和农民对国家、市场、城市的态度,也取决于国家、市场、城市对农村的态度。从政策社会学的角度说,政府如果期望村落共同体在组织农村人口、增长经济方面长久而稳定地发挥作用,固然要帮助村庄担负起社区经济共同体、社区治理共同体的职责,更要帮助村庄朝着城乡社区衔接的方向建设,使村庄成长有一个明确的未来(毛丹,2008)。

中国的村落共同体正站在十字路口。依赖惯性继续向前滑可能行之不远;向左转,前景是确立城乡衔接,形成村落共同体与城市的联合体;向右转,则是听任市场力量分解村落共同体,一股脑驱使农民变成城市的劳动力商品。而政府在政策选择方面又何尝不是站在十字路口,在此意义上说,政策社会学有必要清楚地呈现以下两个基本判断。

第一,城乡和区域发展都将极其依赖于城乡之间的衔接,保障村落共同体与大社会、与城市社区形成联合体。1994年以来,这一政策主张已经受到联合国人类居住项目的持续倡议。2000年7月,有1000个城市代表参加的城市未来全球大会,曾发表"关于城市未来的柏林宣言"(Virchow & Braun,2001:367-368),强调重新认识城市与区域、城乡之间以及偏远地区之间的相互依赖关系，倡言从城乡分离转向城乡合作，使村庄最终具备城市的品质，城市地区也呈现乡村的特质，促使城乡分离（rural-urban divide）越来越被区块（regional agglomeration）所取代，否则将不利于城市问题解决，不利于解决人口单向流向城市寻找工作机会而产生的问题，并且会使乡村地区在全球化进程中更加被边缘化——生活在这些村庄里的是被全球化经济排斥在外的老人、孩子以及那些缺乏城市工业与服务部门的职业技术者（Sheng & Mohit, 2001）。从这些研究中应该认识到，中国的城乡衔接与区域发展的基础，是给农村社区提供充分有效的基础设施、服务，以及道路、运输、通信条件和其他公共物品，这是使村庄与城市消除传统区分的根本基础。在此意义上说，中国农村改革以来推动乡村的小型企业、发展乡村地区的非农职业固然是重要的，但是仅此并不够；着力发展农业和商品农业也是重要的，但是仅此也不够。国际粮食政策研究所专家万马丽所具体描绘的"乡村基础构造、经济活动与城乡连接的框架"，有助于表明城乡社区衔接、发展村庄共同体与社会的联合体所需的要素（如图）。

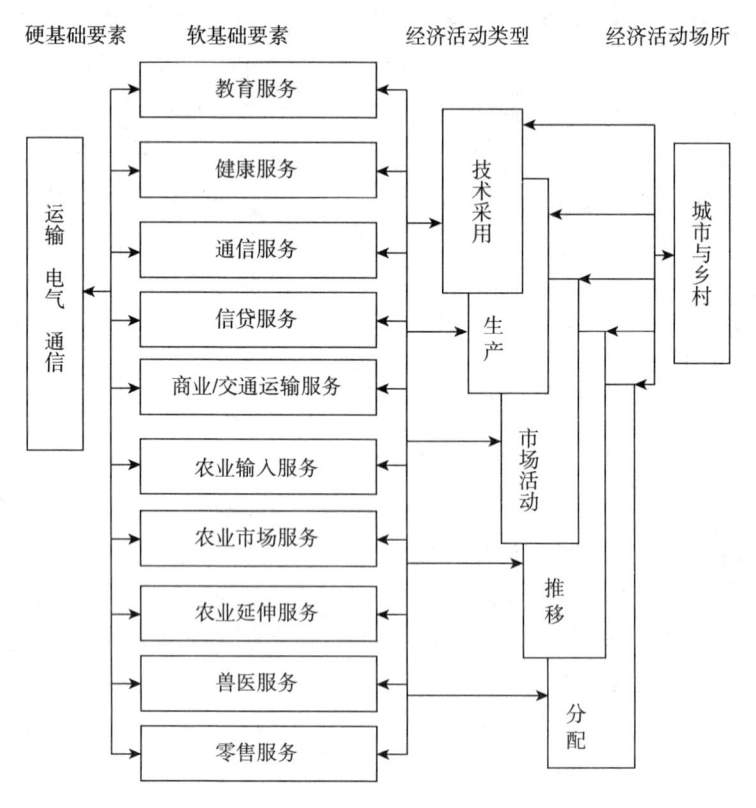

资料来源：Wanmali, 2001。

第二，依"过海比喻"，推进城乡社区衔接，如造跨海大桥。这个工程的主体首先是政府，即城乡衔接需要政府积极干预，上述乡村基础建设虽然可以由政府和非政府提供，但是政府需要首先承担责任。积极的政府干预是必需的，因为减少干预或不干预就是一种干预。如研究者所批评的，1980年以来第三世界国家在农业、农村方面纷纷放弃凯恩斯主义经济学积极干预的立场和政策，退出对农村经济事务的调节、计划、供给输入，放弃为农村地区贫困人口积极提供福利。但是，这种新古典主义经济学家所呼吁、赞赏的转变，实际上意味着国家转而代表资本进行干预（例如以立法方式重新变更土地制度）。而资本在农村的积极干预，则到处引起农民的至少四种形式的反抗，包括反对原始积累、反对资本主义剥削、反对非资本主义镇压和资本所引起的生态条件、反对民主国家对资本的运用，等等，结果又导致新自由主义国家要求一个干预性的国家去应对这些问题（Das，2007）。就中国的农村社区共同体的发展而言，如果国家不能明确地告别新古典主义经济学的立场，沿着推进城乡衔接的路径和方向，转而用加强农村基础建设、以服务为中心介入农村社区发展，那么就很难避免加快城市化与建设新农村两大国家战略之间出现断裂，新农村建设也很难避免迷失方向与前景。

参考文献

阿盖尔（Argyle, Michael），1998，《社会互动》，苗延威、张君玫译，台北：巨流图书公司。
爱德华·汤普森，2002，《共有的习惯》，沈汉、王加丰译，上海：上海人民出版社。
安东尼·吉登斯，2000a，《现代性的后果》，田禾译，南京：译林出版社。
——2000b，《第三条道路：社会民主主义的复兴》，郑戈译，北京：三联书店。
菲利普·梅勒，2009，《理解社会》，赵亮员等译，北京：北京大学出版社。
斐迪南·滕尼斯，1999，《共同体与社会》，林荣远译，北京：商务印书馆。
费景汉、古斯塔夫·拉尼斯，1989，《劳力剩余经济的发展》，王月等译，北京：华夏出版社。
冯钢，2002，《整合与链合——法人团体在当代社区发展中的地位》，《社会学研究》第4期。
哈贝马斯，1999，《公共领域的结构转型》，曹卫东等译，上海：学林出版社。
汉娜·鄂兰，2006，《黑暗时代群像》，邓伯宸译，台北：立绪文化有限公司。

贺雪峰，2007，《乡村的前途》，济南：山东人民出版社。

黄宏伟，2005，《20世纪90年代中国农民跨区域流动的成因分析》，《农村经济》第1期。

黄宗智，2000a，《华北的小农经济与社会变迁》，北京：中华书局。

——，2000b，《长江三角洲小农家庭与乡村发展》，北京：中华书局。

卡尔·波兰尼，2007，《大转型——我们时代的政治与经济起源》，冯钢等译，杭州：浙江人民出版社。

凯特·纳什、阿兰·斯科特，2007，《布莱克维尔政治社会学指南》，李雪等译，杭州：浙江人民出版社。

拉南·魏茨，1990，《从贫苦农民到现代化农民——一套革命的农村发展战略及以色列的乡村综合发展》，杨林军、何大明等译，北京：中国展望出版社。

李国庆，2005，《关于中国村落共同体的论战——以"戒能—平野论战"为核心》，《社会学研究》第6期。

刘健哲，2006，《城乡新风貌——德国之农村与规划》，台北：詹氏书局。

马塞尔·莫斯，2002，《礼物》，汲喆译，上海：上海人民出版社。

麦克·布洛维，2007，《公共社会学》，沈原等译，北京：社会科学文献出版社。

曼纽尔·卡斯特，2006a，《网络社会的崛起》，夏铸九、王志弘译，北京：社会科学文献出版社。

——，2006b，《认同的力量》（第二版），曹荣湘译，北京：社会科学文献出版社。

毛丹，1998，《乡村组织化与乡村民主》，《中国社会科学季刊》（香港）春季号。

——，2008，《村庄大转型——浙江乡村社会的发育》，杭州：浙江大学出版社。

——，2009，《赋权、互动与认同：角色视野里的城郊农民市民化问题》，《社会学研究》第4期。

毛丹、王萍，2004，《村级组织的农地调控权》，《社会学研究》第6期。

毛丹、王燕锋，2006，《J市农民为什么不愿做市民——城郊农民的安全经济学》，《社会学研究》第6期。

民政部基层政权和社区建设司编，2009，《全国农村社区建设重要资料选编（2003—2008）》。

皮埃尔·布迪厄、华康德，2004，《实践与反思：反思社会学导引》，李猛、李康译，北京：中央编译出版社。

齐格蒙特·鲍曼，2002，《流动的现代性》，欧阳景根译，上海：上海三联书店。

——，2006，《被围困的社会》，郇建立译，南京：江苏人民出版社。

——，2007，《共同体》，欧阳景根译，南京：江苏人民出版社。

桑德斯，1982，《社区论》，徐震译，台北：黎明文化事业股份有限公司。

山口重克，2007，《市场经济：历史·思想·现在》，张季风等译，北京：社会科学文献出版社。

施坚雅，1998，《中国农村的市场和社会结构》，史建云、徐秀丽译，北京：中国社会科学出版社。

世界银行，2008，《2008年世界发展报告：以农业促发展》，胡光宇、赵冰译，北京：清华大学出版社。

仝志辉、温铁军，2009，《资本和部门下乡与小农户经济的组织化道路——兼对专业合作社道路提出质疑》，《开放时代》第4期。

涂尔干，1988，《自杀论》，钟旭辉等译，杭州：浙江人民出版社。

——，2000，《社会分工论》，渠敬东译，北京：三联书店。

威廉·阿瑟·刘易斯，1989，《二元经济论》，施炜等译，北京：北京经济学院。

韦伯，2004，《经济行动与社会团体》，康乐、简惠美译，桂林：广西师范大学出版社。

——，2006，《经济通史》，姚曾廙译，上海：上海三联书店。

沃尔夫，1983，《乡民社会》，张恭启译，台北：巨流出版社。

徐琦、莱瑞·赖恩、邓福贞，2004，《社区社会学》，北京：中国社会出版社。

徐震，1980，《社区与社区发展》，台北：正中书局。

杨懋春，1970，《乡村社会学》，台北：正中书局。

约翰·冯·杜能，1997，《孤立国同农业和国民经济的关系》，吴衡康译，北京：商务印书馆。

浙江省人大法制委、内务司法委、浙江省民政厅，2008，《浙江省村民委员会换届选举工作手册》，杭州：浙江人民出版社。

Almgren, Gunnar 2000, "Community." In Borgatta, Edgar F. editor-in-chief, *Encyclopedia of Sociology* (Second Edition). New York: Macmillan Reference.

Amit, Vered (ed.) 2002, *Realizing Community: Concepts, Social Relationships and Sentiments.* London; New York: Routledge.

Arensberg, C. M. & S. T. Kimball 1940, *Family and Community in Ireland.* London: Peter Smith.

Balloch, Susan & Michael Hill (eds.) 2007, *Care, Community and Citizenship: Research and Practice in A Changing Policy Context.* Bristol: Policy.

Beck, U. 1992, *Risk Society: Towards A New Modernity.* London: Sage.

Bell, Rudolph M. 2007, *Fate, Honor, Family and Village: Demographic and Cultural Change in RuralItaly since 1800.* London: Aldine Transaction, A Division of Transaction Publishers.

Bernard, J. 1973, *The Sociology of Community.* Glenview, Ⅲ: Scott, Foresman.

Boissenvain, J. 1975, "Towards A Social Anthropology of Europe." In Boiseenvain, J. & J. Friendl (eds.), *Beyond the Community: Social Process in Europe.* The Hague: Department of Education and Science of the Netherlands.

Brass, Tom 2005, "Journal of Peasant Studies." *The Journal of Peasant Studies* 32 (1).

Brown, D. L. & L. Kulcsar 2000, "Rural Families and Rural Development in Central and Eastern Europe." *Eastern European Countryside* 6.

——2001, "House Hold Economic Behavior in Post-Socia list *Rural Hungary.*" *Rural*

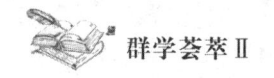

Sociology 66 (2).

Brint, Steven 2001, "Geme in Schaft Revisited: A Critique and Reconstruction of the Community Concept." *Sociological Theory* 19.

——2007, "Guide for the Perplexed: On Michael Burawoy's 'Public Sociology'." In Nichols, Lawrence T. (ed.), *Public Sociology: The Contemporary Debate*. New Brunswick: Transaction Publishers.

Burawoy, Michael 2005, "Presidential Address: For Public Sociology." *American Sociological Review* 70 (1).

——2007, "Third-Wave Sociology and the End of Pure Science." In Nichols, Lawrence T. (ed.), *Public Sociology: The Contemporary Debate*. New Brunswick: Transaction Publishers.

Caldeira, Rute 2008, "'My Land, Your Social Trans for mation': Conflicts with in the Landless People Movement (MST), Riode Janeiro, Brazil." *Journal of Rural Studies* 24.

Calthorpe, Peter 1993, *The Next American Metropolis: Ecology, Community, and the American Dream*. New York: Princeton Architectural Press.

Cantle, Ted 2008, *Community Cohesion: A New Framework for Race and Diversity* (rev. and updateded.). Basingstoke; New York: Palgrave Macmillan.

Carlton-LaNey, Iris B., Richard L. Edwards & P. Nelson Reid (eds.) 1999, *Preserving and Strengthening Small Town Sand Rural Communities*. Washington, DC: NASW Press.

Cloke, Paul & Terry Marsden, Patrick Mooney 2006, *Handbook of Rural Studies*. London: Sage Publications.

Cohen, A. P. 1985, *The Symbolic Construction of Community*. Chicester: Ellis Horwood Ltd. Publishers.

Colhaun, Graig 1991, "Morality, Identity, and Historical Explanation: Charles Taylor on the Sources of the Self." *Sociological Theory* 9.

Coleman, James 1957, *Community Conflict*. New York: The Free Press.

Das, Raju J. 2007, "Introduction: Peasant, State and Class." *The Journal of Peasant Studies* 34 (3 – 4) (July/October).

Day, Graham 2006, *Community and Everyday Life*. London and New York: Routledge.

DeFilippis, James & Susan Saegert (eds.) 2008, *The Community Development Reader*. New York: Routledge.

Delanty, Gerard 2003, *Community*. New York: Routledge.

Dixon, John, R. Dogan & A. Sanderson 2005, "Community and Communitarianism: A Philosophical Investigation." *Community Development Journal* 40 (1).

Dominelli, Lena (eds.) 2007, *Revitalizing Communities in A Globalizing World*. Burlington: Ashgate.

Essex, Stephenetal. (eds.) 2005, *Rural Change and Sustainability*. Wallingford, UK: CABI Pulishing.

Etzioni, Amitai 1995, *The Spirit of Community: Rights, Responsibilities and the Commu-

nitarian Agenda. London: Profile Books.

——2000, "Communitarnism." In Borgatta, Edgar F. (editor-in-chief), *Encyclopedia of Sociology* (Second Edition). New York: Macmillan Reference.

——2001, "Is Bowling Together Sociologically Lite?" *Contemporary Sociology* 30.

Flora, Cornelia Butler & Jan L. Flora 2008, *Rural Communities: Legacy and Change* (third editon). Philadelphia: Westview Press.

Frankenberg, R. 1966, *Communities in Britain: Social Life in Town and Country*. Harmond sworth: Penguin.

Frazer, E. 1999, *The Problems of Communitarism Politics: Unity and Conflict*. Oxford: Oxford University Press.

Gallaher, A. Jr. & H. Padfield (eds.) 1980, *The Dying Community*. New Mexico: University of New Mexico Press.

Gibbon, P. 1973, "Arensberg and Kimball Revisited." *Economy and Society* 4.

Greisman, H. C. 1980, "Community Cohesion and Social Change." *Journal of the Community Development Society* 11 (1).

Hillary, George A. Jr. 1955, "Definitions of Community: Areas of Agreement." *Rural Sociology* 20.

Kaitz, Peter (ed.) 1994, *The New Urbanism: Towards New Architecture of Community*. New York: McGraw-Hill.

Langton, Phyllis Ann & Dianne Anderson Kammerer 2005, *Practicing Sociology in the Community*. New Jersey: Pearson Education.

Little, A. 2002, *The Politics of Community: The Ory and Practice*. Edinburgh: Edinburgh University Press.

Loomis, Charles P. & J. Allan Beegle 1950, *Rural Social System*. New York: Prentice-Hall.

Lynch, Kenneth 2007, *Rural-Urban Interaction in the Developing World*. London and New York: Routledge.

McMillan, David & David Chavis 1986, "Sense of Community: A Definition and Theory." *Journal of Community Psychology* 14.

Miller, Linda S. & K. M. Hess 2007, *Community Policing: Partnerships for Problem Solving*. Belmont: Thomson Wads Worth.

Minar, David W. & Scott Greer 2007, *The Concept of Community: Reading with Interpretations*. London: Aldine Transaction, A Division of Transaction Publishers.

Newby, H. 1987, *Country Life: A Social History of Rural England*. London: Sphere Books.

Noble, T. 2000, *Social Theory and Social Change*. Basing Stoke: Macmillan.

O., Brien, David J., Sephen K. Wegren & Valeri V. Pastsiorkovsky 2005, "Marketization and Community in Post-Soviet Russian Villages." *Rural Sociology* 70 (2).

Park, Robert 1969/1936, "Human Ecology." In Warren, Roland L. (ed.), *Perspectives on the American Community*. Chicago: RandMcNally & Company.

Phillips, Rhonda & Robert H. Pittman (eds.) 2009, *An Introduction to Community Development*. New York: Routledge.

Popkin, Samuel 1979, *The Rational Peasants*. Berkeley: University of California Press.

Redfield, Robert 1947, "The Folk Society." *The American Journal of Sociology* 52 (3).

——1955, *The Little Community*. Chicago: University of Chicago Press.

Rubin, Herbert J. & Irene S. Rubin 2008, *Community Organizing and Development* (4th ed.). Boston: Pearson/Allyn & Bacon.

Sheng, Yap Kioe & Radhik a Savant Mohit 2001, "Employment and Migration in the Urban Future of Southeast Asia." In Virchow, D. & J. von Braun (eds.), *Villages in the Future: Crops, Jobs and Livelihood*. New York: Springer.

Shanin, Teodor 1987, *Peasants and Peasant Societies: Selected Readings*. (2nd edition) New York: Basil Black Well.

Smith, Christian 1998, *American Evangelicalism: Embattled and Thriving*. Chicago: University of Chicago Press.

——2003, *Moral, Believing Animals*. New York: Oxford University Press.

Strange, Marty 2008, *Family Farming: A New Economic Vision*. (New edition) Lincoln and London: University of Nebraska Press.

Summers, Gene F. 1986, "Rural Community Development." *Annual Review of Sociology* 12.

Taylor, Marilyn 2003, *Public Policy in the Community*. New York: Palgrave Macmillan.

United Nations Human Settlements Programme 2004, *Urban-Rural Linkages*. UN-HABITAT.

Vaisey, Stephen 2007, "Structure, Culture, and Community: The Search for Belonging in 50 Urban Communes." *American Sociological Review* 72 (6).

Virchow, D. & J. von Braun (eds.) 2001, *Villages in the Future: Crops, Jobs and Livelihood*. New York: Springer.

Wellman, B. & B. Leighton 1979, "Networks, Neighborhoods and Communities." *Urban Affairs Quarterly* 14 (March).

Wanmali, Sudhir 2001, "Urban-Rural Linkages in the Context of Decentralized Rural Development." In Virchow, D. & J. von Braun (eds.), *Villages in the Future: Crops, Jobs and Livelihood*. New York: Springer.

Warren, Mark E. 1995, "The Self in Discursive Democracy." In White, Stephen K. (ed.), *The Cambridge Companion to Habermas*. Cambridge: Cambridge University Press.

Warren, Roland L. 1963, *The Community in American*. (1st edition) Chicago: Rand McNally & Company.

——1972, *The Community in American*. (2nd edition) Chicago: Rand McNally & Company.

——1978, *The Community in American*. (3rd edition) Chicago: Rand McNally & Company.

Wilkinson, K. P. 1979, "Social Well-being and Community." *Journal of the Community Development Society* 10 (1).

Wirth, L. 1938, "Urbanism As A Way of Life." *The American Journal of Sociology* 44 (1).

Woods, Michael 2007, "Engaging the Global Countryside: Globalization, Hybridity and the Reconstitution of Rural Place." *Progressin Human Geography* 31.

——2008, "Guest Editorial: Social Movements and Rural Politics." *Journal of Rural Studies* 24.

Zimmerman, Carle C. 1938, *The Changing Community*. New York: Harper and Brothers.

作者单位：浙江大学地方政府与社会治理研究中心、
浙江大学中国社区建设研究中心
〔责任编辑：罗 琳〕

> **颁奖词** 《家庭背景、体制转型与中国农村精英的代际传承（1978—1996）》，采用全国调查抽样数据，结合事件史分析方法，探讨了改革开放后中国农村精英产生的文化因素，发现有着新旧精英家庭背景的农民进入精英阶层的概率高于其他农民，因此，提出了"精英文化的代际传承"观点，深入地揭示了除权力、社会资本等因素外文化因素对农村社会分层影响的重要作用机理，提升了对改革开放以来中国农村社会变迁规律的认识。

家庭背景、体制转型与中国农村精英的代际传承（1978—1996）[*]

吴愈晓

摘　要：使用一个1996年收集的全国抽样数据，并结合事件史分析方法（离散时间风险模型），本文探讨了1978年中国农村经济体制改革后，到底是哪些农民能够抓住机会实现经济上的成功并成为农村中的精英阶层。本研究具体检验了中国农村居民的精英职业地位获得是如何受到他们改革前或新中国成立前的家庭背景影响的。数据分析结果表明：第一，"旧式精英"（新中国成立前的政治或经济精英）和"新式精英"（新中国成立后再分配经

---

[*] 本文原载于《社会学研究》2010年第2期。本文曾在2009年中国社会学年会（西安，7月20—22日）"社会分层与流动"分论坛作报告。本研究得到山东大学"985"工程第二期引进人才科研启动经费的资助。作者感谢北京大学李博柏教授对本研究数据分析方面的指导，并感谢北京大学杨善华教授和2009年中国社会学年会"社会分层与流动"分论坛一些同人提出的宝贵意见，但文责自负。

济时期的政治或经济精英）家庭背景的农民，改革后进入非农职业的概率都比较高。第二，在不同历史阶段，精英职业获得模式是不同的。低风险性是导致改革早期新、旧精英的后代的选择趋同的主要原因，反映了他们在对社会经济发展走向无法清晰把握时的一种选择理性，而改革后期他们非农化道路的分野则充分体现了个体的社会行动是如何受其家庭背景（或精英文化因素）影响的。基于这些发现，作者提出"精英文化的代际传承"观点，指出除了当前学界讨论较多的权力和人力资本因素之外，文化因素也是转型期中国农村社会分层的重要作用机制。

关键词： 体制转型　精英家庭背景　职业流动　中国农村

一　引言

20世纪70年代末开始的经济体制改革是中国农村最重要的社会变迁之一。关于这场社会变迁的过程及其社会后果，国内外社会学界给予了广泛的关注。在已有的研究文献中，大致可以分成三种主要的研究视角。其一是制度主义分析视角，关注再分配经济向市场经济的制度变迁对社会分层和流动模式的影响，其代表是倪志伟（Nee, 1989a）提出的"市场转型理论"，认为市场转型使权力从再分配者向直接生产者转移，并为生产者提供了更多的激励（具体体现为人力资本回报的上升）；另一方面，市场开辟了新的社会流动渠道，使许多有企业家精神的人通过市场实现经济上的成功，走向社会上层；而相对于新生的经济精英，权力精英的影响力日益式微。该理论提出后引起很大的争议，一些学者基于相反的经验结果提出了反对的理论观点，如"权力维续论"（Bian & Logan, 1996）、"权力转换论"（Róna-Tas, 1994）以及"政治和市场共进论"（Zhou, 2000），这些观点都强调市场化过程中再分配权力因素仍然扮演重要的角色。[①]

另一种研究视角可被称为结构主义分析视角，主要关注市场化过程中经济结构以及劳动力市场结构的变化对社会分层造成的影响。魏昂德（Walder, 1996）对"市场转型理论"争论的研究范式提出了质疑，认为制度变革（市场转型）与社会分层机制之间并没有必然的联系；"市场转型"

[①] 关于"市场转型理论"争论，请参考边燕杰主编（2002）和刘欣（2003）。

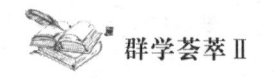

理论争论过于关注制度变迁,从而忽略经济发展,以及经济结构等因素的变化对收入分配机制的影响。一些研究显示,20世纪80年代中国农村地区的经济增长和经济结构的变化,产生了许多工薪职业种类和自雇经营的机会,而这一变化从根本上改变了农村社会中各个群体之间的收入分配结构(Oi, 1989; Walder, 2002a)。戈伯和豪特(Gerber & Hout, 1998)的研究也表明,苏联解体之后,休克疗法导致劳动力市场结构急速变化,促使人们就业模式转型,进而影响社会的不平等结构。

但是,无论是制度主义还是结构主义分析视角,都体现了较强的结构主义取向。即是说,在这两种范式中,个人完全是被动的,其行为或命运的选择完全由制度或结构性因素形塑或决定。然而这种强烈的理论预设是违背社会现实的,因为个体作为社会行动者是能主动积极地调整自己的行为以应对制度或结构变化的。因此,在社会研究中,忽略了个体的主观能动性和对微观或个体层面机制的探讨,得出的结论可能是片面的甚至是误导性的(Blau, 1977; Blalock, 1991)。近年来,研究转型社会的学者开始意识到了这个问题,并逐渐将研究兴趣转向宏观层次的制度或结构转型与个人之间不平等模式变化间的中间过程。在经验上,这种研究旨趣主要体现为关注在新的机会结构下,劳动力向新兴市场部门的转移或社会成员在不同社会群体(特别是精英群体)之间的流动,以及这些过程对个人不平等模式的影响(Wu & Xie, 2003; Walder, 2002b, 2003; 吴晓刚, 2006, 2008)。吴晓刚(2006)将这种研究视角定义为"机会—流动论"视角。简单说来,这种研究视角将社会过程带回分析框架,着重强调"在转型经济中,个体怎样通过在不同的社会位置之间流动来应对改变了的机会结构的过程"。

"机会—流动论"视角无疑将这一领域的研究向前推进了一步。然而这一视角仍存在两方面的不足。首先,此视角虽然关注个人在机会结构变化时的行动过程,以及这个过程中产生的不平等机制,但是在理论解释的时候仍然没有完全突破"市场转型理论"中的"权力和市场"二元分析框架,即在解释变量方面仍然主要关注再分配权力因素与市场因素(如人力资本和企业家精神)之间的关系。由于经济体制改革以来中国农村的变迁是全方位的,因此,对权力和市场因素的过度关注将忽视其他影响个人地位获得的重要因素。其次,在探讨转型期社会分层和流动的时候,大多数研究都只关心代内流动,特别是从再分配体制下的政治精英到转型期的企业家精英的流动,从而忽略了经典的社会流动研究中的一个重要范畴——代际流动,即社会不平等的代际传承。

本文将沿用"机会—流动论"的研究视角,即关注中国农村居民在经济体制改革以后,作为理性的行动者如何积极应对因市场化或工业化造成的机会结构的变化并进入农村社会上层的过程。但是在分析策略上,本文将尝试突破已有研究的局限性。首先,我强调代际流动,关注祖父或父辈在改革前甚至新中国成立前的社会经济地位对改革后其子或孙代地位获得的影响。其次,在理论解释方面,我将突破"权力与市场"二元分析框架,引入一个影响个人地位获得和社会不平等再生产的重要因素——文化因素。具体说来,我将检验两种截然不同的精英文化——旧式精英文化(1949年社会主义革命之前的精英)和新式精英文化(1949年至1978年再分配体制中的农村精英)——对改革后中国农民职业流动的影响。这种研究策略不仅可以弥补已有研究的不足,同时还有两个长处:一是可衔接市场转型研究和经典的社会分层与流动研究范式,从而将关注的问题放在一个更大的研究传统中进行讨论;二是可以将本研究置于一个更久远的社会历史背景之中,同时考察中国20世纪发生的两次最重大的社会变革(40年代的社会主义革命和70年代后期开始的市场化改革)如何影响当前中国农民的生活机会。

二 市场转型与中国农村精英流动

关于转型社会精英流动的系统分析始于撒列尼对匈牙利家庭农场的研究(Szelényi,1988)。撒列尼发现匈牙利20世纪70年代市场化改革后,从事私有农场经营并获得经济上成功的,是在40年代(社会主义革命之前)拥有土地但被社会主义集体化政策剥夺的那些家庭的后裔,而不是掌握再分配权力的干部阶层。基于此,他认为改革后新兴的经济精英阶层来自社会的下层,特别是那些被社会主义革命剥夺了精英地位的群体。撒列尼进而提出了"被中断的资产阶级道路"(interrupted embourgeoisement)理论,认为社会主义集体化阶段是对原来资本主义社会的中断,而市场化改革则使匈牙利社会恢复到了社会主义革命前的历史轨迹上来(Szelenyi,1988)。

倪志伟(Nee,1989a)借鉴了撒列尼的理论,并在对中国农村数据分析的基础上提出了"市场转型理论"。该理论由三个相互关联的命题——市场权力、市场激励和市场机会——组成。其中市场机会命题体现了倪志伟关于精英流动的观点,即市场转型带来以市场为中心的新的机会结构,开辟了不受再分配权力控制的新的向上流动渠道,因此出现了一大批具有企业家精神的人，他们通过市场成为经济精英，走向社会上层（Nee, 1989a: 667）。在同年的另一篇文章里，倪志伟（Nee, 1989b）进一步指出农民企业家阶层构成了中国农村中的一股新的势力，在农村发展中扮演了非常重要的角色；他同时分析了改革后中国农民企业家的来源，发现新兴的企业家阶层主要来自农村中具有更多人力资本的人，如留守知青（高教育程度）或复员军人（在军队里掌握了一定的技术），以及原来再分配经济时期的生产队干部（但在倪志伟的解释框架里，这些生产队干部成为企业家并不是利用他们的再分配权力，而是因为他们有更多的人力资本）。

比较系统地反对倪志伟观点的是罗纳塔斯（Róna-Tas, 1994）的"权力转换论"。这种观点认为，转型前拥有政治权力的干部在社会主义权力结构中积累了丰富的社会资源，转型后这些干部失去了政治权力，但是他们积累的这些社会资源仍然存留着，因而在私有化过程中，这些原来的权力精英可以借助这些社会资源将公有资产转化为私有财产，成为资本家（Róna-Tas, 1994）。简单说来，在市场转型过程中，政治权力转换成了经济权力，转型前的权力精英变成了转型后的经济精英。

宋时歌（1998）对中国农村的研究呼应了罗纳塔斯的"权力转换论"，认为转型期间原来的权力精英确实更可能转换为农民企业家，并从市场中获得经济利益，不过，这种情况主要发生在改革的后期。基于此，他提出了"干部权力的延迟效应"的观点，认为改革的早期，由于干部在旧的再分配体制中巨大的既得利益使之缺乏转向市场的激励，因而出现了一个短暂的干部权力真空，这使得大量来自社会下层群体的成员有机会成为新兴的经济精英；但随着市场化的深入，市场中的巨大经济利益吸引了许多干部，使他们逐渐成为农村企业家的一个主要来源。

但是，最近的几项研究并不支持宋时歌的观点。魏昂德（Walder, 2002b）的研究发现干部和非干部在成为农民企业家方面并没有显著的差别，他的解释是因为农村经济的发展，使得干部职业有了较大的经济回报，而经营私营企业要冒更大的风险，因此他们缺乏转换的动机。吴晓刚（2006）的研究亦发现，在中国农村，干部转换成企业家的概率与非干部相比总体上并没有显著差异，但如果考虑时间的因素，其结论刚好与宋时歌（1998）的发现相反，即改革初期，干部成为农村企业家的可能性最大，但从1978年开始，干部的优势随着改革的推进迅速下降。

由此看来，已有的文献关于改革后中国农村经济精英的来源并没有一个一致的结论。究其原因，我认为过去的研究在理论解释上过于强调"权力—市场"的关系，同时在经验上过多专注于"干部—企业家"的流动。具体地说，在探讨转型期地位获得或职业流动的时候，大多数已有的研究仅仅将"农民企业家"作为农村中的新经济精英，并集中讨论再分配权力对进入这个新经济精英阶层中的作用（如 Nee, 1991；宋时歌, 1998；Walder, 2002b；吴晓刚, 2006）。但事实证明，私营企业主并不是市场转型和农村经济发展唯一的受益者，除他们外，农村中仍有通过其他途径实现经济上的成功的阶层或职业群体。例如，由于快速工业化和现代化的进程，乡镇企业、私营企业和农村中的公共部门兴起，产生了许多工薪就业的机会，并形成了一个经济回报较高的"工资劳动者"阶层（Walder, 2002a）。另外，由于农村经济的发展，农村中的政治精英可以不通过从事私营企业获取较高的经济回报。总而言之，已有研究无论在解释框架还是目标主体方面都有一定的局限性，而这种局限不利于我们全面理解改革以来中国社会多方位的社会变迁。

本研究试图引入文化因素，以求突破上述研究之局限，深化对中国市场转型中农村精英代际传承的认识。我认为，文化是制度和结构因素之外影响个人生活机会和社会变迁的重要因素，特别是在微观的社会过程中，文化的作用更为重要。但是，在研究中国市场转型的文献中，文化因素没有得到足够的关注。确切地说，本文将检验家庭的精英文化传统（或文化资本）对改革后农村地区精英地位获得的影响。关于农村中的精英群体，本文不仅仅指私营企业主，同时也包括农村中其他经济回报较高的职业群体，如工资劳动者和农村干部。

三　社会变革与精英的代际传承：一个文化的视角

20世纪的中国经历了两次重大的社会变革。首先是40年代开始的社会主义革命，以及新中国成立后近30年的共产主义试验，可以说颠覆了传统中国农村的社会结构。土地改革以后，传统中国农村的政治精英阶层（如地主、乡绅或地方官员等）被贴上"坏分子"的标签，变成了社会底层，取代他们精英位置的是一个有"红色背景"（如党员、革命战争中的功臣或烈士的家属，以及其他政治上的忠诚者）的新精英群体。这种新的阶级构成被后来一系列社会运动如"四清"和"文化大革命"等进一步巩固和强化。另外，在人民公社时期，所有个体或私有的经济活动被全面禁止或被迫转入地下，传统社会的自雇或企业主阶层被改造成为集体经济实体中的农民。

第二次社会变革就是当前受到学术界广泛关注的始于20世纪70年代后期的市场化改革。在中国农村，这场改革使得人民公社制度解体，并迅速被家庭联产承包责任制取代，开始了一个"去集体化"的社会进程。随之，原来被禁止的个体或私有的经营行为被解禁而且被鼓励，各种再分配经济下的体制壁垒也逐渐解体。伴随着制度转型和经济发展，改革后的中国农村逐渐形成一种新的社会结构。那么我们不禁要问：这种新形成的社会结构与新中国成立前传统农村的社会结构会不会有关联？当集体化时期的政治标签被摘掉，而且面临着新的机会结构的时候，传统中国社会的精英或他们的后代会不会复兴？

在对市场转型后匈牙利农村社会变迁的研究中，撒列尼提出了"被中断的资本主义道路"理论。该理论的中心思想是将匈牙利的市场化改革看作资本主义道路的复兴。具体地说，在匈牙利1948—1949年共产主义革命之前，匈牙利就已经开始了资本主义的进程，但是这种进程被共产主义革命中断了，而市场化改革之后，匈牙利又回到了革命前的社会轨迹上来。撒列尼提出这个理论的经验依据是，他发现市场转型之后从事私有农场并取得成功的大多来自共产主义革命前的私营企业主或他们的后代（Szelényi, 1988）。为解释这一现象，撒列尼提倡韦伯式的文化理论视角，并借用了"文化资本"的概念，认为当私有财产被剥夺和私有经济活动被禁止的时候，文化资本代替物质资本成为社会地位代际传承的中间纽带或作用机制。

撒列尼的理论是否或在多大程度上能够被用来理解中国农村改革以后的社会变迁是一个值得讨论的问题，毕竟中国的情形与撒列尼的理论所赖以建构的社会剧变的匈牙利有很大的不同。中国没有经历全面的私有化，中国的政治体制没有发生根本的变化，而农村的改革虽然发端于底层农民的英雄壮举，但"家庭联产承包责任制"得以实现并最终普及仍依靠最高决策层的同意和推广，即中国改革走的是自上而下或上下结合的道路，政治权力并未被削弱。因此，市场改革后的农村社会与再分配体制下的社会仍有连续性，而不是撒列尼笔下的匈牙利那样，改革完全颠覆了再分配体制，造成社会断裂。由此看来，撒列尼的理论在宏观的层面上并不适用于中国，因为改革后的中国社会不可能回复到传统的社会轨迹上。但是，在微观的社会机制方面,他提出来的文化资本的理论解释却有重要的借鉴意义。

文化资本是影响个体地位获得的重要因素,同时也是社会不平等再生产的重要作用机制。文化资本的概念可追溯至韦伯(Weber, 1968)关于精英地位文化(elite status culture)的阐述,布迪厄(Bourdieu, 1977, 1997/1983)将它发展成为一套理论体系。根据布迪厄的解释,文化资本包括文化资源、文化过程以及文化象征符号;个体或群体拥有的文化资本越多,他们的社会竞争力越强;由于精英家庭有更多的文化资本,因此其成员更有能力保持他们的精英等级和统治力;同时,这种文化资本在家庭内进行代际传承,而这正是社会不平等代际再生产的重要原因,即文化的再生产。关于文化资本的作用机制,布迪厄认为,精英家庭通过早期社会化等方式,将外在的财富或社会地位转化为家庭成员的内在部分,成为一种惯习。① 另外,文化资本的保存和积累比较顽固,不易受到外在结构和环境的影响(Swartz, 1997;亦可参看李猛,1999)。文化资本的理论被一系列基于西方社会的经验研究所验证。② 而在社会主义国家,有研究发现,由于私有财产被剥夺和物质资本的传承被禁止,文化资本在地位的代际传承中的作用显得更为重要,而且文化因素对社会不平等的解释力(与西方资本主义社会相比)也更强(Ganzeboom et al., 1990)。对1949年后中国社会的经验研究也表明,即使在宏观的政治环境剧烈动荡、家庭社会经济地位的作用丧失的情况下,家庭文化资本也一直是影响个人教育获得的重要因素(Wu, 2008)。

因此,根据文化再生产理论的逻辑,我认为我国市场化改革以后,旧式精英或新式精英的后代都更可能成为改革的受益者。他们继承了家庭的精英文化资本,这有助于他们把握新的机会结构,成为改革后的精英阶层。我称这种现象为"精英文化的代际传承"。对于旧式精英家庭而言,他们的精英地位虽然被政治体制剥夺和压制,但是其精英文化仍得以保存。③ 而当政治压制和体制枷锁一旦松开,这种精英文化资本将帮助他们的后代迅速

---

① 惯习是布迪厄理论体系的重要概念之一,它可以被看作个人的一种特性或倾向,通过它,外部的环境(经济或社会地位等)被内化并转化为个体的抱负(aspiration)和期望(expectation)(参见Swartz, 1997)。

② 关于对这些研究的述评,请参看Lareau & Weininger, 2003。

③ 这个观点是可以被一些定性研究的发现支持的。例如,有研究发现,在再分配体制下,浙江一些地区的手工业、商业,以及其他非农经营的传统一直未能被人民公社制度和国家扼杀,而以地下的形式存在(张乐天,1998;蒋勤,2006)。

抓住新的机会，便利其回到社会的上层。对于新式精英而言，改革前30年的再分配体制也可以让他们形成特定的精英文化，而这种精英文化也会影响其后代在市场化改革后的职业选择并取得经济上的成功。

如前所述，改革后中国农村新的精英阶层包括三种收入回报较高的职业群体：私营企业主或个体户、工资劳动者和干部群体。我认为，不论是旧式精英还是新式精英的后代，他们进入这些精英职业类别的概率都比没有任何精英背景的人要高；但是，由于旧式精英和新式精英的构成完全不同，因而其各自秉持的精英文化也不同，缘此，改革后他们获得精英地位的路径便各有差别。首先，由于中国改革后政治制度和权力结构的延续性，新式精英家庭在再分配时期积累的"政治或权力文化"，将有助于其后代在改革后顺利进入村干部职业或在乡镇企业，以及村庄的公共部门获得工薪职业的位置。另外，由于再分配经济时期私有和个体经营方式是被禁止的，因此新式精英家庭缺乏"个体经营文化"，而这种文化的缺失将不利于其后代在改革后进入私营企业主或自雇职业类型。对于旧式精英家庭的后代而言，同样是因为改革后政治体制的延续性，由于其缺乏政治资本因此不太可能进入农村政治权力的中心，即其获得村干部职业的机会并不大，因此他们要获得（或恢复）精英地位将主要通过进入私营企业或工薪职业的途径。基于以上这些讨论，我提出以下研究假设来验证本文提出的"精英文化的代际传承"观点。

假设1：有新式精英家庭背景或旧式精英家庭背景的人比没有精英背景的人更可能在改革后进入工薪职业类型。

假设2：有旧式精英家庭背景的人比没有精英背景的人更可能在改革后进入私营企业主或个体职业类型，但有新式精英家庭背景的人并非如此。

假设3：有新式精英家庭背景的人比没有精英背景的人更可能在改革后进入村干部职业类型，但有旧式精英家庭背景的人并没有这种优越性。

四 数据、变量和方法

本研究的数据来自1996年"当代中国生活史和社会变迁"抽样调查（Treiman, 1998）。该调查使用多阶段分层抽样方法，在中国除西藏外的所有省份的20—69岁的人口中，抽取了6090人的随机样本（其中城市的样本量为3087，农村的样本量为3003）。该调查收集了大量关于受访者及其家庭成员的生活史和职业经历的信息，而且值得特别指出的是，此项调查收集了受访者祖父（和外祖父）、父亲（和岳父）的包括新中国成立前的历史在内的生活史和职业经历的信息,这在目前可以获得的全国性抽样调查数据中是唯一的。由于本研究关注新中国成立前和新中国成立后(改革前)的家庭背景对改革后农民职业流动的影响,因此,这是一个回答本研究问题的最合适的数据资料。① 本研究主要考察农村居民改革后的职业道路选择,因此只选用3003个农村个案样本作为研究对象。

本文是研究1978—1996年中国农村居民精英职业地位的获得过程。这里所说的精英职业,是相对于以农业生产为主业的普通农民而言,主要指农村中经济回报较高的职业。以往的研究表明,改革后中国农村经济收入占优势的群体包括在乡镇企业或公共部门上班的工资劳动者、自己创业的私营企业主或个体职业者,以及拥有行政权力的农村干部(Nee, 1989a, 1996; Oi, 1989; Walder, 2002a, 2002b, 2003)。因此,本研究的精英职业包括三个类型:(1)非农业工资劳动者,指所有在农业之外的部门工作并领取工资的人,如工厂工人、汽车司机、销售人员、学校教师,以及集体或私营企业里的管理人员,等等;(2)私营企业主或个体户(自雇人士);(3)农村干部。

表1报告了1996年中国农村地区不同职业类型的农民家庭年收入情况。很明显,工资劳动者、私营企业主或个体户,以及农村干部的平均年收入(或中位数)明显高于普通农户(平均年收入为6454元),其中私营企业主或个体户的平均年收入最高,为12301元,几乎为普通农民家庭收入的两倍,接下来是农村干部和工资劳动者家庭(分别是10870元和10273元)。这些数据显示,本研究将这三类职业作为农村中的精英职业类型是有充分的经验依据的。

为了检验改革后中国农民职业流动的不同模式,以及这些模式如何随着时间的推移而变化的,本研究使用事件史的分析方法(event history analysis)。这种方法最大的优点就是可以有效地处理时变变量(time-varying covariates)和数据的截删(censored cases)问题(Allsion, 1984; Blossfeld & Rohwer, 2002)。具体的统计分析模型是离散时间风险模型(discrete time

---

① 不可否认,本研究所用的数据资料略为陈旧,因为1996年(本数据收集的时间)以后,中国农村社会发生了非常大的变化。但它是目前唯一的一个能提供本研究所需要的关于受访者祖父(外祖父)辈和父(岳父)辈详细生活史和职业经历等重要信息的数据库。另外,如前所述,经济体制改革以来中国的社会转型是渐进的、连续的,因此,分析本数据所得出的研究结论,对理解当前中国农村的社会结构特征及其发展变化仍有基本的意义。

hazard model),① 该模型的方程是：

$$\log\left(\frac{p(t)}{1-p(t)}\right) = \delta(t) + b_1 x_1 + b_2 x_2 + \cdots + b_k x_k$$

表1　中国农村不同职业类型个人的家庭年收入情况（1996年）

职业类型	年收入均值（元）	年收入中位数（元）	样本数
工资劳动者	10273	7000	437
个体户或私营企业主	12301	9000	222
乡村干部	10870	7480	64
普通农民	6454	4500	2269
总样本	7540	5000	2992

在上面的方程中，$\log\left(\frac{p(t)}{1-p(t)}\right)$ 是指对某个特定的个体而言，事件（这里指的是进入某种类型的精英职业）在 t 时间点发生的概率（odds）的自然对数形式。$x_1 \cdots x_k$ 是指所有的解释变量。除了那些不会随时间而变化的特征（如性别）之外，所有的解释变量都是时变变量。$b_1 \cdots b_k$ 则是指每个解释变量对应的回归系数。$\delta(t)$ 是一个时间函数，它可以根据研究的需要进行定义。如果它被指定为一个常数，那这个模型就等同于常见的事件史指数模型（exponential model）；如果它被定义为虚拟变量以测量不同的时间段，那这个模型就等同于考克斯模型（Cox model）；它也可以定义为不同的时间函数形式（如 Gompertz、Weibull 函数，等等）。因此，离散时间风险模型是一个非常灵活的模型设定，而且特别适合当时间间距较大（如本研究是以年为单位）的情况。实际上在大多数情况下，它的估计结果与许多连续时间模型（continuous-time models）非常接近（Allison, 1982）。在本研究中，我们将时间函数 $\delta(t)$ 定义为一个常数。

在离散时间风险模型的框架下，分析单位不再是简单的个体，而是某一特定时间（这里是以年为单位）里的事件（进入特定的精英职业类型）。在本研究中，模型的初始时间被设定为1978年（那些在1978年尚未开始工作的个案，初始时间则设定为他们开始工作的年份），直至1996年仍未进入特定职业类型的个案则被右截删（right-censored）。

本文的主要目的是检验不同历史时期——新中国成立前（1949年之

---

① 这种模型在有的文章中亦被称作离散风险模型（见吴晓刚，2006）。

前）以及新中国成立后改革前（1949—1977年）——的家庭背景（文化）对受访者改革后精英地位获得的影响，因此本研究的核心自变量是这两个历史时期的家庭背景。该变量根据受访者的祖父、外祖父、父亲或岳父在这两个时期阶段的职业类型来测量。如果受访者的这些家庭成员中有人曾经是新中国成立前的政治精英（包括地主、乡绅，以及国民党的官员等）或经济精英（包括私营企业主或自雇职业者等），那么我们称该受访者具有旧式的精英家庭背景；如果受访者的以上家庭成员在1949—1977年曾经是政治精英（党员或村干部）或经济精英（主要是指集体企业的管理人员），我们称该受访者具有新式的精英家庭背景；那些既没有旧式精英家庭背景又没有新式精英家庭背景的受访者，则是非精英家庭背景。因此，在数据分析中，家庭背景这个变量是一个包括三类的类别变量（1＝旧式精英背景，2＝新式精英背景，3＝非精英背景），其中非精英背景是参照类。①

控制变量包括两组，一组是个人特征变量，包括性别、年龄、教育程度和党员。性别是一个虚拟变量（男性＝1）。年龄是一个时变变量，根据风险年（即进入目标职业类型的年份）与受访者出生年份之间的差值来测量。模型中同时加入年龄的平方项，以检验年龄的非线性效应。教育是人力资本的一个主要指标，是地位获得的重要决定因素。由于农村居民的教育程度相对较低，本研究用一个虚拟变量来测量受访者的教育程度（高中或以上＝1，高中以下＝0）。党员是一个虚拟变量（是＝1），代表了个人的政治身份及其拥有的政治资本。教育和党员也都是时变变量，表示在风险年之前的个人特征。第二组控制变量是地区特征变量，包括受访者所在村庄的人均耕地数（自然对数）、村庄与省城的距离（自然对数），以及区域虚拟变量（东部＝1，中部和西部＝0）。村庄的人均耕地通常跟村庄的非农经济有关系，人均耕地多的村庄，村民的生存压力较低，因而从事非农业经济的动机和激励会较弱。与大城市之间的距离也是一个影响非农经济发展的重要因素，离城市中心越近，非农经济发展的机会就会越多。另外，

---

① 由于历史的原因，在中国农村，新、旧精英群体的构成可以说是完全不同的，实际上，新精英的地位是从旧精英手中夺取而来的，而旧式精英则变成农村中的最下层（"地、富、反、坏、右"的阶级成分划分中的"坏"）或普通农民。因此，很少会出现受访者同时具有旧式精英和新式精英背景的情况。本研究使用的数据只有极少数的个案是这种情况，而且在分析的时候无论将他们归为任何一种精英背景类型都不会影响结果。为了研究的方便，我在数据处理的时候将这些极个别的案例排除在分析样本之外。

由于中国经济社会发展程度存在严重的区域不平衡，东部地区农村的非农经济最发达，中部次之，西部最不发达，因此，为了估计农村居民进入非农职业的效应，需要对不同的区域进行统计控制。

五　结果分析

在这部分，我通过事件史分析法和离散时间风险模型，分析中国农村地区1978—1996年进入工薪职业、私营企业主或个体职业，以及农村干部三种职业类型的影响因素，并主要关注两种精英（旧式精英和新式精英）家庭背景的效应。对不同的目标职业类别，我单独建立模型分别进行统计估计。如前所述，数据分析的目的不仅仅要验证进入某一目标职业受到某些特定自变量的影响，而且要检验这些自变量的作用在不同的历史时期呈现不同的特征。为实现这个目的，我的分析策略是首先建立一个模型估计1978—1996年整个历史阶段的职业转换模式，然后将时间（风险年）分成两个阶段，即改革的早期阶段（1978—1986年）和后期阶段（1987—1996年），并分别建模进行估计。因此，在每一个单独的分析中，我都估计三组模型，第一组是不分时间的模型（总体样本模型），第二组是改革早期阶段的模型，而第三组是改革后期阶段的模型。每一组我估计两个模型，第一个模型是基准模型，只估计控制变量的效应，第二个模型加入了家庭背景变量，以验证家庭背景的净效应。所有模型都报告了稳健标准误差（robust standard errors），以校正抽样可能带来的偏差。

（一）进入工薪职业类型

图1显示了1978—1996年不同家庭背景的样本进入工薪职业类型的风险率（hazard rates）。总体而言，在整个考察的时间段（1978—1996年），有精英家庭背景（无论是旧式还是新式精英背景）的人进入工薪职业类型的风险率都比非精英家庭背景的人要高，表明家庭背景确实对改革后的非农职业流动有影响。如果看分历史阶段的情况，我们得到更加有趣的发现：在改革的早期（1978—1986年），精英家庭背景的作用尤其明显，而且呈上升趋势；另外，不同精英背景的作用并不相同，有新式精英背景的个人进入工薪职业的比旧式精英家庭背景明显要高。但在改革后期（1987—1996年），精英家庭背景的作用呈下降趋势，而且新、旧式精英家庭背景的作用趋同（两根线基本重合）。这表明精英家庭背景的效应确实随时间而变化。

图 1　进入工薪职业类型的风险率（1978—1996）

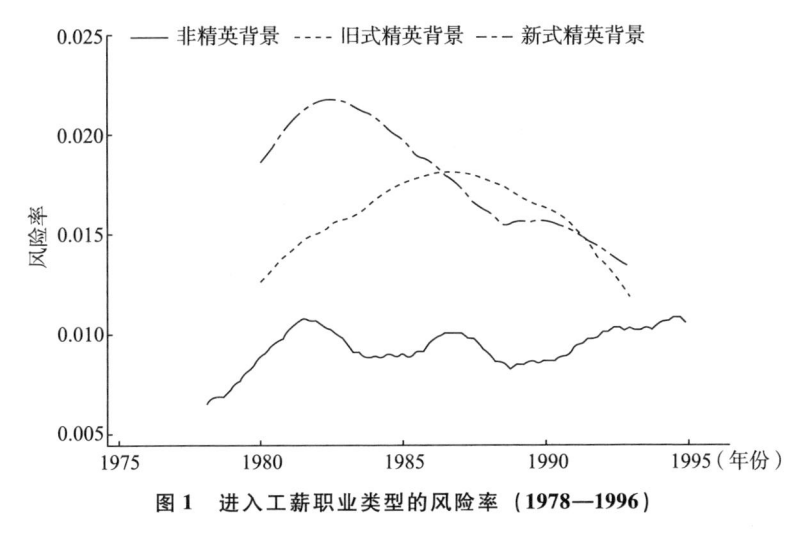

表 2 报告了使用离散时间风险模型估计进入工薪职业的回归系数。第一组模型（模型 1a 和 1b）反映的是不分历史阶段的情形，但加入一个时间虚拟变量（改革的早期阶段即 1978—1986 年 = 1）作为控制。其中模型 1a 是基准模型，只估计控制变量的效应。我们可以发现对于进入工薪职业有明显的性别差异：其他因素保持不变，男性进入工薪职业的风险率是女性的 2.15 倍（$=e^{0.767}$，在 0.001 的水平上显著）。年龄的效应是一个正 U 型的曲线，表明开始时进入工薪职业的风险率随着年龄的增加而递减，到达某个最低点（这里计算得到的是大约 47 岁）之后，其风险率开始随年龄而递增。这种现象大致可以理解为新生的劳动力有更强的意愿从事非农工薪职业，而且他们受教育程度较高，往往更可能被农村中的乡镇或私营企业雇用；而对于年长者，由于其有更丰富的经验或阅历，因此也更可能受雇于公共部门或企业。教育的正面效应十分明显，控制了其他变量之后，有高中或以上学历的人进入工薪职业的风险率是高中以下学历的人的 3.41 倍（$=e^{1.228}$，在 0.001 的水平显著）。党员的效应不显著，表明政治身份对进入工薪职业并没有帮助。地区特征变量对进入工薪职业的作用也都有统计上的显著性：与我的预期一致，人均耕地数越多的村庄，村民进入工薪职业的风险率越低；与省城距离越远，进入工薪职业的可能性也越小；另外，东部地区的农民进入工薪职业的风险率明显高于中、西部农民。这些地区特征变量的效应表明，个体的非农职业获得是受地区经济发展程度和村庄的结构性因素影响的。

模型 1b 在 1a 的基础上加入了本研究的核心解释变量——精英家庭背景

变量。可以发现，旧式精英家庭背景和新式精英家庭背景这两个虚拟变量的系数都是正的，而且具有统计显著性，表明有精英家庭背景（无论是旧式还是新式）的人更可能进入工薪职业，这与图 1 描述的模式是一致的。具体说来，有旧式精英背景的人进入工薪职业的净风险率比没有精英家庭背景的人高出将近 43%（$=e^{0.360}-1$，在 0.05 的水平上显著）；有新式精英家庭背景的人进入工薪职业的净风险率更高，相当于没有精英家庭背景的人的 2.01 倍（$=e^{0.696}$，在 0.001 的水平上显著）。这些结果验证了假设 1，即无论是旧式精英还是新式精英的后代改革后都更可能成为工资劳动者（见表 2）。

表 2 对中国农村地区进入工薪职业类型的离散时间风险模型估计（1978—1996）

变量	整个改革时期（1978—1996 年）		改革前 10 年（1978—1986 年）		改革后 10 年（1987—1996 年）	
	模型 1a	模型 1b	模型 2a	模型 2b	模型 3a	模型 3b
改革的阶段（1978—1986 年 = 1）	.558*** (.105)	−.568*** (.105)	— —	— —	— —	— —
性别（男性 = 1）	.767*** (.115)	.784*** (.115)	.778*** (.158)	.778*** (.158)	.773*** (.165)	.799*** (.166)
年龄	−.377*** (.029)	−.382*** (.029)	−.363*** (.045)	−.368*** (.045)	−.373*** (.038)	−.379*** (.039)
年龄平方项	.004*** (.000)	.004*** (.000)	.004*** (.001)	.004*** (.001)	.004*** (.001)	.004*** (.001)
教育程度（高中或以上文凭 = 1）	1.228*** (.116)	1.198*** (.116)	1.526*** (.171)	1.495*** (.170)	.915*** (.163)	.901*** (.165)
党员	.431 (.319)	.381 (.321)	.659 (.425)	.619 (.435)	.237 (.454)	.179 (.452)
人均耕地（自然对数）	−.281*** (.062)	−.267*** (.065)	−.282** (.091)	−.261** (.091)	−.272*** (.080)	−.272** (.084)
与省城的距离（自然对数）	−.218* (.094)	−.218* (.094)	−.224+ (.131)	−.231+ (.130)	−.216+ (.129)	−.219+ (.130)
地区（东部 = 1）	.746*** (.114)	.744*** (.114)	.604*** (.156)	.609*** (.156)	.925*** (.157)	.917*** (.157)
旧式精英家庭背景	—	.360* (.181)	—	.618* (242)	—	.105 (.262)
新式精英家庭背景	—	.696*** (.165)	—	.778*** (.217)	—	.565* (.247)

续表

变量	整个改革时期 （1978—1996 年）		改革前 10 年 （1978—1986 年）		改革后 10 年 （1987—1996 年）	
	模型 1a	模型 1b	模型 2a	模型 2b	模型 3a	模型 3b
常数项	1.736* (.683)	1.783** (.682)	.866 (.970)	.922 (.965)	1.830* (.908)	1.893* (.906)
观察值	2779	2779	2493	2493	2457	2457
事件数	429	429	225	225	204	204
卡方值	685.18	695.26	370.91	378.74	370.43	373.26
Pseudo R^2	.182	.186	.194	.202	.173	.175

注：括号里的数字是调整后得到的稳健标准误差；+ p < 0.10，* p < 0.05，** p < 0.01，*** p < 0.001（双尾检验）。

表 2 的第二组模型（模型 2a 和 2b）与第三组模型（模型 3a 和 3b）反映的是改革后不同的历史阶段进入工薪职业类型的模式。模型 2a 和 2b 所显示的模式与模型 1a 和 1b 里的模式基本上是完全一致的，亦即是说，在改革的早期阶段（1978—1986 年），有精英家庭背景的人更可能抓住机会离开土地进入工薪职业：与没有精英背景的人相比，旧式精英的后代进入工薪职业的风险率高出约 86%（= $e^{0.618}$ - 1，在 0.05 的水平上显著）；新式精英的后代进入工薪职业的风险率更高，高出约 118%（= $e^{0.778}$ - 1，在 0.001 的水平上显著）。模型 3a 显示的模式与 2a 的模式是相同的，表明所有的控制变量的效应并不随历史时间而变化。但是，对比模型 3b 和 2b，我们发现改

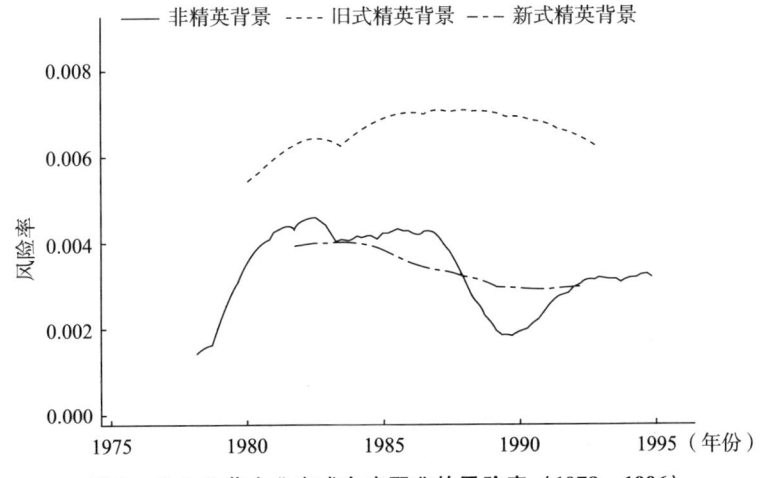

图 2 进入私营企业主或自雇职业的风险率（1978—1996）

革后10年精英家庭背景的效应与改革前10年相比发生了一定程度的变化。首先,旧式精英家庭背景的效应没有了统计显著性,表明随着时间的推移,旧式精英后代进入工薪职业的优势逐渐消失;其次,虽然新式精英家庭背景的效应仍然显著,但是其大小(magnitude)与改革前10年相比也下降了(风险系数从0.778下降为0.565)。

总结图1和表2的分析结果,本文发现,旧式和新式精英家庭背景总体都有助于进入工薪职业类型,特别是在改革的早期(1978—1986年);在改革的后期(1987—1996年),新式精英家庭的后代仍然更有可能进入工薪职业,但旧式精英家庭背景的效应已经消失。

(二) 进入私营企业主或个体职业类型

图2描述了改革后不同家庭背景的个体进入私营企业主或个体户职业的风险率及其变化趋势。我们可以发现,在考察的整个历史时期(1978—1996年),有旧式精英家庭背景的个体进入的风险率明显高于其他两个群体。而有新式精英家庭背景的个体与非精英家庭背景的个体的风险率基本没有什么不同,甚至在20世纪80年代中期之前,他们进入私营企业主或个体职业的风险率比后者的还要低(虽然这种区别不是很明显)。由此看来,改革后,旧式精英的后代更有可能把握市场机会从事私营经济活动。图2反映的模式初步证实了假设2。

为了严格检验不同家庭背景的个体进入私营企业主或个体职业的净效应,我使用离散时间风险模型进行估计。表3报告了模型的系数。表3中的模型建构步骤与表2完全一致,即先估计一个整个历史阶段的模型,然后分成两个阶段分别进行估计,以检验不同的历史时期进入模式的差异。模型4a报告了所有控制变量的估计系数,我们可以看到这些变量的作用基本都符合预期。首先,与已有的研究一致(吴晓刚,2006),男性比女性更可能进入私营企业主或个体职业——男性进入该职业类型的净风险率是女性的3倍($=e^{1.115}$,在0.001的水平上显著)。年龄的系数是负的并统计上显著,而且年龄的平方项不显著,这表明年龄与进入私营企业主或个体职业的风险率是反向的线性关系,即年纪越大进入这类职业的风险率越低。在这里,年龄的效应与进入工薪职业类型的正U型模式(表2的模型1a)并不同,这可能是因为从事个体或私营企业的风险性更大,而年龄越大,承受这种风险的能力和意愿越低。教育对进入私营企业主或个体职业的作用非常显著:有高中或以上学历的人进入该职业类型的净风险率是高中以下学历者的 2.12 倍（$=e^{0.751}$，在 0.001 的水平显著）。党员的效应是负的，表明党员比非党员更不可能从事私营企业主或个体职业，但这种差异并没有统计显著性。另外，与模型 1a 的模式相似，地区特征变量对进入私营企业主或个体职业有显著的影响：首先，东部地区的居民比中、西部的更可能进入；其次，所在村庄人均耕地越多，进入的可能性越小；最后，离省城的距离越远，成为私营企业主或个体职业者的风险率越低。

表 3　对中国农村地区进入自雇职业类型的离散时间风险模型估计（1978—1996）

变　量	整个改革时期（1978—1996 年） 模型 4a	模型 4b	改革前 10 年（1978—1986 年） 模型 5a	模型 5b	改革后 10 年（1987—1996 年） 模型 6a	模型 6b
改革的阶段（1978—1986 年 =1）	-.164 (.169)	-.153 (.170)	—	—	—	—
性别（男性 =1）	**1.115*** (.186)	**1.103*** (.187)	**1.234*** (.258)	**1.219*** (.260)	**.966*** (.275)	**.963*** (.274)
年龄	**-.171** (.055)	**-.170** (.055)	**-.183** (.071)	-.183* (.072)	-.142 + (.085)	-.138 (.086)
年龄平方项	.001 (.001)	.001 (.001)	.001 (.001)	.001 (.001)	.001 (.001)	.001 (.001)
教育程度（高中或以上文凭 =1）	**.751*** (.174)	**.724*** (.175)	**.904*** (.233)	**.889*** (.233)	**.543*** (.266)	.495 + (.265)
党员	-.023 (.542)	-.031 (.543)	.379 (.644)	.394 (.651)	-.671 (1.034)	-.714 (1.020)
人均耕地（自然对数）	**-.418*** (.083)	**-.381*** (.087)	**-.469*** (.114)	**-.445*** (.118)	**-.363** (.127)	-.309* (.130)
与省城的距离（自然对数）	-.321 + (.173)	-.314 + (.172)	-.237 (.244)	-.246 + (.242)	-.403 + (.244)	-.377 + (.244)
地区（东部 =1）	**.938*** (.180)	**.947*** (.182)	**1.044*** (.240)	**1.045*** (.241)	**.807*** (.277)	**.824*** (.279)
旧式精英家庭背景	—	**.581*** (.235)	—	.524* (.330)	—	.699* (.335)
新式精英家庭背景	—	.174*** (.315)	—	.020*** (.435)	—	.361 (.449)
常数项	-2.585* (1.273)	-2.589* (1.267)	-3.393 (1.743)	-3296 + (1.738)	-2.163 (1.812)	-2.301 (1.823)
观察值	2849	2849	2534	2534	2608	2608

续表

变量	整个改革时期 (1978—1996年)		改革前10年 (1978—1986年)		改革后10年 (1987—1996年)	
	模型4a	模型4b	模型5a	模型5b	模型6a	模型6b
事件数	152	152	88	88	64	64
卡方值	217.44	216.55	142.70	143.73	75.80	82.02
Pseudo R^2	.123	.126	.146	.148	.096	.101

注：括号里的数字是调整后得到的稳健标准误差；+ $p<0.10$，* $p<0.05$，** $p<0.01$，*** $p<0.001$（双尾检验）。

表3的模型4b显示，在1978—1996年，有旧式精英家庭背景的人更有可能进入私营企业主或个体职业类型。控制了所有个人特征变量和地区特征变量之后，旧式精英家庭的后代进入的风险率比没有精英家庭的人高出79%（$=e^{0.581}-1$，$p<0.05$）。但是，与没有精英家庭的人相比，新式精英的后代并不更倾向于进入自雇职业类型。虽然回归系数（0.173）是正的，但是没有统计显著性。与图2反映的模式一致，这里的结果支持假设2。

表3的第二组模型（模型5a和5b）与第三组模型（模型6a和6b）报告了不同历史阶段的估计系数。首先我们可以看到，模型5a和6a中所有控制变量的作用与模型4a反映的基本是一致的，表明本研究这些因素的作用不会随时间的变化而变化。但若对比家庭精英背景的作用（模型5b和6b），我们得到了比较有意思的发现：在改革的前10年（1978—1986年），无论是旧式还是新式精英家庭背景的效应都不具有统计显著性，表明这些新、旧精英的后代在这个阶段都不倾向于进入私营企业主或个体职业类型。在改革的后10年（1987—1996年），新式精英家庭背景的效应仍然不显著，但旧式精英家庭背景的显著性显现。亦即是说，在改革的后期，旧式精英的后代更可能从事私营企业或个体职业，他们进入这类职业的净风险率是无精英背景者的2倍左右（$=e^{0.699}$，$p<0.05$）。这种不同精英背景的效应模式，与估计进入工薪职业类型的模式（表2的模型3b）完全不同。具体说来，在改革的后期，新式精英的后代进入工薪职业类型具有优势，但是旧式精英的后代没有；而对于进入私营企业主或个体职业而言，情况恰好相反，旧式精英的后代具有优势，而新式精英的后代则没有。

因此，对比表2和表3的分析结果我们可以得到这样的结论：无论是旧式还是新式精英家庭背景对其后代进入非农职业类型都有正面的效应，但精英家庭背景的效应在不同的历史阶段是不同的。在改革的早期阶段，旧式和新式精英的后代都更加倾向于进入工薪职业类型，而在改革的后期，这两种精英的后代在非农化道路的选择上出现了分野：旧式精英的后代选择了从事私营企业主或个体职业的道路，而新式精英的后代仍更愿意从事工薪职业。关于这种现象，我们可以这样理解：在改革的早期阶段，关于从事个体职业或私营企业的政策仍有许多不确定因素，特别是私营企业，20世纪80年代中期以后才正式获得合法地位。为了规避由于各种不确定因素带来的风险，新、旧精英的后代都选择了较为保守的非农化道路——在村庄的公共部门或企业里谋一个职位，赚取工资收入。但随着改革的深入，关于自雇经营的政策方针都逐渐明确，为了迅速恢复其在农村中的精英地位，旧式精英的后代选择了风险较大但回报更高的路径——私营企业主或个体职业。而对于新式精英的后代而言，由于再分配时期私营和个体经济行为是被禁止的，所以他们的家庭缺乏这种个体经营的文化传统，亦即是说，他们没有赖以助其进入私营企业主或个体职业的文化资本，因此，他们依旧选择风险较低且回报相对高的工薪职业类型来实现经济上的成功。

（三）进入农村干部职业类型

如前所述，在中国农村，干部也是经济回报较高的一种职业，因此，除了估计决定进入工资劳动者和自雇职业的因素之外，我们还对不同的精英家庭背景是否对进入干部职业有显著的影响感兴趣。统计分析的策略跟估计前两种职业的一样，但是考虑到地区性特征与个体是否成为村干部之间并没有直接的关系，因此，从建立模型的简约性原则出发，我将三个地区特征变量（村庄土地数、村庄与省城的距离，以及区域虚拟变量）排除在外，只保留个体特征的控制变量。①

图3显示了在1978—1996年，不同精英家庭背景的后代进入干部职业的风险率。非常明显，在整个考察的时间内，有新式精英家庭背景的人进入干部职业风险率远远高于旧式经济背景的人和无精英家庭背景的人。虽然从图3中看，有旧式精英家庭背景的人比无精英家庭背景的人进入的风险率略高，但两者的差别非常小，几乎可以忽略。这验证了假设3。

---

① 在估计模型的时候，我曾将三个地区特征控制变量放入模型进行估计，但它们的系数都不显著，而且对模型的解释力也没有影响。

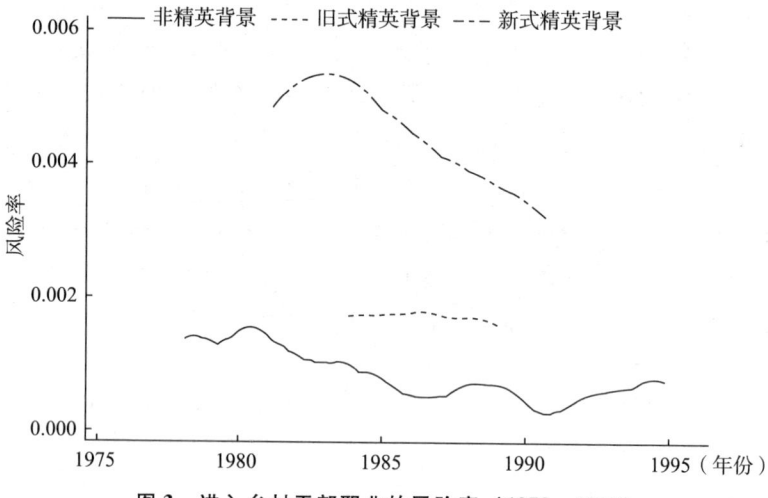

图3 进入乡村干部职业的风险率（1978—1996）

表4报告了使用离散时间风险模型估计改革后进入干部职业的回归系数。模型7a显示，在1978—1996年进入村干部职业的人当中有非常显著的性别差异，男性进入干部职业的净风险率是女性的3.5倍（$=e^{1.253}$，$p<001$）。教育的作用也非常显著，有高中或以上学历的人成为乡村干部的净风险率是高中以下学历的人的3.26倍（$=e^{1.183}$，$p<0.001$）。另外，亦是意料之中的，党员身份对成为村干部非常重要。其他因素保持不变，党员进入村干部职业的风险率是非党员的12倍多（$=e^{2.495}$，$p<0.001$）。而年龄对进入干部职业没有影响。

表4 对中国农村地区进入农村干部职业类型的离散时间风险模型估计（1978—1996）

变量	整个改革时期 (1978—1996年) 模型7a	模型7b	改革前10年 (1978—1986年) 模型8a	模型8b	改革后10年 (1987—1996年) 模型9a	模型9b
改革的阶段（1978—1986年=1）	.448 (.281)	.437 (.282)	—	—	—	—
性别（男性=1）	**1.253**** (.388)	**1.350***** (.395)	.698+ (.414)	.791+ (.421)	NA[a] NA[a]	NA[a] NA[a]
年龄	.044 (.098)	.0160 (.098)	.081 (.120)	.043 (.118)	.198 (.184)	.166 (.188)
年龄平方项	−.001 (.001)	−.001 (.001)	−.002 (.002)	−.001 (.002)	−.003 (.002)	−.002 (.002)

续表

变量	整个改革时期（1978—1996年）		改革前10年（1978—1986年）		改革后10年（1987—1996年）	
	模型7a	模型7b	模型8a	模型8b	模型9a	模型9b
教育程度（高中或以上文凭=1）	**1.183*****（.302）	**1.105*****（.309）	**1.329*****（.364）	**1.232****（.377）	.862 +（.480）	.837 +（.491）
党员	**2.495*****（.353）	**2.488*****（.365）	**2.486*****（.449）	**2.421*****（.465）	**2.474*****（.528）	**2.501*****（.539）
旧式精英家庭背景	——	.423*（.449）	——	.303*（.637）	——	.530*（.647）
新式精英家庭背景	——	**1.410*****（.375）	——	**1.400*****（.447）	——	1.265（.614）
常数项	−9.253***（1.635）	−9.120***（1.641）	−8.692***（1.858）	−8.416***（1.833）	−10.86**（3.382）	−10.50**（3.427）
观察值	2948	2948	2653	2653	2884	2884
事件数	54	54	33	33	21	21
卡方值	134.55	132.93	80.12	91.30	50.59	55.36
Pseudo R^2	.121	.138	.107	.12	.097	.111

注：括号里的数字是调整后得到的稳健标准误差；+ $p<0.10$，* $p<0.05$，** $p<0.01$，*** $p<0.001$（双尾检验）；a 由于在这一阶段进入干部职业的只有男性，所以无法看到性别效应。

模型7b加入了家庭背景变量，我们可以发现，新式精英家庭的后代对进入干部职业有绝对的优势，他们改革后成为干部的净风险率是非精英家庭后代的4.1倍（$=e^{1.410}$，$p<0.001$）。对于旧式精英家庭的后代，他们与非精英家庭的后代进入干部职业的概率没有差异（虽然风险系数是正的，但数值很小且没有统计显著性）（见表4）。这些结果与图3所描画的模式是完全一致的，也支持假设3。

分不同历史阶段的模型（模型8a和8b，以及模型9a和9b）显示的模式与模型7a和7b报告的模式高度一致，表明家庭精英背景因素，以及其他个人特征因素对进入干部职业的效应不会随着时间的变化而变化。总体说来，改革以后，由于政治体制和权力结构的连续性，新式精英的后代进入村干部职业有很大的优势，而旧式精英的后代仍没有可能进入农村权力中心。

六 总结与讨论

　　1978年经济体制改革以来中国农村社会的变革不仅仅是从再分配经济到市场经济的制度变迁，同时也包括因工业化和现代化进程带来的经济和社会结构的变迁。也就是说，改革后中国农村居民所面临的新的经济机会不仅仅来自市场，还来自新的经济结构。机会结构的多元化造就了通过不同方式获得经济成功的职业群体。本文主要关注农村中经济收入回报较高的三种职业：工资劳动者、私营企业主或个体职业，以及农村中的干部。

　　本研究考察了两种截然不同的精英文化——旧式精英文化和新式精英文化——对进入以上三种精英职业类型的影响。旧式精英是指新中国成立前中国农村传统的政治精英和经济精英群体，而新式精英则是再分配经济时期农村中的政治精英和经济精英。数据分析的结果显示，无论是旧式精英还是新式精英的后代，改革后都更可能成为"赢家"，但是在通向社会上层的道路选择方面，两种精英的后代是有区别的。首先，不管是改革的早期还是后期，新式精英的后代都更可能成为权力精英——进入干部职业群体，而旧式精英的后代于此几乎没有什么机会。这种模式反映了改革后中国政治体制的连续性。其次，在进入权力精英之外的经济精英职业类型上，两种精英家庭背景在不同的历史阶段作用并不相同。在改革的早期，两种精英家庭的后代都选择工资劳动者作为获得经济利益的途径；而在改革的后期，新、旧精英家庭的后代在道路选择上出现了分野：新式精英的后代依然选择工资劳动者职业类型，而旧式精英的后代则选择了风险较高但回报更大的私营企业主或个体职业类型（数据显示，这种职业类型在农村中的收入是最高的）。

　　基于这些发现，并根据布迪厄的文化再生产理论，本文提出了"精英文化的代际传承"的观点，以解释不同的精英家庭背景影响中国农民生活机会的经验事实。在理论方面，本研究的发现也验证了文化因素（在微观的层面上）对个人地位获得的影响，以及（在宏观的层面上）对社会不平等的再生产及社会变迁的重要作用。这也表明，在研究市场转型的时候，制度、结构和文化这三个维度都需要顾及。

　　本研究的发现对改革以后中国农村的治理是有借鉴意义的。旧式精英和新式精英是完全不同的两个群体，而且由于历史的原因，他们甚至可以说是相互对立的。正如本研究结果显示的，虽然在道路选择方面有差异，改革之后他们都进入了农村社会的上层,但是他们之间不再是以前的此消彼长的关系,而是势均力敌。他们之间的合作、竞争或者冲突都将对中国农村社会的发展产生深远的影响。

最后需要指出的是,本研究使用的数据是在 1996 年收集的,因此 20 世纪 90 年代中期以后,中国农村发生的重大变化在本文的分析中无法反映出来。例如,随着乡镇企业的逐渐衰退、中国城市经济的急速发展,以及户籍制度的逐渐松动,农村剩余劳动力的转移机制发生了很大的变化,大批有较多人力资本的农村青年涌向城市寻找新的经济机会。这些变化无疑会影响农村中的社会流动模式。这些变化如何影响"精英文化的代际传承"模式,尚需新的数据做进一步的研究检验。

参考文献

边燕杰主编,2002,《市场转型与社会分层——美国社会学者分析中国》,北京:三联书店。

蒋勤,2006,《人民公社时期"钻空式"非农经济与农民谋生理性——以浙东 N 村为例》,北京大学社会学系硕士论文。

李猛,1999,《布迪厄》,载杨善华主编《当代西方社会学理论》,北京:北京大学出版社。

刘欣,2003,《市场转型与社会分层:理论争辩的焦点和有待研究的问题》,《中国社会科学》第 5 期。

宋时歌,1998,《权力转换的延迟效应——对社会主义国家向市场转变过程中的精英再生与循环的一种解释》,《社会学研究》第 3 期。

吴晓刚,2006,《"下海":中国城乡劳动力市场转型中的自雇活动与社会分层(1978—1996)》,《社会学研究》第 6 期。

——,2008,《1993—2000 年中国城市的自愿与非自愿就业与流动与收入不平等》,《社会学研究》第 6 期。

张乐天,1998,《告别理想——人民公社制度研究》,上海:上海东方出版中心。

Allison, Paul 1982, "Discrete-Time Methods for the Analyses of Event Histories." In *Sociological Methodology*, (ed.) by S. Leihnardt. San Francisco, CA: Jossey-Bass.

—— 1984, *Event History Analysis: Regression for Longitudinal Event Data*. Newbury Park: Sage Publications.

Bian, Yanjie & John R. Logan 1996, "Market Transition and the Persistence of Power: The Changing Stratification System in Urban China." *American Sociological Review* 61.

Blalock, Hubert 1991, *Understanding Social Inequality*. Newbury Park, CA: Sage.

Blau, Peter M. 1977, *Inequality and Heterogeneity*. New York, NY: Free Press.

Blossfeld, Hans-Peter & Gotz Rohwer 2002, *Techniques of Event History Modeling (Second Edition)*. Mahwah, New Jersey: Lawrence Erlbaum Associates, Publishers.

Bourdieu, P. 1977, "Cultural Reproduction and Social Reproduction." In *Power and Ideology in Education*, (ed.) by Jerome Karabel & A. H. Halsey. New York: Oxford University Press.

—— 1997/1983, "The Forms of Capital." In *Education: Culture, Economy, and Society*, (ed.) by A. H. Halsey et al. New York: Oxford University Press.

Ganzeboom, Harry B. G., Paul M. De Graaf & Peter Robert 1990, "Cultural Reproduction Theory on Socialist Ground: Intergenerational Transmission of Inequalities in Hungary." *Research in Social Stratification and Mobility* 9.

Gerber, Theodore P. & Michael Hout 1998, "More Shock than Therapy: Market Transition, Employment and Income in Russia, 1991 – 1995." *American Journal of Sociology* 104.

Lareau, Annette & Elliot B. Weininger 2003, "Cultural Capital and Educational Research: A Critical Assessment." *Theory and Society* 32.

Nee, Victor 1989a, "A Theory of Market Transition: From Redistribution to Markets in State Socialism." *American Sociological Review* 54.

—— 1989b, "Peasant Entrepreneurship and the Politics of Regulation in China." In *Remaking the Economic Institutions of Socialism: China and East Europe*, (ed.) by Victor Nee & DavidStark. Stanford: Stanford University Press.

—— 1991, "Social Inequalities in Reforming State Socialism: Between Redistribution and Markets in China." *American Sociological Review* 56.

—— 1996, "The Emergence of a Market Society: Changing Mechanisms of Stratification in China." *American Journal of Sociology* 101.

Oi, Jean C. 1989, *State and Peasant in Contemporary China: The Political Economy of Village Government*. Berkeley: University of California Press.

Róna – Tas, Ákos 1994, "The First Shall Be Last? Entrepreneurship and Communist Cadres in the Transition from Socialism." *American Journal of Sociology* 100.

Swartz, David 1997, *Culture and Power: The Sociology of Pierre Bourdieu*. Chicago: University of Chicago Press.

Szelényi, Iván 1988, *Socialist Entrepreneurs: Embourgeoisement in Rural Hungary*. Madison: University of Wisconsin Press.

Treiman, Donald J. (ed.) 1998, *Life Histories and Social Change in Contemporary China: Codebook*. Los Angeles, CA: UCLA Institute for Social Science Research. Social Science Data Archive. MRDF.

Walder, Andrew G. 1996, "Markets and Inequality in Transitional Economies: Toward Testable Theories." *American Journal of Sociology* 101.

—— 2002a, "Markets and Income Inequality in Rural China: Political Advantage in an

Expanding Economy." *American Sociological Review* 67.

—— 2002b, "Privatization and Elite Mobility: Rural China, 1979 - 1996." The Asia / Pacific Research Center (A/PARC), Stanford University Working Paper (http://SPARC.stanford.edu).

—— 2003, "Elite Opportunities in Transitional Economy." *American Sociological Review* 68.

Weber, Max 1968, *Economy and Society*. New York: Bedminster Press.

Wu, Yuxiao 2008, "Cultural Capital, the State, and Educational Inequality in China, 1949 - 1996." *Sociological Perspectives* 51.

Wu, Xiaogang & Yu Xie 2003, "Does Market Pay Off? Earning Returns to Education in Urban China." *American Sociological Review* 68.

Zhou, Xueguang 2000, "Economic Transformation and Income Inequality in Urban China: Evidence from Panel Data." *American Journal of Sociology* 105.

作者单位：山东大学哲学与社会发展学院

〔责任编辑：张宛丽〕

> **颁奖词** 《项目制的分级运作机制和治理逻辑》，从"自上而下"和"自下而上"两个视角，深入解剖了上级政府以项目制向农村进行财政转移支付的过程，发现项目制是新旧体制转换过程中对既得利益的一种补偿机制，为分级治理搭建了一个重要的制度平台，但并没有达成上级政府的决策意图和有效满足村民公共需求的目的。该文对于探索乡村治理逻辑和推动我国财政转移支付制度改革，贡献了一种重要的社会学视角。

项目制的分级运作机制和治理逻辑

——对"项目进村"案例的社会学分析[*]

折晓叶　陈婴婴[**]

摘　要：以"自上而下"和"自下而上"这两种既对立又互补的视角，对当下财政转移支付项目进入村庄的社会过程进行观察和分析；特别关注项目过程中的分级"制度机制"运作模式，包括国家部门的"发包"机制、地方政府的"打包"机制和村庄的"抓包"机制等，分析它们所形成的不同制度逻辑和行动策略

---

[*] 本文原载于《中国社会科学》2011年第4期。本文是中国社会科学院重大课题"社区转型的制度建构过程"的阶段性成果。感谢周雪光教授和刘世定教授，作者在与他们的多次讨论中受益良多。感谢渠敬东、沈红、冯世平、姜阿平等在写作过程中所给予的批评和诸多建设性意见。该文初稿曾在2011年3月19日组织社会学工作坊的"国家建设与政府行为"小组研讨会上讨论，周黎安、周雪光、刘世定、周飞舟、曹正汉、冯世政、张静等教授给予了许多建设性意见，特致谢意。

[**] 折晓叶，中国社会科学院社会发展研究所研究员（北京 100006）；陈婴婴，中国社会科学院社会学研究所研究员（北京 100732）。

及其相互作用的复杂过程和结果。"项目制"作为新旧体制衔接过程中对既得利益补偿的一个重要机制,为分级治理逻辑的汇合搭建了一个制度平台;强调只有通过公共品的供给,增加村民参与的公共空间,实现村庄公共治理,项目制才能真正增进公益进而达成整合的目标。

关键词: 项目制　分级治理　制度机制　项目输入　村庄回应

引　言

20世纪90年代中期以来,伴随着国家财政制度由包干制改为分税制,财政收入和分配领域中发生了一系列重大变化。最为引人关注的,是在收入愈加集权的体制下,资金的分配却出现了依靠"条线"体制另行运作的情形,即财政转移支付采用项目制的方式在行政层级体制之外灵活处理。这些支付大多由"条线"部门采用专项支付或者项目资金的形式自上而下地转移和流动,而地方政府或基层则需要通过申请项目的方式来获得转移支付。也就是说,在集权的收入体制之外,存在着寻找和开辟另外一种可以直接支配和控制新财源的可能性,只不过仍须遵循和维持集权控制的逻辑。不同于一般性行政拨款的是,开辟这种财源存在着极大的不确定性和偶然性,却极富竞争和诱惑。据统计,自1994年到2004年,专项转移支付总量一直远高于财力性转移支付,到2005年后者总量才第一次超过前者。[①] 项目制不仅在数量上而且在各个领域中,都已经成为最主要的财政支付手段。

这些项目,大多数不但没有强制性,而且还需要经过自上而下的招标和自下而上的竞争才能够获得,这已经涉及宏观社会结构的变化,反映出政府职能和治理方式的演变,触及国家、地方和基层单位(企业和村庄等)相互之间的关系及其建构模式,还涉及国家视角和意图与基层视角和意图的配合,特别涉及国家、地方和基层的多重运作机制和行动逻辑如何进行博弈等关键性的议题。因此,本文的问题,与主要检讨国家视角的发问[②]略有不同,我们强调社会工程的承受者——基层的或村庄的视角,但也注意

---

① 2004年专项与财力性转移支付的比是1.3∶1,2005年是0.9∶1。李萍主编《中国政府间财政关系图解》,北京:中国财政经济出版社,2006年。
② J. C. 斯科特:《国家的视角——那些试图改善人类状况的项目是如何失败的》,王晓毅译,北京:社会科学文献出版社,2004年,"导言"。

到，在发展和福利主题下，在基本建设和公共服务需求下，如果没有国家和地方政府的财政支持，村庄的大规模改造是难以持续和完成的。

然而，问题在于，如果上级政府的财政支付，即便采用带有市场竞争特点的项目制，也还要延续集权的"条条"体制自上而下的控制逻辑，那么，下级政府或基层单位又将采用怎样的策略、设计出怎样的制度机制来加以应对呢？现实中出现的自下而上的地方行为，又反映出怎样的反控制逻辑呢？实践层面的问题还有，作为公共品的载体，项目如何产生，如何供给，又如何管理，才能体现其公益性？作为技术性的管理手段，项目又将为国家和基层建立新的治理方式提供哪些新的可能，抑或带来怎样实质性的影响？这是本文试图回答的一组相互关联的理论和实践问题。

本文仅从项目进村这一侧面来讨论上述问题，所提供的个案来自笔者对东部和中部较发达地区几个县市的数个村庄进行的长时段追踪调查。[①] 一般认为，欠发达地区由于面临资金短缺问题，对于自上而下的转移支付项目具有更高的依赖性，项目运作在那里才成为问题。但本文资料表明，项目运作在较发达地区也是一个普遍现象，甚至是更加具有能动性的制度建构问题。虽然地区差异、发展模式差异和个案的局限性等复杂状况，决定了本文的个案不能作为推论总体的依据，但是个案所提出的问题和它们背后所隐含的逻辑，具有一定的普遍性，它们并不只发生在某一类地区，也不只反映在"项目进村"这一个事项上。因此，本文的结论不但可以启发对问题更为深入的思考，而且可以作为更广泛的大规模调查建立预设的依据。

一 制度机制运作的分级逻辑：
项目制的分析框架

这里所谓的"项目"，既不同于宏大的社会建设和发展规划项目，也不同于专业领域的技术和建设项目，而是特指中央对地方或地方对基层的财政转移支付的一种运作和管理方式。项目逐渐成为转移支付的主要方式，这与财政转移支付的"专项化"演进以及国家部门管理和治理目标的"项目化"过程密切相关——随着项目资金的规模日益增大，除了工资和日常性支出之外，几乎所有的建设和公共服务资金都"专项化"和"项目化"

[①] 按照学术惯例，本文对地名、村名和人名都做了匿名处理。

了，同时这还与中央对地方关系向"多予、少取、放活"改变，政府治理方式向评、考、控转变，以及建设"运动"的推助有关。这种项目化所产生的影响以及带来的问题，已经受到学界和政界的关注。[①]

项目之所以被广泛关注，是因为它特殊的部门运作方式。那些形成项目的专项转移支付的支配权掌握在中央各部门手中，一些部、委、办掌握着大量的专项资金，拥有资源的配置权，而且支配资源的权力越来越大。地方和基层若想获得项目，不能不"跑部钱进"。有官员指出，现在到底有多少专项转移支付、有多少项目，在中国没有一个人搞得清楚。[②] 也有学者通过调研得知，与"社会主义新农村建设"有关的项目就多达94项，涉及农村经济、社会和文化等方面，关系到中央部一级工作部门共28个单位。[③] 实际数量伴随重大事项的不断推出，逐年还会有增无减。当然，问题的关键不在于这些数字，而在于背后所隐含的制度逻辑和行动策略。

在项目制度框架内，要进入分析的不是国家和农民两个行动主体，而是中央政府、地方政府和村庄三个行动主体。[④] 由于项目承载着政策意向，从这个角度看去，项目勾连着中央、地方和基层单位之间的权力、利益和创新关系，而各个行动主体有着各自不同的利益，它们的行动逻辑反映出这些利益差别。不过，在中央集权的总体模式下，即便存在利益差别，又有扩权的必要，也不足以形成真正意义上的分权，于是形成了分级治理的制度安排。

分级治理，是在中央与地方政府分权的行政改革与市场化改革同时并存下的一种制度安排。在推行国家目标和调动地方资源的双重目标下，中央政府（或上级政府）对地方政府（或基层政权）在某些特定领域和某些公共事项上，进行非科层的竞争性授权，而不是行政指令性授权，[⑤] 例如采

---

① 渠敬东、周飞舟、应星：《从总体支配到技术治理——基于中国30年改革经验的社会学分析》，《中国社会科学》2009年第6期；张晓山：《后农业税时代 回归物质与权利命题》，《21世纪经济报道》2005年10月10日，第10版；郭莹：《李金华指出驻京办问题症结》，《京华时报》2008年3月11日，第8版。

② 张晓山：《后农业税时代 回归物质与权利命题》，《21世纪经济报道》2005年10月10日，第10版。

③ 王晶：《县镇干部跑"部"要钱 支农资金亟须监管》，《中国经营报》2006年11月27日，第A06版。

④ 周飞舟：《从汲取型政权到"悬浮型"政权——税费改革对国家与农民关系之影响》，《社会学研究》2006年第3期。

⑤ 祝灵君：《授权与治理：乡（镇）政治过程与政治秩序》，北京：中国社会科学出版社，2008年，第46—50页。

用项目制等一系列超越行政科层制的方式,以便在集权模式下让"自下而上"的市场化竞争机制配合"自上而下"的分权原则,形成一种新的国家治理结构。从体制上说,分级治理不可能突破中央集权的总体模式,但在"条线"直接控制能力有限时,却有可能形成另外一种不同于"条线"运作的分级运作体系。

分级运作,既不同于行政科层制下纯粹的纵向权力运作——其中的向上负责制和激励机制使得基层官员对于来自上级的指令十分敏感,[1] 也不同于"多中心制度安排"下的权力运作——其中每一个治理当局既是公共品的提供单位,又可以在特定地域的权限范围内行使重要的独立权力去制定和实施规则。[2] 分级运作意味着,在纵向关系方面下级政府并没有从上级获得资源分配的权力及自主权,在横向上民众也不可能获得自主参与的权利,无法有效评估政府绩效,更不可能监督政府行为,防止滥用权力。但是,由于项目制等一系列超越行政科层制的方式为权力的运作附加了竞争性的市场机制,下级政权便有可能对既定的集权框架和科层制逻辑有所修正,从中加入更多各自的意图和利益,获得更多的自主权力。本研究关注到项目过程分级制度的运作机制,比如国家部门的"发包"机制、地方政府的"打包"机制和村庄的"抓包"机制等,分析它们所形成的不同制度逻辑和行动策略以及它们之间相互作用的复杂过程和结果。

依据这条线索来看,"项目"从操作上看似乎是一个"自上而下"正式给予的转移之物,但是"跑项目"或"躲项目"却使得竞争性的争取过程具有了"自下而上"非正式运作的特质,因此,我们的研究视角并不仅仅是强调这两种力量中的哪一种,而是通过将"项目"看作"上""下"两种力量互动和博弈的平台,来综合"自上而下"和"自下而上"两种互相对立且又互补的视角。[3]

首先就国家部委的"发包"而言,本文所涉及的项目,目前采用两种方式运作,一种是国家部、委、办掌握的财政资金需要以项目的方式支付,但项目的具体意图并不清晰,需要与下面互动,通过互相摸索来形成某个

---

[1] 周黎安:《中国地方官员的晋升锦标赛模式研究》,《经济研究》2007 年第 7 期;周雪光:《"逆向软预算约束":一个政府行为的组织分析》,《中国社会科学》2005 年第 2 期。
[2] 埃莉诺·奥斯特罗姆等:《制度激励与可持续发展》,陈幽泓等译,上海:上海三联书店,2000 年,第 203—223 页。
[3] 参见郭于华《转型社会学的新议程》,《社会学研究》2006 年第 6 期。

项目意向，即下面提出适宜的项目议题，部、委、办加以确认才可以形成项目，得到资金支付，带有双方"共谋"的性质。① 这一类项目的形成过程及其运作，是观察国家、地方及基层关系变化的一个极好窗口，但这样运作出的项目到达基层村庄的可能性极小，尚不在本文讨论的范围。从村庄可能获得的支农转移支付项目来说，近年来项目的设立主要采用另一种方式，即依据国家有关"三农"的大政方针，由部委设计出项目意向而向下"发包"。② 这是本文主要涉及的项目运作方式。

这里所谓"发包"，不完全等同于"行政发包制"下的那种"政府间层层发包的关系"，③ 而是上级部委以招标的方式发布项目指南书，下级政府代表地方或基层最终投标方的意向，向上申请项目。申请过程具有行政配置和自由竞争双重性，而后上级部委作为发包方，将项目管理的一揽子权力发包到获得项目的地方政府，地方政府则有权确定行政配置那一部分的最终承包方，并且对各类项目的各项事务实施条线管理。

这种"发包"，显然与财政支付"专项化"和"项目化"有着必然的联系。国家经济的高速增长，使得日益增长的总体财政的"大盘子"如何分配得既能保证国家部委"条条"的权力和利益，以便实现"自上而下"的集权控制，又能给地方以自主裁量的余地，以便使地方"块块"利益的增长既不受到严格限制又不至于突破集权体制，就成为国家治理的重要环节。项目化可以说是这种权衡下采取的一种制度安排，项目发包则是为实现这种安排而尝试的具体机制，它所遵循的无疑主要是"自上而下"的控制逻辑。当然，这一逻辑在项目制条件下经过地方的反控制行为，是否还能成立，将是后文分析的重点。

在这种机制作用下，项目作为上级竞争性的"发包"行为和方式，调动了地方各基层单位"跑部"争取的行动，县乡政府和村庄都可能是积极或消极的行动主体，只不过各自担当着不同的权力、目标、责任和利益。其中最为突出的是地方政府的"打包"行为和方式。

由于分级体制和竞争机制并存，三个不同层级的行动主体面对着不同的结构性机会。在上述制度化的秩序中，国家是项目最重要的主导者，项目发布权决定了国家的指导作用。作为项目过程的"推手"，国家为各个行

---

① 感谢刘世定教授和周雪光教授在讨论这一议题时所给予的启发。
② 全国工商联农业产业商会编《新农村建设支农项目资金申报指南》，2006年，内部资料。
③ 周黎安：《行政逐级发包制：关于政府间关系的经济学分析》，http://www.crpe.cn/06crpe/index/clinic/lun wen/20071123b.pdf，2007年10月14日。

动主体提供一个参与和博弈的平台，这个平台向各个利益集团提供不同的制度性或结构性机会。在整个流程中，资金跟着项目走，项目则主要分为两类：一类带有额度，由发包部委分配给各省，再由各省组织申报等事宜，项目权力集中在国家部委，这类项目在省市以下发生竞争；另一类则为开放式的竞争项目，由申请方（企业和适宜单位）经当地政府部门帮助编写项目书，并经部门审批后上报国家部委。虽然申请仍需走"自下而上"的行政过程，但能否参加申报以及能否获批，则需在基层和部委层面展开激烈的竞争。获准后的项目，原则上要求专款专用并直接落实到申报方。项目还可分为国家部委设立、省市自立和县（市）自立三个层级。有所不同的是，获准的国家项目在省市只需"过手"，经由组织评审、上报、管理的行政过程之后，便落至县（市）域，组织和运作申报事宜的重头戏，包括对省市项目的争取工作，主要在县（市）。

县（市）在项目运作中处于非常关键的位置，可以说其不仅是项目承上启下的中转站，更为重要的是，县域可以为项目的"再组织"搭建制度空间和社会场域，这个过程可以帮助地方实现利益最大化。这个再组织的机制，即"打包"。

"打包"，是指按照某种发展规划和意图，把各种项目（可主要分为两类：财政项目和资本项目）融合或捆绑成一种综合工程，使之不仅可以利用财政项目政策来动员使用方的资源，而且可以加入地方意图，借项目之势，实现目标更加宏大的地方发展战略和规划。

从案例县的资料来看，"打包"是在国家部门对承包项目的地方政府设立"配套"条款和要求地方主管部门对项目完成负"连带责任"的条件下，地方为实现其综合性的整体发展目标，针对项目实行条线控制的一种对应策略。如果说"发包"反映的是部门"条条"自上而下的控制逻辑，那么"打包"反映的就是地方"块块"自下而上的反控制逻辑。

如果从因地制宜和"集中力量办大事"的角度来看，可以将地方打包条线项目，看作处理"条条"与"块块"关系的一种制度创新，但是由于打包后的项目大多只能落入"政绩亮点"，它所造成的负面效果，也是不可忽视的。

无论项目在上层如何运作，村庄、企业连带项目户最终承担着项目，他们的真实意图和实践能力，最终决定着项目的成败以及项目意图落实的效果。本研究特别强调了村庄的视角和行动逻辑，提供的是更为基层的观察和分析视角。

现实观察中存在的一个悖论现象，值得研究者和政策设计者深思。在地方的项目实践中可以发现，如果村庄没有财力预先投入建设（项目政策要求以自投入能力为申报前提），财政转移支付这只项目资金的靴子就难以落下，而这只靴子一旦落下，又会抑制和削弱村庄的自主性，甚至出现集体"高额"负债搞建设①的状况，以至于项目的导入与村庄真实的公共服务需求发生错位。从这个角度来说，项目如果采用设计成型的、看起来易于自上而下管理的方式输入，即便进入村庄，也有可能由于忽视村庄的自主性和实际需求而对村庄造成损害，甚至有可能导致村集体破产和村社会解体。

这个悖论现象发生在项目运作的过程之中。国家和地方政府在担当"发展服务"提供者的角色时，常常难以避免出现发展项目吞噬基层自主性的尴尬。村庄改造工程的"示范"作用，不仅使村庄为争取项目资金而盲目地依据"专项"要求不断翻新，而且大多数项目只能进入那些有相当财力、建设基础好、有资源动员能力的村庄，从而进一步加大了项目示范村与其他普通村庄的差别，出现"能者恒能""强马多吃草"的局面，而绝大多数村庄并不可能引项目入村，也就难以成规模地改变村貌。值得深思的是，上述悖论现象引发出两种完全相反的村庄行动：一方面有条件的村庄积极"跑项目"，村际竞争加剧；另一方面没条件的村庄消极"躲项目"，从竞争中退出，抵制那些既需要村庄"贴钱"又易于引发村庄深层矛盾和冲突的公益项目。这些现象不但出现在增长程度较低的地区，在发达地区内部也不断出现。

那么，为什么那些以发展和福利为主题的提供公共产品的项目和工程，有些却让基层难以承受，往往先受热捧后遭冷遇，有的被躲避，有的被"走样"，有的甚至失败，最终导致公益项目的"善意"遭到质疑？而那些能够承接和完成项目的村庄，又采用了怎样的应对性策略，对输入型项目经历了怎样的反控制过程呢？

项目从国家部门经由地方政府，最后进入城乡结构的末梢——村庄，其间需要经过多重的运作机制。上级的"发包"和"打包"运作，最终必然导致村庄的"抓包"行为。

"抓包"既是地方政府"打包"过程的延续，又是村庄主动争取项目的过程。地方往往会将"新农村建设"等一类建设工程或"打包向

---

① 周雪光：《通向集体负债之路》，未刊稿。

上争取"资金，或将分属于条线部门的项目"打包"，捆绑成诸如开发、扶贫、农林、水利、交通、能源等专项资金，集中投向创建村。村庄只有挤进创建村，抓到打包好的项目，才有可能大规模地改变村貌。从案例中的项目进村过程来看，经过"发包"和"打包"之后的项目，对于村庄来说，是输入型的，但"抓包"却是村庄加入了主观能动性的应对策略。

目前项目进村主要有两种方式，一种是在一些地区开始尝试的内需外援方式，[①] 另一种即如案例村所经历的项目制背景下的外来输入方式，带有竞争和半竞争性。项目由发包方统一设计、运作和管理，资金随项目走。落实到村庄的项目，或者已经由主管部门统一招标，由施工单位统一施工，或者从材料、机械到施工均由政府或招标单位提供，村庄除去要补足资金缺口外，对于项目的内容和执行并没有决定的权力。项目进村需要经过外力输入和村庄拉动的双向运作，而入村项目虽为公益性的，但未必是村庄最需要花钱的公益事项。村庄——如案例村一样具有较高组织和运作能力的村庄，所能做出的回应，首先是动员村庄的内部资源和资金支撑项目的完成，其次是规避项目所能带来的系统性的风险，不但要避免对集体经济和个人财产可能造成的侵蚀，而且要抵挡对村社区整合和团结秩序有可能产生的冲击和破坏。否则，对于没有上述能力的村庄，输入式的项目则有可能遭遇到被"躲避"或失败。

综上所述，我们可以简略地将本文的分析框架表述为：项目部门化及其"发包"，是将国家"大盘子"进行"条条"分割的过程，它所遵循的是自上而下的控制逻辑。"打包"反映的是地方的应对策略，是将"条条"重新做成"块块""小盘子"的过程，它所遵循的有可能（不排除其他可能）是自下而上的反控制逻辑，而村庄"抓包"虽是打包过程的延续，但也有可能（不排除其他可能）是村庄加入自己发展意图，借用外力组织自己公共事务，提高村庄治理能力的过程，它所遵循的也是自下而上的反控

---

① 这种方式带有普惠性质，与前述自上而下输入的"项目制"最为不同的特点，一是从实际需求出发，主张"钱要用于集中办大家都受益的事情"，二是从项目的产生到运作和完成，全部都由村民自己通过参与式民主方式决定。对于这种方式是否存在"形式民主"的嫌疑，已经有研究提出质疑（郭占锋：《走出参与式发展的"表象"——发展人类学视角下的国际发展项目》，《开放时代》2010年第1期），但仅就将项目设计和资金使用的决策权交由村庄和村民，注重他们的内需来说，已经较之"输入型"有了根本上的不同。

制逻辑。只不过，在分级治理框架内，控制与反控制更多表现为对立又互补、竞争又合作的关系而不是冲突的关系。本文所要研究的正是这种自上而下的控制逻辑与自下而上的反控制逻辑之间的互动关系。①

还要提到的是，对项目制度进行机制分析，或曰透过机制而发现"执行的制度"，是本文"制度机制"分析框架最为关键的环节。项目，作为一种制度安排，从其目标假定到目标实现，其间的运作过程和中间变项，在静态的制度分析中是"黑箱"，而箱内收藏着的，诸如制度系统的结构和关系模式及其内部工作方式和激励规则等，正是我们所谓的机制。对社会制度作机制分析，就是对社会制度的运作过程进行具体分析，看看它究竟通过一种什么样的逻辑转化到另一种逻辑，或从哪个点出发逐步过渡到其他的方向上去。② 其分析框架中包含有过程、机制、技术和逻辑分析的有机统合。③ 在项目过程中，由于参与者众多，从国家部门到地方政府再到村庄和村民，这样多个主体之间的互动，使得这个过程表现得极为丰富。

二 "发包"和"打包"：国家部门和地方政府的项目机制

我们要展开描述和分析的是，国家财政的"大盘子"被分割成部门"条条"的项目资金后，又怎样被重新整合为地方"块块"的"小盘子"的社会过程。

（一）国家部门的视角和逻辑

在国家和地方政府功能向"服务型"转化时，国家政府既作为财力动员者和财力集中者，又承担着财力转移和返还者的双重责任，都被最大限度地发掘出来。新农村建设作为一个宏大社会工程，试图集中体现这种责任和意图。④

---

① 这一视角得益于"国家建设与政府行为"小组研讨会上诸教授的评论和建议，文责自负。
② 应星：《中国社会的转型与中国社会学的复兴》，《光明日报》2008年10月21日，第11版；渠敬东：《坚持结构分析和机制分析相结合的学科视角，处理现代中国社会转型中的大问题》，《社会学研究》2007年第2期。
③ 孙立平：《迈向实践社会学》，《学海》2002年第3期；《实践社会学与市场转型过程分析》，《中国社会科学》2002年第5期。
④ 吴晓华：《当前宏观经济形势及其对新农村建设的影响》，载全国工商联农业产业商会编《新农村建设支农项目资金申报指南》，第335页。

项目作为向下转移支付的手段，证明国家是其中最具有自主性的行动者。但是，国家将财力转移支付给地方时，以何种方式才能最大限度地调动地方财力呢？分税制以后，国家不可能再直接调动地方财力，而项目运作却具有某种特殊的调动功能。比如，国家项目都明确要求地方政府给予"配套资金"，申报项目时，地方政府的财政或计划部门要出具配套资金承诺证明，同时还要求地方主管部门积极进行指导，并对申报内容的真实性和准确性负连带责任。[①] 于是，是否具有配套财力和管理能力，至少是一个评审条件，而且许多项目要求有前期投入，这也对地方资金投入形成硬约束。对于地方来说，无论财力是否充足，项目都具有支持、调动和整合地方自有财力的作用，地方都可以借项目之势重新组织和使用财力，只不过有程度上的差别而已。因此，从国家的视角看，项目并不是一个消极的转移补贴，而是一个积极的调动诱因。逻辑在于，发出的项目越多，可能动员的地方财力就越充分。当然，这也不排除实际过程中有利用项目向下"寻租"，或者自下而上"套钱"而不作为的行为。

地方政府则在项目的明确意图下，不但能从中体察到中央与地方财权和事权的关系变化脉搏，而且还可琢磨出形势和政策变化的动向，申报单位甚至还体会出"把握国家政策大势，顺势而为"[②] 的要害，从而在既有利于自身利益又充分利用国家政策的背景下，开始一场场追求收益最大化的竞争行动。地方行动的动力和冲动，就这样通过项目一步步被国家培育和调动起来。

那么，国家部门怎样利用"发包"机制来运作项目呢？

项目发包中，虽然具有一些行政配置的意图，比如偏向于某些地区，分配有额度，注明特殊条件等，但总体上是带有不完全市场竞争性质的，并且还给企业和村社提供申请项目的竞争机会。于是，竞争必然成为另一个普遍调动地方积极性的手段，省际、县际乃至镇际和村际之间的竞争造就了地方各个层级以项目为核心的建设高潮和经济增长。[③]

权力（发包）与市场（竞争）结合的运作方式，使项目"发包"成为国家部门最基本的运作机制。项目发包一般具有如下几个过程。

---

① 比如一个100万元的国家项目，要求地方给予的配套资金比，东部地区是1：0.5，中部地区是1：0.2，西部地区是1：0.2。有的项目明确规定，自筹资金不低于中央财政资金的50%（全国工商联农业产业商会编《新农村建设支农项目资金申报指南》，第21、30、34页）。
② 全国工商联农业产业商会编《新农村建设支农项目资金申报指南》，第391页。
③ 参见张五常《中国的经济制度》，北京：中信出版社，2009年，第27页。

首先，国家部委分割资金，决定各领域的转移支付重点；以国家项目形式承载和分配资金，通过项目表达政策意向和支付目标。

其次，设立项目的部委发布《项目指南》，提出项目意图、建设内容、支持对象、立项条件、申报和下达程序、资金规模、额度分配、分级责任、组织实施办法等。

再次，建立分级承包责任制，明确要求省及以下行政单位分级承担项目管理责任，这一点在国家项目申报及管理程序中反映得十分明确。

又次，授予地方配套权，明确要求承担项目的地方政府以资金配套的方式给予支持。那些缺乏资金能力地区的资金配套可能是虚数，而发达地区的配套则有着资金以外的实质性参与的意义。

最后，动员基层力量。对此，国家部门的意图十分明确：国家的支持要发挥"四两拨千斤"的作用，是一种杠杆作用。农民自身的力量永远是一种最基础的力量。[①] 动员地方财力，是国家项目更加明确的另一意图。有学者用"自上而下的钓鱼工程"来描述这种情形，[②] 这样的"钓鱼工程"与项目化过程有着密切的关联，并且跟随着项目自上而下地落实，一直延续到基层。

发包的项目并不存在普惠的特征，必须以竞争的方式获得。竞争发生在省际之间以及省以下的市际、县际乃至镇际和村际之间，虽然竞争在理论上是平等和自由的，但是由于发包方存有特权，竞争方可用关系来运作权力。虽然对于已经获得的项目的管理，可以是分级的科层体制，但是如何拿到项目，实际上是可以越级运作的。于是，可以看到，这里所涉及的项目，既需要经过自上而下的招标发包，又需要通过自下而上的竞争获取，以致出现分级的科层体制与竞争性的越级运作同时并存的局面。

那么，国家部门的"发包"机制又遵循着怎样的治理逻辑呢？

从国家部门的视角看，条线分级发包和管理项目，有利于一个个地专项落实转移支付资金，增强财政管理的有效性。按照"发包"运作的逻辑，自上而下以专项转移支付方式投入项目，可以有效地指导、动员和控制地方财政投入；项目越是专门化、详细化和具体化，越能够实现"条线"控制的目标（这种逻辑与那些约束性的只提供总体框架的制度逻辑不同）。

[①] 吴晓华：《当前宏观经济形势及其对新农村建设的影响》，载全国工商联农业产业商会编《新农村建设支农项目资金申报指南》，第335页。

[②] 周雪光：《"逆向软预算约束"：一个政府行为的组织分析》，《中国社会科学》2005年第2期。

但是，这一视角忽视了地方以"块块"的利益综合运作项目的特点。部门以专项资金单一地解决某个特定领域事项的意图，常常不为地方所青睐。在部门自上而下的控制逻辑下，虽然保证了资金可以落实在具体的"摸得着"的事项上，却不能保证落实在合适的地方；单一项目有可能帮助基层在某一领域有所建树，却不能满足"以项目拉动地方经济发展"的战略性目标，而国家要求地方"配套"资金的条款，不但排除了那些经济条件最差的地区，反而使经济较发达的地区获得了更多的专项转移支付，违背了项目设立的初衷，[①] 给有条件获得项目的地方综合性地"打包"提供了合法性。

按照国家部门专项专控的逻辑推断，只要有分级科层管理项目的支撑，部门对项目的"条线"控制就是有效的。并且，通过项目，国家权力经由"条线"自上而下地流动和延伸，可以被再生产出来。项目制下，虽然项目的申报和管理依然要通过科层体制来运作，但项目的单项支付、专款专项专用，使国家有可能直面承接项目的基层单位。意图在于，在层级管理和控制之外，试图找到另外一条由国家直接控制地方运作的途径。但是，这个逻辑在地方有条件"打包"运作的情况下，却有可能遭遇解构。

首先，按照国家项目的"发包"设计，要求实行分级化的科层管理和"一项目一政策"，这一方面更加强化了国家政府部门对地方的权力，因为从项目承接者的角度来看，这种发包政策更像是一种"特权"，因而具有更大的政策效应；另一方面发包项目又要求地方给予配套措施，则又给予地方一种利用项目政策弹性扩展投入的权力，使地方具有很大的"借壳建设"的投资冲动。于是，这样设计的政策恰恰形成了一个"结构漏洞"，为地方用"打包"消解国家"条线"控制提供了可能性。国家的作用，因地方实质性的参与而变得有限。同时，国家项目经由地方运作，最后落入最基层的村庄，也会因村庄是否具有运作能力（因村庄财力和社会资源调动程度不同而变得情况复杂），实际效果难以预料。

其次，为了控制非科层制的发包可能带来的失控，项目制要求以科层的方式对项目加以管理，于是，分级的科层体制与竞争性的越级运作同时并存，"条线"的控制与"块块"的自主同时增强。一方面，国家部门发包的项目，具有专项性特点，为管理上的便利，部门项目一般都顺"条线"

[①] 范子英：《降低转移支付对地方政府和地方经济的负面影响》，《中国社会科学报》2011年2月22日，第8版。

的层级最后归口到县级相关部门,然后再由部门分头落实到项目承接者。项目虽然具有竞争性,带有某些市场运作的成分,但分权分级制度仍为项目治理的核心。另一方面,当地方的利益和自主性进一步加大,其兴趣不在单个项目,而在于将地方的规划和战略捆绑在项目之上,将国家项目一个个地与地方工程"打包"运作,从而削弱国家对地方的可能控制。

特别是,项目制下公共品的提供由政府部门设计,具有很强的同质性和标准化色彩,往往无法做到有针对性的供给,并且借助于分级科层体制的管理方式,不但难以避免层次繁多的政府机构因为自身的利益而违背公共利益,也很难针对地方的实际需求来运作资金,更不能满足村庄社区和村民多样性、多层次的需求。因此,项目制存在着演变的可能。[①]

(二) 地方政府的视角和项目运作

国家虽然是发包者,但是真正的项目主角是地方政府。就项目运作而言,其中县(市)级政府的作用最为重要。根据中国政府的分级体制和行政过程,省的行政目标主要是战略性管理,责任大但宏观性强,而且"市政"和"县政"从省政分家,县(含县级市)政主要是"农政"。县政的综合性强,独立性突出,工作中发挥创造性的余地比较大。[②]

首先看县(市)级政府对于运作项目有着怎样的冲动。改革以来,不仅政府分权的临界点和分水岭仍然设定在县(市),而且社会转型的基本问题也集中交会在县(市)。[③] 这一局面恰恰与国家启动项目的大势和意图相吻合,从项目所呈现的上述关系来看,都越来越集中反映在县这个层面上。以 2006 年后启动的支农项目为例,[④] 几乎全都与整体性地解决"三农"问题相关,在国家项目的明确意图下,县(市)级政府可以通过综合行政的、经济的、法律的和社会的手段来解决上述问题。

当然,这还是对县域经济增长之后政府职能向服务型转型的理论预期,

[①] 已有官员表示,现在核心问题是要减少专项资金转移支付,加大一般性转移支付(郭莹:《李金华指出驻京办问题症结》,《京华时报》2008 年 3 月 11 日,第 8 版)。依照这种思路,一些地方在提高村级公共服务和社会管理水平中,已经加大了一般性转移支付的比例,以便使转移支付资金更加普遍、更加直接惠及"三农"。

[②] 朱光磊:《当代中国政府过程》,天津:天津人民出版社,2002 年,第 388 页。

[③] 折晓叶、陈婴婴:《县(市)域发展与社会性基础设施建设——对太仓新实践的几点思考》,载陆学艺、浦英皋主编《苏南模式与太仓实践》,北京:社会科学文献出版社,2009 年。

[④] 根据《新农村建设支农项目资金申报指南》所列出的 50 项涉农项目。

现实中特别是欠发达地区的县域，还处于财力困难而政府难以实现转型的阶段。于是，学会运作项目，成为地方政府尤其是中西部地区地方政府的主要工作机制之一。不仅欠发达地区对项目有很强的依赖症，即便是发达地区，"争取上级、统筹本级、追加本级"也是地方财政的明确目标，"狠抓项目立项，坚持项目引路"成为地方发展战略的"有力抓手"。调查中，一些地方为鼓励"抓项目"而加大奖励"力度"，奖励数额按照项目所属的行政级别分出高低。这种"以项目拉动地方经济发展"的期许一旦成为运动，就必然导致"地方驻京办跑项目"成为体制上难以避免的时弊。

一般来说，项目是自上而下地由上级发包，下级竞争。但是，由于项目运作过程存在很大的不确定性，决定权主要掌握在部门甚至个别主管手中，要靠人去跑，靠人际关系去疏通，因此，下级甚至更基层的村政权就有条件在"跑项目"的过程中去运作上级，形成自下而上地"抓项目"的反向运动。这种双向互动所可能产生的"寻租"和腐败行为，已广受关注，但是反向运动所产生的反控制策略和行为，还没有得到应有的关注和研究。

我们观察到，地方政府向上"跑项目"的意图，并不完全在于项目所能带来的资金数量，更为关注的是，项目所能给予的带动地方发展的政策合法性和"拉动"经济的力度。虽然出现了西部县对项目的依赖症，在现行的支农资金的管理体制下，只能"大跑大项目大发展、小跑小项目小发展、不跑没项目没发展"，不过，许多有经济实力的县级政府向上跑项目，目标却在于利用项目所提供的政策，动员和整合县域资源，根据县域发展的规划，运作出一整套的项目"打包"工程，从而使"项目成为拉动经济发展的活力细胞"。当然，对于财力匮乏的相对贫困县或者更基层的乡镇政府来说，项目也还有着别样的意义。它们虽然没有"打包"运作的可能，但是通过帮助村庄争取项目，则有可能使其成为补充财源的一种途径。

那么，地方政府将怎样通过"打包"机制而实现上述目标呢？

观察可知，专项的单一性，虽然可以使某个领域的建设目标具体而细致，易于落实和控制，却难以支持地方综合性的整体发展目标。而且，中央或上级部委将项目"发包"给地方后，并不可能控制到底，地方只要能够向上交代清楚"专款专用"，至于钱用到哪里，怎样使用，往往依据地方发展战略而定。于是，"打包"运作便成为地方政府运作项目的一种有效机制。

以"新农村建设"为例。地方政府将新农村建设看作一项"重大的系统工程"，将工作目标和责任分解为名目不同的多个"行动工程"。根据案例县的实施意见，这项工作有的被具体化为"八大工程"，有的则多为"十大工程"，每个工程都打包有多个项目，综合了国家、省及县市级的各种项目意图。以其中两个工程为例。

现代农业建设工程，内含与地方农业发展战略相关的多个国家部委项目和省市重大项目，如农业综合开发产业化经营项目、特色产业发展项目、农业标准化实施示范项目、现代农业示范基地、省级农业龙头企业发展专项、土地复耕项目、无公害基地建设项目、低产田改造项目、良种补贴项目、农民专业合作组织示范项目，等等。

村庄示范整治工程，内含省、市、县级项目，如中心村建设规划项目、大型基础设施建设项目、旅游开发项目、农村宅基地复垦项目、低丘陵坡开发项目、示范村和整治村建设项目、引水供水"村村通"项目、河道疏浚整治项目、垃圾集中收集项目、生活污水处理项目等。

各县市依据各自的发展战略确定工程的数量和名目，使项目"打包"更具有地方色彩。案例星村的新村建设模式正是来源于此。唯有这样，才有可能"抓到抓紧抓好"经过"打包"的多个项目资金。

那么，自上而下的项目，在什么样的条件下才可以打包成某种综合性工程来运作呢？从地方的视角看去，配套政策实际上给予了地方参与甚至干预项目的合法权力，如果配套比例超过三分之一甚至达到一半以上，地方无疑就获得了参与项目资源和财力配置的决策权，地方即可以配套的方式向项目指引的专项建设任务投入资金，通过"配套"来重新组织项目。于是，"打包"就成为地方运作条线项目，处理"条条"与"块块"关系的一种制度创新。除此之外，地方差异的存在，还为有条件的地方提供了借势投入和扩张建设性投入的合法性，而将多个项目融合和捆绑起来，则可以实现集中投入和快速建设的示范性目标。

项目打包后，还需要利用组织机制加以落实。通过现场会获取部门援建就是其中一例。现场会是地方政府以行政手段高效率解决特定问题的有效办法，它的特殊作用在于：其一，可以出台临时性或一次性解决问题的政策，大多属于"打擦边球"的只可言传而不便成文的政策；其二，可以组成临时性的跨条线部门的、起到横向联席作用的快速决策机制。这一套工作机制特别有利于"打包"运作项目，目的是要在现场立下军令状，敦促多个部门兑现对项目单位的支持。部门的资金支持，最后大都落实在各种"条条"项目中了。

通过"结对子"获得"条线"部门支持是另外一例。项目分散在条线部门手中，要拿到竞争性的项目，需部门的支持。在布局新农村建设时，县域政府充分利用了条线部门的项目资源，以便集中促成"块块"范围内示范村的建设。"部门挂村"，即成为项目进村的首选机制之一。示范村首先通过挂钩部门争取本部门项目，然后发展与其他部门的关系而优先获得其他项目支持。部门挂钩，不但使得"条线"项目得以进入示范村，扩展了村庄向上关联的可能，并且培育和激励了那些有条件的村庄跨越行政层级获取资金和资源的愿望。虽然项目落到村庄需要竞争，但也给予某些村庄前所未有的机遇：可以直接面对县市乃至省市及中央部委争取项目。

项目资金的支持切实动员了村财的投入，甚至让村庄敢于"借力"而实现以往不敢想象的"负债搞建设"。"钓鱼工程"，如果从村庄一方来说是"借力"，那么从地方政府一方来说就是"发力和诱力"，而且后者的动员能力更为强大。中央提出新农村建设的战略任务之后，地方往往将涉农方面的财政支出集中在这一建设任务上，项目"打包"运作不仅成为最主要的财政转移支付方式，也成为典型的"钓鱼工程"。

虽然地方在根据形势发展确定新的目标模式时，也会调整打包的内容，依据新的议题，重新组合工程项目，但项目经由"打包"之后，可以直接进入普通村庄或项目户的可能性十分有限，只有可能进入那些地方发展战略中给予惠顾的"示范村"或"整治村"。于是，"挤进两头"才会成为村庄的急切意愿和冲动。

当我们将"打包"看作地方因地制宜、自下而上地反控制的制度创新时，也注意到，这种创新带来了数个"意外之后果"。其中之一，即是"条条"集权的弱化。

工程将项目"打包"之后，可能正如地方政府所述，直接的好处是为确保将有限的财政资金集中到能够直接拉动农业增效、农民增收和重点改善农村生产和生活条件的项目上来，但是，在实际运作中，集中投入的意向，往往被转化成为另外的意图。其中之一，即是弱化自上而下、经由部门条线集权控制的财政投入意向。我们观察到，打包运作，并没有破坏条线"发包权"以及财政转移支付经由部门分割的专款专用原则，专项仍由部门发包和管理，也经得起专款专项使用的严格检查，却使国家部门项目的"条线"秩序模糊化。

地方对项目打包，首先是出于对项目条线发包治理模式的纠正。项目治理模式，是将转移支付财力分割到部门，利用中央集权的条条分级治理方式，但专款专用过于按照提供公共品的公益理性来设计，容易忽视地方的实际需求,在地方极易遭到阻力甚至酿成"挪用"之溃。地方在打包运作中,明显加入了地方的发展战略意图,一揽子资金的使用,既可以让财力得以集中投放于地方所需,又便于避免"挪用"之嫌。这对于实现地方发展目标的作用是显而易见的。

但是,地方"打包"在模糊条线秩序的同时,一旦自主权力过大,甚至会从根本上消解公益项目设计的初衷。深入观察后可以发现,地方将财政项目打包,最有利于将政府财力集中投向地方规划中的园区基础建设,目的在于吸引资本化的大型项目投入。在这个意义上,财政转移支付项目被用来作为"招商引资"的资本项目的通道和平台,而资本项目的引入才是拉动地方经济的关键,地方政府正是抓住"打包项目"和"招商引资"这两条主线,在财政推动和市场诱导两方面进行制度设计。这种综合的或混合的项目打包模式,与近年来地方建设中盛行的资本的"多项目捆绑投资模式"有异曲同工之处,即为争取一项关键投资而将其他多个投资领域的优惠政策捆绑其上,一揽子招商引资。在这样的政企博弈过程中,县政府得到了预期需要的专项资源,企业集团则赢得了今后投资的良好布局,唯有项目对象没有得到多少实惠。

另一个连带后果,是地方融资扩大化的倾向。从地方政府的视角看,这种多个项目打包运作模式的逻辑,依然可以归为"政府搭台、市场唱戏"的实用主义,只有经过地方政府的"块块"之手将"条线"的单个项目加以综合利用,才能打造出"招商引资"的基础平台,而后者才是地方发展的动力所在。从实际运作过程来看,项目往往被作为工程的龙头和引导,通过组合同类项目,使得工程成为融资和建设的平台,成为"招商引资"的招牌。可见,从地方政府的视角看,"打包"与"块块"的发展和建设具有极其密切的关联。对于项目"打包"的意图,地方人士的表述十分清楚,其目的就是:把各个(条线)部门的财力吸引到这个地方来,以项目拉动地方经济发展,为地方"块块"的发展谋取更大的可能性。

还有一个后果,即贫富差别的拉大。"打包"项目对于地方特别是村庄可能产生的负面效果是显而易见的。从政策设计上来说,村庄应是支农项目的最终受益者,但是在项目竞争性"发包"的制度逻辑下,并不是谁最需要项目资源就能够得到项目,而是谁最可能完成任务并达到项目要求才能得到项目。项目调动的只能是那些最有行动能力的村庄。行动能力对于村庄来说,意味着:第一要具有获得政府信息、行政人脉和运作关系的能力;第二要具有前期投入的经济实力;第三要具有进入"两头"即"示范村"或

"整治村"的可能。于是，打包运作产生了另外一个"意外之后果"，即对"示范"点的集中投入，造就出一些"政绩亮点"，甚至使得示范点的公共品过度建设，而那些特别需要项目支持的弱势社区却得不到项目的惠顾。① 从这个角度也可以说，只有拉大贫富差距才能保证项目切实完成。

这不能不引发笔者对于项目"打包"中由于缺乏基层视角而带来的问题给予关注，毕竟国家财政转移支付应是一项普惠"三农"的政策。对于基层社会来说，如果人们既要享受财政转移支付制度的好处，又要避免它所可能产生的负面效果，就需要大量的制度创新。问题在于不是要取消以财政转移支付为目标的项目制度，而是要改善和改革项目制度。

为此，需要对地方"打包"背后所遵循的逻辑进行一番梳理，以便清醒地认识目前地方实践中的项目制度，为其改革提供可依据的线索。在可观察的地方实践中，地方政府的"打包"行为建立在如下一些逻辑之上。

第一，"反条条控制"逻辑。国家财政专项转移支付的信念主要建立在这样的逻辑之上：这种制度安排能够最好地调动和指引地方财力投入，专项专用可使资金有效地落实到符合宏观设计的建设方面，而且通过专业部门可以有效地使用技术专家并统一标准，从而有利于监管。但是从地方政府的视角看，多样性和综合性所体现的才是地方意图和利益，而条线分级发包和管理项目，虽然有利于专项落实转移支付资金，但那只是纯粹的"条线"部门利益，并不适合地方发展战略的需求。此外，从部委角度的考虑，可能对总体设计强和技术水平高的大规模公共品项目更加重视也更有经验，而对于地方的项目布局和效用却难得重视也难以有所作为。而"块块"优先，是县域治理中融合多种行政任务和管理头绪于地方战略为一体的一个法宝。项目制虽然诱发了地方政府相应的"配套"行为，通过"配套"来重新组织项目过程，但是只有通过"打包"，才能加进地方意图，使得国家项目的"条线"秩序模糊化，从而达到项目制在不同地区、多个主体互动中，表现不同特点，发挥不同作用的目的。

第二，"项目—发展"逻辑。"以项目拉动地方经济发展"，已成为许多地方促进发展的不二选择。专项的设计虽然有可能不符合地方意愿，却是地方财力向项目指引的专项建设任务大举投入的合法性来源，借助项目指导的建设方向和配套要求，可以实现地方融资扩大的目标。而将项目"打包"运作，就更有利于地方发展战略的实现，将多个项目融合和捆绑起来，

---

① 赵晓峰：《税费改革后农村基层组织的生存逻辑与运作逻辑》，《调研世界》2008 年第 3 期。

才可以实现集中投入和快速建设的战略性目标。

第三,"运动式"动员逻辑。在地方政府"做大做强"的建设冲动中,只有将多个公共品项目捆绑"打包",才具有广泛动员、集中建设的号召力。对于全国性推动的新农村建设,案例县制定的具体保障措施就包括"加强组织领导、强化示范带动、加大投入力度、深化配套措施、营造浓厚氛围"。其中的关键术语表明,地方建设工程具有动员"全县人民共同行动"的"运动"特征,借以形成地方特点的"社会公共服务体系"。

那么,在国家部门"发包"、地方政府"打包"的宏观制度背景下,村庄将如何回应,又将形成怎样的项目治理机制呢?

三 "抓包":村庄的视角和项目过程

村庄在引进项目的过程中,常常顺藤摸瓜向地方部门索要"国家和上级下来的"项目。从这个角度看,数量众多的"条线"涉农项目,无疑强化了村庄与国家的关联,而国家的视角和项目逻辑,在宏观上实际也影响着地方对项目的运作,影响着项目进村的过程。从这个角度,国家财政转移支付项目进村,或许可以看作国家权力回归、自上而下直至最基层社区的一个标志性事项。

那么,项目怎样才能进村,对于村庄究竟意味着什么,村庄将采用何种策略加以应对呢?

(一)"抓两头":"示范村"和"薄弱村"的项目政策

"示范村"和"薄弱村"(或"整治村")代表了处于富裕和贫困两种状态的村庄,值得注意的是这两类村庄多少都存在着对项目的依赖症,只不过各自的诉求有所不同。贫困村依赖某些项目资金"找活路""添设施""治脏乱",富裕村则借助项目锦上添花,"办大事""搞创新""争标杆"。要想取得项目的支持,就必须成为机构策划中的两类扶持对象村,因为地方往往会将"新农村建设"等一类建设工程"打包"运作,捆绑成诸如开发、扶贫、农林、水利、交通、能源等专项资金,集中投向创建村。案例县的示范村在创建过程中,一般年度内都可拿到五至六个项目。

富裕村之所以成为"示范村",是因为基础较好、有能力进行项目的前期投入,可以快速、较好地完成项目任务。这种"示范村"的运作方式,一方面来自惯常采用的"先进带动落后"的行政动员思维;另一方面也出于在地方财力有限情况下，分批集中建设更易于出榜样出政绩的考虑。星村所在县级市的新村建设就是以逐年推进"试点村"的方式进行的。试点村项目主要来自所属地级市，县财政则给予配套资金，其中打包有五大类项目，包括道路、绿化、河道、物业、社区建设等。

案例之一的星村，原来是当地一个地理位置较为偏僻、中等富裕的工业化村庄，在新村建设中，它独树一帜，成为当地具有"新村"类型学意义上的一个标志性村庄。[①] 已往的经济增长和社区发展业绩，使得它没有争议地获得了作为首批示范村的资格；新村建设中通过"抓项目"，它获得了较之其他示范村更多的转移支付项目资金，在村际竞争中获得优势。优惠政策包括政府部门支持、财政以奖代补、争取土地指标，等等。这些优惠政策虽然难以惠顾所有示范村，但是仅就可以落实到一般"示范村"的普惠政策的内容，就已经很可观了。

实际上，可能进入村庄的项目主要有两种：一种是半竞争性的，如农村危桥改造的小项目，虽由农口部门逐年分配，但谁先谁后却是有竞争的；另一种是完全竞争性的，这类项目是改善型的公益项目，规模较大、资金较多、数量却较少。那么，这些项目中有哪些可能进入"示范村"之外的村庄，特别是那些"薄弱村"呢？

相对落后的村庄，在当地被称为"薄弱村"，项目也有机会惠顾到它们，不过主要采取半竞争性的财政补贴方式，在资金和资产上"加以扶持"。这类项目资金量不大，主要起到产业启动作用，核定工作由政府部门完成。

竞争性和以奖代补的项目，多为需要各级配套资金的服务型基础设施建设，资金量比较大，落入"薄弱村"的可能性比较小。与星村近邻、被列入"薄弱村"的桥村，几年来一共只拿到过两个无须特别竞争也不需要"贴钱"的"彩虹（危桥改造）项目"。该村的带头人一方面对于星村人的能耐佩服不已，另一方面又认为星村过度使用了项目资金，其他村却分不到什么项目，于是感叹，"如果有上千万的项目支持，谁也一样能把一个村子搞好"。不过，当我们开始沿袭"项目利好"的思路，追问他为什么不去积极"跑项目"时，他却给出了另一种出人意料的解释，"项目玩不起"，"村里贴不起钱"，如果不是"好事掉在头上"，他们村绝对没有兴趣做项目。由此可以看到，桥村以两种态度应对不同性质的项目，一方面希望争

[①] 当地将新居建设分为现代社区型、集中居住型、整治改造型、生态环保型、古村保护型等五种类型，星村属于第一种类型，新居以独栋小别墅为主。

取到带有普惠性质的"不倒贴钱"的半竞争性项目,至于"先做还是晚做"没有太大关系;另一方面躲避那些相对资金量大但要求配套和预先投入的竞争性项目,不愿意为此冒负债的风险。

如果将桥村与星村2007年的状况做比较,就可以知道,桥村的确没有能力和条件做这样的竞争性项目。

表1 "示范村"与"薄弱村"项目条件比较

做项目条件	星村("示范村")	桥村("薄弱村")
村财收入(万元/年)	250	>30
村内企业数量(个)	18	2
宅基地复耕面积(亩)	140	尚无
新增建设用地面积(亩)	28	尚无
土地股份合作面积(亩)	1600	尚无
村荣誉头衔(个)	多个"先进村"称号	无
村书记任职年限	25	3
村书记政治待遇	地、县(市)人大代表	无
村内党员积极分子	76	并村后不详

从星村"跑项目"和"做项目"的经历可知,上述条件都发挥着重要作用,它们从经济资本、政治资本和社会资本诸方面都支持了"项目进村",而桥村在这些方面都处于弱势。按照当地政府的新村建设规划,3—5年后达到示范村项目扶植力度的村庄将超过45%,这样算来仍有一半以上处于中间状态的村庄,并不在项目规划之中。问题在于,处于弱势的村庄正是最需要项目支持的地方,项目进村有如此之高的门槛,不能不说这种状况违背了公共品项目原初的"善意"。不仅如此,如果项目最终只能进入那些将"大事"(公共设施和服务)已经基本办好的村庄,那么对优势方过度投入而使劣势方极度匮乏,也会使得国家通过转移支付投入公共品和公共服务的初衷大打折扣。关键在于,如何"让好的村更好,差的村慢慢跟上来",案例县已经在逐步解决这个问题。

(二) 资金和"抓包"项目

按照规划,新村集中建设模式之一,是在原宅基地收回、旧房拆除基础上,重新规划建设别墅式小区。实现新村集中建设的大目标,关键之一是获得资金支持。借助于地方政府的支持,星村获得了当地"新农村建设工程"

的"一揽子"财政资金的支持,其中基础设施建设部分主要由项目支持。

"示范村"建设不同于当地因市政征地拆迁而建设的集中居住区,后者可以享受住房面积"拆还"的特殊政策,而前者则需要自筹资金拆房建房。那么,资金从哪里来?村干部列出四个筹措资金的渠道:老百姓负担一点;村里以前积累一点;市委、市政府扶持一点;村里负一点债(即以举债的方式将今后3—5年的村财收入借出来使用)。

那么,需要村组织自行筹措的数千万元的资金缺口,又如何解决呢?这是让人颇为担心的问题。村书记为我们算出这样一笔细账(项目"一笔账")。

启动资金:600万元(市政分3年支付)
新村试点:200万元(县市财政新农村建设资金,分3年支付)
村财预收入:1250万元(预负债,以年收入250万,分5年还清)
村财积累:800万元(村企业上缴积累)
项目资金:500万元(地县市交通系统道路项目)
　　　　　50万元(环保局生活污水处理项目)
　　　　　50万元(城建局绿化项目)
　　　　　100万元(农林局绿化项目)
　　　　　250万元(水利局水利项目)
　　　　　570万元(地县市电力系统项目400万,自付170万)
　　　　　200万元(发改委调节)
共计:4570万元

可以看到,其中村庄"抓包"到的各类捆绑项目,涉及多个"条线"部门的项目,资金多达1150万元,超过新村建设特殊拨款(800万)350万元之多,如果将"新村建设工程"也视作特殊项目,项目总资金接近2000万元,与村财自行投入基本持平。可见,如果没有多项捆绑项目的支持,就不可能动员村财投入,不可能让村书记有胆量动员村民启动这样的新村建设。这种项目"抓包"情况不仅发生在东部发达地区的村庄中,在其他地区的新村建设中也同样如此,[①] 只不过项目支持的力度有所不同而已。

[①] 据报道,地处华北平原的某村,在新村建设中积极争取省市县新民居建设奖补资金,"打捆"使用沼气、饮水安全、乡村道路、村级组织活动场所、卫生室、有线电视、电网改造等各类农村专项资金,解决村庄产业发展、基础设施和公共事业配套资金不足的问题,目前已集中使用农村专项资金88多万元。(雷汉发等:《新民居省地又漂亮　农民生活大变样》,《经济日报》2010年6月3日,第10版。)

项目制的分级运作机制和治理逻辑

通过项目动员地方财力资源的作用是显而易见的，不过项目资金中最让人敏感的，是村集体将为此负债1250万元。如此巨大的债务，即便是当地富裕的村庄也不敢贸然承受，星村将如何承担这样的债务？追问之下得知，原来星村用他们比较稳定的五年内的村财即"可支配收入"做了"抵押"，以年收入250万元，分5年还清债务。星村由于村财稳定且富有，尚有条件"负债搞建设"，但是众多的村庄特别是"薄弱村"，并不敢也不可能有这样的作为。集体债务将怎样解决，公共产品项目的成本将由谁承担，这些都是与星村近邻的桥村这类"薄弱村"对项目敬而远之，继而躲避的主要原因。

（三）"给项目"和"跑项目"

政府意图与村庄需求对接，在星村表现为"示范村"政策意图的上下配合、项目资金与自筹资金的搭配、"给项目"和"跑项目"的迎合，每一个都是上下互动互补的结果。

星村之所以可以拿到如此之多的项目，确如星村书记所说，是政府和村庄"两面（上下）接起来"，即"政府给"，特别是"村庄跑"的结果，缺少了上下哪一方面的努力，都是难以成功的。地方政府将多个项目与"新农村建设"捆绑打包，使得村庄"抓包"进而整体规划建设具有了可能性，特别是当某个村庄被作为新村"样板"打造时，更加提供了这种可能性。

那么，村组织和村民跑项目的动力来自哪里呢？村里人摆出了几个实际理由。首先是对于建设用地的需求。星村经历十余年工业化进程，村内可用的建设用地早已用尽，除去1600余亩耕地采用土地股份合作的方式被加以保护和集中使用外，可打主意的仅剩宅基地一项。新村建设中的宅基地复耕和建设用地政策给予了村组织争取用地指标、打造新工业园区的期待。其次是当地接轨大上海经济圈的规划，激励了村组织更新村内公共设施的热情。最后，村民家庭砖木结构住房也到了该翻新的年头，多数家庭希望借项目之势完成改造。这些实际需求，在项目吸引下逐一被激活。尽管如此，村里仍然有部分家庭拒绝新居计划和宅基地复耕优惠政策，保留旧居和原有的生活场景。对此，村组织尚给予认可，并不强迫。

项目多头绪全方位的争取过程，让星村的带头人对"跑项目"的经历喜忧参半。从项目过程的机构互动流程中可以看到，如果不是有一般性即普惠性和非竞争性转移支付项目，一个村庄若想通过竞争将诸多专项资金项目引进，大概需要分别与7—8个政府部门打交道。一方面自上而下的"条线"项目掌握在这些部门手中，需要向它们要项目，另一方面拿到手的项目也需要完成"部门过手"审批的各个环节。对于他们来说,"跑部钱进"的难度虽然比不得进京"跑部",但对于一个村庄来说也不亚于"通天"之难。因此,只有那些拥有政府信息资源、人脉资源、政治资源的村庄才能真正拿到竞争性项目。

即便当地政府动用"现场会""部门挂钩""结对子"等组织机制为示范村落实项目,要让项目资金真正兑现,还要靠村里"跑"的功夫。村书记坦言,"我向各部门争取,是(靠)我的关系和我在外边的威望""跑出来"的。村书记作为地县(市)两级人大代表的身份和人脉、村干部和村里人与政府部门可以搭上的各种关系、村集体以往为解基层部门燃眉之急所付出过的努力,等等,都被用来做过争取项目的渠道和筹码。有些项目名目虽然落实了,资金到位还需要无数次"死磨滥缠",甚至跨级获取上一级部门的支持。星村的供电、道路、水利等项目资金,都有过艰难的争取和落实过程。

星村人的"跑项目",的确是一个十分"费人费力费财"的过程,村里人对此颇有争议,只不过最后收益大于付出,村里人得到了实惠,因此才不加以过多评说。当地政府仍然在逐年分批推进"示范村"建设,"示范村"争取项目的过程大致与星村相仿,只不过拿到项目的数量不等,村庄的财力投入和负债程度不同而已。

星村如此巨大的建设投入,让我们不免对于打造"示范村"是否存在公共产品过度投入产生了怀疑。星村人对此却另有意图,他们意在言外的打算,是将项目建设作为将来"招商引资"的准备条件(这也是地方政府运作项目的实际目的),这正是村干部说服村民接受新村建设的一个重要理由,也是村庄"反控制"策略的一个重要组成部分。于是,新村建设变成了一个"拆房建房"与"打造招商引资基地"相互配合的系统工程。他们正是借项目之势,来平衡村庄的"投入与回报""农用和工用""公域和私域""建设与发展"等关系。

(四)项目输入与村庄回应

即便作为公共产品的载体,项目也并不必然给村社区和农民群体带来利益,国家意图和地方运作都可能给村庄既创造机遇又带来风险。需要注意的是,要实现政府项目的公益目标,只改变资金的流动和管理方式,是远远不够的。一些地方实践表明,一般性转移支付要想达到普惠和有效的目的,还需要加入另外一种积极的制度安排,即村民对于转移支付资金或支农资金使用的自主和民主决策制度,让村民及其代表机构通过民主的方式决定他们应该办理什么公共事项、资金使用在哪里最合适合算。这也可以看作村庄"反控制"策略的另一个重要组成部分。

项目进村，是一个村庄内外或曰上下双向动员的过程，如果把"跑项目"看作外部动员的过程，那么说服村民接受和参与项目，则是一个内部动员过程，而且是决定项目能否进入、进入后又能否成功的关键环节。由于项目是"外生"的，从村庄回应的角度看，村内动员的意图和机制，恰恰意在调动村庄既有的社会资源，增强村庄的内聚力，维护村庄内部的整合和团结，以规避项目可能带来的风险。

从星村的实践中可以看到，他们采用了反向运作或曰"反控制"的策略，以规避输入型项目可能给村庄带来的风险。虽然他们在总体上不能决定项目建设的名目，但是地方"打包"和村庄"抓包"的机制，却给予他们整体设计的机会。特别重要的是，在项目过程的主要环节中，他们都加入了学习新经验和民主决策过程，让每个村民特别是村民代表积极参与关系切身利益的公共事项的讨论和决策，这样才得以通过"借力"，在新村建设中维护甚至增强了村庄的整合性，形成了面对新村建设以及接踵而来的城乡一体化新局面时村庄新的治理能力。

值得关注的是，在这个动员和重组过程中，项目本身已经不重要了，重要的是由项目所引发的诸如村庄的土地产权如何确定、集体的和村民的资产如何守护、村社会的团结如何维护，以及安全风险如何规避、公共性如何增进等问题。以矛盾最为尖锐的土地资产和产权的守护为例。虽然新村建设将一大批属于公益名目的项目带进了村庄，但是"引项目进村"在村内引起的震动仍然"像地震一样"，一点也不亚于以往责任田再次集中和合作时的情形。有所不同的是，这一次村内的争议和讨论，集中在"宅基地是归农户所有还是归集体所有"，"宅基地腾退出的土地指标能留多少给村里支配，政府能不能都收走"，有多少可以作为建设用地进入商业用地拍卖市场等。只有当这些问题在争议和讨论中逐一有了初步答案和解决方案之后，项目引进和新村建设才得以顺利展开。

在这个过程中，村书记很快便将"跑项目"转变成了"跑指标"，向地方政府索要"用地新政"，将宅基地复耕节余出的土地转换成为"建设用地"。经过数个月类似于跑项目的运作过程，星村终于获得了当时极为特殊而后确立为正式政策的地方政府支持：宅基地腾退节约出来的土地，20%可以作为建设用地进入市场。

宅基地置换出的其他百余亩土地如何处置，是村里人目前最为关心的大事。长久以来，乡间就一直有宅基地继承的传统。那些原本具有"准私权"的宅基地，经集中和转化后产权更加模糊，权利关系更加复杂，村民难免对宅基地重又集中存有意见，对于能否保留农户对它的支配权也心存疑虑。"农民上楼""宅基地换楼房"等集中居住的做法，让村干部最不放心的是，原本已经分割到农户的土地资产，是否能够将其产权及其收益归农户至少归村集体支配和享有。原来有形的土地资产转换为一个用地"指标"，变成不可控制的虚拟资产，村民将如何对之控制和监督？对此担忧，并非空穴来风，村干部就曾发现自己村名下的建设用地指标早已被挪用并且成为难以兑现的空头指标的情况。让村民家庭担忧的则是，原有的住房资产是宅基地上附着的房屋，一旦政策支持就有可能变成资产抵押物，用来贷款置业，但是换成公共小区新房后，房屋彻底失去了资产抵押的可能，这种损失如何补偿？村组织曾动用"跑项目"一样的渠道为村民"跑房产证"，争取与城市人一样可将其作为资产抵押品，因为没有"大政策"的支持，最终归于失败。还让一些村民忧虑的是，村民家庭在工业化进程中的积蓄因"上楼"而投入全部，不少家庭还只能住在无钱装修的漂亮楼房的空壳里。因"上楼"而失去宅基地，无法种植自留地，不能养殖家禽等，也都增加了村民的生活成本，"上楼致贫"即便在那些富裕村，也已经成为一般农户之累，更别说因失去土地而亟待解决的农民下一代的就业出路等棘手问题了。

笔者调研期间，地方并无明确相关政策出台，但是星村人要把宅基地紧紧抓在手里，要让它变成最大的财富，这已然成为决心和行动。星村已经提出了更为大胆的土地设想——宅基地上市，笔者观察和记录了以此为主题的村民代表大会，经过村书记的动员、村主任对设想的详细解说、代表的讨论，最后以村民代表大会决议的形式，由近50名代表签字，争取宅基地上市作为下一个行动目标。[①]

对于星村人这样具有能动性的行动者来说，虽然所遭遇的是一种自上而下的输入式项目，项目内容如何决定，他们并没有自主权，但是他们在引进和运作项目中，却赋予了项目治理自主性，即通过引进项目增进了治理能力，在"怎样做"的过程中适时地运用了已经惯常使用的"草根民主"机制，这是他们过去与政府和开发商协商土地流转时所使用过的"反控制"

[①] 鉴于农地和宅基地整治所产生的土地升值收益在许多地区大部分都归政府掌控，农民从土地增值收益中获益很少，2011年1月初，《国务院关于严格规范城乡建设用地增减挂钩试点 切实做好农村土地整治工作的通知》（国发〔2010〕47号）已下达至全国各省、自治区、直辖市。

武器之一。① 比如，将项目引入这一事项使之成功地转变成为一个公共事项，从中激活村民的参与热情，让他们在可能自主的环节上通过民主参与进行选择和决策，通过协商消除分歧和冲突，通过合作抵御项目输入可能带来的风险，从而将一个短期的引进项目的冲动转变成为对社区长久生存的考虑。这些都是项目进村过程中至关重要的问题，只有将这些问题处理好了，才有可能在面对"输入型"项目干预时，不仅动员起村民的财力和社会性资源，而且重组社区，不仅办"大事"（即公共事业），增加公共品投入，而且保持住村庄社会的稳定性。

　　草根民主形式之所以有助于村庄处理项目引进中的一些难题，是因为它建立在动员本土社会性资源的基础之上，而如何激活和创新"村办公益"的传统规则，就是其中的关键所在。在新村建设之前，星村就一直是有财力自办公益事业的村庄之一，每年都有"办大事"的计划实施，形成了一整套"办公益"的内部规则，依靠它们维持村内的公益秩序。由于后来的项目是"外生"输入的，从村庄回应的角度看，村内"办公益"规则的激活、确立和创新，同样意在调动村庄既有的社会性资源，规范内部的行为，增强村庄的"集体力"，维护村庄内部的整合和团结，稳定基本的社会关系和结构以及社会秩序，以规避项目可能带来的风险。星村正是重视了村社会的重组、内聚、整合和发展问题，充分利用了内外部这样一些社会关系、信任结构、代表机制、集体行动能力等，减少了项目进村的社会成本，缓解了不同利益群体之间的矛盾，才得以合法合理地动员起如此巨大的建设资金和建设热情。而作为"薄弱村"案例的村庄，恰恰既缺少村内资金也缺少这样一些社会性资本，因此更加难以动员起社会的和村民的资金投入。

　　但是，村组织和村民所动用的草根民主，所做出的集体努力，所动员的本土制度和规则资源，能否抵抗项目制给乡村带来的新风险，能否切实保障村民家庭真正从中获益，仍然是值得讨论的问题。输入型项目，由于行政的助推，其目标几乎是不可选择的，尽管村庄以"草根民主"加以应对，其目标更多时候也只能转换为"治内乱""统一思想""守护资产"等说服村民接受的手段。在实践中它的功能和力量是有限的，并不能够帮助农民彻底规避制度和政策以及变迁带来的"系统性风险"，比如政府征地、城市化规划、强势力量的挤压等。虽然这些"草根民主"制度有可能帮助

---

① 折晓叶:《合作与非对抗性抵制——弱者的"韧武器"》,《社会学研究》2008年第3期。

农民实现"有组织的互惠",不至于在变迁中输得一塌糊涂,[①]但是,农民家庭和村民集体仍然面临许多明显的和潜在的风险。从案例村的实际情形来看,在输入型项目的急剧冲击下,最容易受到忽视的就是被"崭新面貌"所遮蔽的上述潜在危机。这些都在不断引发我们对"项目的公益目的如何达成"进行思考。

(五) 村庄的视角和逻辑

对于项目进村,村庄的视角和行动逻辑虽然带有国家和地方政策的印记,相互有互补的关系,但本质上源自村庄传统在工业化和城市化进程中被加以改造的行为规则,它们在项目进村过程中起到了重要的作用。从星村实践中可以归纳出几种。

首先,内外"对接"和"反控制"逻辑。星村引项目进村的过程表明,"两面(上下)接起来",在新村建设中起到了主要的作用。如果只沿袭政府自上而下的行政动员和控制逻辑,认为"予以"和"输入"可以直接解决新村建设问题,而不注重动员本土资源特别是社会性资源的乡村逻辑,或者相反,都可能导致项目受阻或失败。即便实现了项目的目标,项目之后的遭遇,也需要以乡村社会的动员和反控制逻辑加以处理。比如,项目制关心的是项目建设本身,关心提供新的公共物品,建设新的工程系统,而不会更感兴趣于项目之后的实际效果;项目制目标中即便考核其社会性效益,也只注重其收益面或总体收益率等问题,难以关心对受益者的实际效用。这些问题都需要以村庄的自下而上的视角和逻辑去反向思维,去与国家和地方政府的视角对视,对其运作逻辑加以修正和补充,以便挣脱其自上而下的控制。这正是村庄"抓包"行为遵循的首要逻辑,也是如下一些行为逻辑产生的根源所在。

其次,村庄的自身发展逻辑。村干部和村民从村庄公共品提供的历史轨迹中早已看到,外力干预的力量一旦撤离,项目一旦完成,输入型的改造和建设便会逐渐失去其活力,借力而为的合法性也会动摇,村民依然要实实在在地维持生计,仍然要回到他们自己的日常生活,村庄也仍然要恢复到其自身的发展轨道上去。这种历史的经验,村民们并不会因外力的干预而轻易忘记和放弃。因此,村庄借助项目进村,设计和实现了村庄多年规划的一揽子"系统工程"。这一系列工程背后隐含着精明的算计——"不

[①] 折晓叶:《合作与非对抗性抵制——弱者的"韧武器"》,《社会学研究》2008 年第 3 期。

吃亏"或"以一物降一物"。虽然从景观和公共设施种类上看，项目"打包"进村，确有公共品向"示范村"过度投入的问题，但是从村庄的视角看，这却为村里人设定的"项目奠基，招商引资"发展目标留下了巨大的运作空间。

最后，村庄的"安全"逻辑。村庄权衡利弊的首要逻辑是安全逻辑。任何一项涉及村庄资源的事项，在星村这样具有"草根议事"和"代表决策"传统的村里，都会惊动全村上下，并争论不休。争议的重心是安全问题，即在外力注入下如何规避风险。安全问题主要涉及两方面。

一是资源和资产安全第一的原则。村里人只有在集体可控的范围内，才能紧紧抓住土地不放。地方推动新村建设，其中隐含着"土地—发展"逻辑，即摄取和开发最后一块土地资源——宅基地，而只有集中居住，才能节余出宅基地；节余出宅基地，才有可能转换成"建设用地"。对于新的社会工程，村里人并没有对抗，但是，建设指标的空置和挪用，被村里人看作对资源安全的最大威胁，因而星村人紧盯着宅基地及其暗含的建设用地指标，在获得留用指标政策后，村里人才认可项目进村。

二是社区稳定的原则。外力输入包括公共产品进村，特别是重建新村这样的巨大社会工程，无疑都会引发村社会的重组。村庄并不是一个自然的共同体社会，即便是星村这样集体制传统较为深厚的村庄，也不是一个利益统一的共同体。如何保证项目和资金进村中干部不发生腐败、村社会在重组中不被解体、村集体经济不受重创，就成为星村人格外关心的安全问题。星村干部和村民代表为项目进村设定了一整套的社会规则和动员技术，才使得项目建设与社区稳定没有发生大的冲突。

这些正是村庄"抓包"政府项目并且建立应对和反控制策略的合法性依据。

在全国性和地方性的建设运动大局中，村庄独善其身的可能性已经十分微弱，村庄行动的上述视角和逻辑，是在与地方乃至国家视角和逻辑的对视、博弈与融合中建立的。因而，国家的、地方政府的逻辑在村庄层面如何被修正、被应对，是不可忽略的重要问题。

四 结论和讨论

我们从"项目进村"这个微观事例入手，讨论了项目制在宏观制度背景下的种种运作机制。可以看到，项目制正是在村庄、地方政府和国家这

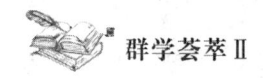

三个行动主体共同参与下发展和演变的。

本文首先涉及多重主体之间在视角和行动逻辑上相互对立又互补的过程。项目运作中的多重视角和逻辑，来源于行动主体多重利益的分化。行动主体的不同利益和行动策略，相互博弈，相互融合，使得项目制度在执行中不断发生演变和再造，最终演变成分级的制度机制和治理模式，其中"自上而下的控制逻辑与自下而上的反控制逻辑"之间的互动关系，是最基本内涵。

分级治理，建立在中央和地方政府的分级分权原则与市场化竞争途径并存并行的基础之上。从理论上，中央部门虽因市场化改革弱化了对地方的控制能力，但拥有对宏观调控持续不断的运作能力，特别是拥有对经济资源的掌控和分配权力，仍能强化对地方的控制；同时，中央对地方的治理虽强调间接调控，强调经济杠杆的作用，但只要人事直接调配和组织调整权力（也有学者称之为"治官权"）[①] 牢牢掌握在中央手中，表明中央仍握有控制地方的实权。但是，从项目制搭建的分级治理平台来看，县级政府甚至村级政权都有运作上级制度的机制，如"打包"和"抓包"。这种利用制度机制来弱化自上而下的"条线"控制方式，只要从形式上不破坏项目制度的目标，完成监管专项专用的任务，就可以任意加入地方意图，从而削弱上级乃至中央部门的控制。这正是项目制既为地方政府和基层社区带来机遇又造成诸多问题的原因所在。

"项目制"作为改革中对新旧体制衔接过程中既得利益补偿的一个重要机制，之所以可以成为分级的多重逻辑融合的基础平台，其原因来自几个方面。其一，中央和地方的权力关系发生了重要的变化，自上而下的控制与自下而上的反控制，可能共同构成了"集权—分权"治理模式的基本问题。[②] 其二，项目制度留有让各层面利益主体运作的弹性。引发地方意图和利益之间的竞争，也有可能成为增进中央集权的辅助力量。其三，村庄的乡土规则留有对社会宏观体制和制度以及意识形态适应和磨合的余地。在这样几个基础之上，多重治理逻辑才有可能在项目这个具体的制度平台上，既发生博弈又发生融合。

就项目治理体制而言，无疑存在着多重两条并行运作的主线：一条是

[①] 曹正汉：《中国上下分治的治理体制及其稳定机制》，《社会学研究》2011 年第 1 期。
[②] 关于该领域的研究，参见周黎安《中央和地方关系的"集权—分权"悖论》，《天则双周》2007 年第 343 期。

自上而下的科层"发包"的控制逻辑，另一条是自下而上的"打包"和"抓包"的反控制逻辑；一条是专业技术化的项目竞标制度，另一条是关系主导下的竞争机制；一条是市场化的竞标竞争制度，另一条是权力运作下的"打包"和"抓包"操作。这两条主线同时运作，但是何种可以起到决定性的作用，则视权力运作者的意图是否可以达成而定。所以，在项目制度平台上，市场是有权力的市场，科层制是有关系的科层制，标准化专业化的技术过程是有非正式运作的社会过程。而两条主线同时存在，二者之间的弹性如何保持，如何转换又如何融合，勾连二者的中间机制是什么，正是当前中国社会治理需要深入探讨的问题。

其次，有关"项目制"的制度特征及其与社会宏观结构变迁之间的关系。

分级治理下的项目，作为一种制度化的财政转移支付手段：第一，表达着新旧体制衔接过程中政府间既得利益的补偿关系，从财权的角度重新建立中央与地方、地方与基层之间相互依存和制约的关系；第二，引导和控制着国家和地方财力的投入方向，它不仅承载着资金，而且承载着一整套经济的、政治的和社会的意图和责任。

由此生成的"项目制"，既是上述体制变化的反映，又对宏观社会结构的变迁产生着重要的影响，使得国家与地方、地方与村庄之间的关系发生了一些微妙的变化，使它们之间的行动规则也相应地发生了如下变化。

资源的非科层制配置方式。项目制使国家或地方得以通过非科层层级的转移支付方式配置资源，虽然申报和管理依然要通过科层体制来运作，但项目的单项支付、专款专项专用性质，使得国家或地方有可能直接面对项目承接的基层单位。意图在于，在层级管理和控制之外，找到另外一条由国家（或地方）直接控制地方（或基层）财政运作的途径。这条途径虽然依托于政府分级的科层制，实则相对独立于科层结构，带有某些市场运作的成分。比如，在中央集权、财力扩大之后，利用"条线"将资金以项目形式投放基层，而条线直接控制项目资金的能力有限，于是采用招标方式运作项目资金，形成另外一种不同于行政运作的体系。这个体系以项目而非任务和分配的方式，建立起了条块之间在专项事务之间的连接。其中方式明确但程序并不如行政方式严格，资金庞大且来源稳定但用途和去向不甚确定，项目内容和其承接者也在不断变动。这种非科层制的连接方式体现出新的授权意图，国家权力的下伸和地方及基层权力的扩展，通过项目机制的连接，产生了新的融合方式：自上而下的分级分权原则与自下而

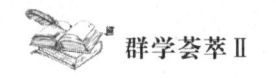

上的市场化竞争途径并存并行。不过，这种尝试在地方运作下会产生怎样的结果尚不确定。

动员型财政和社会工程。依靠项目制运作的转移支付，重新建立了一整套自上而下的动员型财政体系。国家部门通过"发包"项目，自上而下地发布重大问题的焦点事项，向地方传达国家经济、政治和社会的意图和责任，动员地方财政以配套的方式向项目指引的专项建设任务投入。在这种项目体制下，上级以项目"钓鱼"，动员下级财力，并为下级运作项目工程提供合法性和回旋余地。地方可以借助国家项目给予的合法性扩展投资，以"打包"的方式，将多个项目捆绑在综合性的"发展工程""行动纲领"等具有地方发展战略意图的宏大社会工程之上，这样不但易于集中投向地方所需，形成新的建设运动，而且可以带动地方资本扩张。值得注意的是，项目的初衷有可能在这样的动员过程中被加以改变，最终成为资本运作的平台，最大的受益者可能不是项目对象而是商业资本。

标准化、技术化和统一化。项目制为项目申报和管理提供了一整套的标准化和技术化的操作程序，便于实现垂直的专业化管理和控制。[1] 其中，标准化达成的统一原则，有利于自上而下的统计和监管，意在控制专项资金的使用和落实，技术化则被用来解决监管过程中的专业化难题，这些努力虽然有助于自上而下地解决监管中的问题，但易于形成操作上技术复杂而处理上却简单化的倾向，从而忽略甚至无视地方和基层的特殊条件和实践能力。特别是统一化了的设计成型的项目方案，不但要求统一的质量标准，有些还要求统一提供材料和统一施工，这样虽然易于管理，却忽视了承受者的实际需求和条件差异以及项目的真实效用，特别是不能给理论上的受益者留有自主性和参与的空间。被动受益，使项目可能成为一种"霸权"，以致引发出尴尬的局面：一方面项目标的物完成了，但是留下的诸如如何使用和维护等细节却成为问题，另一方面村庄的资源被动员了，但是社会机体却被损害了，社区秩序遭到破坏。

竞争性"发展和福利"机制。项目制提供的发展和福利机制是竞争性的。基层通过"抓包"争取项目资源的过程，激发了县际、镇际乃至村际之间的竞争，这种竞争在激励增长和奇迹[2]的同时，也造成发展和福利的不

---

[1] 渠敬东、周飞舟、应星：《从总体支配到技术治理——基于中国30年改革经验的社会学分析》，《中国社会科学》2009年第6期。

[2] 张五常：《中国的经济制度》，北京：中信出版社，2009年，第27页。

平衡。地方各种际别之间的差异，反过来又给"抓包"造成高门槛，使项目更加倾斜到发展和福利程度较高的地方。竞争中"抓两头"的操作方式，更容易忽略处于中间状态的大多数村庄的需求，使其公共服务和基础建设长期被搁置。

项目制的上述特质及其运作中反映出的种种问题，对于中国社会结构正在产生一些实质性的影响，中央与地方、城市与乡村、富裕与贫困、强者与弱者之间的关系，都会在项目制下发生新的变化。仅就中央与地方的关系而言，中央对地方、上级对下级的控制不只表现在人事体制和干部考核方面，更加表现在财政的实际运作方式方面，项目化和专项化正在成为上级部门权力膨胀的主要手段。"跑部钱进"成为地方政府尤其是中西部地区地方政府的主要工作目标之一。"项目发包"正在演变成"设租寻租",[①]这已成为当下质疑项目运作弊端的主要问题。

最后，有关乡村公益品和公共品如何提供又如何治理等问题。

分级治理，彰显出多个行动主体的利益关系，也使得项目作为公共品的公益性质变得不确定起来。从项目进村的过程来看，以为公共品本身就代表着公益的想法，显然过于形式主义。[②] 乡村公益，首先应出自村民对公共品的实际需求，解决他们最为急需解决的问题，并且有可能惠及社区全体村民。因而它不应被做成面子工程，好看而不中用。形式化的公共品项目，从名称上看，无疑可以归为公益，但是，如果不能满足村民的农事和生活中的实际需求，并且不是他们最为急迫的或首要的需求，就可能达不成公益的目的。

更加应该引起注意的是，如果因为项目的输入，破坏了村庄的整合和自主的发展意愿及途径，如果村民因住上了新房而失去了生计，因"上楼而致贫"，因利用了资源、增值了资产、升级了产业而失去了产权，因公共品增加和福利增长而失去了团结和谐，那么，对于村庄和村民，都将是最大的失败。总之，如果公共品项目只惠顾当事者眼前的蝇头小利而牺牲了长久生计，同样是对公益和道德的践踏。遗憾的是，这些情形并不是假想，对于中国乡村来说，这些都不陌生，是经常可以听到和看到的。甚至，因

[①] 渠敬东、周飞舟、应星：《从总体支配到技术治理——基于中国 30 年改革经验的社会学分析》，《中国社会科学》2009 年第 6 期。

[②] 肖林：《让公众参与破解公共利益界定难题》，《中国社会科学报》2010 年 8 月 17 日，第 12 版；埃莉诺·奥斯特罗姆：《公共事物的治理之道》，余逊达等译，上海：上海三联书店，2000 年。

为公共品只按照设计者的理念形成，自上而下地由外力输入，也有可能引发出负面的效果，丧失公共品的一般公益作用。

因此，村庄能否在公益事业增加的过程中，将其适时地转化为引人关注的公共事务，动员和激活村民参与公共事务的热情，训练公共治理的能力，对于村庄的整合就显得更为重要。只有经过上述过程，才能够通过公共品的供给，扩大村民参与的公共空间，实现村庄治理的公共性，才能增进公益，达成整合的目标。

在这里，可以将社区成员能够平等参与地方（不仅包括村社区内部）"公共"领域的治理甚至拥有最后否决权，[①] 作为理解公益性的标准，作为检讨项目制的一个维度，以及整体观察乡村公共服务和建设的一个社会视角。只有将其植入项目制的治理框架，乡村建设和社区治理才能真正惠及"三农"。这一视角，不仅适宜于本文所涉及的财政转移支付项目制度，也适宜于其他公共服务和建设项目制度。特别是在当下的乡村建设中，"三农"问题将面对的一系列"输入型"项目和工程，比如城市化进程中的"撤村改居"、城乡一体化进程中的"宅基地复耕""农民上楼""集中居住"，等等，都需要用新的视角来观察和解读。

〔责任编辑：刘亚秋　责任编审：冯小双〕

[①] 党国英：《有最后否决权，农民才会被尊重》，《南方周末》2011年4月7日，第F29版。

陆学艺社会学发展基金会第四届"社会学优秀成果奖"获奖论文

颁奖词 《国家政权建设与新中国信访制度的形成及演变》，旨在从国家政权建设的角度讨论新中国信访制度形成及演变的历史过程和规律。该文认为，信访制度是中国共产党根据群众路线而创立的，而根据群众路线，信访工作有社会动员和冲突化解两个基本内容，并应做到二者的有机统一。但在信访实践中，国家在不同历史时期总是偏重其中一个方面，并相应地形成社会动员和冲突化解这样两种信访工作取向。在当前中国社会转型的情势下，信访制度的冲突化解取向也逐渐暴露出它的局限，即不能有效地回应民众的政治参与需求，却又在客观上有利于民众的政治动员。由此，它认为，国家怎样回应这一矛盾，将在很大程度上决定今后信访制度的演变。该文对于推进中国政权建设与信访制度的改善有着一定的理论指导和政策启示价值。

国家政权建设与新中国信访制度的形成及演变[*]

冯仕政

摘 要：本文旨在从国家政权建设的角度讨论新中国信访制度形成及演变的历史过程和规律。研究发现，信访制度是中国共产党根据群众路线而创立的。根据群众路线，信访工作有社会动

---

[*] 本文原载于《社会学研究》2012年第4期。本文为国家社科基金课题"社会冲突治理与新中国信访制度的演进研究"（11ASH004）和教育部"新世纪优秀人才支持计划"（NCET-11-0493）的阶段性成果。受北京市信访办委托，本人曾进行北京市信访历史经验总结方面的研究，为本文的形成奠定了良好的基础。感谢赵鼎新、孙砚菲、张杨、应星、李煜及其他师友提出的修改意见。文责自负。

员和冲突化解两个基本内容，并应做到二者的有机统一。但在信访实践中，国家在不同历史时期总是偏重其中一个方面，并相应形成社会动员和冲突化解这样两种信访工作取向。1978年以前，在社会动员取向主导下，信访制度建设趋于革命化，结果造成国家社会动员与民众利益诉求之间的严重对立。1978年以后，国家信访工作的主导观念向冲突化解取向调整，从而极大地促进了信访制度的科层化。随着社会形势的变化，冲突化解取向也逐渐暴露出它的局限，即不能有效地回应民众的政治参与需求，却又在客观上有利于民众的政治动员。国家怎样回应这一矛盾，将在很大程度上决定今后信访制度的演变。

关键词：信访制度　国家政权建设　社会动员　冲突化解

信访问题是近年来包括社会学在内的多个学科的研究热点之一。也许是因为现实信访问题比较紧迫的缘故，当前关于信访问题的绝大多数研究都是对策性研究，基础研究相对而言比较少。本文志在做一个基础研究，即同时从历史和理论两个方面揭示新中国信访制度形成和演变的基本规律。本文所关心的问题是，新中国的信访制度是怎样形成的，又是怎样演变的，其形成和演变有何规律可循。澄清这些历史和理论问题，有助于更好地把握当前及今后的信访制度改革，同时有助于理解新中国政治发展的历史及规律。

现在人们普遍把信访制度看作一种有中国特色的冲突化解机制，国家也一再强调信访制度的冲突化解功能。但研究发现，除冲突化解之外，国家信访工作中还存在一种可称为"社会动员"的取向。前者致力于化解民众基于个人利益需求而产生的不满和纷争，以消除社会冲突隐患；后者则热衷于围绕国家工作部署去调动民众对相关公共事务的参与。总的来看，信访制度的演变表现为一个矛盾运动过程。首先是国家的意志与功能之间的矛盾，即国家根据自己对社会需要的理解和期望设计出信访制度，但信访制度在运行过程中发生国家意料之外的负功能，于是国家不得不修正自己的观点，对信访制度进行调整。而国家意志与功能之间的矛盾，又是由国家与社会之间的矛盾引起的，即正是社会的自主性使国家不能完全贯彻自己的意志，使信访制度时常发生设计之外的负功能。这两对矛盾互为表里，推动着国家对信访制度的调整，从而推动着信访制度的演进。

本文分为五个部分。首先概述本文的理论视角，然后简单地勾勒新中国信访制度的创立过程，并指出国家围绕群众工作的两个基本内容而来的两种信访工作取向，即社会动员和冲突化解；接下来，第三部分阐述1951—1978年国家信访工作中社会动员取向的片面发展及其影响；第四部分讨论1978年以来国家信访观念的调整，以及相应而来的信访制度的科层化；最后，总结信访制度演进的历史规律，并指出当前信访矛盾的基本形势和今后信访制度改革的基本方向。

一　研究回顾与理论视角

总的来看，尽管当前信访研究非常繁荣，但大多数偏向对策性研究，基础研究并不多。而且，尽管大多数信访问题研究都不是以理论阐发为目标的基础研究，却在理论上表现出两个共同倾向：一是非历史主义，二是社会中心论。在这两种倾向影响下，信访制度作为一种政权设置而形成和演变的历史过程以及国家在其中扮演的角色，在很大程度上被忽视了。另一方面，即使那些为数不多的基础性研究（比如胡荣，2007；刘平，2011），也主要关注信访制度对社会运作的影响，而很少关注国家建构信访制度的历史过程本身。作为对以往研究的补充，本文拟采用一个新的可称为"国家政权建设论"的理论视角。在这一视角中，国家建构信访制度的历史过程及其逻辑将成为整个研究的焦点。相对于以往关于信访问题的诸多研究，该视角强调两点：一是从历史的脉络中，而不是从片断的经验事实或某种先验的政治价值出发去理解信访制度的处境和走向；二是把"国家"而不是"社会"置于理论分析的中心。

在现代政治生活中，国家制度的兴革是一个高度理性化的选择过程，因此，任何国家制度的形成都是一个有目的的建构过程，并会随着内外形势的变化而不断调整。这就是本文所说的"国家政权建设"。同样，自1951年正式创立以来，信访制度在政治理念、组织机制和社会功能等方面都发生了极其深刻的变化。因此，要理解信访制度的现状和趋势，必不可少的途径之一是全面研究国家建构信访制度的历史过程及其逻辑。但在以往，很少有人专门研究这段历史，更少有人从社会学角度去分析和总结信访制度作为国家政权设置的演变规律。为此，本文主张重拾历史分析和国家分析。

所谓重拾历史分析，首先是引入历史思维。制度的变迁总是一个陈陈相因的过程,前后制度选择之间往往形成一种相反而又相成的辩证关系。引入历史思维,就是要把揭示这样一种关系作为一个重要内容来研究。二是引入历史方法,即强调对信访史事实的搜集、考辨和分析,力争以史立论,论从史出。不过,这里所谓的"历史分析"是一种历史社会学研究,相对于通常的历史学研究,它有着更浓厚的理论兴趣,在史实考辨之外更注重寻绎史实背后的社会规律。关于中国信访史,此前已有若干种研究。这些研究在史料的整理和史实的呈现上贡献良多,但要么只编年记事,理论建构不是其核心关切(比如刁杰成,1996;李秋学,2009;吴超,2009);要么虽有理论关切,但只限于某一方面(比如应星,2004;陈柏峰,2004;李宏勃,2007)。与这些研究不同,本文的兴趣是对信访制度变迁的历史规律做一个整体考察。

其次是重拾国家分析。当前的信访研究有一个显著倾向,即总是依据社会的某种功能需要,特别是对民主、法治、宪政等价值的需要去讨论信访制度改革(比如童之伟,2011;于建嵘,2005),似乎国家的信访制度安排不过是对社会需要的机械反应。事实上,国家并不是社会观念、结构和过程的简单对应物,而是一个具有相对自主性,有其相对独立的偏好、利益及运作机制的行动主体。特别是新中国政权作为公认的"强势国家"(strong state),其信访制度选择无疑会更多地受国家自身因素(包括价值取向、认知能力和组织机制等)的影响,而不是社会因素的影响。这不是说社会因素完全没有影响,而是说,首先,这种影响一定要通过国家这个中介才能发生;其次,就国家和社会这两种塑造信访制度的基本力量而言,国家起着主导作用。这一点从新中国成立以来信访活动的总体趋势中可以得到验证。如图1,在1952—1995年,国务院信访办、北京市信访办、北京市公安局和天津市信访办[①]这三个地方、四个部门所接待的信访活动总量在趋势上具有高度一致性。显然,如果不是国家非常强势,它就不可能消除地方、部门和其他社会因素所能造成的差异,而使不同地方和部门的信访活动表现出显著的趋同性。国家对政权系统之外的民众的信访活动尚且有如此强大的影响,它对政权系统内部的信访制度变革的主导作用就更是毋庸置疑了。

---

① 全国信访机构的设置及其名称在历史上多有变化,为简便起见,这里统称"信访办"。

国家政权建设与新中国信访制度的形成及演变

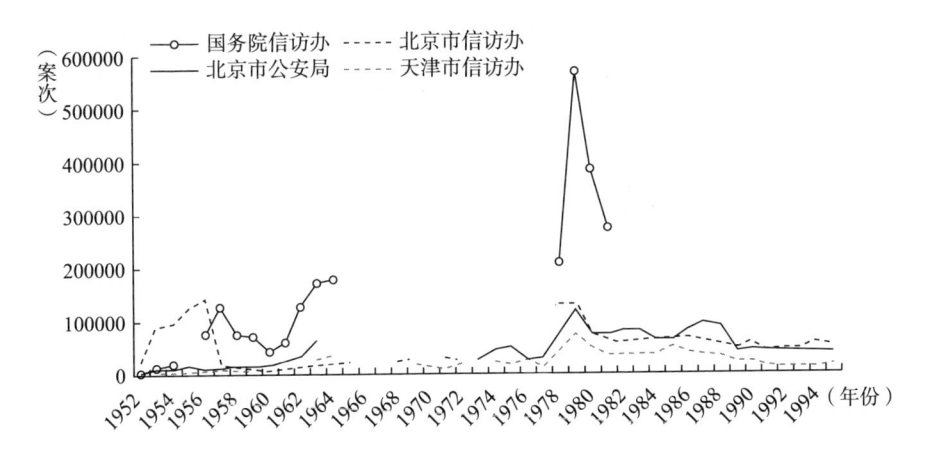

图 1　国务院、北京市和天津市 1952—1995 年受理的信访活动总量（案次）[①]

国家在信访制度变革中的主导作用要求信访问题研究必须重拾国家分析。所谓重拾国家分析，就是要把国家对社会形势（包括但不限于社会矛盾和冲突形势）及需要的理解和反应置于分析的中心，进而对国家的制度选择逻辑进行深入的经验性研究，而不能单纯根据社会形势去拟测国家的反应或呼吁国家做出某种选择。在以往的信访问题研究中，"国家"一词虽然频频出现，但往往只是一个模糊的背景，或被肢解为一个个孤立的政策、制度或组织，失去了整体性、动态性和能动性，导致对国家选择问题重视不够，相关经验性研究亦严重不足。要承认，一个国家不管多么强势，其制度选择都不可能准确地反映现实，也不可能完整地执行下去。但无论如何，作为一种国家意志，其选择一旦形成和推动，总是能够对现实产生深远的影响。新中国作为一个强势国家，其制度选择的现实影响自然就更加深远。正是认识到这一点，本文一方面肯定国家意志对信访制度演进的强大影响，但另一方面也注意考察国家的信访制度选择在实践中产生的非期然后果（unintended consequences），以及国家为消除非期然后果而做出的制度调整。在这个意义上，本文关于信访制度演进的解释既不是单纯强调国

---

① 图中国务院的信访总量系从刁杰成所编著的《人民信访史略》（1996）一书中辑出。天津市数据来自《天津通志·信访志》（天津市地方志编修委员会，1997：187—189），北京市信访办数据来自《北京志·政府志》（北京市政府志编纂委员会，2001：454—455）；北京市公安局数据来自《北京志·公安志》（北京市地方志编纂委员会，2003：552）。因为数据有缺失，图中的线段不连续。之所以选择这三个地方、四个部门，是受到数据获取限制的缘故。到目前为止，作者只发现这三个地方、四个部门披露了系统的、可比较的数据。

183

家意志的意志论解释，也不是纯粹进行制度分析的功能论解释（比如 Minzner，2006），而是用国家意志与其后果（功能）之间的矛盾来解释，是融合了意志论和功能论的矛盾论解释。

二 信访制度的创立与国家信访工作的两种取向

信访制度是根据党的群众路线而创立的。根据群众路线，信访工作有冲突化解和社会动员两个基本内容，并应努力做到两种内容的有机统一。但从历史上看，国家在实践过程中往往只注意其中一个方面而忽视另一个方面，并相应形成了两种相互对立的信访工作取向。

信访制度创立于1951年，其标志是政务院（1997/1951）于当年发布的《关于处理人民来信和接见人民工作的决定》（下称《五一决定》）。6年之后，国务院（1957）发布《关于加强处理人民来信和接待人民来访工作的指示》[①]（下称《五七指示》），首次规定各级国家机关"必须有一位领导人亲自掌管机关的处理人民来信和接待人民来访的工作"，并要求"县以上人民委员会一定要有专职人员或者专职机构"，这标志着信访制度作为一项国家制度的政治地位正式确立。

对于新中国信访制度的创立，尽管不能完全否认传统政治文化的影响，但从历史上看，它主要是中国共产党在建政过程中自觉贯彻群众路线的产物。早在新中国成立前，中共中央即已设专人或专门机构负责处理群众来信来访（参见刁杰成，1996：25）。新中国成立后不久，1950年11月30日，毛泽东（1996a/1950：691）即批示各地加强对群众来信处理工作的组织领导，"对群众来信认真负责，加以处理，满足群众的要求"，后又批示（毛泽东，1996b/1951：310），各地"必须重视人民的通信"，"要把这件事看成是共产党和人民政府加强和人民联系的一种方法，不要采取掉以轻心置之不理的官僚主义的态度"。1951年2月28日，即《五一决定》发布前夕，刘少奇（1985：85）在北京市第三届人民代表会议上的讲话中说："各级人民政府和协商委员会要建立专门的有能力的机关来适当处理人民向政府所提出的每个要求，答复人民的来信，并用方便的办法接见人民。这样，使各级人民政府密切地联系人民，切实地为人民服务，而广大的人民也就

[①] 为简洁起见，下面引用该文件时不再注明出处。

可以经过各级人民代表会议和人民政府来管理自己的事务和国家的事务。"这些指示都渗透着中国传统政治文化中所没有的群众路线精神。《五一决定》就是根据毛泽东等领导人的上述指示出台的。自此及今，国家一直把密切同人民群众的联系作为信访工作的根本宗旨和任务。

信访制度既然是根据群众路线创立的，那么，群众路线就规定着国家信访工作的基本内容。根据党的理论，群众路线包括对立统一的两个方面：一方面，党是人民群众的忠实代表，是全心全意为人民服务的，在这个意义上，党的利益同群众的利益是统一的；但另一方面，党是人民群众的先锋队，代表着最广大人民群众的根本利益和长远利益，而"在一切群众中，通常总有比较积极的部分及中间状态与落后状态的部分，在最初时期，积极分子总是比较占少数，中间与落后状态的人总是组成广大的群众"（刘少奇，1980：44），因此党同群众又存在着先进与落后、整体与局部、长远与暂时的对立。党同人民群众这种既统一又对立的关系，决定了党的群众工作也由两个既统一又对立的方面构成。

首先，基于处于中间和落后状态的群众总是占大多数的现实，群众工作必须照顾这些处于中间和落后状态的群众，否则党就会受到孤立。在强调这个方面时，群众工作具有明显的调和性，即即使群众提出了不合理的要求，国家也必须倾听和回应。由于处于落后和中间状态的群众总是占大多数，可以想见这样的要求一定是不少的。但另一方面，群众路线也要求，党作为人民群众的先锋队，不能单纯"迁就群众中错误的意见"，而应抓住时机"对群众实行正确的有远见的领导"，否则也是脱离群众（刘少奇，1980：33）。在强调这个方面时，群众工作具有明显的斗争性。因为所谓领导，就是动员群众中的先进部分，去启发和争取处于中间和落后状态的部分。不难理解，这是一个暴露矛盾、激化矛盾然后消除矛盾的过程，斗争自然是免不了的。在此过程中，群众的要求即使从局部来看是合理的，也必须服从全体的、长远的利益。简言之，在上述两个方面中，前者强调照顾大多数，后者强调改造大多数。

对应群众路线的上述两个方面，国家信访工作也有两个基本内容：一个是以照顾大多数为优先考虑的冲突化解，一个是以改造大多数为优先考虑的社会动员。冲突化解的中心工作是利用信访渠道助贫问苦，以便及时化解社会矛盾，维护社会团结和稳定；社会动员的中心工作则是利用信访渠道激浊扬清，以便有效地调动民心民力，从而有效地贯彻国家的政策和部署。从群众路线的要求来说，信访工作应该做到上述两个方面的有机统

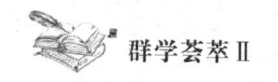

一，即一方面要尊重群众的切身利益，把回应群众的利益诉求放在重要位置，另一方面也要通过适时、适当的社会动员，将群众的兴趣引导到整体利益和长远利益上来。如果只讲冲突化解，不讲社会动员，单纯跟在群众的利益诉求后面跑，会犯"尾巴主义"错误；如果只讲社会动员，不讲冲突化解，则会脱离群众当下的觉悟，犯"命令主义"错误。但事实上，由于多种因素影响，国家在特定历史时期的信访工作往往都只围绕其中一个方面展开而忽视另一个方面，并相应发展出社会动员和冲突化解这样两种信访工作取向。这两种取向在多个方面存在对立。

首先是对民众信访活动的定性。社会动员取向认为，信访活动是群众政治参与热情和公共服务精神的表现，信访活动越活跃，表明党和政府同群众的联系越密切，群众对党和政府越信任、越拥护、越爱戴，对国家事业越关心、越支持、越投入。因此，信访量上升是好事。相反，冲突化解取向则认为，信访活动是反映社会稳定及和谐程度的晴雨表，信访活动越活跃，意味着社会隐患越严重，党群关系和干群关系越紧张，发生社会冲突的风险越高。因此，信访量上升是坏事，至少是一件堪忧的事。

其次是对民众信访活动的期望。社会动员取向期望民众在信访活动中将公共利益放在首位，个人利益服从公共利益。又由于公共利益被认为是由国家来代表并体现在国家的工作部署中，因此，民众的信访活动又被要求服从和服务于国家在特定时期的工作部署。相反，在冲突化解取向中，国家承认民众通过信访渠道表达个人利益，或将个人利益置于公共利益之前的必然性和合理性。质言之，在社会动员取向中，国家更强调公共利益，倡言国家政治目标的优先性；而在冲突化解取向中，国家更尊重个人利益，承认个人利益的首要性。

最后，在开展信访工作的方式上，如果持社会动员取向，国家对民众信访活动将是欢迎的、鼓励的，基本姿态将是主动的、求取性的，民众则处于被动响应的地位。为了达到动员的目的，国家倾向于激化社会差别和对立，以便更好地团结自己的力量，同时暴露、孤立和打击那些不利于社会变革的势力，整个信访工作因此而具有显著的斗争性。如果持冲突化解取向，国家对民众信访活动将是忧虑的、规制的，基本姿态将是防卫性的，倒是民众为了维护自己的利益而采取积极主动的姿态。为了达到化解冲突的目的，国家倾向于尽量模糊社会差别，而不是去激化社会对立，整个信访工作因此而具有显著的调和性。

从历史上看，到目前为止，国家信访工作观念的发展有两个阶段，一是 1951—1978 年，占主导地位的是社会动员取向；二是 1978 年至今，占主导地位的是冲突化解取向。下面首先分析 1951—1978 年社会动员取向的片面发展及其影响。

三 1951—1978 年社会动员取向的片面发展及其后果

1951—1978 年，信访制度基本上是伴随连绵不断的政治运动而不断发展的。借助于政治运动的强大攻势，信访制度得以从无到有迅速地建立起来，在组织和制度上初具雏形并在短期内确立了作为国家政权设置的政治地位；但另一方面，不断服务于政治运动的过程也使信访工作中的社会动员取向压倒冲突化解取向而获得片面发展，造成国家信访工作严重脱离群众的实际需求，最终遭到严重挫折。

（一） 社会动员取向的片面发展

前已述及，信访制度正式创立于 1951 年，但到 1957 年就确立了作为国家政治制度的地位。信访制度之所以能够如此迅速地发展，得益于《五一决定》发布后不久一系列政治运动的推动。在这些运动中，中央特别注重发挥人民来信来访的社会动员功能。为了敦促各地重视信访工作，中央对利用群众信访活动进行社会动员的可能性、必要性、意义和方法做了大量论述。在这些论述中，信访工作对于化解社会冲突的意义被置于次要的、服务于社会动员的位置，国家更感兴趣的是从群众来信来访活动中发现乃至树立忠奸、善恶、美丑、新旧的对立，以佐证开展政治运动的必要性和信访工作的重要性。就这样，本来只是信访工作两个内容之一的社会动员就逐渐脱离冲突化解而片面地发展起来。

1951 年年底，也就是《五一决定》发布后约半年，中央先后决定开展"三反"和"五反"运动。配合运动的开展，1952 年 5 月 30 日，《人民日报》发表题为《必须肃清官僚主义》的评论。文中讲述了山西省崞县赶车工人张顺有为检举反革命分子而备受刁难的故事，直斥山西省政府、归绥市人民法院和崞县公安局"无组织、无制度的情况达到了何等惊人的程度"（《人民日报》评论员，1952）！与此同时，一些地方开始运用信访手段进行群众动员。其中，北京市派遣了 253 个代表组到各街巷村庄去征求群众来信来访，四天内就收到检举材料和意见 10986 件。事后，市长彭真（2002/

1952：71—73）在《人民日报》头版发表公开信，感谢市民"对于我们的帮助，对于国家的爱护和负责"，并号召市民"不管是对政府工作人员的检举，或是对政府工作的批评，无论什么时候，什么地方"都可以直接给政府写信。这样一种主动征求信访、事后还高调表示感谢的工作姿态只有从社会动员的角度才能得到充分解释。

"三反"和"五反"运动结束后不久，1953年1月，中共中央又决定在各地开展"新三反"运动。毛泽东（1990/1953：10）特别要求各地"从处理人民来信入手，检查一次官僚主义、命令主义和违法乱纪分子的情况，并向他们展开坚决的斗争"。配合这一指示，《人民日报》在一年之内三发社论。这些社论一方面描绘人民踊跃来信的盛况，盛赞这些来信体现了"人民群众对国家事业的无限关心"，"对党和人民政府的深厚的爱和无限的关怀与信任"；另一方面也厉声批评一些地方怠慢群众来信，包括毫不留情地批评中央政治局委员彭真直接领导下的北京市"有许多信件竟霉烂在意见箱中而无人过问"（《人民日报》社论，1953a），甚至用一篇社论专门批判华东军政委员会交通部部长黄逸峰拒不接受群众来信批评，反而进行压制的行为（《人民日报》社论，1953b）。在运动结束时，《人民日报》又对利用群众来信开展政治斗争的情况做了总结，认为经过认真处理人民来信，"有效地推动了反对官僚主义斗争的开展，密切了党和人民政府同群众的联系，大大发扬了人民群众中潜在的智慧，为集思广益建设我们伟大的祖国畅通了言路"（《人民日报》社论，1953c）。

从上面《人民日报》的论述中不难发现，当时信访工作的基本精神是围绕国家的工作部署去调动群众参与相关公共事务的积极性，而不是处理群众的利益纷争和困扰。当然，为了团结群众，国家有时也会回应群众的个人利益诉求，但这些都是从属性的，是为社会动员的需要服务的；一旦国家的需要发生转移，国家对民众利益诉求的关注、理解和处置也会转移。即使在毛泽东提出正确处理人民内部矛盾的问题之后，这一倾向仍未得到扭转。

遵循毛泽东讲话精神，1957年召开的全国信访工作会议首次把信访工作同处理人民内部矛盾联系起来，认为信访工作除了"可以向人民群众解释、宣传党和政府的政策"之外，还"可以使党和政府及时了解和调节人民内部矛盾"，并承认当时绝大多数来信反映的都是人民内部矛盾（《人民日报》社，1957）。然而，就在为这次会议配发的社论中，《人民日报》仍将信访工作与当时正在开展的整风运动相联系，认为"人民群众的政治积极性正在蓬勃地增长，各机关的来信、来访数量大量增加，内容愈加丰富",各地要善于利用信访工作"推动机关整风运动前进"(《人民日报》社论,1957)。也就是说,信访工作仍然只是整风运动的一部分,必须服务于整风运动。这就不难理解,就在当年,随着整风运动迅速转入反右运动,信访工作也从服务于整风运动迅速转变为服务于反右运动。结果,信访工作非但没有发挥应有的"了解和调节人民内部矛盾"的作用,反而造成大批因响应整风运动号召而积极去信去访的群众被划为"右派"并遭到打击。

为缓和社会矛盾,中共中央、国务院(1997/1963)曾于1963年下发《关于加强人民来信来访工作的通知》①(下称《六三通知》)。《六三通知》虽然将化解社会矛盾提到一个新的高度,但并未从根本上扭转片面强调社会动员的信访工作取向。及至"文革",对社会动员的片面强调终于使信访工作彻底走到自己的反面——沦为林彪、"四人帮"的工具。新华社(1977)曾揭露,"四人帮"为了搜罗陷害中央和地方领导同志的"黑"材料,竟在清华大学私设信访办事机构,"收受全国各地的来信来访,俨然另立了一个'中央办公厅'"。

(二) 社会动员与信访制度建设

社会动员取向的片面发展给信访工作造成了严重后果。最严重的后果是,国家信访工作不但对群众的真实诉求缺乏了解和回应,而且无中生有地制造大量社会矛盾。社会动员取向的国家信访工作之所以会与民众的利益诉求发生严重对立,是因为民众的信访诉求主要是个人利益而非公共利益,②而国家的兴趣却是引导群众把注意力转移到国家所关心的"整体利益"和"长远利益"上来。因此,那些与国家期望相投的信访诉求容易引起国家重视,甚至被树为典型,从中大力挖掘超出当事人诉求之外的宏大政治意义;那些与国家兴趣相左的信访诉求则容易遭到忽视,甚至有被视为"落后""反动"而遭到打击的危险。在此过程中,群众的信访诉求完全处于被选择的地位。随着国家政治天平的摇摆,同样一件信访诉求,随时可能被国家视为政治对立面而遭到忽视、排斥或打击,也随时可能被国家视为政治同盟军而受到重视和优待。

---

① 为简洁起见,下面引用该文件时不再注明出处。
② 从刁杰成(1996)和陈荣光(2005)披露的国务院和北京市的接访情况来看,当时民众的主要信访诉求是解决个人利益问题,而非追求或维护公共利益。

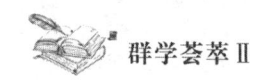

1957年以后，随着大政方针越来越"左"，国家实施社会动员的兴致也越来越高，信访工作脱离群众实际、粗暴对待群众诉求的情况也越来越严重，遭到群众抵制自在情理之中。诡异的是，群众的抵制反过来却"佐证"了国家实施社会动员的正当性和必要性，助长了国家通过信访工作"扶正祛邪"的兴趣。如此恶性循环，信访工作非但不能化解社会矛盾，反而制造出更多、更严重的社会矛盾。

社会动员取向一方面造成严重的信访矛盾，另一方面却严重妨碍信访制度建设，从而使信访工作与群众信访需求的背离更加突出。

首先，社会动员取向秉持的革命化思维，使国家迷信革命觉悟是做好工作的决定性因素，因此，虽然在政治上把信访工作的地位提得很高，实践中却不太重视组织和制度建设。这主要表现在国家对设立专门信访工作机构和人员的态度一直十分勉强。在1951年那篇著名的指示中，毛泽东（1996b/1951：310）在要求重视人民来信的同时，又对设置专人持保留意见，"如果来信不多，本人或秘书能够处理，则不要另设专人"。在随后发布的《五一决定》中，虽然明确要求"指定专人"，但要求限制"在原编制内"；到《五七指示》中，信访机构的专门化又有所突破，要求"县以上人民委员会一定要有专职人员或者专职机构"，且未再要求"在原编制内"，但同时要求信访工作"实行专人负责和大家动手相结合的办法"，实际上是希望通过"大家动手"的办法尽可能减少专职人员和专职机构。到1963年，国务院颁布试行的《国家机关处理人民来信和接待来访工作条例（草稿）》（见刁杰成，1996：389—397），不但明确允许设立专职机构，而且对行政级别都做了规定，但随着"文革"的爆发，这个规定被搁置。国家迟疑的态度严重影响信访体制的专业化进程，以致作为首都的北京到1961年仍然存在信访干部"兼职过多""处理信件要靠晚间突击加班"，不少公社把信访工作交给打字员、收发员兼管，领导干部也不过问，错转乱转现象比较普遍等问题（中共北京市委办公厅，2005/1961：80）。

其次，革命热情的膨胀使国家一方面低估群众信访活动的复杂性，另一方面又高估自身的威信和能力，致使很多制度安排严重脱离实际。一是不问是非、不顾条件地"方便群众"，不仅将接访地点直接安排在新华门，而且给信访群众提供食宿、报销往返车票（参见国务院秘书厅，2007/1965），导致利用信访骗食骗宿骗车票的现象时有发生。二是不顾部门分工地要求"多办少转"，即群众的信访到达哪一级，就由哪一级直接办理，尽量不转办。三是过分要求有信必复,有访必接。迫于现实压力,国家也曾对若干不切实际的制度安排做过修正。比如将接访地点从新华门迁至国务院西门,最后又迁至更偏远的陶然亭附近(张成良,1999:12);先是降低,最后取消对信访群众的食宿交通补助,还曾出台《关于防止来访人骗卖车票的暂行办法》(内务部,1957)等内部规定;将"多办少转"的原则修正为"分级负责、归口管理";等等。但由于社会动员取向没有得到根本纠正,这些修正都只是局部的,并随政治气候的变化而时有反复。

最后,敌我观念浓厚的"人民信访观"严重妨碍信访工作的制度化和法治化。由于信访制度基本被定位为一种服务于革命的社会动员机制,而革命动员的首要问题又是分清敌我,因此,信访的权利不是一体性地赋予全体公民,而是只有公民中的"人民"才能享受。对于那些被视为"敌人"的公民来说,信访不但是一种被剥夺的权利,而且是一种对其实行专政的手段。本着"人民信访"观念,《五一决定》专门规定,对"人民所提出的意见和问题"要认真办理,对"反动分子借人民名义向政府提出的带有挑拨性或试探性的问题"则不要理睬。《五七指示》也规定,"对于假借人民来信、来访名义,进行无理取闹的坏分子、诈骗犯",要根据情节轻重"作适当的处理"。即是说,同样内容的来信来访,被判定为来自"人民"还是"敌人",结局可能有天壤之别。由于"人民"是一个非常抽象的政治概念,而且其内涵随着政治形势而不断变化,这就为一些人打击信访人或利用信访工作排斥异己提供了机会。《六三通知》最重要的目的之一就是要纠正这种现象。但"文革"的到来,不但使纠偏成为泡影,而且使问题愈演愈烈。因此,在改革之前,信访工作的规范化虽有一定进展,但都只限于登记、转办、检查、催办、存档等技术环节,在调整国家与社会的关系这个核心问题上,可以说没有丝毫进展。

社会动员取向的片面发展,使信访作为一种制度安排的合法性和有效性两败俱伤,严重背离国家创立信访制度的初衷。本来,根据党的群众路线,社会动员和冲突化解这两种取向应该做到有机统一,即既要利用信访工作宣传国家政策,提高群众觉悟,使之认清和服从长期利益和整体利益,又要尊重大多数群众觉悟不高、总是从切身利益角度考虑问题的现实,把解决他们的个人疾苦放在重要位置,如此方能实现国家的合法性和有效性的良性互动。但社会动员取向的片面发展使信访工作严重背离社会期望,既使国家难以通过信访工作推动大政方针,又严重损害党和政府的威望,不管从合法性角度来说,还是从有效性角度来说,都难以为继。

四 1978年以后国家信访观念的调整与信访制度的科层化

"文革"以后,特别是1978年第二次全国信访工作会议以后,国家关于信访工作的主导观念迅速从社会动员取向向冲突化解方向调整。促成这一转变的内因,是国家多年来频繁的社会动员,特别是"文革",严重损害群众的切身利益,由此造成的社会矛盾严重地威胁到政治秩序和社会稳定,使国家无法再漠视群众的利益诉求,不能再把信访诉求动辄抽象到国家政治高度,而必须回到事实和当事人的诉求本身,务实地、实事求是地处理。当然,外部政治环境的改善,即国家大政方针从"以阶级斗争为纲"向"以经济建设为中心"的转变,也为信访观念的调整创造了条件。

(一) 国家信访观念的调整

"文革"结束后,全国开始出现信访高潮,信访量大幅上升,来访量上升尤其明显(参见刁杰成,1996:223;张成良,1999:9—17)。为此,1977年9月4日,《人民日报》发表题为《必须重视人民来信来访》的评论员文章。该文承认,信访工作"涉及群众的切身利益",要求各地"打一场处理信访积案的'歼灭战',并且抓好经常性的信访工作,使老案彻底清、新案及时办"(《人民日报》评论员,1977)。这表明国家信访观念正在朝冲突化解方向调整。

面对不断高涨的信访浪潮,1978年年底,第二次全国信访工作会议召开。次年10月22日,《人民日报》发表题为《正确对待上访问题》的评论员文章,不但将维护"安定团结"列为信访工作的目标之一,而且破天荒地对信访群众提出警告,指出用闹事的办法施加压力、迫使国家突破现行政策规定的做法是十分错误的,也是根本做不到的,"不仅无理不能取闹,有理也不能取闹"(《人民日报》评论员,1979)。从歌颂和鼓励群众来信来访,到为了维护安定团结而不惜公开警告信访群众,表明国家信访观念已经实现从社会动员取向向冲突化解取向的调整。

图2从一个侧面印证了国家信访观念的转变:从1952年到2009年,《人民日报》关于信访的言论和报道不管是总篇数还是头版篇数都在不断上升,特别是最近10余年来上升尤其明显。这表明,国家对信访工作越来越重视,信访工作在国家政治日程中越来越常规化。但另一方面,从头版率,

即头版篇数占总篇数的比例来看，总体趋势却是下降的。大致以 1980 年为界，此前的头版率明显高于此后的头版率。同样一篇关于信访的文章是否置于《人民日报》头版，不仅表明国家对信访问题的重视程度，而且决定着社会影响的大小。从社会动员的角度来说，关于信访的报道或言论应尽量置于头版，以便引起社会注意，扩大社会影响；而从冲突化解的角度来说，则应尽力避免引起社会对信访活动的关注和兴趣，置于头版显然是不明智的。因此，头版率的显著下降体现了国家信访观念从社会动员取向向冲突化解取向的调整。

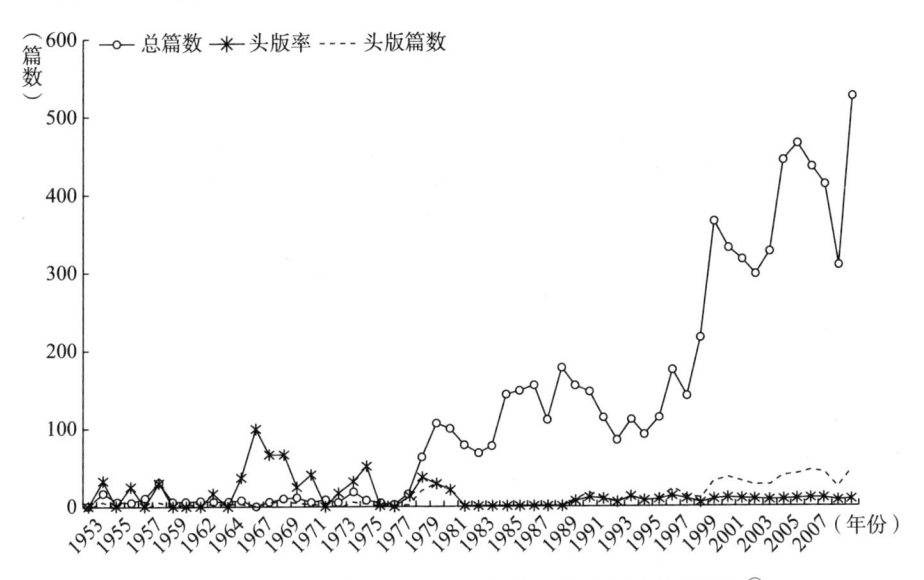

图 2 《人民日报》1952—2009 年关于信访的言论和报道[1]

（二）信访制度的科层化

国家信访观念的转变引起了信访制度建设的深刻变革。这集中表现在，国家努力扭转以往基于社会动员取向而来的革命化路线，积极推进信访制度的科层化。

首先是观念上的理性化。社会动员取向的淡出，使国家不再把某种革命理想和价值绝对化，进而轻率地否定现实的必然性和合理性，而是倾向

---

[1] 图中所使用的数据系作者根据历年《人民日报》整理得来。整理的方法是，利用"人民日报图文数据库"，以"来信""来访""信访"为关键词检索出所有含有上述任一字眼的报道和言论，然后逐篇检读内文，将其中虽然含上述任一字眼但实际与信访工作无关的条目去掉，再按年份和版别编码处理。

于从常人可感知的经验现实出发，仔细研究事物发展的规律，然后选择一个最佳目标、最佳手段以及达到目标的最佳行动路线。思维方式的转变，使国家对信访活动的认识更加冷静和客观，信访工作更加理性和务实。如上所述，国家不再像以前那样片面地赞颂和鼓励群众信访，而是着力强调维护信访秩序，国务院还为此于1980年发布了《关于维护信访工作秩序的几项规定》（刘旭、聂玉春，1988：497）。与此同时，国家不再将信访活动的起因简单地归咎于官僚主义或干部的违法乱纪，进而公开申斥，而只是平和地要求各级政府和干部要善于通过信访渠道"去听取群众的呼声，了解群众的疾苦……团结广大群众，改进我们的工作"。这些情况表明，国家信访工作已经摆脱革命浪漫主义的影响，变得更加尊重现实，更加讲求效率。

其次是机构的专职化。对现实规律的尊重和对工作效率的追求，使国家勇于承认信访工作具有独立于政治要求的专业性，从而愿意根据合理分工而设立专职信访机构，自觉而持续地推进信访体制的专业化。国家于1982年发布的《党政机关信访工作暂行条例（草案）》（参见刁杰成，1996：398—402）对各级信访机构的设置做了明确规定。对比"文革"前，该条例对专职信访机构的设立不但要求更为明确，而且分布更为普遍，行政级别也更高，由此奠定了中国信访体制的基本格局，即县级及以上党政机关和国有企事业单位设立专门机构、配备专职人员，县级以下党政机关至少应配备专职人员。1995年颁布和2005年修订的《信访条例》都肯定了这一原则，并做了更具约束力的规定。2007年，根据《中共中央国务院关于进一步加强新时期信访工作的意见》的要求，县级及以上党政机关的信访工作机构从同级党政部门的办公厅（室）独立出来，信访体制的专职化程度进一步提高。

最后，化解社会冲突、维护社会稳定的强烈愿望使国家不再热衷于发现和树立社会对立，而是把更多的精力用于促进社会整合。为此，国家逐渐放弃敌我意识浓厚的"人民信访"观念，代之以"公民信访"观念。这一转变是在1995年《信访条例》中最终完成的。在该条例中，除了总则中象征性地提到"人民""人民群众"等概念外，整个布局都是以"信访人"概念为中心展开的。相对于具有浓厚政治色彩的"人民"概念，"信访人"概念只是刻画提出信访事项的公民作为行政相对人这一法律事实，不包含任何政治含义。2005年《信访条例》修订时沿用了这个核心概念。核心概念从"人民"到"信访人"的变化，表明国家在信访权利的赋予上不再区别"人民"和"敌人"。显然，只有所有公民在人格上平等，包括政治意义上的"敌人"与"人民"在人格上平等，才有可能推进真正的法治。"公民信访"观念的兴起推动了信访工作的规范化和法制化：国家继1995年颁布《信访条例》之后，又在2005年做了修订；在此期间，各地政府也相继颁布和修订本地《信访条例》。

不过也要指出，信访制度到现在仍然留有社会动员取向的痕迹。比如，2005年版《信访条例》第八条规定："信访人反映的情况，提出的建议、意见，对国民经济和社会发展或者对改进国家机关工作以及保护社会公共利益有贡献的，由有关行政机关或者单位给予奖励。"第二十六条规定："公民、法人或者其他组织发现可能造成社会影响的重大、紧急信访事项和信访信息时，可以就近向有关行政机关报告。"这两条规定表明，国家仍然希望通过信访制度吸引和激发群众参与国家所允许的公共事务。当然，随着信访观念的调整，这一取向对国家信访工作的实际影响已经微乎其微了，这正是当前信访制度普遍被视为一种冲突化解机制的原因所在。

五 信访制度演进的历史规律与信访制度改革

历史是人创造的，但人的创造总是在主观意识和客观条件两个方面同时受到历史的限制。信访制度的发展也是如此。因此，要讨论信访制度改革，首先必须总结新中国成立以来信访制度演进的历史规律，廓清历史给今后的发展留下了什么问题，又创造了什么条件，然后才能讨论什么样的改革是可能的，什么样的改革是可行的。

事物的发展都是由矛盾推动的。如前所述，根据群众路线的要求，国家信访工作应当做到社会动员和冲突化解的有机统一。但这种统一并不是抽象的，而是有约束条件的。既然信访制度的根本目标是调整国家与社会的关系，那么，社会对信访制度的期望以及相应而来的行为选择就构成国家开展信访工作的最重要的约束。对民众来说，国家推出的信访制度相当于一个政治机会结构。利用该结构，民众既可以提出政治参与要求，也可以提出利益表达要求。首先，基于社会动员需要，国家是鼓励民众参与公共事务的。尽管国家希望这种参与是国家管束下的参与（Cai, 2004），但不管怎样，它为民众的政治参与提供了一个机会，民众可以在"响应国家号召"的名义下，通过信访渠道提出政治参与要求。与国家的社会动员一样，

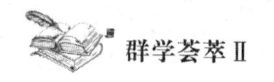

这一选择是以增进公共利益为出发点和落脚点的，至少在形式上如此。其次，基于冲突化解需要，国家信访工作承认个人利益的必要性和首要性。相应地，民众可以利用信访渠道去维护个人的既得利益或期得利益。与国家的冲突化解工作一样，这一选择也是以增进个人利益为出发点和落脚点的。表面上看，国家和社会各自围绕信访制度而展开的行为选择之间并无矛盾：民众要求参与政治，国家也希望他们参与政治；民众希望维护个人利益，国家也承认个人利益的合理性和优先性。但问题是，国家无论如何强势，都不可能完全掌握和顺应民众的选择。于是如图3，在信访实践中，国家的每一种选择与社会的每一种选择之间都有可能发生矛盾。根据其构成，这些矛盾可以划分为A、B、C、D四种基本类型。

国家选择

	社会动员	冲突化解
利益诉求	（A）民众只有利益诉求，国家追求的却是政治目标。两种目标一旦契合不佳，即会产生矛盾。	（B）双方都把信访事件理解为单纯的利益纷争，但对解决利益冲突的方式和结果有分歧。
政治参与	（D）双方都认为应该鼓励民众的政治参与，但对政治参与的方向和方式存在争议。	（C）国家倾向于把信访事件界定为单纯的利益纷争，社会却倾向于把问题政治化。

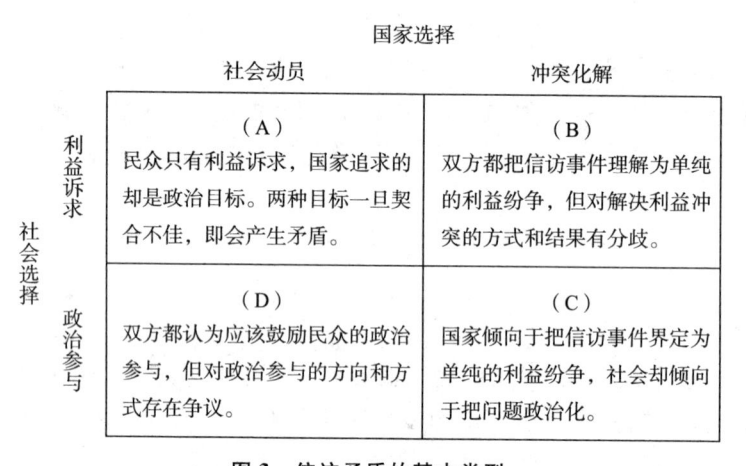

（左侧：社会选择）

图3 信访矛盾的基本类型

首先是A类，即国家的社会动员与社会的利益诉求之间的矛盾，主要表现为，民众从个人利益需要出发，只希望国家能够直面自己已经或可能受到的利益损害，并没有什么政治追求，而国家却基于社会动员需要，把简单的利益纷争上升到国家政治高度，根据国家的政治需要去解释和处置。在政治逻辑主导下，国家对事件的回应也许会达到甚至超过当事人的要求，但这种契合随时可能因国家政治需要的转变而瓦解，甚至对立。一旦出现这种情况，即会产生矛盾。

其次是B类，即国家的冲突化解与社会的利益诉求之间的矛盾。在此类矛盾中，民众只有单纯的利益追求，国家也倾向于把信访事件当作单纯的利益矛盾来处理，但双方对解决的方式或结果有分歧，比如一个强调程序正义，一个强调实体正义，于是产生矛盾。

再次是 C 类，即国家的冲突化解与社会的政治参与之间的矛盾。在这类矛盾中，国家倾向于把信访事件界定为单纯的利益诉求，希望调用既有的利益调处机制来解决，但民众却基于政治参与的需要，倾向于把问题政治化，希望突破既有的利益调处机制用政治手段来解决。所谓"政治手段"，既包括为国家所承认但尚未落实为具体制度或规定的政治理念，也包括不被国家所认可的体制外抗争。

最后是国家的社会动员与社会的政治参与之间的矛盾，即 D 类。在这类矛盾中，双方在允许民众为公共利益而参与政治这个问题上有共识，但由于对什么是公共利益、怎样维护公共利益等问题的理解不同，从而在政治参与的方向和方式上存在争议。

由于上述矛盾的存在，国家关于信访制度的意图和构想，不管是哪种取向的，在实践中都不可能完全达到预期目的，从而发生非期然后果。非期然后果，特别是其中的负面后果，促使国家对信访制度进行调整，从而推动着信访制度的演进。根据图 3 所揭示的信访矛盾谱系，新中国成立以来信访制度演进的历史趋势和规律可用图 4 来表示。

大致可以说，在 1951—1978 年，信访主要矛盾是 A 类。在该矛盾中，国家的社会动员取向主导着信访制度的发展。这一方面使信访制度迅速确立作为国家政权设置的政治地位，另一方面也使信访制度不能有效回应民众对个人利益的追求。吸取这一教训，"文革"结束后，国家信访工作的主导观念向冲突化解取向调整，从而使信访主要矛盾从 A 类转变为 B 类。在该矛盾中，国家与社会的主要分歧出现在技术层面，即利益纷争到底应该采取什么方式来调处，要达到什么结果才算理想。正因为没有根本分歧，所以国家基本能够按照自己的意志持续而稳健地推进信访制度的科层化。

		1951—1978	1978—2000	2000—
信访主要矛盾	国家选择	社会动员	冲突化解	冲突化解
		A →	B →	B→C
	社会选择	利益诉求	利益诉求	利益诉求→政治参与
信访制度建设	国家作为矛盾的主要方面主导着信访制度建设，但受到社会选择的制约	迅速建立并确立政治地位，但日益脱离社会实际，最终遭遇严重挫折	基本满足群众的信访需求，国家得以稳定地推进信访制度的科层化，但正在落后于形势变化	国家怎样回应当前信访矛盾正在从 B 类向 C 类转变的形势，将在很大程度上决定信访制度建设的走向

图 4　新中国成立以来信访主要矛盾的转变与信访制度的演进

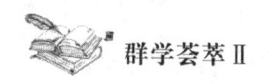

大约从世纪之交开始，随着住房、医疗、教育等攸关民生的改革渐次开展，国家与社会之间的这样一种"共识"开始受到挑战，于是信访主要矛盾开始从 B 类向 C 类转变。转变的根本原因在于，随着改革逐渐步入深水区，涌入信访渠道的大量社会矛盾既是一个民生问题，也是一个政治问题。这要求国家必须从政治高度对社会利益格局做出战略性和前瞻性调整。改革前，在社会动员取向主导下，国家倾向于把一切社会问题都视为政治问题并用政治手段去解决，这固然是极端的，但当前在冲突化解取向主导下，国家似有走向另一个极端的趋势，即把一切社会问题都视为经济问题并用经济手段去解决。如果说在改革之初，这样一种处理手法尚算顺应社会形势的话，那么，随着最近十余年来社会利益格局的深层调整问题日益突出，其局限也暴露得越来越明显。最大的局限在于，它使国家不能直面社会问题的政治性质。

更困扰的是，与国家"去政治化"的主观愿望相悖，信访制度本身却在设计上为社会的政治动员提供了方便。尽管多年来国家已几乎不再利用信访制度进行社会动员，但并不能阻止民众利用信访制度进行政治动员。原因在于，基于群众路线的基本精神，民众本来就有利用信访渠道进行政治参与的政治合法性，而群众路线又是比国家目前秉持的冲突化解理念更上位的、更有政治约束力的意识形态路线。这也是最新修订的《信访条例》从程序正义观出发企图禁止越级上访，但禁而不止的根本原因。因为从群众路线来说，越级上访既是信访制度相对于司法制度的"优势"，也是群众应有的"权利"。就这样，国家信访工作常常陷于"左右互搏"的尴尬境地。而这一困境又为一些人利用信访问题要挟甚至敲诈国家提供了政治机会。

当然，当前 C 类信访矛盾中民众政治参与行为的形成，情况很复杂。大体来说有四种：一是信访民众本来就有政治意识，因而主动利用信访制度提出政治要求；二是信访民众本无政治意识，但国家"大事化小"的处置办法使其合理诉求得不到有效解决，致其政治意识在申诉和抗争过程中逐渐觉醒，于是把信访事端上升为政治问题；三是抓住国家急欲"去政治化"的心理，故意反其道而行之，非要把有关事端上升到政治高度，实际上是把"政治化"作为一种问题解决策略；四是本来没有遭受不公或不义，却恶意制造蒙受不公平对待的假象，然后利用国家面临的政治压力进行敲诈。[①] 在上述四种情况中，当事人尽管动机各异，但都是利用政治压力逼国

---

① 广东等地近年出现的"工闹"职业犯罪团伙就是这方面的例子（参见蒋铮、张卉，2011）。

家"就范",客观上和形式上都具有政治动员和政治参与的性质,因此最终都表现为国家的冲突化解选择与社会的政治参与选择之间的矛盾。与以往一样,作为信访矛盾中的主要方面,国家如何回应当前的信访矛盾形势,将在很大程度上决定信访制度在今后的走向。至于国家具体应该怎样回应,信访制度具体应该怎样改革,当另文专论。不过,至少有三点历史的智慧值得记取。

第一,冲突化解取向的信访观已经越来越不适应当前的社会形势。它在化解大量社会矛盾的同时,也徒然制造出大量社会矛盾。与改革之初果断调整社会动员取向一样,当前国家也必须对冲突化解取向进行适当调整,并在此基础上对信访制度做出具有前瞻性和战略性的改革。

第二,信访制度是秉承群众路线而来的一种国家制度,而群众路线作为党的根本政治路线和组织路线,一直是新中国政权之政治合法性的重要理论基石。因此,信访制度改革在追求行政效率的同时,还要考虑它对国家合法性基础可能造成的冲击。只有兼顾国家的效率需要和合法性需要,信访制度改革才是可能而又可行的。

第三,在历史上,信访制度是一个直接调整国家与社会之间关系的总体性机制。相应地,信访制度改革必须有大格局和大视野,必须将其与未来若干年内中国应当和可能建构一种什么样的国家与社会关系这样一个战略性思考联系起来,不能就信访而论信访。对任何一个政权来说,如何处理与"社会"的关系,都是一个事关政权安危的根本性问题,必须稳健从事。一个可以考虑的改革方向是:分解信访制度中同时蕴含的多种职能,将不同职能并入不同的政治制度设置。从目前来看,信访制度同时包容了党的社会动员职能和国家的公共管理职能,在国家的公共管理职能中又同时包容了冲突化解职能和政治参与职能。这样一种职能混溶,常常造成党和国家不同部门之间分工不清,以致机构重叠却又效率不彰,给国家和社会都制造了太多困扰。因此,信访制度改革可以"两个剥离"同时并举:一是剥离信访制度的社会动员职能,将其纳入党的工作机构,并将信访机构转型为群众工作机构,主要任务是围绕社会矛盾察访民情、疏导民怨;二是剥离信访制度中的冲突化解职能和容纳政治参与的职能,将前者并入司法制度,将后者并入选举、人大等具有参政议政功能的政治设置。当然,前提是作为替代的制度安排足以承接从信访制度中转移过来的职能。

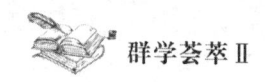

参考文献

北京市政府志编纂委员会，2001，《北京志·政府志》（送审稿），未印行，国家图书馆藏。

北京市地方志编纂委员会，2003，《北京志·公安志》，北京：北京出版社。

陈柏峰，2004，《缠讼、信访和新中国政法传统》，《中外法学》第2期。

陈荣光，2005，《北京市人民来信来访工作史料一组》，《北京市档案史资料》第3期。

刁杰成编著，1996，《人民信访史略》，北京：北京经济学院出版社。

国务院，1957，《关于加强处理人民来信和接待人民来访工作的指示》，《中华人民共和国国务院公报》第52期。

——1995，《信访条例》，北京：人民出版社。

——2005，《信访条例》，北京：人民出版社。

国务院秘书厅，2007/1965，《转发北京市民政局关于统一解决来访人员食宿路费的两个办法的通知》，载北京市委党史研究室编《北京市重要文献选编（1965）》，北京：中国档案出版社。

胡荣，2007，《农民上访与政治信任的流失》，《社会学研究》第3期。

蒋铮、张卉，2011，《"工闹"真相》，《羊城晚报》11月4日A6版。

李宏勃，2007，《法制现代化进程中的人民信访》，北京：清华大学出版社。

李秋学，2009，《中国信访史论》，北京：中国社会科学出版社。

刘平，2011，《单位制的演变与信访制度改革》，《人文杂志》第6期。

刘少奇，1980，《论党》，北京：人民出版社。

——1985，《刘少奇选集》（下），北京：人民出版社。

刘旭、聂玉春主编，1988，《信访工作手册》，北京：高等教育出版社。

毛泽东，1990/1953，《中央关于反对官僚主义、反对命令主义、反对违法乱纪的指示》，载中共中央文献研究室编《建国以来毛泽东文稿》第四册，北京：中央文献出版社。

——1996a/1950，《中央转发关于处理群众来信问题报告的批语》，载中共中央文献研究室编《建国以来毛泽东文稿》第一册，北京：中央文献出版社。

——1996b/1951，《转发中央办公厅秘书室关于处理群众来信的报告的批语》，载中共中央文献研究室编《建国以来毛泽东文稿》第二册，北京：中央文献出版社。

内务部，1957，《关于防止来访人骗卖车票的暂行办法》，北京市档案馆第137－001－131号档案。

彭真，2002/1952，《关于感谢市民检举政府工作人员中的非法行为致各界人民的函》，载北京市委党史研究室编《北京市重要文献选编（1952年）》，北京：中国档案出版社。

《人民日报》评论员，1952，《必须肃清官僚主义》，《人民日报》5月30日第3版。

——，1977，《必须重视人民来信来访》，《人民日报》9月4日第2版。

——，1979，《正确对待上访问题》，《人民日报》10月22日第1版。

《人民日报》社，1957，《作好人民来信来访工作有重大意义，中共中央办公厅和国务院秘书厅开会讨论》，《人民日报》6月3日第1版。

《人民日报》社论，1953a，《认真处理人民群众来信，大胆揭发官僚主义罪恶》，《人民日报》1月19日第1版。

——，1953b，《压制批评的人是党的死敌》，《人民日报》1月23日第1版。

——，1953c，《把处理人民来信工作向前推进一步》，《人民日报》11月2日第1版。

——，1957，《结合整风运动，加强处理人民来信来访工作》，《人民日报》6月3日第1版。

天津市地方志编修委员会，1997，《天津通志·信访志》，天津：天津社会科学院出版社。

童之伟，2011，《信访体制与中国宪法》，《现代法学》第1期。

吴超，2009，《新中国六十年信访制度的考察》，《中共党史研究》第11期。

新华社，1977，《从清华北大看"四人帮"篡党夺权的罪行》，《人民日报》1月30日第2版。

应星，2004，《作为特殊行政救济的信访救济》，《法学研究》第3期。

于建嵘，2005，《信访制度改革与宪政建设》，《二十一世纪》（香港）6月号。

张成良，1999，《我经历的三次信访高潮》，载中国行政管理学会信访分会编《在光荣的信访岗位上》，北京：中国民主法制出版社。

政务院，1997/1951，《关于处理人民来信和接见人民工作的决定》，载中共中央文献研究室编《建国以来重要文献选编》第二册，北京：中央文献出版社。

中共北京市委办公厅，2005/1961，《关于1957年至1960年处理人民来信来访工作的初步总结》，载北京市委党史研究室编《北京市重要文献选编（1961）》，北京：中国档案出版社。

中共中央、国务院，1997/1963，《关于加强人民来信来访工作的通知》，载中共中央文献研究室编《建国以来重要文献选编》第十七册，北京：中央文献出版社。

Minzner, Carl F. 2006, "Xinfang: An Alternative to Formal Chinese Legal Institutions." *Stanford Journal of International Law* 42.

Cai, Yongshun 2004, "Managed Participation in China." *Political Science Quarterly* 119.

作者单位：中国人民大学社会与人口学院社会学系、
社会学理论与方法研究中心

〔责任编辑：闻　翔〕

> **颁奖词** 《土地财政与分税制：一个实证解释》，试图通过实证研究来挖掘和解释地方政府的区域竞争推动中国经济迅速增长的机制。该文指出，地方政府行为受中央与地方关系的影响，尤其受分税制以来财税体制改革的影响。分税制集中财权使地方政府逐渐走向以土地征用、开发和出让为主的发展模式，从而形成了土地财政。该文认为，无论如何评价以土地财政为代表的发展模式，与财政包干制相比，分税制都是一个理性化的制度变革，建立了中央与地方之间关系稳定互动的框架，而以基于土地的空间扩张为中心的城市扩张模式是这次改革的意外后果。该文从社会学视角推进了中国财政体制与经济增长关系的研究。

土地财政与分税制：一个实证解释[*]

孙秀林　周飞舟[**]

摘　要：地方政府的区域竞争推动了中国经济的迅速增长，其中的作用机制有待发掘。地方政府行为受中央与地方关系的影响，尤其受分税制以来财税体制改革的影响。分税制集中财权使地方政府逐渐走向以土地征用、开发和出让为主的发展模式，从而形成了土地财政；利用省级的年度数据验证了两者之间的密切关系。无论如何评价以土地财政为代表的发展模式，与财政包干

---

[*]　本文原载于《中国社会科学》2013 年第 4 期。本文得到上海大学"十二五"内涵建设项目"都市社会发展与智慧城市建设"资助，是上海大学"社会文化地理"项目的阶段性成果，在文章写作过程中得益于肖瑛教授组织的"公共性系列课题"支持，在数据分析部分得到白营博士的大力帮助，在此一并致谢。感谢匿名审稿人提出的修改意见。文责自负。

[**]　作者孙秀林，上海高校社会学 E-研究院（上海大学）、上海大学社会学院副研究员（上海 200444）；周飞舟，北京大学社会学系副教授（北京 100871）。

制相比，分税制都是一个理性化的制度变革，其建立了中央与地方之间关系的稳定互动框架，而以土地为中心的城市扩张模式是这次改革的意外后果。

关键词： 土地财政　分税制　中央与地方关系

自 20 世纪末开始，随着城市化的迅速发展，中国出现了城市土地征用、开发和出让的热潮。自 1990 年国务院规定土地使用权可以有偿出让开始，[1] 土地使用权市场正式出现并建立起来。此后，随着城镇住房制度的改革和城市中工业、商业用地的大规模开发，城市土地使用权出让的市场规模迅速扩大，1993 年全国土地出让金只有 300 亿元，到 2011 年上升到 2.7 万亿元。以土地出让金为核心的土地财政成为推动经济增长的主要动力之一。

土地开发和出让，地方政府是背后的主导力量，也是政府以地生财的主要手段。土地出让的发展之所以如此迅速，一方面是由于城市规模的不断扩大、城市工商业和居民住宅的需求迅速增长所致，另一方面也与地方政府以土地征用、开发、出让为支柱的地方经济发展模式有关。地方政府通过对土地一级市场的垄断，以低价格取得农业用地，进行平整开发后以高价格出让，可以从中获得数量巨大的土地出让金，再利用这些资金征用新的土地，并结合金融资金展开城市建设。对于地方政府而言，这不但能够大幅度增加政府预算内、预算外的收入，而且能够迅速扩大基础设施投资、吸引外资、改变城市面貌，推动地方经济的发展。[2]

那么，是什么力量导致地方政府走向了这样一种发展模式？仅仅用趋利动机和行为来解释是不够的，其背后还隐含着深层的制度原因。本文即尝试从中央和地方的财政关系入手来对土地财政提出实证解释。

一　地方政府主导的经济发展模式

对地方政府行为的分析一直是理解中国改革开放和地方经济发展的关

---

[1] 参见《中华人民共和国城镇国有土地使用权出让和转让暂行条例》（中华人民共和国国务院令第 55 号），1990 年 5 月 19 日。
[2] 周飞舟：《生财有道：土地开发和转让中的政府和农民》，《社会学研究》2007 年第 1 期；蒋省三、刘守英、李青：《中国土地政策改革：政策演进与地方实施》，上海：上海三联书店，2010 年。

键要素之一。从理论方面来看，理解政府行为主要是以公共选择理论和公共财政理论为基础。① 对于中国改革开放以来的政府行为，许多学者注意到中央—地方的财政关系对地方政府行为和中国经济增长的影响，也进行了大量的实证研究。

在这个方面，财政分权（fiscal decentralization）理论是研究的一个基本起点。该理论认为，在地方资源和生产要素可以自由流动以及居民可以"用脚投票"的前提下，中央对地方的财政分权可能引发地方政府间良性的区域竞争，从而有效推动经济增长。② 以戴慕珍为代表的一些学者较早开始关注地方政府在地方工业化中的积极作用，用"地方法团主义"（local state corporatism）解释乡镇企业和一些地方工业的兴起。她认为，在1980年代中期确立的财政包干体制下，地方政府一方面可以获得超包干基数的财政收入，另一方面还可以通过乡镇企业上缴利润的形式获得预算外收入，所以有极大的动力去兴办乡镇企业。③

许多学者发现，1980年代中期以来的财政包干制实际上就是中央对地方的分权体制，这种体制对中国地方的经济增长有明显的推动作用，其基本机制就是基于财政分权的区域竞争。④ 林毅夫和刘志强的分省定量研究表明，财政包干制对地方GDP的增长存在显著的促进作用。⑤ 钱颖一等人的研

---

① 参见布坎南、马斯格雷夫《公共财政与公共选择：两种截然对立的国家观》，类承曜译，北京：中国财政经济出版社，2000年。
② Charles M. Tiebout, "A Pure Theory of Local Expenditures," *Journal of Political Economy*, vol. 64, no. 5, 1956, pp. 416 – 424; Wallace E. Oates, *Fiscal Federalism*, New York: Harcourt Brace Jovanovich, 1972.
③ Jean C. Oi, "Fiscal Reform and the Economic Foundations of Local State Corporatism in China," *World Politics*, vol. 45, no. 1, 1992, pp. 99 – 126.
④ Qian Yingyi and Xu Chenggang, "Why China's Economic Reforms Differ: The M-Form Hierarchy and Entry/Expansion of the Non-State Sector," *Economics of Transition*, vol. , no. 2, 1993, pp. 135 – 170; Qian Yingyi, "A Theory of Shortage in Socialist Economics Based on the 'Soft Budget Constraint'," *The American Economic Review*, vol. 84, no. 1, 1994, pp. 145 – 156; Qian Yingyi and Barry R. Weingast, "China's Transition to Markets: Market-Preserving Federalism, Chinese Style," *Journal of Policy Reform*, vol. 1, no. 2, 1996, pp. 149 – 185; Qian Yingyi and Barry R. Weingast, "Federalism as a Commitment to Preserving Market Incentives," *The Journal of Economic Perspectives*, vol. 11, no. 4, 1997, pp. 83 – 92; Qian Yingyi and Gerard Roland, "Federalism and the Soft Budget Constrain," *The American Economic Review*, vol. 88, no. 5, 1998, pp. 1143 – 1162.
⑤ Lin Justin Yifu and Liu Zhiqiang, "Fiscal Decentralization and Economic Growth in China," *Economic Development and Cultural Change*, vol. 49, no. 1, 2000, pp. 1 – 21.

究则表明，这种促进作用是通过地方政府的区域竞争模式实现的。① 有些学者更进一步发现，如果以财政支出法来衡量分权程度，那么无论是在财政包干制还是分税制体制下，中国改革开放以来的经济增长几乎都可以用财政分权的理论加以解释。②

这些研究对于我们从中央—地方关系理解地方政府行为大有裨益，但是对以下两个问题的回答尚不够充分。一是在中国，传统财政分权理论的前提，如要素自由流动、"用脚投票"等条件并不存在，地方政府展开的竞争如何成为一种良性的或者是趋好的竞争（race to the top）？二是这些专注于中央—地方财政关系的研究忽视了中央—地方关系在1994年分税制改革后所产生的巨大变化。从收入角度看，1994年分税制改革显然是一个集权的而非分权式的改革，这与分权和经济增长的解释机制有内在冲突。这又给地方政府行为带来了什么样的影响？

对于第一个问题，学术界一直没有给出一个确定的答案。实际上，有些学者认为传统财政分权理论的前提对大部分发展中国家来说其实是甚为苛刻的，在一般条件下都不成立。在这些国家，财政分权不但不会促进经济增长，反而会滋生腐败问题。③ 在中国，地方政府竞争更多出于政治晋升的目的而非居民福利。④ 第二个问题则涉及对分税制的性质判断的问题。如果从收入角度考察，分税制无疑是中央政府集中财政收入的行为，与财政包干制有着本质差别。实际上，分税制改革正是针对财政分权产生的问题而进行的制度变革。⑤ 有学者从财政集权的角度考察1994年分税制实施之后的中央—地方关系，认为分税制这种收入集权的改革对于地方政

---

① Qian Yingyi, "How Reform Worked in China," in Dani Rodrik, ed., *In Search of Prosperity: Analytic Narratives on Economic Growth*, Princeton, N.J.: Princeton University Press, 2003, pp. 297 – 333.

② Zhang Tao and Zou Heng-fu, "Fiscal Decentralization, Public Spending, and Economic Growth in China," *Journal of Public Economics*, vol. 67, no. 2, 1998, pp. 221 – 240；张晏、龚六堂：《分税制改革，财政分权与中国经济增长》，《经济学》（季刊）2005年第5卷第1期。

③ Pranab Bardhan, "Decentralization of Governance and Develpment," *Journal of Economic Perspectives*, vol. 16, no. 4, 2002, pp. 185 – 205.

④ 周黎安：《晋升博弈中政府官员的激励与合作——兼论我国地方保护主义和重复建设问题长期存在的原因》，《经济研究》2004年第6期；周黎安：《中国地方官员的晋升锦标赛模式研究》，《经济研究》2007年第7期。

⑤ 王绍光：《分权的底线》，北京：中国计划出版社，1997年；周飞舟：《分税制十年：制度及其影响》，《中国社会科学》2006年第6期；刘克崮、贾康编：《中国财税改革三十年：亲历与回顾》，北京：经济科学出版社，2008年。

府行为有着决定性的影响，使地方政府的"援助之手"变成"攫取之手"。①

本文拟从第二个问题即分析分税制的性质及其对地方政府行为的影响入手，尝试从此方面推进对中国经济增长的解释。陈抗等学者对分税制为什么应被看作集权性质的体制有过一些论述，但是对于分税制如何导致地方政府对土地收入的依赖尚缺乏机制性的分析和讨论，同时，他们的研究与其他许多研究一样，偏重经济总量而非对土地收入的分析。本文沿着这一思路，对地方政府和土地财政的关系进行实证性的解释。

二 从工业化到城市化：以地生财的新发展模式

1. 财政包干下的工业化发展模式

中国改革开放以来30多年的发展，以1990年代中期为界，分为前后两个阶段。在前一阶段，随着农村改革的成功和乡镇企业的发展，中国兴起了改革开放后第一轮工业化的浪潮。从图1可以看出，工业对GDP的贡献率以及工业对GDP的拉动作用在1994年均达到高峰，分别从1981年的14.7%和0.8上升到1994年的62.5%和8.2，此后则分别稳定在50%和5左右的水平。在这两个阶段，分别出现了两次低谷，则分别与1989年事件和1998年亚洲经济危机有关。

在第一阶段，1980年代到1990年代初期主要的生产要素和产品价格采用的是所谓计划与市场并行的"双轨制"形式，政府的计划和决策仍对经济增长有着重要的影响和推动作用。在财政包干体制下，地方政府通过促进扩大信贷和投资规模，不但能够有效促进地方经济总量的迅速增长，也能够迅速增加财政收入。②

---

① 陈抗等:《财政集权与地方政府行为变化——从援助之手到攫取之手》,《经济学》(季刊) 2002 年第 2 卷第 1 期。
② 赵德馨主编《中华人民共和国经济史 (1949—1966)》,郑州:河南人民出版社,1988 年;胡书东:《经济发展中的中央与地方关系——中国财政制度变迁研究》,上海:上海三联书店、上海人民出版社,2001 年;周飞舟:《锦标赛体制》,《社会学研究》2009 年第 3 期;Chrsitine P. W. Wong, "Fiscal Reform and Local Industrialization: The Problematic Sequencing of Reform in Post-Mao China," *Modern China*, vol. 18, no. 2, 1992, pp. 197 – 227。

土地财政与分税制：一个实证解释

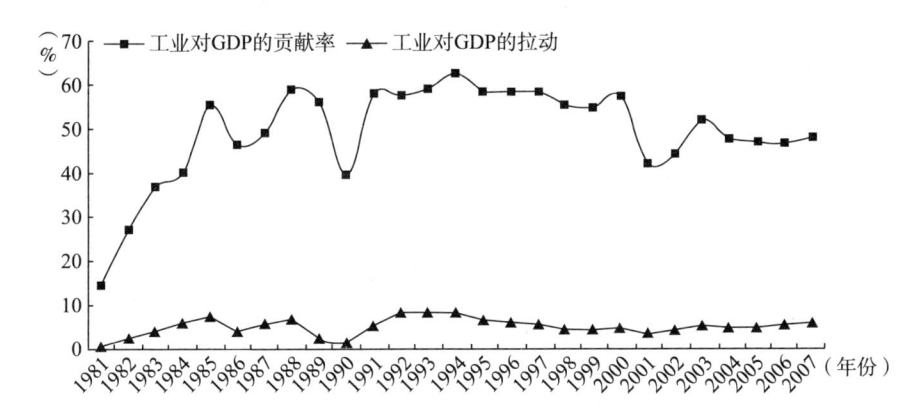

图 1　工业化的发展①

财政包干制自 1985 年开始实行，1988 年得到进一步完善，采取的是"划分税种、核定收支、分级包干"办法，其主要精神就是包死上解基数、超收多留。包干"基数"包的是预算内的财政收入，主要是税收收入。基数并不对各税种的比例进行规定，所以采用的是一定几年不变、"一揽子"的总量包干。② 超出基数越多，地方留成就越多，有些是 100% 留在地方。

在财政包干体制下，流转税是主要税类；③ 主要税收来源就是企业，政府按照企业的隶属关系划分企业所得税，按照属地征收的原则划分流转税（以产品税及后来的增值税为主）。增值税属于流转税类，它不但是流转税类中的主体税种，也是所有税收的主要部分。增值税是对制造业企业征收的主要税种，按照原料入厂和产品出厂的发票差价（value added）进行征收。增值税作为流转税具有如下特点：不论企业是否盈利，只要开工生产，就会征收增值税。即使企业不赚钱，产品的出厂价也会高于原料入厂价，因为出厂价中包含了工资、生产设备折旧等成本，劳动密集型的企业增值税必然要高。另外，企业规模越大，即产品流转规模越大，增值税越多。

---

① 数据来自《数字中国三十年：改革开放 30 年统计资料汇编》，《中国经济景气月报增刊》，2008 年。
② 由于各省情况差别很大，中央政府对全国 37 个下辖财政单位（包括各省、直辖市、自治区和一些计划单列市）共实行了 6 类不同的包干办法，同时由于每一类的包干基数、分成比例、上解基数和递增指标都有所不同，因此可以说中央对不同的下辖财政单位都有不同的包干办法，而且由于年度间的情况变动，中央与地方单位需要不停地就这些基数和指标进行谈判，财政体制变得非常烦琐而复杂。
③ 工商税收（包括产品税、增值税、营业税等流转税）与国营企业所得税的比率 1985 年是 2.2∶1，此后工商税收迅速增长，到 1991 年这个比率为 3.5∶1，数据来自财政部综合计划司编《中国财政统计：1950—1991》，北京：科学出版社，1992 年。

207

由于包干基数并不区分税种,所以工商企业税收与地方政府的财政收入紧紧地结合在一起。只要多办、大办"自己的企业"甚至自己属地内的企业,经济总量和财政收入就都能迅速增长。①

以流转税为主的税收体制与基数包干的财政制度相结合,在很大程度上刺激了地方政府发展地方企业尤其是乡镇企业的积极性。论述财政体制与地方工业化关系的学者普遍忽略了对税收体制的考察:增值税与企业的投资、雇工规模成正比,却与企业的盈利缺少直接的对应关系,所以只要依靠贷款和筹资不断增大企业规模,地方政府的税收收入就能随之增加。

乡镇企业对财政的贡献分为税收和利润上缴两部分。其中税收部分一般由县政府和乡镇政府分享,利润上缴部分则归其所有者——乡镇政府或村集体。在县、乡、村三级组织中,县政府相对比较关注企业的规模,在现实中的表现是,县政府最容易帮乡镇企业运作到贷款,而相对不太关注乡镇企业盈利与否。乡镇企业对地方政府的另一个重要贡献是利润上缴,这一部分主要归乡镇和村集体所有。县政府能够从中获益的是对企业的行政事业性收费。无论是企业上缴利润还是行政事业性收费,都属于县乡政府的预算外,甚至非预算收入,②这部分收入既没有包干,也不会与上级分享,在苏南很多地方属于灰色收入部分。③这是由地方政府尤其是乡镇政府完全控制的收入部分。

对于国营企业而言,财政包干制下国营企业主要进行的是从"利改税"到"承包经营"改革的过程。这项改革虽然增强了国营企业的活力,但国营企业的利润率并没有明显提高,在财政包干制下明显提高的是国营企业的固定资产投资规模。在国营企业"税前还贷"和"含税承包"的体制下,企业规模不断增大,这与地方政府财政收入的增加是相辅相成的。④

在此可总结财政包干制下地方政府推动地方工业化的动力机制。财政体制为地方政府发展地方经济、增加财政收入提供了制度上的激励,税收体制则为地方政府通过扩大投资规模实现上述增长提供了手段。在计划和

---

① 王汉生、林彬主编《变迁中的城区政府与区街经济》,北京:中国社会科学出版社,2002年。
② 非预算收入就是不归入"预算外",又实为政府所支配的部分,小金库是一种典型代表。
③ 马戎、王汉生、刘世定主编《中国乡镇企业的发展历史与运行机制》,北京:北京大学出版社,1994年。
④ 对于这个过程的具体讨论,参见平新乔《对中国企业所得税改革与企业承包制的若干思考》,《经济研究》1993年第3期;周飞舟《以利为利:财政关系与地方政府行为》第3章,上海:上海三联书店,2012年。

市场混合的"双轨制"下,地方政府能够调动、配置主要的地方社会经济资源,这些因素结合在一起,使我们能够比较全面地理解第一阶段高速发展的工业化。

2. 分税制改革

第一阶段通过大规模放权促进地方工业化的发展模式也带来了许多问题。从微观方面来看,乡镇企业由于其产权结构不够明晰,在经营和管理方面存在效率问题,这些问题在进入 1990 年代面对国有企业和私营企业的市场竞争时显得愈来愈突出。虽然地方政府更关注乡镇企业的规模,但一些乡镇企业的亏损正在造成地方政府的呆账和坏账。从宏观来看,1992 年邓小平南方讲话以后的两三年内地方政府纷纷加大投资规模,大办地方企业,[①] 这带来了重复建设、地区封锁、市场分割等问题。从宏观的中央和地方关系来看,问题则更为严重,工业化的迅速发展带来了所谓"两个比重"的下降。

"两个比重"是指财政收入在国内生产总值中的比重和中央财政收入在财政总收入中的比重。第一个比重衡量的是国家从经济增长中抽取税赋的能力,第二个比重则是指中央政府集中全国财力的能力。第一个比重涉及税制和国家与企业的关系,第二个比重则直接关系到集权和分权,乃至统一与"割据"。[②] 第一个比重在 1985 年之后的下降趋势非常明显,共下降了约 25 个百分点。就第二个比重而言,在 1984 年是 40.5%,但是自 1985 年全国实行财政包干制以后开始逐年下降,经过十年时间,1993 年这个比重降到 22%。[③] "两个比重"的下降直接导致了 1994 年的财税体制改革即分税制的出台和实施。

分税制的出台,可以看作改革开放 30 年前后两个阶段的分界线,这不但使中央和地方关系发生了巨大的变化,也深刻影响了地方政府推动经济增长的方式,是我们理解第二阶段的新发展模式的关键。

分税制最核心的内容在于采用相对固定的分税种的办法来划分中央与地方的收入。分税制将税种划分为中央税、地方税和共享税三大类。诸税种中规模最大的增值税被划为共享税,中央和地方按 75% 和 25% 的比例共享;中央税还包括所有企业的消费税。2002 年实行的所得税分享改革更是将企业所

[①] 1992 年、1993 年的全社会固定资产投资规模分别比上年增加了 44% 和 62%,在这中间集体经济的投资规模则分别增长了 95% 和 70%,从中可以看出各地大办乡镇企业之风甚为兴盛。数据来自《数字中国三十年:改革开放 30 年统计资料汇编》,《中国经济景气月报增刊》,2008 年。

[②] 参见王绍光《分权的底线》。他重点讨论的是"第二个比重"。

[③] 《数字中国三十年:改革开放 30 年统计资料汇编》,《中国经济景气月报增刊》,2008 年。

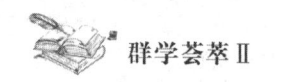

得税和个人所得税由地方税变为中央—地方共享税种，2002年按中央、地方各50%的比例分享，2003年起则按中央60%、地方40%的比例分享。

按分税制的设计，所有企业（无论归谁所有、属地在何处）的主体税种（主要是增值税、消费税；2002年以后也包括了企业所得税）都要纳入分税制的划分办法进行分配。通过这种划分，第二个比重迅速提高，改变了中央财政偏小的局面。第二个比重的迅速上升，是伴随着分税制改革之后中央从地方"集中"的收入不断增加（图2）。

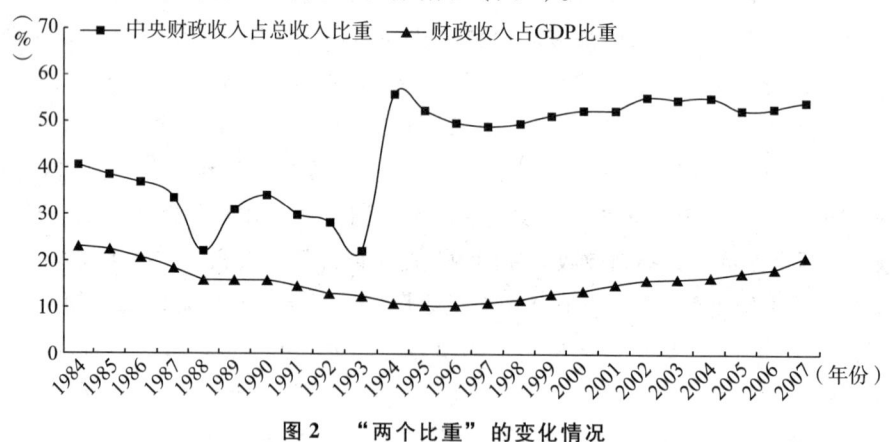

图2 "两个比重"的变化情况

如果将在分税制改革后中央集中的两税（增值税和消费税）与在所得税改革后集中的两税（企业所得税和个人所得税）进行计算，减掉中央对地方的税收返还，则能够计算出中央通过两次改革集中的净收入，也可以非常明显地看出中央对财政收入进行集权的趋势（图3）。

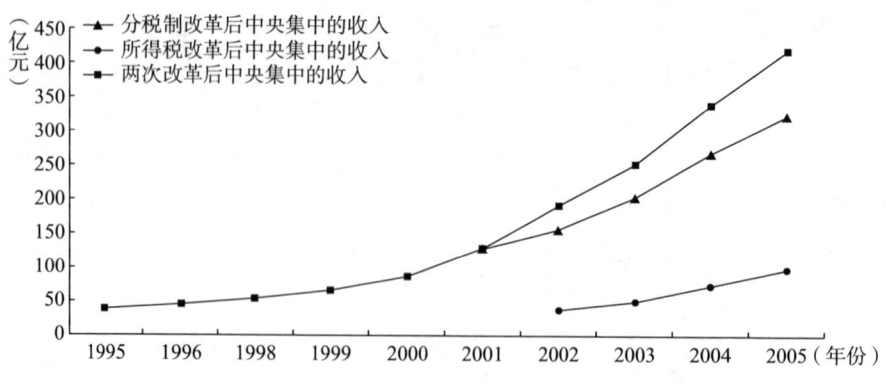

图3 财政体制改革后中央财政从地方政府"集中"的收入

数据来源：《中国税务年鉴》（1996—2006），《地方财政统计资料》（1995—2005）。详见附录1。

3. 分税制体制下的新发展模式

如果承认财政包干制是早期地方经济和工业化迅速发展的主要推动力，并且其作用机制是以分权为基础而产生的。那么，有效地集中了地方收入的分税制会产生怎样的影响？这对地方政府行为与地方经济发展模式还会产生激励吗？

首先，在增值税大部分上缴中央财政的情况下，地方政府与地方企业的关系发生了巨大的变化。由于增值税的分享并不区分企业的所有制性质和隶属关系，这使得所有地区的地方政府陷入财政收入突然减少的困境。也就是说，原先支撑地方政府财政收入主要来源的地方工商企业的税收在分税制之后将大部分属于中央政府。在经过与地方政府的谈判之后，分税制的增值税分享方案以"基数返还、增量分享"的妥协方案得以实行，即中央对地方政府的增值税以1993年为基数，以后年份的基数部分全额返还地方，增量上缴部分（增量的75%）以1∶0.3的比率返还给地方。这个方案从表面上看有利于保护工业化发达地区的既得利益，但从长期来看，中央集中的收入远远大于返还的部分，这从图3可以明显看出。这就是有些地方政府所说的"地方算账怎么也算不过中央"的意思。①

由于中央政府并不承担企业经营和破产的风险，所以增值税分享以后，地方政府兴办、经营企业的收益减小而风险加大了。而且，由于增值税属于流转税类，按照发票征收，无论企业实际上盈利与否，只要企业有进项和销项，就要进行征收。对于利润微薄、经营成本高的企业，无疑是一个相当大的负担。再者，增值税由完全垂直管理、脱离于地方政府的国税系统进行征收，使得地方政府为保护地方企业而制定的各种优惠政策统统失效。在这种形势下，地方政府兴办工业企业的积极性遭受打击。

在现实中，地方政府在分税制之后纷纷与企业"脱钩"。国有企业的股份制改革自1992年发动，到1990年代中期开始普遍推开，而此时也是地方政府纷纷推行乡镇企业转制的高潮时期。到90年代末，虽然国有企业的改革并不十分成功，但乡镇企业几乎已经名存实亡，完全变成了私营企业。对于乡镇企业的转制，学术界有着丰富的研究，但是大部分研究是从产权结构、内部生产和管理、市场、产业结构以及竞争对手等方面进行解释，②

---

① 参见刘克崮、贾康编《中国财税改革三十年：亲历与回顾》。
② 以经济学为主的乡镇企业研究参见海闻编著《中国乡镇企业研究》，北京：中华工商联合出版社，1997年。

而相对忽略了财税体制变化的巨大影响。从以上对分税制的制度效应分析中可以看出，分税制无疑是促成乡镇企业大规模转制以及国有企业股份化的主要动力之一。

其次，与私有化浪潮相伴随的重要现象是地方政府的财政收入增长方式发生了明显的转变，即由过去的依靠企业税收变成了依靠其他税收，尤其是营业税。与增值税不同，营业税主要是对建筑业和第三产业征收的税收，其中建筑业又是营业税的第一大户。所以，地方政府将组织税收收入的主要精力放在发展建筑业上是顺理成章的事情。这种状况在 2002 年所得税分享改革以后尤其明显。此项改革使得地方政府能够从发展企业中获得的税收收入进一步减少，同时使得地方政府对营业税的倚重进一步加强。[①]从经验上看，地方政府在 2002 年以来对于土地开发、基础设施投资和扩大地方建设规模的热情空前高涨，其中地方财政收入增长动机是一个重要的机制。

最后，除预算内财政收入的结构调整带来地方财政增长方式的转变外，分税制改革对地方政府的预算外和非预算收入也有极大的影响。对于地方政府而言，预算外资金的主体是行政事业单位的收费，而非预算资金的主体是农业中的提留统筹及与土地开发相关的土地出让收入。与预算内资金不同，这些预算外和非预算的资金管理高度分散化。对于预算外资金，虽然需要层层上报，但是上级政府一般不对这部分资金的分配和使用多加限制。而对于非预算资金，上级政府则常常连具体的数量也不清楚。分税制改革以后，为制止部门的乱摊派、乱收费现象，中央出台了一系列预算外资金的改革办法，其中包括收支两条线、国库统一支付制度改革等，力图将行政事业性收费有计划、有步骤地纳入预算内进行更加规范的管理，但是对于非预算资金，却一直没有妥善的管理办法，因此非预算资金尤其是土地出让收入开始成为地方政府所主要倚重的财政增长方式。

分税制和所得税分享改革对地方政府造成的压力迫使地方政府通过发展建筑业和增加预算外的收费项目以及非预算资金来寻求新的生财之道。伴随迅速发展的城市化而兴起的"经营城市"的模式正与这种需求密切相关。

---

① 关于这个问题的讨论和经验证据，参见周飞舟《分税制十年：制度及其影响》，《中国社会科学》2006 年第 6 期；周飞舟：《大兴土木：土地财政与地方政府行为》，《经济社会体制比较》2010 年第 3 期。

图 4 将工业化和城市化的两个主要指标进行对比，可以看出改革的两个阶段中发展模式的区别。在改革开放后的前 15 年的第一阶段，以乡镇企业为主要动力的工业化并没有对城市化造成压力，企业坐落于农村和小城镇地区，劳动力以"离土不离乡、进厂不进城"的农民为主，因此，这个时期的工业化速度远高于城市化的速度，也可以说是城市化滞后于工业化。

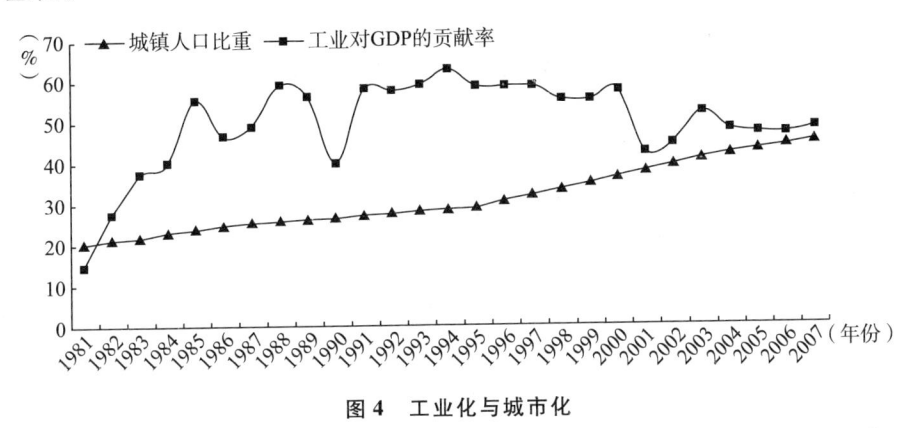

图 4 工业化与城市化

数据来源：《数字中国三十年：改革开放 30 年统计资料汇编》，《中国经济景气月报增刊》，2008 年。

可以看出，1994 年是一个明显的分界点。1994 年以前工业对 GDP 的贡献率年均增长速度是 3.7%，而城镇人口比重的年均增长速度是 0.6%；1994 年以后，这两个比重的年均增长速度分别是 -1.1% 和 1.3%，城市化的速度明显加快。这一方面与 1994 年开始推行的城镇住房制度改革、1998 年出台的《土地管理法》有关，另一方面也与迅速发展的沿海外向型经济有关。这都促使企业、居民对城市建设用地的需求快速增长。由于大部分外向型经济位于东部沿海地区，所以在这些地区城市化发展最为迅速，政府"经营城市"的发展模式也最为突出。要经营城市，就需大量新增的建设用地。在此宏观背景下，土地征用和出让成为地方政府预算以及非预算收入最主要的来源。

按照《土地管理法》的规定，只有地方政府有权征收、开发和出让农业用地，供应日益紧缺的城市建设用地，并且征收农业用地的补偿费用等成本远低于城市建设用地出让价格。地方政府低价征收农业用地，进行平整、开发后，可以通过招标、拍卖或挂牌等形式在土地二级市场出让。在东部沿海地区，地方政府通过这个过程迅速积累了规模巨大的土地出让收入。利用大规模的土地出让收入和已征收的大量城市建设用地,地方政府可以通过财政担保和土地抵押的方式取得更大规模的金融贷款以投入城市建设。这样,土地收入—银行贷款—城市建设—征地之间形成了一个不断滚动增长的循环过程。这个过程不但塑造了东部地区繁荣的工业化和城市景象,也为地方政府带来了财源。

这些财源除了包括通过土地征收、开发和出让过程中直接得到的土地收入之外,还包括城市建设过程中迅速增长的以建筑业、房地产业等营业税为主的预算财政收入,这些收入全部属于地方收入,无须与中央政府共享。所以,随着城市化的迅速发展,地方政府的预算收入和非预算资金(土地收入)呈现平行的增长态势,构成了地方政府"土地财政"的主要支柱。[①] 因此,新世纪激烈的城市化过程与地方政府"经营城市""经营土地"的行为取向密不可分。在此过程中,地方政府形成了推动地方经济和财政收入均增长的新发展模式。

三 土地征用与出让

中国实行的是"双轨"土地所有制:全民所有制和集体所有制,即农业用地归农村的村集体所有,非农业用地(主要是城市建设用地)归国家所有。我国所有的城市土地均为国有,1982年12月4日第五届全国人民代表大会第五次会议通过的宪法修正案规定,"城市的土地属于国家所有"(《中华人民共和国宪法》第10条)。在城市扩张过程中,城市需要占用农业用地时,首先必须改变农业用地的所有权性质,将村集体所有转变为国家所有,这个过程叫作"土地征用";在将土地从村集体所有转变为国家所有之后,政府会将土地进行平整、配备各种基础设施(道路、绿地、通水、通电、通气等),然后主要通过"协议、招标、拍卖、挂牌"等形式将土地的使用权卖给用地单位,这个过程叫作"土地出让"。

土地征用是国家依照法律规定的条件和程序,将集体所有的土地收归国有的一种措施。农业用地转变为非农业建设用地,依据的法律为1998年

---

① 关于土地财政的研究,参见刘守英、蒋省三《土地融资与财政和金融风险——来自东部一个发达地区的个案》,《中国土地科学》2005年第5期;周飞舟:《生财有道:土地开发和转让中的政府和农民》,《社会学研究》2007年第1期;陶然、袁飞、曹广忠:《区域竞争、土地出让与地方财政效应:基于1999—2003年中国地级城市面板数据的分析》,《世界经济》2007年第10期。

的《土地管理法》。按照该法,"国家为了公共利益的需要,可以依法对土地实行征收或者征用"[《中华人民共和国土地管理法》(1998)第2条,以下引用条款均出自该法律]。在城市化过程中,如果需要进行建设而使用土地,其产权性质必须是"国有土地"而不能为"集体土地",这里的国有土地"包括国家所有的土地和国家征收的原属于农民集体所有的土地"(第43条)。这意味着,在城市建设中,如果需要使用原有的集体土地,必须通过征地改变集体土地原有的产权性质,第一步必须将集体土地转变为国有土地,然后才可以在土地市场上通过出让、划拨、租赁和转让等不同形式将土地转让给土地使用者。土地从农村集体所有转变为城市国有的过程,就是通常所说的土地征用,通常是由地方政府完成的。

农村地区的土地集体所有制,在2002年《农村土地承包法》之后,虽然名义上仍然是集体所有,但作为发包方的集体无权终止、收回、调整农户的承包权;而相应地,农户的承包权,不仅可以获得相应的收益,而且还可以在市场上自由转让。可以说,在2002年之后,农户承包权的转让权得到了全面的承认和清晰的界定:土地转让权属于承包方(承包农户)而非发包方(集体);转让权不受任何组织或个人的强迫或阻碍;转让形式可以包括转包、出租、互换等多种形式;转让权的价格由当事人决定;转让权的收益由承包方所得。但是,对于农民土地转让权的保护,仅仅限于"土地的农业用途",而一旦土地用于非农业用途,《农村土地承包法》则立刻失去效力。

"对土地实行征收"的权力是垄断的,土地征用的主体是国家,土地征用是一种政府行政行为,在特定的地域范围内,地方政府代表国家行使征地的权力,地方政府代表国家垄断土地资源。

地方政府将集体农业土地通过"土地征用"这一过程转化为"国有土地"之后,"单位和个人"因为进行建设而需要使用土地的,就可以"依法申请使用国有土地"(第43条)了。这是我国城市化过程中用地的主要来源。国有土地的出让权力,同样垄断在国家手中,除国家外,"任何单位和个人不得侵占、买卖或者以其他形式非法转让土地"(第2条)。

在此,值得特别注意的是,现行法律确认了政府征用农业土地的垄断权,同时也确认了政府向城市土地市场出售所征用土地使用权的权力,前者的土地补偿是按照土地的农业用途收益计算的,而后者是按照土地的未来市场预期收益计算的。

土地征用并非无偿,而是需要给予原所有者(集体)与使用者(农户）一定的补偿，其补偿的核心原则是按照"被征收土地的原有用途"。以耕地为例，对征收土地的补偿一般包括下面几个部分：（1）土地补偿费，即耕地被征用前3年的平均农业产值的6—10倍；（2）安置补偿费，即需要安置的农业人口数×耕地被征用前3年的平均农业产值的4—6倍（注：需要安置的农业人口数＝被征收的耕地数量/征地前被征收单位人均耕地占有量）；（3）地上附着物和青苗补偿费，这部分由地方政府规定。

土地转让也并非无偿，在这一过程中，我国依据的是"国有土地有偿使用制度"（第2条）。除一些"公益事业"用地可以通过"划拨"方式获得外，建设单位使用国有土地，主要需要通过"有偿使用方式"获得，使用国有土地的建设单位需要向政府缴纳"土地出让金"："以出让等有偿使用方式获得国有土地使用权的建设单位……缴纳土地使用权出让金等土地有偿使用费和其他费用后，方可使用土地。"（第55条）

地方政府将集体所有制的农业用地征为国有，变成非农用地的过程中，土地资本可成几倍乃至十几倍增值。据估计，如果土地出让成本价为100%，则农民只得5%—10%，村级集体经济组织得25%—30%，60%—70%为县、乡（镇）各级地方政府所得。[①] 这中间的巨大差价成为地方政府"经营土地"的最主要经济激励之所在，导致1990年代后期以后土地出让金额与面积剧增（见图5）。

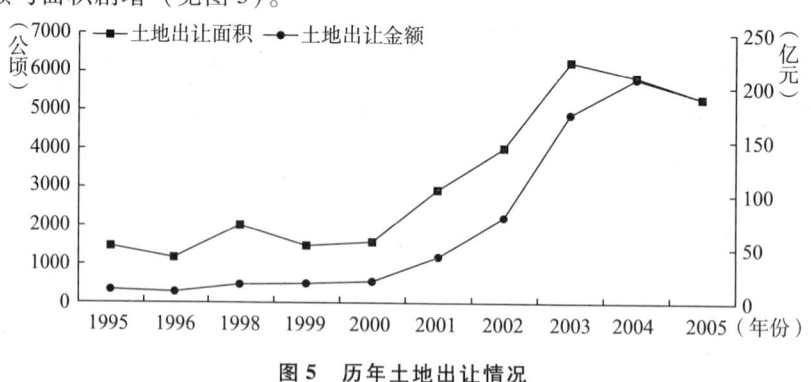

图 5　历年土地出让情况

数据来源：《中国土地年鉴》（1995—1997），《中国国土资源年鉴》（1999—2006），出处及具体情况详见附录1。

[①] 温铁军、朱宋银：《县以下地方政府资本原始积累与农村小城镇建设中的土地问题》，《经济研究资料》1996年第1期。

土地财政与分税制：一个实证解释

自 2000 年之后，中央政府开始遏制地方政府的土地征用规模与行为，相继出台了一系列法律法规。[1] 但是，在巨大的利益驱动下，中央政府的三令五申无法遏制地方政府经营土地的冲动。地方政府所采用的征地方式多种多样，如采取到其他地方买指标的方式征地，或化整为零，把国务院才能批的权限运作到县一级就能批。[2] 对于地方政府与中央政府在土地征用过程中的利益博弈，张清勇通过 1998 年《土地管理法》的修改过程，进行了分析。从 1997 年 8 月到 1998 年 8 月短短 1 年间，《土地管理法》中的土地有偿使用费分配方案频繁变动：（1）1997 年 8 月，在《修改草案》（送审稿）阶段，新增建设用地的土地有偿使用费 100% 上缴中央财政；（2）在地方的反对下，1998 年 6 月出台的《修订草案》里，新增建设用地的土地有偿使用费在中央和地方之间四六分成；（3）到 1998 年 8 月《修订草案》最终审议时，在"有些常委委员和地方"的努力下，新增建设用地的土地有偿使用费分配方案最终确定为三七分成。从这一讨价还价过程中，可以看出中央和地方之间在土地收入分配上的激烈竞争，而博弈的结果显示，中央政府希望通过土地收益分配方案的调整来加强土地管理和耕地保护工作的打算，在这次法律修改过程中遭受挫折。[3]

以上是对分税制引发的财税制度改革与地方政府"以地生财"行为之间的制度和机制方面的分析，分税制通过改变中央和地方税收分配方案导

---

[1] 这些法规包括 2002 年 5 月《招标拍卖挂牌出让国有土地使用权规定》（国土资源部令第 11 号）、2003 年 2 月《关于清理各类园区用地加强土地供应调控的紧急通知》（国土资发〔2003〕45 号）、2003 年 4 月《关于开展经营性土地使用权招标拍卖挂牌出让情况执法监察工作方案》、2004 年 3 月《关于继续开展经营性土地使用权招标拍卖挂牌出让情况执法监察工作的通知》（国土资发〔2004〕71 号）、2004 年 4 月《关于深入开展土地市场治理整顿严格土地管理的紧急通知》（国办发明电〔2004〕20 号）、2004 年 10 月《关于深化改革严格土地管理的决定》（国发〔2004〕28 号）、2004 年 10 月《关于基本农田保护中有关问题的整改意见》（国土资发〔2004〕223 号）、2004 年 11 月《土地利用年度计划管理办法》（国土资源部令第 26 号）、2004 年 11 月《建设项目用地预审管理办法》（国土资源部令第 27 号）、2006 年 6 月《关于当前进一步从严土地管理的紧急通知》（国土资电〔2006〕17 号）、2006 年 7 月《关于建立国家土地督察制度有关问题的通知》（国办发〔2006〕50 号）、2006 年 9 月《关于加强土地调控有关问题的通知》（国发〔2006〕31 号），等等。具体讨论参见赵德余《土地征用过程中农民、地方政府与国家的关系互动》，《社会学研究》2009 年第 2 期。

[2] 葛如江、潘海平、王新亚：《谁制造了 2000 万失地农民——城市化浪潮中的新弱势群体调查》，《中国改革·农村版》2004 年第 1 期。

[3] 张清勇：《纵向财政竞争、讨价还价与中央—地方的土地收入分成——对 20 世纪 80 年代以来土地收入的考察》，《制度经济学研究》2009 年第 1 期。

致了地方政府财政收入的"饥饿效应",这构成土地开发和城市化浪潮的一个核心推动力量。笔者将使用省级数据验证这两者之间的经验关系。

四 分税制和土地财政的实证解释

1. 假设

本文使用中央与地方的"财政关系"来解释地方政府的"征地"行为,从而考察分税制的深刻影响。以下假设就是在上述制度史的分析中建立的:在新的财政体制下,地方政府损失的越多,其从土地征用、开发和出让中获得收入的激励就越大;即在分税制及之后的财政体制改革中,中央政府从地方政府"集中"的收入越高,地方政府就会越多地从土地征用过程中获得收入。

2. 数据

本文以省级数据测量地方政府的财政税收情况与征地行为。从1994年开始,中国统计资料开始公开地方政府的土地出让情况,本文所使用的数据,均来自公开发表的统计资料(具体出版物较为复杂,详见附录1)。本文选取1998—2005年的数据。

3. 因变量

本文试图解释地方政府在征地行为方面的差异。通过刘守英、周飞舟等人对于地方政府的征地收益分析[①]可以看到,虽然土地出让金并不是地方政府"经营土地"的唯一收入,但却是其中最大份额的收入。因此,因变量定义为地方政府通过土地出让所获得的土地出让金数目。

4. 自变量

本文假设,在新的财政体制下,中央从地方财政中拿走的数额越多,地方政府的征地行为越激烈,因此,核心自变量为中央从地方"集中"的税收,或者说地方政府在新财政体制中的"税收损失"。前文已说明,1994年分税制改革,中央将消费税的100%与增值税的75%收归中央财政;2002年的所得税改革,中央又将企业所得税与个人所得税的50%收归中央财政(2002年之后这个比例增大到60%)。这两部分收归中央的财政收入,减去

[①] 刘守英、蒋省三:《土地融资与财政和金融风险——来自东部一个发达地区的个案》,《中国土地科学》2005年第5期;周飞舟:《生财有道:土地开发和转让中的政府和农民》,《社会学研究》2007年第1期。

中央对地方的税收返还，即为中央通过这两次财政改革从地方财政"集中"起来的收入，或者称为地方政府在财政体制改革中遭受的"税收损失"。具体计算公式如下：

（1）［2002年之前］税收损失 = （消费税 + 增值税 × 0.75）- 消费税和增值税税收返还

（2）［2002年］税收损失 = （消费税 + 增值税 × 0.75）- 消费税和增值税税收返还 × （企业所得税 + 个人所得税）× 0.50 - 所得税基数返还

（3）［2002年之后］税收损失 = （消费税 + 增值税 × 0.75）- 消费税和增值税税收返还 + （企业所得税 + 个人所得税）× 0.60 - 所得税基数返还

5. 控制变量

考虑到其他经济社会指标对于地方政府土地出让的影响，在模型中加入人口规模（自然对数形式）、人均GDP（自然对数形式）、工业化水平（第二产业占GDP的百分比）以及城市化水平（非农业人口占总人口的百分比）作为控制变量。在实际的模型中，土地出让金与税收损失都取人均自然对数格式。表1为所有变量的描述。①

表1　文中所使用变量的描述统计

	观测值	均值	标准差	最小值	最大值
人均土地出让金（ln）	248	-4.85	1.66	-8.96	-0.61
人均税收损失（ln）	247	-3.69	1.33	-8.46	0.21
人口（ln）	248	17.20	0.91	14.71	18.42
人均GDP（ln）	248	-8.13	1.13	-9.90	-5.50
城市化水平（%）	248	31.43	15.45	13.80	84.46
工业化水平（%）	248	44.39	7.87	19.77	59.50

6. 估计方法

我们使用 y_{it} 代表省份 i 在年份 t 的人均土地出让金，X_{it} 代表人均税收损失，Z_{it} 表示其他经济社会指标。

$$y_{it} = \alpha y_{it-1} + \beta_1 X_{it} + \beta_2 Z_{it} + \lambda_i + \gamma_t + \varepsilon_{it}$$

λ_i 表示不随年份变化的、某个省份 i 的独有特征（如地理位置）；γ_t 表

---

① 人均土地出让金、人均税收损失、人均GDP单位都是万元。

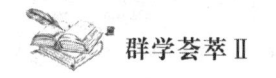

示不随省份变化的、某个年份 t 的独有特征（如中央政府在某年的土地征收政策）；ε_{it} 表示残差项。

对于这种面板数据（panel data），最常用的方法是固定效应模型（fixed effect model）与工具变量法（instrumental varable）。但是，由于模型中出现了因变量的滞后项（y_{it-1}），会与不可观测的截面异质性效应产生相关并带来参数估计的非一致性问题。为解决这一问题，同时解决因变量与自变量之间可能出现的联立内生性问题，"广义矩估计法"（generalized method of moments，GMM）获得广泛应用，这一方法的基本思路是先对原方程进行差分，然后用滞后变量作为差分方程中相应变量的工具变量（first-differenced GMM，DIF-GMM）。[1] 相对于传统的估计方法，GMM 不需要假设随机误差项的准确分布信息，同时允许随机误差项存在异方差和序列相关，因而得到的参数估计量比传统估计方法更有效。

然而，"差分广义矩估计法"（DIF-GMM）会导致一部分样本信息的损失，并且容易受弱工具变量的影响而产生有限样本偏误（finite-sample bias）。为克服这一问题，又发展出了"系统广义矩估计法"（SYS-GMM），这种方法结合了差分方程和水平方程两种估计信息：在差分广义矩估计法的基础上，又增加了一组滞后的差分变量作为水平方程相应变量的工具变量。[2]

相对来说，"系统广义矩估计法"具有更好的有限样本性质，因此本文主要使用"系统广义矩估计法"估计面板数据模型。根据对权重矩阵的不同选择，为进行比较，文章也报告"差分广义矩估计法"的结果；为检验"广义矩估计法"是否可行，也报告了混合最小二乘法（Pooled OSL，POLS）与固定效应（fixed effect，FE）的结果，由于混合最小二乘法估计通常会高估滞后项的系数，而固定效应估计则一般会低估滞后项的系数，因此，如果广义矩估计法估计值介于两者之间，说明广义矩估计法是可靠有效的。[3]

---

[1] D. Holtz-Eakin, W. Newey and H. S. Rosen, "Estimating Vector Autoregressions with Panel Data," *Econometrica*, vol. 56, no. 6, 1988, pp. 1371 – 1395; M. Arellano and S. Bond, "Some Tests of Specification for Panel Data: Monte Carlo Evidence and an Application to Employment Equations," *The Review of Economic Studies*, vol. 58, no. 2, 1991, pp. 277 – 297.

[2] M. Arellano and O. Bover, "Another Look at the Instrumental Variables Estimation of Error Components Models," *Journal of Econometrics*, vol. 68, no. 1, 1995, pp. 29 – 51; R. Blundell and S. Bond, "Initial Conditions and Moment Restrictions in Dynamic Panel Data Models," *Journal of Econometrics*, vol. 87, no. 1, 1998, pp. 115 – 143.

[3] S. Bond, A. Hoeffler and J. Temple, "GMM Estimation of Empirical Growth Models," CEPR Discussion Paper, no. 3048, 2001.

7. 估计结果

表2是模型的估计结果。广义矩估计法要求误差项的一阶差分 $\Delta\varepsilon_{it}$ 应该在一阶序列相关（first-order serial correlation）上显著，但在二阶序列相关（second-order serial correlation）上不显著。[①] 表2中的 Arellano-Bond test for AR（1）和 AR（2）的结果显示，无论是"差分广义矩估计法"还是"系统广义矩估计法"的估计结果，这一条件都得到满足，误差项的一阶序列相关显著，二阶序列相关不显著（模型1-4）。同时，汉森检验（Hansen test）与汉森差异检验（Difference-in-Hansen test）的结果表明，广义矩估计法的工具变量外生性条件得到满足（模型1-4）。

为检验广义矩估计法是否可行，可比较因变量的滞后项的系数。表2的结果显示，因变量的一阶滞后变量在系统广义矩估计法模型中是0.248与0.228（模型1与模型2），在差分广义矩估计法中是0.207与0.219（模型3与模型4），都低于混合最小二乘法估计的系数0.502（模型5），并高于固定效应估计的系数0.179（模型6），这说明本文使用的广义矩估计法是可靠有效的。

从本文的核心解释变量——税收损失——来看，这一变量在广义矩估计法中的系数都是比较稳定的。在系统广义矩估计的一步估计（One-step）和两步估计（Two-step）中，人均税收损失的系数分别为1.162与1.184（模型1与模型2）；差分广义矩估计的一步估计（One-step）和两步估计（Two-step）中，人均税收损失的系数分别为1.425与1.396（模型3与模型4）。这说明本文的估计结果是比较稳健的。

税收损失这一核心解释变量在所有的估计模型中都非常显著，并且在广义矩估计中的系数都非常稳健，说明本文的假设得到证明：地方政府在新的财税制度下损失越多，就越有动力通过土地财政来弥补。广义矩估计法的模型结果显示，地方政府在新财税体制下的人均税收损失每增加1%，从人均土地出让金中获利会增加1.162%—1.425%（模型1-4）。

从模型中的控制变量来看，只有"工业化水平"在差分广义矩估计中是显著的，但在系统广义矩估计中不显著，除此，其他控制变量在广义矩估计

[①] J. Sargan, "The Estimation of Economic Relationships Using Instrumental Variables," *Econometrica*, vol. 26, no. 3, 1958, pp. 393-415; L. Hansen, "Large Sample Properties of Generalized Method of Moments Estimators," *Econometrica*, vol. 50, no. 4, 1982, pp. 1029-1054; S. Bond, "Dynamic Panel Data Models: A Guide to Micro Data Methods and Practice," UCL Working Paper, 2002.

模型中都不显著。这说明，在对于地方政府征地行为的解释中，人口规模、经济发展水平、工业化水平、城市化水平等因素都不是最重要的，也从另一个侧面说明，本文提出的财税体制变量是一个非常有解释力的因素。

表 2 模型估计结果

	SYS-GMM		DIF-GMM		POLS	FE
	(1)	(2)	(3)	(4)	(5)	(6)
	One-way	Two-way	One-way	Two-way		
人均税收损失（ln）	1.162*** (0.240)	1.184*** (0.278)	1.425*** (0.272)	1.396*** (0.331)	0.504*** (0.116)	1.215*** (0.176)
因变量的一阶滞后变量	0.248** (0.109)	0.228* (0.133)	0.207* (0.108)	0.219* (0.113)	0.502*** (0.087)	0.179** (0.065)
人口（ln）	-0.333 (1.114)	-0.422 (1.947)	-2.537 (9.001)	0.094 (9.948)	0.660** (0.256)	0.545 (4.297)
人均 GPD（ln）	0.194 (0.935)	0.108 (0.995)	-0.757 (0.707)	-0.938 (0.974)	0.647*** (0.240)	0.147 (0.500)
城市化水平（%）	-0.025 (0.037)	-0.019 (0.045)	-0.012 (0.039)	-0.005 (0.043)	-0.024*** (0.006)	-0.024 (0.019)
工业化水平（%）	0.04 (0.036)	0.043 (0.040)	0.111*** (0.039)	0.105** (0.048)	-0.013 (0.012)	0.053** (0.022)
常数项	6.979 (12.126)	7.459 (27.597)			-5.132* (2.623)	-9.264 (74.597)
观测值	216	216	184	184	216	216
R^2					0.844	0.813
省份个数	31	31	31	31		31
AR（1）	0.025	0.084	0.029	0.046		
AR（2）	0.808	0.783	0.994	0.957		
Hansen test	0.911	0.911	0.741	0.741		
Dif-in-Hansen tests	0.994	0.994				

注：1. *** $p<0.01$，** $p<0.05$，* $p<0.1$；括号内为稳健标准误。

2. Arellano-Bond test for AR（1）和 AR（2）表示误差项的一阶差分在一阶序列相关与二阶序列相关的检验（p 值）。

3. Hansen test（Hansen test of overid. restrictions）为工具变量过度识别约束检验，其原假设是工具变量是有效的。Dif-in-Hansen test（Difference-in-Hansen tests of exogeneity of instrument subsets）是针对 SYSGMM 中额外的工具变量的有效性检验，其原假设是这些工具变量是有效的。表中汇报的为 p 值。

4. 因变量为人均土地出让金（ln）。

五 结论

中国财政体制与经济增长间的关系一直是学术界讨论的热点问题，也涉及对中国经济成就的核心解释。正如本文所评述的，大量的经验研究揭示中央与地方的分权体制、地方政府的区域竞争是经济增长的重要推动力，但这些解释在很大程度上忽视了财政体制的变化所产生的复杂作用机制。其中，1994年的分税制改革，作为一种中央政府大力集中地方收入的新财税体制与过去的财政包干制有着本质差别。对于这种新体制如何刺激地方经济增长，简单的分权理论框架解释是不充分的。

分税制之后，中国经济增长的核心动力是土地开发和城市扩张，这是学术界的基本共识。但对于分税制与土地开发之间的关系，虽然有大量的案例研究，两者之间的数量联系却缺乏实证的解释。实际上，分税制在中央集中地方收入的同时，对地方也有大量的税收返还，同时对中西部地区也建立起规模庞大的转移支付体系。有研究表明，这个转移支付体系的结构性问题导致了分税制所产生的地方财政的"饥饿效应"并没有得到有效缓解，所以中央与地方、政府与企业的关系在分税制后都出现了巨大的变化。[1] 这种变化导致地方政府全面以土地征用、开发和出让作为新的支持地方财政和经济增长的主要来源。本文使用全国的省级面板数据证明了这二者之间的稳定关系。

需要指出的是，本文对于分税制和土地财政的关系分析，并无批评以分税制为代表的财政体制改革之意。无论我们如何评价以土地财政为代表的发展模式，与财政包干制相比，分税制无疑都是一个理性化的制度变革，这个改革建立了中央与地方之间关系的稳定互动框架，以土地为中心的城市扩张模式只是这次改革的意外后果而已。

地方政府全面转向土地开发和城市扩张，除财政体制作为核心的因素外，其他一些制度和经济形势的变化也起到了推波助澜的作用。这其中，城镇住房制度改革、加入世界贸易组织以及农村税费改革都对城市化的迅速发展有深入的影响。如何考察这些背景因素与财政体制的共同作用，有待进一步的实证研究。

---

[1] 周飞舟：《分税制十年：制度及其影响》，《中国社会科学》2006年第6期。

附表　数据来源

变　量	数据年份	出　处	编　者	出版社
因变量				
土地出让金额	1998—2005	《中国国土资源年鉴》（1999—2006）	中华人民共和国国土资源部	北京：中国国土资源年鉴编辑部
自变量				
增值税	1998—2005	《中国税务年鉴》（1999—2006）	《中国税务年鉴》编辑委员会	北京：中国税务出版社
消费税	1998—2005	《中国税务年鉴》（1999—2006）	《中国税务年鉴》编辑委员会	北京：中国税务出版社
企业所得税	2002—2005	《中国统计年鉴》（2003—2006）	中国国家统计局	北京：中国统计出版社
个人所得税	2002—2005	《中国统计年鉴》（2003—2006）	中国国家统计局	北京：中国统计出版社
税收返还补助	1998—2005	《地方财政统计资料》（1998—2005）	财政部预算司（1998—2000）财政部国库司（2001—2005）	北京：新华出版社 北京：中国财政经济出版社
消费税和增值税税收返还收入	2002—2005	《地方财政统计资料》（2002—2005）	财政部国库司	北京：中国财政经济出版社
所得税基数返还收入	2002—2005	《地方财政统计资料》（2002—2005）	财政部国库司	北京：中国财政经济出版社
主要控制变量				
人口总数	1998—2005	《中国人口统计年鉴》（1999—2006）	国家统计局人口统计司	北京：中国展望出版社
非农业人口（比例）	1998—2005	《中国人口统计年鉴》（1999—2006）	国家统计局人口统计司	北京：中国展望出版社
GDP	1998—2005	《中国统计年鉴》（1999—2006）	中国国家统计局	北京：中国统计出版社
第二产业（比例）	1998—2005	《中国统计年鉴》（1999—2006）	中国国家统计局	北京：中国统计出版社

〔责任编辑：刘亚秋　责任编审：冯小双〕

颁奖词 《公司治理与企业业绩——基于中国经验的社会学分析》一文，基于676家上市公司1997—2007年间的面板数据及对上市公司高管、独立董事、基金经理和证券分析师等的深度访谈，分析公司治理和企业绩效之间的关系，揭示了在中国制度背景下与代理理论的预测颇为不同的公司治理与企业绩效的关系模式。该文发现，所谓"最佳"公司治理做法是在特定社会、政治、文化等制度环境下各种复杂社会力量和利益群体进行"建构"的结果，取决于是否契合所在的制度环境，并不存在普适的"最佳"公司治理模式。该文是一项基于中国经验的社会学实证研究，为解构这一世界性公司治理迷思提供了新视角和证据。

公司治理与企业绩效[*]

——基于中国经验的社会学分析

杨 典[**]

摘 要：基于676家上市公司1997—2007年的面板数据及对上市公司高管、独立董事、基金经理和证券分析师等的深度访谈资料，分析公司治理和企业绩效之间的关系，揭示在中国制度背景下与代理理论的预测颇为不同的公司治理与企业绩效的关系模

---

[*] 本文原载于《中国社会科学》2013年第1期。本研究得到哈佛大学费正清中国研究中心Shum奖学金及中国社会科学院青年科研启动基金的支持。英文初稿曾于麻省理工学院斯隆商学院—哈佛经济社会学论坛上宣读，与会者提供了中肯建议。李培林研究员、张翼研究员、《中国社会科学》编辑部及匿名评审人为本文的修改提供了宝贵建议。谨致谢忱。

[**] 杨典，中国社会科学院社会学研究所副研究员（北京100732）。

式。而所谓"最佳"公司治理做法是在特定社会、政治、文化等制度环境下各种复杂社会力量和利益群体进行"建构"的结果，其作用的发挥在很大程度上取决于是否契合所在的制度环境，并不存在普适的"最佳"公司治理模式。基于中国经验的社会学实证研究，为解构这一世界性公司治理迷思提供了新视角和证据。

关键词： 公司治理　企业绩效　新制度主义　代理理论　产权理论

公司治理与企业绩效之间的关系一直是学者、企业管理者和政府监管者颇为关注的问题，尤其在1997年亚洲金融危机、2001年美国一系列公司丑闻及2008年全球金融危机之后，更成为多方关注的焦点。虽然各方对"好的公司治理对企业绩效的提升乃至整个社会的发展都有促进作用"这样的观点基本达成共识，[1] 但究竟何谓"好的公司治理"依然存在争议。在经济学家特别是秉持代理理论观点的经济学家看来，所谓"好"的公司治理做法，是那些能够最大限度地减少代理成本并有助于实现股东价值最大化的做法，即美式股东导向型公司治理模式（the American shareholder-oriented corporate governance）。他们还具体列出包括委任更多外部独立董事、分设CEO（Chief Executive Officer，首席执行官）和董事长职位、增加机构投资者持股份额等一系列所谓"最佳"公司治理做法，认为这些做法在强化董事会权力与独立性、增强CEO责任感、降低代理成本继而实现企业绩效提升等方面，是放之四海而皆准的普适准则。与此相反，社会学新制度主义理论则认为没有普适的公司治理做法，所谓"最佳"公司治理做法是一种社会建构，其能否真的发挥作用在很大程度上取决于是否契合所在的制度环境。特别是那些跨文化、移植自西方的所谓"最佳"治理做法（比如独立董事制度）往往脱离所在国实际情况，在采用后不但对企业绩效的提高可能起不到什么积极作用，还可能导致一些意外负面后果，在某些情况下甚至对公司绩效造成伤害。同时，许多被代理理论判定为"坏"的公司治理做法，例如国家持股，反而可能有助于企业绩效的提升，因为在争夺稀缺资源和市场地位的激烈竞争中，国家能为企业提供强大支持，这对生存于瞬息万变、处于赶超阶段的后发国家中的企业来说

---

[1] 如白重恩等：《中国上市公司治理结构的实证研究》，《经济研究》2005年第2期。

尤其重要。

我国的企业改制和公司治理改革（尤其是上市公司的公司治理改革）在很大程度上受到代理理论和美式股东导向型公司治理模式的影响。然而，上市公司在采用了这些"最佳"公司治理做法之后是否真的实现了企业绩效的提升，至今仍存有争议。具体而言，机构投资者在提高上市公司绩效方面究竟发挥了怎样的作用？股东导向型的董事会结构（例如委任独立董事、分设 CEO 与董事长职位等）是否真的对企业绩效尤其是企业的股市表现起到了促进作用？此外，目前我国上市公司中 70% 左右是国有控股企业，那么，国有控股上市公司的绩效是否比非国有控股公司的绩效差？随着过去十几年来国有企业产权多元化及董事会改革的大力推进，国有控股上市公司在上市后与传统国有企业相比是否有了实质性转变？我国的国有企业改革在多大程度上获得了成功？

基于中国 676 家上市公司 1997—2007 年的面板数据及对上市公司高管、独立董事、公司律师、基金经理和证券分析师等进行深度访谈得来的定性数据资料，本文从社会学角度分析公司治理和企业绩效之间的关系，试图对以上问题做出回答。

一 公司治理和企业绩效：理论与假设

本文将集中研究公司治理的几个重要维度，如产权、董事会结构等对上市公司绩效产生的影响。

（一）国家的作用："掠夺之手""扶持之手"及代理成本

1. 国家控股与企业绩效

国外学者对转型经济体中作为"委托人"的国家对企业的治理和绩效所能起到的作用进行了研究。产权理论认为，国有企业的致命缺陷在于委托—代理问题。[①] 由于存在信息不对称和激励不相容问题，当企业所有者无法亲自经营企业而只能选择将企业委托给管理者时，代理问题便随之出现：国有企业管理者在没有足够激励的情况下根本不会主动去最大限度地提升企业盈利能力。国有企业的另一严重问题则源自国家的"掠夺之手"（grab-

---

① J. D. Sachs, "Privatization in Russia: Some Lessons from Eastern Europe," *The American Economic Review*, vol. 82, no. 2, 1992, pp. 43–48.

bing hand）及政治干预。① 这一问题在国家部分持股的现代大型企业也同样存在。凭借持股而享有的表决权和控制权，国家得以对企业管理施加干预。通过国家持股而获得企业控制权的政治家和官僚们会刻意将企业资源转移给政治支持者。而这些偏向性行为通常以牺牲企业的盈利能力为代价。因此代理理论经济学家认为，国有制是市场经济顺利运转的绊脚石，因为它不可避免地导致寻租、贪污及其他形式的腐败等破坏市场约束的行为，而市场约束是市场经济得以高效运作的最可靠保证。

相比之下，新制度主义理论和发展型国家理论则认为，转型市场经济下的企业大多是工业化的后进者，在毫无帮助的情况下，它们将无法赶上世界先进企业的发展脚步。发展型国家理论进而认为，国家能够为企业提供"扶持之手"（helping hand），通过遏制恶性竞争、提供专业引导、资源调配及协助引入国外先进技术等方式来帮助本国企业赶超全球领先企业。②

理论上，几乎所有规模较大且公众持股的公司，不论政府是否为其股东之一，都具有所有权与管理权分离的特点。斯蒂格利茨认为，委托—代理问题的性质并不会因所有制（比如国有或私有）不同而不同。③ 在某些情况下，比如在国有股份集中而私有股份分散的情况下，国有控股上市公司的代理成本可能比私人控股上市公司的代理成本低，因为占主导地位的国有股东会比个人股东和少数股东在对公司高管进行监督和约束上更有能力、也更有动力。因此，存在委托—代理问题并不意味着在上市公司中国家持股就一定是低效或无益的。

我国国有控股上市公司为上述理论推理提供了有力证据。与传统国企不同，国有控股上市公司不再完全归国家所有，而是一种混合所有制结构，在大多数情况下为国家、国内私人股东和外资股东三方共同所有。在作为本文研究样本的676家上市公司中（1997—2007），国有股占公司总股份的41%，而可流通股（大部分为国内私人股东，如个人和机构投资者所持有）和外资股分别占公司总股份的43%和16%，可以说是一种国有和非国有持股比例相当均衡的所有制结构。

---

① A. Shleifer and R. Vishny, *The Grabbing Hand: Government Pathologies and Their Cures*, Cambridge, MA: Harvard University Press, 1998.
② P. Evans, *Embedded Autonomy: States and Industrial Transformation*, Princeton: Princeton University Press, 1995.
③ J. Stiglitz, "The Theory of Socialism and the Power of Economic Ideas," in J. Stiglitz, ed., *Whither Socialism?* Cambridge, MA: The MIT Press, 1994, pp. 1–44.

几乎所有认为国家持股不利于企业发展的论证都是基于对单一所有制企业（例如国有独资企业和全资民营企业）的考察。百分之百的国有制很可能确实不利于企业发展，但如果国家只是作为包括了国内私人股东和外资股东的众多股东中的一员时，又该有怎样的答案呢？继李培林和顾道格等学者的研究之后，笔者认为应该把产权视为一种呈连续变化的连续统，而不是对立的两个类别。① 把产权看作呈连续变化的连续统有诸多优势。首先，可将差异程度更加细微的"产权"问题纳入考察范围，而这在完全对立的"国有—私有"传统视角中，是难以观测到的。更重要的是，大部分上市公司都由国家、国内私人股东和外资股东三方共同持有，因此，简单地把企业划分为国有或私有是武断的。其次，视产权为一个连续统的观点也有助于我们对企业各方投资者的相对力量进行评估和对比。

　　在当今产权多元化的新制度背景下，不同类型的股东共同影响着企业行为。尽管在不少上市公司中国家是占主导地位的最大股东，但其他私人和外资股东同样对该企业有着相当的影响力，甚至力量最为微弱的个人股东也可能对国有股东或国有控股企业的公司高管施加一定程度的监督和制约。在笔者进行田野调查期间，SH 股份有限公司——中国能源领域一家央企控股上市公司——的一位投资者关系经理告诉笔者，该公司在北京召开 2008 年度全体股东大会时，没敢在大会会场提供热咖啡或开水等热饮，因为他们非常担心会议过程中那些愤怒不满的个人投资者会因该公司当年糟糕的股市表现而将手中的热咖啡或开水泼向公司总经理和董事长（公司高管访谈 E03）。客观上，SH 公司股价的大幅下跌，主要受 2008 年中国股市整体暴跌的影响，而非该公司高管人员的管理不力造成的。但蒙受了巨大经济损失的个人投资者依然会迁怒于企业本身及公司高管。该投资者关系经理进一步告诉笔者，整个 2008 年，众多个人投资者不仅抱怨与投诉电话不断，更有人对投资者关系经理和公司高管发出死亡威胁，要求 SH 公司赔偿其经济损失。SH 公司的例子很好地说明了产权多元化和公开上市在塑造国有控股企业公司治理和企业绩效方面可能起到的作用——即使对那些规模最大、最有权势也最僵化保守的央企巨头来说，非国有股东（即使是力量最为薄弱的个人股东）也能对其高管人员起到一定程度的约束和监督作

---

① 李培林：《村落的终结——羊城村的故事》，北京：商务印书馆，2004 年；D. Guthrie, Z. X. Xiao and J. M. Wang, "Aligning the Interests of Multiple Principals: Ownership Concentration and Profitability in China's Publicly-Traded Firms," Working Paper, New York University, Stern School, 2007。

用。因此,产权多元化和公开上市带来的不同股东之间的监督与制衡机制使得国有控股上市公司的代理成本大大降低。

那么,在原国有企业实现产权多元化和公开上市后,国家攫取资源是否有所减弱?国家"扶持之手"的力量是否得以增强?通过田野调查,笔者感到这两种作用在企业上市后依然在各个企业中普遍存在,但总的作用模式随着过去十几年来我国经济的快速增长及各级政府日益强大的财政实力发生了很大转变:政府在国企发展中开始愈来愈多地发挥了其"扶持之手"的作用。尤其自1998年以来,房地产业的蓬勃发展和土地经营开发热潮,给各级政府(尤其是地方政府)提供了强大收入来源,[①] 从而大大减轻了国家从国企攫取资源的意愿和动机。与此同时,随着1990年代末"抓大放小"政策的出台,中央及各级地方政府需要监管和扶持的国企数量开始大幅减少。因此,在可利用的经济资源越来越多而需要扶持的国企越来越少的情况下,各级政府都有意愿也有能力去为国有控股上市公司提供帮助和指导,并且通常都以打造全国性或地方龙头企业(也称"国家队"或"地方队")为目标,进而推动全国或地方整体经济实力的提高。

与国有控股股东过去十几年来越来越多使用"扶持之手"形成鲜明对照的是,私人控股股东的"掠夺之手"却因民营企业信贷市场的紧张及我国上市公司特有的"母子公司"结构而愈演愈烈——大多数上市公司(子公司)都是由母公司(企业集团或单个大型企业)剥离、分拆而来并直接受控于母公司。在这种特殊制度环境下,私人控股股东会比国有控股股东更可能对上市公司实施各种"攫取"行为:第一,私人控股股东通常更难从银行获得贷款,因此通过侵占下属上市子公司来谋取企业发展资金便成为一条重要途径;第二,由于私人控股上市公司的创办者/管理者在该上市公司的控股股东中(大多数为非上市公司)通常持有较高比例的股份,因此他们通过侵占下属上市公司资金获得的个人利益,要比国有控股企业的管理者通过侵占得到的更多。因此,尽管国家和私人控股股东都会对上市子公司进行资源"攫取",但国有控股股东的攫取程度要比私人控股股东更低,同时给予上市公司的扶持和帮助比私人控股股东更多,这就使得国有控股公司拥有比私人控股公司更好的业绩成为可能。

近年来对国有控股公司内部管理流程的实证研究也为国家持股的正面作用提供了有力支持。如今的国有企业已经逐渐成为以市场为导向的"强

---

① 周飞舟:《生财有道:土地开发和转让中的政府和农民》,《社会学研究》2007年第1期。

力发动机",谭劲松等详细描绘了国有控股上市公司中日益增强的经营智慧和信心满载的企业精神。[①] 笔者对样本公司所做的初步数据分析表明,国有控股公司在1997—2007年无论在企业盈利能力还是股票市场收益方面,都比私人控股企业有更好的表现。

国有控股上市公司代理成本的降低,及政府攫取行为的减少和扶持的增加,表明在产权多元化、董事会改革及资本市场对上市公司约束作用日益增强的新的时代背景下,国家控股从整体上看能够对公司绩效的提高起到积极促进作用。因此,提出假设1:国有控股上市公司的绩效整体上优于非国有控股上市公司。

2. 国有股比例与企业绩效之间的非线性关系

尽管国家控股对企业绩效来说是一个有利因素,但一些研究表明国有股比例与企业绩效之间的关系却并非简单线性正相关关系。[②] 前文已提到,国家持股对企业绩效的净影响取决于三方面因素,即政治干预的成本、政府优待(扶持之手)带来的好处以及委托代理成本。当政治干预成本和代理成本的总和超过政府扶持带来的好处时,国家持股的净影响为负值;反之,国家持股的净影响为正值。政治干预、代理成本和政府扶持的相对利弊大小会随国有股比例的不同而有所不同。当国有股比例适中且不超过一定临界点时,国家会不断为企业提供支持提高企业价值,来自国家的各种攫取行为也会在到达该持股临界点之后停止继续增加。与此同时,代理成本因产权多元化带来的监督机制与权力制衡而得到降低。国家"扶持之手"的增强、"掠夺之手"的减弱再加上代理成本的降低,表明企业绩效会在持股临界点之下随国有股比例的增加而增加;但当国有股比例达到非常高的水平之后,国家扶持的力度会停止继续增强,同时政治干预的强度也就此停止增加,而代理成本却会由于对企业管理人员缺乏有效监督和制约而大幅增长,这意味着,当国有股比例大到超过一定临界点时,企业绩效会有所降低。最极端的例子便是国有独资企业,它们往往面临最大程度的政府干预,也享受最大限度的政府支持,但国家持股对企业绩效的净影响却因极端高昂的代理成本而降到负值水平。

总之,国有股比例会在一定临界点之内对企业绩效起积极作用,而且

---

① J. Tan and D. Tan, "Environment-Strategy Co-Evolution and Co-Alignment: A Staged Model of Chinese SOEs under Transition," *Strategic Management Journal*, vol. 26, no. 2, 2005, pp. 141 – 157.

② 如孙永祥、黄祖辉:《上市公司的股权结构与绩效》,《经济研究》1999年第12期。

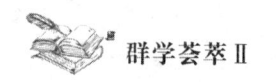

这种积极作用会随国有股比例的增加而增强；但当国有股比例超过该临界点之后，国家持股对企业绩效的积极影响便会逐渐减弱直至成为负值。即国有股比例与企业绩效之间呈现的应是一种倒 U 型关系。基于此，提出假设 2：国有股比例与上市公司绩效之间呈倒 U 型关系。

3. 公司行政级别与企业绩效

很多学者论述了计划经济下的产业行政级别在塑造中国经济改革道路中起到的关键作用。顾道格发现，受某一政府部门控制的企业数量与企业绩效之间呈负相关关系，因为企业面临的不确定性会随政府管辖范围的增加而增加，企业绩效也会随之降低。他认为这一现象与政府的监管能力密切相关：由于较高层级政府所承担的行政压力更大、所要监管的企业更多，这些部门的政府官员缺乏足够的时间、精力和资源对其管辖下的、在快速经济转型中步履维艰的国企进行指导和帮助。因此在他看来，行政级别较高的国有企业比行政级别较低的企业绩效差得多，是源于较高层级政府有限的行政指导能力而并非所有制的类型。[①]

相对于上述解释，我们可以用三个因素更清楚地解释为什么行政级别较低的企业比行政级别较高的企业拥有更好业绩：行政级别较低的企业受到了较低级别政府更有力的监督与帮助；行政级别较低的企业面临更为紧张的预算约束，有助于调动企业管理者和员工的积极性，同时也使得生产与销售体系更加灵活；行政级别较低的企业各种社会负担较低，特别是对于那些员工福利及冗员都很少的乡镇企业来说更是如此。

顾道格的结论对 1980 年代和 90 年代初的国有企业和地方政府来说也许是适用的，但中国的政府部门、国有企业、乡镇企业及总的市场状况从 1990 年代末至今已发生巨大变化。[②] 较低级别政府控制下的企业曾享有的三个有利因素也逐渐消失：随着"抓大放小"政策的实施，较高层级政府需要监管的企业数量已大幅减少，加之 2003 年以后国务院及各级地方国资委的相继成立，政府对国企的监管能力已较以往有了很大提升。同时，随着产权多元化、公开上市及《公司法》（1994）和一系列有关企业破产的法律法规的颁布实施，以往在行政级别较高企业中普遍存在的软预算约束问题

[①] D. Guthrie, "Between Markets and Politics: Organizational Responses to Reform in China," *American Journal of Sociology*, vol. 102, no. 5, 1997, pp. 1258 – 1304.

[②] 周雪光：《"逆向软预算约束"：一个政府行为的组织分析》，《中国社会科学》2005 年第 2 期；渠敬东、周飞舟、应星：《从总体支配到技术治理——基于中国 30 年改革经验的社会学分析》，《中国社会科学》2009 年第 6 期。

也在很大程度上得到缓解，这些企业在生产与销售过程中也随之具有了与行政级别较低企业大致相当的积极性和灵活性。此外，行政级别较高企业曾承受的过重社会负担也随着十几年来一系列社会保障和劳动力市场的改革和完善而大幅减轻。①

自 1990 年代末尤其是 2001 年中国加入 WTO 以来，我国企业面临的市场竞争日益激烈。在市场竞争激烈和产业整合加剧的新时代，企业成功的秘密已不再仅仅是企业的积极性和灵活性，更重要的是企业的规模、技术、品牌、管理及资本实力等要素，因此，行政级别较高的企业往往更具有优势。此外，由于较高层级政府拥有的政治和经济资源更为丰富，这些政府控制下的企业自然就更容易获取关键资源并赢得更多更优惠的政策待遇，这对于在目前极具竞争性的市场环境中谋求生存和发展的企业来说至关重要。

笔者对样本公司财务数据的初步分析显示，行政级别较高公司的绩效水平比非国有控股公司及行政级别较低公司明显要高出很多。② 这些行政级别较高的国有大企业已逐渐成为中国经济的强力推进器和发动机，而非人们曾认为的那样，是长期亏损、奄奄一息的。基于理论分析及初步经验证据，提出假设 3：企业行政级别越高，其业绩表现越好。

（二）机构投资者持股对企业绩效的影响

有关机构投资者能否在公司治理和提高企业绩效上发挥积极作用，还存有争议。一些学者认为，由于监督成本高昂，只有类似机构投资者这样的大股东才能从监督企业中得到足够的利益回报，因此，机构投资者在公司治理上能够起到积极作用。③ 然而，也有一些学者认为机构投资者不但缺乏必要的专业技能，而且容易受"搭便车"问题困扰，根本没有动力、也没有能力对企业管理者进行有效监督。还有学者指出，机构投资者的积极监管对企业绩效提高所起的作用几乎可以忽略不计，因为机构投资者考虑到自身担负的快速盈利责任，只会选择那些财务状况本来就很好的公司进行投资，

---

① 李培林、张翼：《国有企业社会成本分析》，北京：社会科学文献出版社，2007 年。
② 按照有关政策规定，上市公司是没有行政级别的，但由于国有控股上市公司均隶属于各级政府，为表述方便及与顾道格等学者进行对话，本文仍采用"公司行政级别"指代不同层级政府控制下的国有控股上市公司。
③ 如 M. Smith, "Shareholder Activism by Institutional Investors: Evidence from CalPERS," *The Journal of Finance*, vol. 51, no. 1, 1996, pp. 227–252.

因此其在公司治理和企业绩效提高方面根本起不到较好的积极作用。

1998年以来，我国机构投资者所持股份开始不断增多，逐渐成为资本市场上一支重要力量。① 然而，机构投资者是否积极参与、改善了上市公司的公司治理依然是个未解决的问题。与美国机构投资者在每家上市公司中的平均持股比例超过80%相比，我国机构投资者至2007年在每家上市公司中的平均持股比例仍然只有10%左右，说明作为一个群体，机构投资者的力量依然较弱，特别是与那些平均持股比例超过总股份42%的控股股东相比更是如此。一些媒体报道称我国机构投资者更重视短期、快速利润，只对财务状况良好的公司进行投资，一般不参与，也不重视所投资企业的公司治理状况。也有一些报道指出机构投资者在改善上市公司治理方面发挥了一定积极作用。

笔者在田野调查中听到机构投资者在提高企业绩效方面所起作用之相互冲突的观点。一方面，由于机构投资者相对于控股股东的小股东地位，加之2005年前上市公司的多数股份都为非流通股，通常由控股股东任命且没有股权或期权的上市公司高管，一般不会对公司的股价涨跌或机构投资者的行为特别关注。另外，就证券分析师与上市公司高管的关系看，中国证券分析师不像美国同行那样拥有较高的影响力，相反，为争取公司高管对自己的支持，在异常激烈的证券分析师排名竞争中获胜，他们会不遗余力地获取公司高管所掌握的公司内部信息，这些内部信息可以帮助其在每周、每月或每年的证券分析师排名中凭借更加准确的财务预测击败对手（公司高管访谈E04；证券分析师访谈S03）。但从另一方面看，各种上市公司即便是那些规模最大的央企巨头，也无法逃脱全球通行的投资者关系准则，必须承受来自机构投资者和资本市场的压力。例如，上述央企上市公司的投资者关系经理告诉笔者，为加强资本市场对其公司的了解、提升公司股价，他们会定期邀请证券分析师和基金经理到公司一起讨论与企业绩效和公司战略密切相关的问题。除面对面的定期会议，基金经理或证券分析师有任何疑问或问题，也可以随时与投资者关系经理及其他公司高管电

---

① 直至1998年我国资本市场才出现真正意义上的"机构投资者"（institutional investors），在此之前我国还没有自己的投资基金行业。需要注意的是，大多数中国上市公司研究者都把机构投资者持股等同于法人股（legal person shares），在研究机构投资者持股与企业绩效关系时，这种分类方法有一定的误导性。与机构投资者持股不同，法人股指的是由企业、企业集团及其他非营利性组织所持有的公司股份，而机构投资者持股指的是由养老基金、保险基金、共同基金等各种专业证券投资机构所持有的股份。

话联系。同时，为让资本市场更好地理解公司的业务运作和绩效情况，他们甚至邀请证券分析师和基金经理到距离公司总部数千公里之外的生产基地进行实地考察，并按照国际通行的命名方式，将这样的做法称作"反向路演"（公司高管访谈 E04）。此外，为促进同行间交流，探讨如何更好地与机构投资者打交道及如何应对资本市场的各种风云变化，一些央企控股公司的投资者关系经理们还会定期举行正式会谈及各种形式的非正式聚会，以分享彼此在处理投资者关系方面的经验和智慧（公司高管访谈 E03）。

与实力强大的央企相比，中小上市公司承受的来自机构投资者和资本市场的监督和约束力量更大。几位证券分析师和基金经理都谈到，他们去中小企业参观访问时能够直接与公司 CEO 或董事长面谈并受到隆重款待，但如果访问的是实力强大的央企，则很难见到 CEO 或董事长，接待他们的往往仅限于投资者关系经理或财务总监（证券分析师访谈 S04、S05；基金经理访谈 M01、M02）。由于资本市场中大部分都为中小型公司，笔者认为机构投资者总的来说对公司绩效是能够起到积极作用的。由此，提出假设4：机构投资者持股比例越高，上市公司的绩效越好。

（三）CEO 兼任董事长对企业绩效的影响

董事会领导结构（CEO 是否兼任董事长）与企业绩效情况密切相关。然而，不同理论对 CEO 兼任董事长对企业绩效到底产生何种影响有不同看法。代理理论认为，CEO 兼任董事长不仅会降低董事会在监督公司高管方面的执行能力，还会将董事会置于相对弱势（较之于 CEO）的地位，[①] 因此这一理论的支持者认为分设 CEO 和董事长职位有助于提高企业绩效。然而，大量经验证据并未对这一观点提供足够的支持。[②] CEO 兼任董事长的支持者则认为，指挥的统一性才是实现高效管理的关键，CEO 兼任董事长对企业绩效的提高能起到积极促进而非消极阻碍作用。类似观点可归入管家理论（stewardship theory）框架中。在公司战略文献中，研究者们普遍认为，公司需要强有力的领导者来制定战略目标并对下级部门发出明确无误的指示以

[①] J. W. Lorsch and E. MacIver, *Pawns or Potentates: The Reality of America's Corporate Boards*, Boston, MA: Harvard Business School Press, 1989.

[②] M. Peng, S. J. Zhang and X. C. Li, "CEO Duality and Firm Performance during China's Institutional Transitions," *Management and Organization Review*, vol. 3, no. 2, 2007, pp. 205 – 225；于东智：《董事会、公司治理与绩效——对中国上市公司的经验分析》，《中国社会科学》2003 年第 3 期。

保证各部门能高效准确地展开工作，这种统一指挥对提高企业绩效非常重要。[1] 因此，一旦将"CEO 兼董事长"分离为两个独立职位，会造成公司高管层的内部矛盾和冲突，进而削弱公司对业务环境和市场变化的应变能力。

在我国国情下，兼任董事长的 CEO 确实可能更好地提高企业绩效，因为其更具备实现这一目标的能力（更有权力、更少掣肘），且更加明白其兼任职位是一种需要通过实际工作绩效才能加以捍卫的荣誉（比如维护自己作为企业领导的面子和威信）。特别是，由于快速经济增长和转型，目前我国企业面临的环境不确定性正日益加剧，公司最高领导人处理这些环境变化的主动性与实际能力对企业的成功和发展至关重要。此外，迫于《公司法》的有关规定和中国证监会的上市要求，很多上市公司不得不分设 CEO 和董事长，由此常常导致 CEO 和董事长之间的权力之争。随着 CEO 和董事长两职分离政策的实施，原本身兼 CEO 和董事长二职的管理者必须在两个职位中择其一。在中国语境下，由于董事长职位比总经理职位更具分量和影响力，多数人往往选择保留董事长职位而放弃做 CEO，企业因此需委任新的 CEO。但在这样的强制性职位分离之后，现任董事长（即原 CEO 兼董事长）出于惯性和维护自身权力的需要，往往还会希望与以前一样掌管公司日常运营，而新 CEO 也期望能尽快接手公司管理并树立个人权威。由此，CEO 和董事长职位的强制性分离不可避免地导致了分离后的权力斗争，严重阻碍了企业绩效的提高。一位上市公司高管在访谈中说道：

> 董事长与 CEO 之间的"权力斗争"在中国上市公司中相当普遍，如果两人年龄、经验和资历相仿，斗争就更加激烈。但若是其中一人较另一人年长很多，或者两者之间曾经是上级——下属关系……那么两者之间的斗争就会缓和很多……否则权力斗争会愈演愈烈直至某一方最终胜出……企业绩效往往会在二者权力斗争过程中受到严重影响。（公司高管访谈 E02）

综上，管家理论和权力斗争说可能比代理理论更加契合我国企业的实际情况，因此笔者提出假设 5：CEO 和董事长两职分离与上市公司绩效之间呈负相关关系。

---

[1] 如 L. Donaldson and J. Davis, "Stewardship Theory or Agency Theory: CEO Governance and Shareholder Returns," *Australian Journal of Management*, vol. 16, no. 1, 1991, pp. 49–64.

（四）外部独立董事与企业绩效

代理理论认为，要实现对企业管理层的有效监督，董事会必须保持自身的独立性与客观性，而董事会的独立程度与外部董事在董事会中所占比例密切相关。外部董事为尽快在决策控制上树立威望，通常会对企业管理层展开积极主动的监督。此外，委任更多外部董事的其他好处还包括：提高董事会对公司高管绩效评估的客观性，实现多角度、更全面的公司战略制定以及增强对股东利益的保护等。[1] 鉴于此，代理理论强调提高外部董事比例能对企业绩效产生积极作用。然而，经验研究表明外部董事比例与企业绩效之间的关系并不明确：一些研究发现设立了外部董事的企业普遍有更高的市场回报，但另一些研究则发现外部董事比例与企业绩效的很多指标并无关联。[2]

代理理论近年来受到的批评，主要集中在该理论过度简化了的"经济人"假设及其在面对"委托人—代理人"相互作用的复杂社会和心理机制问题时表现出的有限解释力。[3] 就代表少数股东的外部董事而言，由于其"外人"身份，加之不拥有企业股权，他们自然也就没有足够权力和动机对公司高管层的行为进行主动监督和约束。此外，文化因素也会在一定程度上影响外部董事对公司高管的监督工作。例如，由于中国文化中对"和谐""面子"的看重，使得外部董事即使有足够权力和动机，也很难对公司高管的不当行为提出直接批评。再者，外部董事通常对公司业务情况并不十分了解，也难以对公司管理提出中肯指导意见，特别是在我国快速经济发展和转型中，市场环境瞬息万变。如果他们还有其他全职工作，就更难以及时准确地应对企业的最新动向及市场环境的最新变化。这些都将对公司业绩造成不利影响。正如一位在多家上市公司中担任独立董事的公司律师所说：

> 大多外部独立董事对企业绩效的提升并无益处，因为独立董事往往不太了解公司的具体业务和运作情况……而且多数独立董事通常还

---

[1] J. A. Pearce II and S. A. Zahra, "The Relative Power of CEOs and Boards of Directors: Associations with Corporate Performance," *Strategic Management Journal*, vol. 12, no. 2, 1991, pp. 135-153.

[2] J. J. Tian and C. M. Lau, "Board Composition, Leadership Structure and Performance in Chinese Shareholding Companies," *Asia Pacific Journal of Management*, vol. 18, no. 2, 2001, pp. 245-263; S. Bhagat and B. Black, "The Non-Correlation between Board Independence and Long-Term Firm Performance," *Journal of Corporation Law*, vol. 27, 2002, pp. 231-274.

[3] J. H. Davis, F. D. Schoorman and L. Donaldson, "Toward a Stewardship Theory of Management," *The Academy of Management Review*, vol. 22, no. 1, 1997, pp. 20-47.

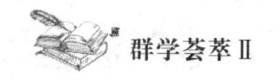

有另外的全职工作，自己的事情都忙不过来。每年我们也只会参加 8 到 10 次左右的董事会会议（中国证监会规定的上市公司董事会会议最低次数为每年 4 次）。因此，如果某个上市公司的独立董事比例过高，那么董事会中真正认真做事、认真监督企业高管的人便会所剩无几……企业绩效自然就会因为缺乏深刻、敏锐的商业判断以及外部董事对公司高管层的监督不力而受到影响。（公司律师访谈 L01）

但是，目前上市公司中独立董事平均仅占董事会成员的 1/3 左右，笔者认为外部董事可能还未能在提高企业绩效方面发挥实质性影响。因此，提出假设 6：外部独立董事在董事会中所占比例与上市公司绩效之间没有显著关系。

二 数据和研究方法

（一）样本公司

本研究样本公司包括在上海和深圳证券交易所上市的 676 家公司，所用数据涵盖了 1997—2007 年的公司治理和财务运营情况。会计与财务信息来自中国股票市场和会计研究数据库（CSMAR），而有关公司治理的信息则来自色诺芬（Sinofin）和万德（Wind）数据库。其他公司信息，比如上市公司行政级别和政府隶属情况等，则由笔者从上市公司年报、招股书及公司网站等渠道收集、整理并编码而来。此外，笔者还对基金经理、证券分析师、独立董事、公司高管、投资者关系经理、公司律师等进行了深度访谈，以作为对定量数据的补充。本文试图融合定量和定性分析方法，采用大规模定量数据并运用统计分析方法建立因果联系，通过深度访谈等定性方法厘清因果机制。

（二）测量指标

1. 因变量

本文使用资产回报率（ROA）和托宾 Q 值（Tobin's Q）衡量企业的盈利能力及其在股票市场中的表现。资产回报率是衡量企业资产利用效率的重要指标，其计算方法为净收入与总资产的比值。托宾 Q 值为公司的市场价值与公司资产重置成本之比，是股票市场通常用来衡量企业价值的重要指标。

2. 自变量

国家控股虚拟变量：当上市公司的控股股东是国家（包括类似国资委的政府机构及国有企业或国有控股企业集团）时，其值为 1，否则为 0。

国有股比例：国有股占企业总股份的比值。国有股包括由政府直接持有（即国家股）以及由国有企业和其他国家下属法人实体持有的股份（即国有法人股）。

上市公司行政级别：虚拟变量；1 = 非国有控股企业；2 = 县和乡镇政府控股企业；3 = 市政府控股企业；4 = 省政府控股企业；5 = 中央政府控股企业。

机构投资者持股比例：机构投资者持股数量占公司总股份的比例。

CEO 与董事长两职是否分设：若 CEO 与董事长并非同一人，其值为 1，反之为 0。外部董事比例：外部独立董事成员数量占董事会成员总数的比值。

3. 控制变量

沿袭企业财务研究的惯例并考虑我国的制度环境，控制变量包括股权集中度、外资股比例、是否为沿海企业、企业规模、净资产负债率、行业[①]和年度虚拟变量。

表 1 列出了主要变量的平均值、标准差及相关系数。数据显示，样本公司中超过 80% 的企业是制造业、商业（批发和零售）和综合多元化企业，而在金融、房地产和公用事业（如电力）等所谓垄断、暴利行业的公司仅占 17%，表明尽管样本公司中有近 80% 的公司属于国有控股公司，但其大部分分布在制造业、商业等具有一定竞争性的行业，而并非都分布在金融、房地产等垄断、暴利行业。进一步分析表明（见图 1），国有股在制造业、公用事业中所占比例较高（40% 左右），而在房地产、金融等行业占比较低，分别为 35% 和 25% 左右。[②] 此外，数据显示，即使在中央控股企业中，制造业企业也占到 60% 以上，制造业、商业和综合多元化央企共占近 80%，而在公用事业、房地产、金融业中的中央控股企业仅占 20% 多。

[①] 无论公司治理还是企业绩效，都会随行业的不同而呈现不同特点。公司治理与企业绩效的真正关系也可能会在特定行业影响下被掩盖。因此控制好行业变量，对厘清公司治理和企业绩效的真实关系是必要的。

[②] 金融企业并非都是像四大国有商业银行这样的金融机构，有很多类似深圳发展银行的中小银行及证券公司、基金公司、保险公司、金融租赁公司等中小金融机构。在这些机构中，国有股比例并不是太高，深圳发展银行的控股权甚至一度被美国 TPG 投资公司获得。

表1 主要变量的描述性统计和相关系数矩阵

	变量	1	2	3	4	5	6	7	8	9	10
	观察值	6786	6745	6799	6864	2977	6393	5742	6748	6794	6773
	均 值	0.02	1.83	0.79	0.396	0.05	0.84	0.2	0.23	0.15	1.51
	标准差	0.2	27.4	0.41	0.257	0.08	0.37	0.16	0.15	0.22	5.48
1	资产回报率	1									
2	托宾Q值	−0.12***	1								
3	是否国有控股	0.069***	−0.004	1							
4	国有股比例	0.08***	−0.03**	0.582***	1						
5	机构投资者持股比例	0.138***	0.023	0.021	−0.08***	1					
6	CEO、董事长是否合分设	−0.0002	−0.03**	0.038***	0.03**	0.023	1				
7	外部董事比例	−0.12***	0.011	−0.17***	−0.17***	0.022	0.073***	1			
8	前十大股东赫芬达尔指数 a	0.094***	−0.03**	0.29***	0.614***	−0.07**	0.094***	−0.14***	1		
9	外资股比例	−0.03**	−0.008	−0.38***	−0.59***	−0.013	−0.015	0.076***	−0.2***	1	
10	净资产负债率 b	−0.013**	−0.01**	−0.029**	−0.06**	−0.03	−0.024	0.049***	−0.07***	0.027	1

注:(1) * p<0.1; ** p<0.05; *** p<0.01。
(2) a 为 Herfindahl 10index,是测量股权集中度的一项主要指标,计算方法为前十大股东各自持有股份占企业总股份比值的平方和。b 为测量财务杠杆的一项重要指标,计算方法为企业负债总额与净资产的比值。
(3) 由于"是否国有控股"与"国有股比例"高度相关,当"国有股比例"充当自变量时,需将"是否国有控股"排除。同样地,由于"国有股比例"与"前十大股东赫芬达尔指数"的相关性也非常高(>0.6),为防止多重共线性问题,在做国有股比例回归分析时需剔除"前十大股东赫芬达尔指数"。

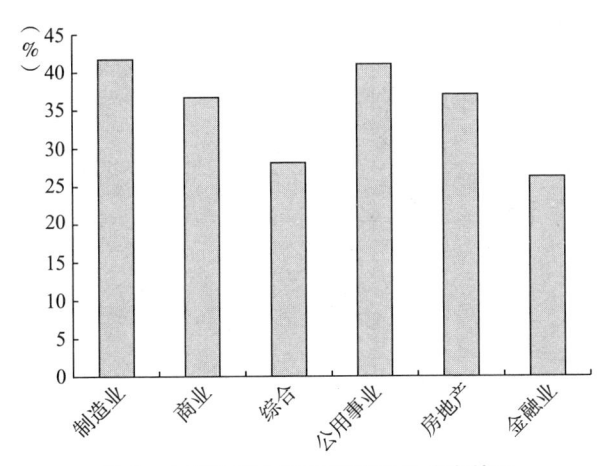

图1 上市公司中国有股的行业分布情况

（三）估算模型

针对公司治理和企业绩效关系的分析，本研究采用企业绩效决定因素的随机效应（random effects）模型：①

$$Y_{it} = \alpha + \gamma Z_{it} + \delta_i + \lambda_t + \varepsilon_{it}$$

在公式中，Y_{it}表示 i 公司在 t 时的业绩情况，α 表示截距，Z_{it}是 i 公司在 t 时由一组公司层面的可测量变量组成的向量，γ 是与向量 Z 相应的回归系数向量，δ_i 表示当年公司层面的异质性，λ_t 表示未被观测到的基于时间的异质性（年度效应），ε_{it} 表示随时间变化的误差项。

三 模型分析结果

表2呈现了分别以五种模型对公司治理和企业绩效进行分析的结果。这些回归结果在很大程度上支持了本文假设。就资产回报率和托宾 Q 值来说，国有控股企业的总体表现要比非国有控股企业好得多，而行政级别较高的

---

① 本文之所以使用随机效应模型而不是固定效应模型主要有两个原因：一方面，固定效应模型更适合因变量是虚拟变量的情况，而本研究因变量是如资产回报率、托宾 Q 值这样的连续变量；另一方面，本研究中不少自变量如"是否国有控股"、公司行政级别、董事长与 CEO 两职分任、独立董事比例等，都是相对稳定的、随时间推移没有变化或变化非常有限的变量。如果使用固定效应模型，就很可能使得许多解释性变量都出现值等于"零"的情况，因此，在这种情况下，更适合使用随机效应模型。

表 2　公司治理与企业绩效，2003—2007①（随机效应多元回归分析）

	模型 1	模型 2	模型 3	模型 4	模型 5
	资产回报率	资产回报率	资产回报率	托宾 Q 值	托宾 Q 值
是否国有控股（是=1）	0.0502*** (0.02)			0.3266** (0.15)	
上市公司行政级别（非国有控股企业为参照组）					
县乡镇控股企业		0.0608 (0.04)			0.3341 (0.44)
市政府控股企业		0.0539*** (0.02)			0.412** (0.18)
省政府控股企业		0.0542*** (0.02)			0.5811*** (0.17)
中央政府控股企业		0.041 (0.03)			0.8857*** (0.26)
国有股比例			0.1773** (0.081)		
国有股比例（平方）			−0.1934** (0.11)		
机构投资者持股比例	0.1155** (0.07)	0.1157** (0.07)	0.118** (0.07)	2.916*** (0.64)	2.906*** (0.64)

① 本研究的完整数据包括 1997—2007 年的数据，但由于机构投资者持股比例数据从 2003 年开始才有，此处回归分析只采用了 2003—2007 年的数据。

续表

	模型 1	模型 2	模型 3	模型 4	模型 5
	资产回报率	资产回报率	资产回报率	托宾 Q 值	托宾 Q 值
是否分设 CEO、董事长（分设 = 1）	-0.0131 (0.01)	-0.0126 (0.01)	-0.0133 (0.01)	-0.0797 (0.14)	-0.0939 (0.14)
外部董事比例	-0.0729 (0.08)	-0.0732 (0.08)	-0.0814 (0.08)	0.3845 (0.76)	0.4642 (0.76)
前十大股东赫芬达尔指数	1.70E-04 (0.05)	0.0019 (0.05)		1.229*** (0.46)	1.055** (0.46)
外资股比例	0.0276 (0.03)	0.026 (0.03)	0.0333 (0.03)	0.0854 (0.25)	0.1422 (0.25)
是否沿海企业（是 = 1）	-0.0144 (0.02)	-0.0158 (0.02)	-0.0128 (0.02)	0.3181** (0.16)	0.324** (0.16)
公司规模	0.0638*** (0.01)	0.0637*** (0.01)	0.0657*** (0.01)	-1.027*** (0.07)	-1.061*** (0.07)
净资产负债率	6.50E-04 (0.00)	7.00E-04 (0.00)	6.00E-04 (0.00)	0.0021 (0.01)	0.0028 (0.01)
行业（制造业为参照组）					
商业	8.20E-04 (0.03)	0.002 (0.03)	0.0012 (0.03)	-0.3382 (0.29)	-0.3792 (0.29)
综合	9.30E-05 (0.03)	-3.10E-04 (0.03)	-1.40E-04 (0.03)	-0.2261 (0.26)	-0.2015 (0.26)
公用事业	-0.0249 (0.03)	-0.025 (0.03)	-0.02 (0.03)	-0.0173 (0.25)	-0.0586 (0.25)

续表

	模型 1 资产回报率	模型 2 资产回报率	模型 3 资产回报率	模型 4 托宾 Q 值	模型 5 托宾 Q 值
房地产	0.0063 (0.03)	0.008 (0.03)	0.0045 (0.03)	0.1253 (0.31)	0.1288 (0.32)
金融业	-0.224*** (0.09)	-0.2211** (0.09)	-0.227*** (0.09)	-0.2111 (2.16)	-0.3216 (2.17)
年份 a (2003 年为参照组)					
常数项	-1.394*** (0.142)	-1.35*** (0.142)	-1.422*** (0.142)	22.11*** (1.42)	23.16*** (1.45)
N	2343	2339	2346	2326	2322
R**2	0.077	0.0776	0.0717	0.0726	0.0727

注：(1) * p < 0.1；** p < 0.05；*** p < 0.01。括号内为标准误差。
(2) a 因篇幅所限，略去年度虚拟变量的回归结果。

企业又要比行政级别较低的企业表现出更高的利润率，并在股票市场上有更高的市场价值。正如所预期的那样，国有股比例与企业绩效之间呈现的是一种非线性关系（倒 U 型）。而就机构投资者的作用来看，企业绩效与机构投资者持股比例呈正相关关系。另外，两种所谓股东导向型的"最佳"董事会做法都未能对企业绩效提升发挥积极作用：分设 CEO 和董事长对资产回报率和托宾 Q 值都具有一定负面作用，尽管在统计学意义上并不显著；外部董事对提升企业盈利能力及在股票市场上的表现也未能发挥积极作用。

关于控制变量，股权集中度（前十大股东赫芬达尔指数）对提升企业股票市场价值发挥积极作用，但对企业盈利能力没有影响；外资股东对企业绩效的提升发挥一定作用，但并不显著；位于沿海地区的企业普遍具有更高的股市价值，但盈利能力较之内陆企业没有差别；规模较大企业通常利润率也较高，但在股市上的表现却较差，可能因为我国上市公司股价受市场投机和人为操控因素影响较大，那些规模较大的企业尽管利润率更高，但由于其规模太大而难被操控和炒作（"庄家"和中小投资者资金量有限，更倾向于炒作、操控中小企业），因而在股市上的估值反而较低；净资产负债率与公司绩效之间不存在显著关系。分析报告如下。[①]

（一）国家的作用

1. 国家控股与企业绩效

如表 2 模型 1 和 4 所示，国有控股企业在盈利能力和股票市值两方面都明显超过了非国有控股企业。因此，假设 1 得到验证。这也表明，在中国国情下，国家持股对企业绩效的影响与现有文献对国有股绩效影响的研究结论截然不同。即国家控股对企业价值的实际影响比代理理论预测的"国家控股会导致绩效低下"这一情况复杂得多，国家持股对企业绩效的影响在不同制度背景下会表现出不同的结果。

2. 国有股比例与企业绩效之间的倒 U 型关系

既然国有控股企业比非国有控股企业拥有更好的绩效，那么，是否意味着"国有股比例越高企业绩效就越好"？企业绩效与国有股比例之间关系的回归分析结果显示，两者之间并无显著关系。即企业绩效与国有股比例

[①] 为解决公司治理与企业绩效之间的内生性问题，笔者还使用工具变量及二阶最小平方回归分析模型（2 - stage least square models, 2SLS）进行了内生性检验及稳健性检验（robustness test），结果进一步印证了表 2 的回归分析结果，因篇幅所限，略去具体检验结果，对结果感兴趣的读者和作者联系：yangdian@ cass. org. cn。

之间并非简单线性递增关系。

为将两者之间可能的曲线关系纳入考虑范围,笔者又将国有股比例先做平方运算然后加入模型中。表2模型3显示了回归分析的结果。我们看到,加入平方后的国有股比例之后,国有股比例的系数呈现显著正值,而国有股比例平方的系数则呈现显著负值。这表明,在国有股比例从低到高逐渐提高的过程中,企业业绩也不断攀升,但当国有股比例超过一定临界点(大概是46%)时,企业业绩则会随国有股比例的继续增加而下降,呈现左端高于右端的倒U型曲线关系。由此,假设2得到了验证。临界点之前国有股比例与企业绩效之间的正相关关系表明,随着国有股份额从较低逐渐向中等程度递增,企业绩效也会随之提高;而另一临界点(大概是91.7%)之后,国有股比例与企业绩效之间的负相关关系则表明,过高的国有股比例对企业绩效是不利的,而且这样的不利影响还会随国有股比例的继续增加而增强(见图2)。

3. 公司行政级别与企业绩效

如表2模型2和5所示,行政级别较高企业的业绩表现明显优于非国有控股企业及行政级别较低的企业,表明假设3也得到了经验数据的支持。需要注意的是,上市公司的实际盈利能力与股票市场价值之间存在比较明显的差距:虽然行政级别较高的企业在实际盈利能力方面仅略高于非国有控股企业和行政级别较低的企业,然而其在股市上的表现却远远高于后两者。这是因为行政级别较高企业拥有更高的可信度、知名度、政治地位和市场

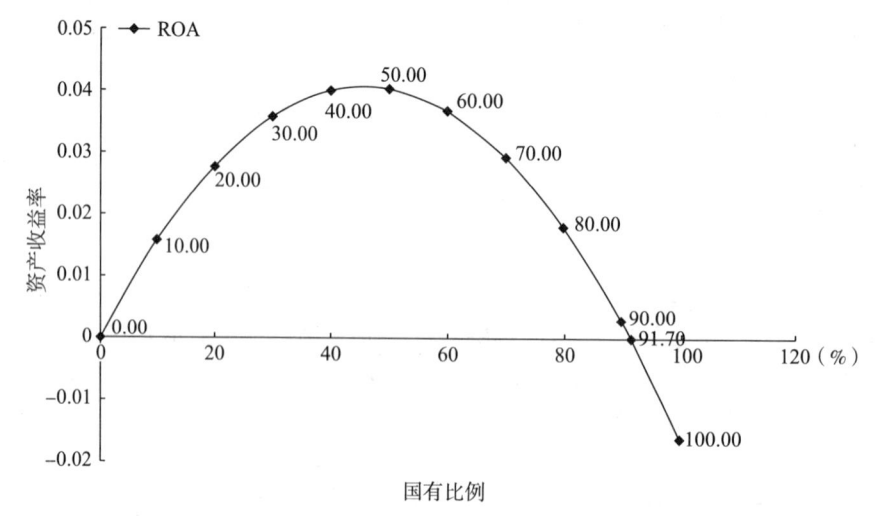

图2 国有股比例与企业绩效之间的倒U型关系

地位，增加了投资者的信心，其在股票市场上的价值因而也更高，即便其实际盈利能力并不比其他企业好。

（二）机构投资者的作用

如表 2 模型 1-5 所示，机构投资者持股在企业盈利能力和股票市场两方面都表现出显著的积极影响，但对股票市场表现方面的影响要更大、更强一些，这表明"机构投资者持股"在资本市场受到格外青睐。由此，假设 4 得到验证。

（三）股东导向型董事会结构的影响

表 2 模型 1-5 显示了股东导向型的两种董事会做法对企业绩效的影响。五个模型均表明，分设 CEO 和董事长对企业绩效存在一定负面影响（但在统计学意义上并不显著），而外部董事比例对企业绩效不存在显著影响，因此假设 5 和假设 6 也分别得到验证。这些分析结果很好地支持了新制度主义理论，而驳斥了代理理论。

四 结论与讨论

本文探讨了股东导向型的所谓"最佳"公司治理做法在中国转型经济和制度环境中是否有助于提高企业绩效和最大化股东价值问题。

研究发现，国有控股上市公司的绩效明显高于非国有控股企业。国家持股对企业绩效的影响并非简单线性促进关系，而是一种倒 U 型关系。这意味着，在我国制度环境下，适度的国家持股是有利于提升企业绩效的，但过高的国有股则对企业绩效不利，而且这样的不利影响还会随国有股比例的升高而增强。在极端情况下，如果国有股比例达到 100%，形成国有独资企业，资产收益率则会呈现明显负值（见图 2）。需要指出的是，国家控股对企业绩效的正面作用绝非简单取决于国有控股企业的"垄断"地位和"政府扶持"。本文样本公司的行业分布数据表明，无论中央控股企业还是地方政府控股企业，垄断、暴利行业的企业（如中石油、国家电网等）只占少数，在大规模的统计分析中并不会对统计结果造成显著影响和扭曲。然而，由于这些少数垄断国企受关注度非常高，导致人们一提到央企或国企，就认为它们都分布在垄断、暴利行业，即便业绩再好，也是基于垄断地位获得的。这一看法忽略了国有企业近年来在公司制改造（股权多元化、上市等)、内部管理改革和公司治理改善方面取得的成绩及其对企业绩效的正向影响。作为社会学视野下的分析,笔者无意仅仅以"垄断""暴利""政府扶持"等媒体用语简单概括国有企业近年来的业绩,更无意对少数垄断国企的暴利和腐败行为辩护,而试图理性、客观地通过系统定量和定性分析厘清国有控股企业业绩提升及企业转型背后的结构力量,并用组织社会学理论予以理论提炼和解释。在笔者看来,国家控股对企业绩效的正面作用及国有股比例和企业绩效的独特倒 U 型模式,更大程度上是过去 30 年我国行政体制改革、国有企业改革、财税体制改革、资本市场改革、劳动和社会保障制度改革、国有企业布局战略性重组和调整等多重制度变迁和多方力量互动的产物,离开这些系统的制度变革和结构调整,国有企业难以有目前的业绩,即便其拥有政府支持、占据垄断地位。

此外,研究还发现企业绩效与机构投资者持股比例之间存在显著正相关关系,这表明机构投资者在公司治理中正在发挥越来越重要的作用。从更广泛意义上,资本市场在改善我国公司治理、实现中国公司现代化进程中已经并将继续发挥重要作用。没有资本市场对企业的激励和约束,很难有真正意义上的现代公司(资本市场也是现代社会资本社会化的重要载体和实现形式);同时,资本市场是高度国际化的生产要素市场,其在传播国际公司治理理念、规范及相关法律制度方面是一个重要通道。

而分设 CEO 与董事长对企业绩效的影响则为负值(虽然统计意义上并不显著),表明此项所谓"最佳"治理举措实际上并无助于公司业绩的提高。对渴望改善我国公司治理的学者、管理者和决策者来说,这一发现令人意外,因为它从某种意义上否定了目前在我国及西方国家盛行的分设 CEO 与董事长的公司治理改革潮流。CEO 与董事长两职分离对我国企业来说可能并不真正适用,至少从提升企业绩效这一点来看,并未起到人们所期待的积极作用。

另外,本研究发现外部董事比例与企业绩效之间并没有显著相关关系,说明外部董事尚未对企业绩效的提升发挥其应有的积极作用。虽然"外部董事有助于提升企业绩效"这一逻辑看起来颇有说服力,但支撑这一观点的有力证据却很难找到。即使是在美国和其他发达国家,也没有充分证据证明外部董事比例高的公司绩效更好。然而,对于渴望尽快"同国际最佳惯例接轨"、加速实现"企业现代化"的发展中国家——中国,如此公司治理做法却日益盛行。这种不问实际效果的组织实践,为新制度主义关于"正式组织结构更多是一种迷思和仪式"(formal structure as myth and ceremony)① 的论断提供了生动而有力的注脚。

经济社会学家和一些经济学家均认为,产权并非企业绩效的决定因素,市场竞争和制度安排(比如各种有效运转的市场,包括产品市场、职业经理人市场、企业并购市场),同样是构建良好公司治理、提升企业绩效的重要因素;而且,相关研究表明,产权与市场竞争在影响企业绩效方面,存在着某种程度的替代性。② 产权的一项重要功能是解决激励问题,而激励问题的解决方案不局限于产权,除上述提到的市场竞争能够提供激励外,折晓叶、陈婴婴在对乡镇企业改制进行研究的过程中发现,社会资本和文化也有类似的激励功能。③ 乡镇企业之外,产权和所有制形式即使对那些一度积重难返的大中型国有企业的业绩提升也没有造成不可逾越的障碍,在不改变国有产权的情况下,通过转换内部经营机制、强化外部政府监督和市场约束,一批"新国企"应运而生,取得了令人瞩目的辉煌成绩。关于此,笔者最近在沈阳市铁西区国企改革问题的调研中感受很深。铁西区是我国东北老工业基地的缩影,曾被称为"共和国装备部"。然而,1990年代末,铁西老工业区旧的体制弊端日益显现,成为"东北现象"的代表地区。90%的企业处于停产、半停产状态,13万产业工人下岗。2003年,铁西老工业基地开始实施改造振兴的新战略。通过将厂区搬迁、企业转型与产业升级有机融合,铁西企业,尤其大型国有企业的核心竞争力不断增强:沈阳机床集团经济总量跃居世界同行业第一位,行业引领作用不断显现;北方重工集团产值和销售收入位居全国重机行业第一。这些"新国企"的快速转型和辉煌成就,极大地改变了世人对国有企业落后、迟缓、低效的刻板印象。更重要的是,这些"新国企"并非靠垄断、半垄断地位而获利,而是在竞争异常激烈的竞争性行业中凭借先进技术和优秀管理脱颖而出的"市场强者"。

我国国有企业改革证明,产权和所有制形式并非企业绩效的决定性因素,国有企业是可以做好的。而国际经验更是有力表明,国有企业不但可

---

① J. Meyer and B. Rowan, "Institutionalized Organizations: Formal Structure as Myth and Ceremony," *American Journal of Sociology*, vol. 83, no. 2, 1977, pp. 340 – 363.

② Y. S. Peng, "Chinese Villages and Townships as Industrial Corporations: Ownership, Governance, and Market Discipline," *American Journal of Sociology*, vol. 106, no. 5, 2001, pp. 1338 – 1370; 周其仁:《产权与制度变迁:中国改革的经验研究》,北京:社会科学文献出版社,2002年;刘世定:《占有、认知与人际关系》,北京:华夏出版社,2003年;胡一帆、宋敏、张俊喜:《竞争、产权、公司治理三大理论的相对重要性及交互关系》,《经济研究》2005年第9期。

③ 折晓叶、陈婴婴:《资本怎样运作——对"改制"中资本能动性的社会学分析》,《中国社会科学》2004年第4期。

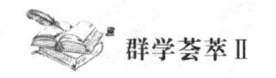

以在"有中国特色的社会主义国家"做得好，在发达资本主义国家也能取得较好的业绩。比如，新加坡政府所有的淡马锡公司是国有企业，但其管理和业绩成为全世界很多企业（包括私人企业）学习和效仿的对象。国有企业作为国家公共组织的延伸和组成部分，其治理水平和绩效与国家治理水平和政府管理能力密切相关。如果政府官员腐败，行政管理能力迟缓、低效，则政府控制下的国有企业难有良好的治理和业绩。可以说，一些国有企业做不好并非国有企业本身的问题，更非国有股天然无法产生好业绩，而是作为股权持有人和监管者的政府的治理和管理出了问题。

本研究试图对公司治理这一经典问题进行社会学分析，提供一种除经济学和管理学之外的审视公司治理和企业业绩之间关系的第三种视角。研究表明，尽管代理理论具有较强的理论和政策影响力，但其倡导的一些"最佳"公司治理做法（如私有化、分设 CEO 与董事长等）能否真的带来更好的公司业绩，尚需实践检验。即使在西方，这些"最佳"公司治理做法有助于提升企业绩效的证据也很不充分，本研究发现，这些"最佳"做法对企业绩效的影响或者是负面的，或者是不显著的，因此，代理理论在公司治理方面解释力是有局限的。从多元的分析角度及理论视野，特别是运用社会学新制度主义的理论框架，以更深入、细致地分析公司治理和企业绩效的复杂关系实有必要。

新制度主义理论强调制度（正式制度如法律法规，非正式制度如习俗惯例规范等）、权力、网络和认知对人类经济行为和组织行为的影响和形塑，认为看似客观的经济理性和组织实践本质上是社会建构的结果，由于组织实践与其制度环境的相互嵌入性，并不存在跨越制度时空、普遍适用的组织模式。公司治理看似一个中、微观的经济或法律问题，实则为宏大的政治、历史、社会和文化问题。通过系统比较美国、英国、日本、德国等不同的公司治理模式及资本主义几百年的发展史，可以看到公司治理模式不是由教条的经济公式和法律条文决定的，而是多种政治、经济及社会力量长期复杂博弈的结果。具体而言，一个国家的公司治理模式基本上由组合的四种力量决定：国家（the state）、资本所有者（shareholders）、职业经理人（managers）及工会（labor union）。以美国为例，因其国家力量较弱（尤其是宪法规定政府不能随意干涉经济活动），工会力量也很弱（目前工会会员只占总雇员的 10% 左右），股东力量也不强（因为美国大公司的股权很分散，最大股东持股比例一般不超过总股份的 5%），而职业经理人力量很强，虽然他们不是公司所有者，但其是公司的实际管理者和决策者，真正的所有者（股东）反而因为力量太分散而无权参与公司的重大决策。美国这种特殊的政经社会力量组合形态就形成了美式公司治理模式——管理人资本主义（managerial capitalism）。① 1980 年代以来，随着机构投资者的发展壮大（把中小股东集合起来），投资者的力量在加强，比较有效地制约了公司高管的权力滥用问题，因此很多学者认为美国正在转向投资人资本主义（investor capitalism）。② 德国情况则不同，其职业经理人力量不太强（有很多大公司是家族企业），而工会力量很强大，政府力量也比较强，资本所有者的权力受到工会和政府的有力牵制，这几种力量博弈的结果是形成了公司治理的德国模式——劳资共治的双元模式，或"组织化的资本主义"（organized capitalism，即由政府、资方、雇员共同协调组织的资本主义模式）。③ 可见，公司治理模式是一个国家多种政治、社会力量博弈的结果，与一国的历史和文化传统也密切相关，一旦形成某种模式便很难改变。仅改变《公司法》或《证券法》条文很难真正改变一国的公司治理方式。

尽管因各国上述四种力量的组合不同而形成了各具特色的公司治理模式，但世界主要公司治理模式大致可以分为以英美为代表的"英美股东导向型模式"和以德国、日本为代表的"德日利益相关者导向型模式"。早期公司治理学者认为美式公司的分散所有制结构及所有权和管理权的分离使其比家族公司、国有公司、银行主导的企业集团及工人合作社都更有"效率"，更为"现代"，因此美式公司治理模式将不可避免地在世界上广为扩散。④ 由于美国经济在二战后至 1970 年代一直在世界占主导地位，美式公司治理模式在这段时期被誉为国际最佳惯例而被其他国家大力仿效。然而，从 1960 年代到 1980 年代，德国和日本经济崛起，对美国经济造成极大挑战，特别是在制造业领域，很多德国和日本公司的管理模式和组织实践被认为是优于美国公司的（比如著名的"丰田模式"），德日公司模式因而被世界很多国家效仿，甚至很多美国公司也纷纷引进德日"先进"管理和组织模式。1980—1990 年代美国经济的强劲复苏及金融市场全球化和资产管

---

① A. Chandler, *The Visible Hand: The Managerial Revolution in American Business*, Cambridge, MA: Belknap Press, 1977.
② M. Useem, *Investor Capitalism: How Money Managers Are Changing the Face of Corporate America*, New York: Basic Books, 1996.
③ M. F. Parnell, *The German Tradition of Organized Capitalism*, Oxford, England: Oxford University Press, 1994.
④ A. Berle and G. C. Means, *The Modern Corporation and Private Property*, New York: Macmillan, 1932.

理行业的兴起，特别是日本经济在1990年代的衰落，引发了另一轮对美式公司治理模式的推崇，商界和学术界再次预测其他国家将效仿美国，他们认为美式公司治理是优于其他公司治理模式的全球最佳模式。[①] 但好景不长，2008年发端于美国的国际金融危机再次引发世人对美式公司治理模式的怀疑，美式公司治理模式又一次深陷危机，并有可能引发"去美国化"风潮。可见，某种公司治理模式被其他公司、其他国家广为效仿，更多的并非其超越时空和制度环境的"绝对效率"，而是其在特定时空范围的"相对表现"。因此，即使在"最理性"的公司行为领域，并不存在一个经济学家和管理学家所声称的"客观"的"最佳模式"；这种"最佳"模式更多是一种"事后解释"，是社会建构的结果：某种模式在某段时期表现最优，人们便对其进行理论化和事后解释，声称该模式之所以表现最好是因为其在理论上是"最佳模式"或"理想模式"（实际上是一种循环论证），而当该模式表现不佳时，人们便对其进行"负向论证"，用各种理论和事实论证其为什么不是最佳模式，同时又对新出现的"最佳模式"进行理论论证，以赋予后者正当性和科学性。组织理性的这种社会建构性和事后解释性决定了某种公司治理模式被广为效仿和扩散更多的是因为其被社会和制度环境定义为"正当的""高效的"和"先进的"，而并非其真的具有超越时空的恒久"先进性"和"高效性"。

那些"最佳"公司治理做法是在特定社会、文化、政治等制度环境下各种复杂社会力量和利益群体"建构"的结果，其作用的发挥在很大程度上取决于是否契合所在的制度环境，因此，并不存在普适的"最佳"公司治理模式。本研究基于中国经验的社会学探讨，为解构这一世界性"最佳"公司治理迷思提供了新视角和证据。

值得指出的是，本研究数据主要限于中国上市公司，在代表性方面有不足之处：首先，与非上市公司相比，上市公司大部分是大中型企业，不能代表中小公司；其次，上市的国有控股公司毕竟是少数，不能代表未上市的广大国有企业。这限制了本文经验发现的可推广性和普适性，其他类型公司治理与企业绩效之间的关系尚待更多经验数据探索。

〔责任编辑：刘亚秋　责任编审：冯小双〕

[①] A. Shleifer and R. Vishny, "A Survey of Corporate Governance," *The Journal of Finance*, vol. 52, no. 2, 1997, pp. 737 – 783.

颁奖词 《逻辑、想象和诠释：工具变量在社会科学因果推断中的应用》一文认为，工具变量（instrumental variable）是社会科学定量分析中解决内生性问题的重要手段，是基于调查数据进行因果推断的前沿方法。由此，该文在简要介绍工具变量的定义、原理及估算方法的基础上，回顾和梳理了实证分析中较为常见的五类工具变量，为今后研究寻找工具变量提供了参考。同时，它还阐述了工具变量估计量的权重性特征，并结合实例展示了使用工具变量进行因果推断的基本步骤和要点。最后，它还剖析了工具变量方法的潜力和局限性。该文对于推进工具变量方法在社会学研究中的应用，有着重要的启发作用。

逻辑、想象和诠释：工具变量在社会科学因果推断中的应用[*]

陈云松

摘　要：工具变量（instrumental variable）是社会科学定量分析中解决内生性问题的重要手段，是基于调查数据进行因果推断的前沿方法。本文在简要介绍工具变量的定义、原理及估算方法的基础上，对实证分析中较为常见的五类工具变量进行回顾梳理，为今后研究寻找工具变量提供了参考。同时，对工具变量估计量

---

[*] 本文原载于《社会学研究》2012年第6期。作者感谢康奈尔大学摩根（Stephen Morgan）教授、牛津大学斯奈德斯（Tom Snijders）教授和赫斯特罗姆（Peter Hedström）教授、香港科技大学吴晓刚教授、中山大学梁玉成副教授、浙江省社会科学院范晓光助理研究员的讨论、批评和建议，同时感谢匿名评审专家和编辑部提出的修改意见以及CGSS 2003和CHIPS 2002数据团队。文责自负。

的权重性特征进行了阐述,并结合实例展示了使用工具变量进行因果推断的基本步骤和要点。最后,就工具变量方法的潜力和局限性进行了剖析。

关键词: 工具变量　内生性　定量分析　因果推断

一　导言:因果推断的圣杯[①]

在反事实因果的框架之下,[②] 基于调查数据的社会学定量分析要进行因果推断,难度极大。其主要原因在于,社会学家一旦要证明某个他们所感兴趣的"因"会带来一定的"果",就必须面对一个永恒挑战:"内生性"问题(endogeneity)。即如果某个潜在的、无法观测的干扰项,既影响"因",又影响"果",那么,利用最小二乘法模型(简称 OLS 模型)进行回归分析所得到的估计量就会是有偏误的,而不具有因果推断力。在实证分析中,无论是经典的教育回报研究(Card,1999),还是我国学界非常关注的关系网、社会资本研究(Mouw,2003,2006;陈云松、范晓光,2010,2011),内生性问题都极为重要且亟待解决。

解决内生性问题的常见方法,主要包括工具变量(instrumental variable,简称 IV)、固定效应模型(fixed effects model,简称 FE)、倾向值匹配(propensity score matching,简称 PSM)、实验以及准实验(experiments and quasi-experiments)等。近年来,其中不少方法已经逐步在我国社会学界得到评述和应用(梁玉成,2010;陈云松、范晓光,2010,2011;陈云松,2012;胡安宁,2012;魏万青,2012)。[③] 在反事实因果分析框架下,实验或准实验方法最切近要义。但社会科学的很多研究主题和领域决定了无法使用实验

[①] 圣杯(grail)系指耶稣受难时用来盛放鲜血的圣餐杯。在凯尔特神话中,追寻圣杯是一个神圣而伟大的主题,"有能者居之",其过程则充满风险,传说有无数骑士为了寻求圣杯而踏上了不归之路。

[②] 关于社会科学定量分析中的反事实因果框架可参见摩根和温肖普的文章(Morgan & Winship,2007)。谢宇(2006)曾经以大学教育为例来说明反事实因果的含义。比如,在分析大学教育对个体的收入是否有因果效应时,对一个上大学的学生,我们不可能获得他不上大学情况下的数据。因此,社会学定量分析中只能用平均干预效应来替代,即估算一组大学生(干预组)与一组非大学生(控制组)之间的平均收入差异。

[③] 在社会资本和社会网研究中对内生性问题关注最早的仍是计量经济学界(参见 Manski,1993,2000;Moffitt,2001;Durlauf,2002;Durlauf & Fafchamps,2004;Bramoullé et al.,2007)。

方法，而其他方法也都具有较大的局限性。如固定效应模型只能消除时间固定的干扰项，倾向值匹配方法则完全依赖于"可观测因素被忽略"的假说。相比较而言，对基于调查数据的定量分析，工具变量方法具有独特优势。不过，工具变量方法在社会学分析中的运用，目前却远远不如它在计量经济学和政治学定量分析中那么广受青睐（政治学和计量经济学研究中工具变量方法的使用参见 Sovey & Green, 2011；Angrist et al., 1996；Angrist & Krueger, 2001）。

但是，近10年来社会学界对于工具变量的态度，正在由不熟悉、犹豫不决向着逐步接纳而转型。10年前，康奈尔大学的摩根有感于工具变量方法得不到社会学家青睐而专门写成一篇《社会学家该不该用工具变量》的文章（Morgan, 2002）。整整10年后，美国《社会学年鉴》（*Annual Review of Sociology*）专门刊出了博伦关于工具变量在社会学分析中应用的综述（Bollen, 2012）。这篇重要论文从技术角度详细回顾了2000—2009年在美国三大顶级社会学刊物（*American Sociological Review*, *American Journal of Sociology*, 以及 *Social Forces*）刊发的57篇采用工具变量方法的论文。毫无疑问，工具变量方法逐步被社会学界关注和接纳的过程，充分展示了社会学定量分析方法的演进以及与其他学科在方法论上的进一步融合。

那么，何以说工具变量是定量分析中因果推断的"圣杯"？这是因为，好的工具变量非常难以寻觅，寻找它的逻辑和数据挖掘过程充满艰辛、难以驾驭，甚至往往需要研究者的灵感。但它在模型上的简洁性，它对社会科学想象力、逻辑力和诠释力的要求，既为定量分析提供了因果推断的重要武器，也让分析的过程充满趣味和奇思妙想。本文将以尽量浅显的语言，总结回顾工具变量的原理、来源、分类和特性，并结合具体分析案例，勾勒工具变量方法的实施步骤和诠释要点。本文是当前社会学文献中首次对工具变量进行梳理和分类的尝试，也是目前我国社会学定量分析领域第一次对工具变量的全面介绍、评述和案例展示。

二 工具变量的原理：模型之外的力量

工具变量的原理最早由菲利普·莱特（Philip G. Wright）在20世纪20年代末提出（Stock & Trebbi, 2003），这里仅做扼要介绍和基本的模型推演。首先，我们给出一个典型的线性回归模型：

$$y = \beta_0 + \beta_1 x_1 + \beta X + \varepsilon \tag{1}$$

这里 y 为因变量，也即"果"；x_1 为自变量，或者解释变量，也即"因"。大写的 X 为外生控制项向量（也即一组假定为外生的其他控制变量，例如年龄、性别等），ε 则为误差项。如果 ε 与 x_1 不相关，那么我们可以利用 OLS 模型对方程进行无偏估计。然而，如果一个重要变量 x_2 被模型（1）遗漏了，且 x_1 和 x_2 也相关，那么对 β_1 的 OLS 估计值就必然是有偏的。此时，x_1 被称作"内生"的解释变量，这也就是著名的"内生性"问题。

要解决这一内生性问题，我们需要引入更多信息来进行无偏估计。工具变量的方法就是引入一个外生变量 Z，且 Z 必须满足以下两个条件：与 ε 不相关；但与 x_1 相关。或者说，Z 仅仅通过影响 x_1 来影响 y。这样，根据工具变量的必备条件，我们可以得到：

$$\text{Cov}(Z, x_1) \neq 0; \quad \text{Cov}(Z, \varepsilon) = 0 \tag{2}$$

由方程（1）我们可以推导出：

$$\text{Cov}(Z, y) = \beta_1 \text{Cov}(Z, x_1) + \beta \text{Cov}(Z, X) + \text{Cov}(Z, \varepsilon)$$

再根据方程（2）和 X 是外生向量的假设，我们得到 $\text{Cov}(Z, y) = \beta_1 \text{Cov}(Z, x_1)$，也即：

$$\beta_1 = \text{Cov}(Z, y) / \text{Cov}(Z, x_1)$$

故此，我们可以对 β_1 进行无偏估计：

$$\hat{\beta}_1 = \frac{\sum_{i=1}^{n}(Z_i - \overline{Z})(y_i - \overline{y})}{\sum_{i=1}^{n}(Z_i - \overline{Z})(x_{1i} - \overline{x}_i)} \tag{3}$$

方程（3）里的 $\hat{\beta}_1$，也就是工具变量估计量。

如果用上述公式还不能直观清晰地表达工具变量的原理，那么我们可以用下面的示意图来做一简要说明。在图 1 中，模型的范围用虚线框来表示。工具变量 Z 处于模型之外（也即在虚线框之外），因此是完全外生的。[①]

[①] 当然，模型内的干扰项和主解释变量以及因变量之间的关系也可能是逆向的。

此时，工具变量 Z 只能通过影响自变量 x_1 而间接影响因变量 y。如果工具变量 Z 和自变量 x_1 密切相关，那么，只要工具变量 Z 有了增量变化，就必然会对自变量 x_1 产生一个来自模型之外的冲击。如果自变量 x_1 和因变量 y 之间真的存在因果关系，那么 Z 对 x_1 带来的冲击也就势必传递到 y。这样，在一系列的假说之下，只要 Z 对 y 的间接冲击能够被统计证明是显著的，我们就可以推断出 x_1 对 y 必然有因果关系。利用对 Z 与 x_1 相关的估算，以及 Z 与 y 的间接相关的估算，理论上我们就可以推导出 x_1 和 y 之间真实关系的大小 β_1。因此，图 1 非常清晰地展示了工具变量的原理：利用来自模型之外的外生差异进行无偏估计。

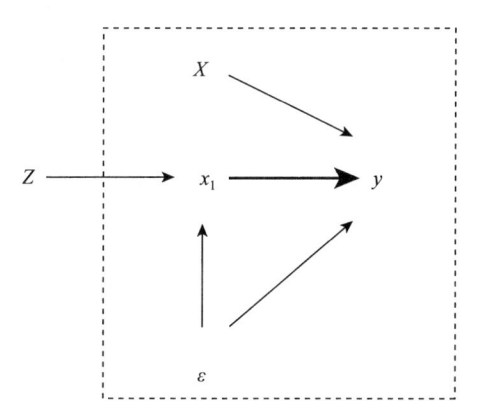

图 1 模型之外的力量：工具变量原理

较为常见的工具变量估算方法是两阶段最小二乘法（two-stage least-squares，也即 2SLS）。在回归的第一阶段，内生的因变量 x_1 放在模型左侧，而右侧则为原模型中全部 X 以及工具变量 Z。然后对每一个 x_1 进行预测赋值。在第二阶段，模型左侧是因变量 y，右侧则为 X 和 x_1 的第一阶段预测值。工具变量估计量肯定是一致的（参数估计的一致性指当样本容量趋向无穷大时，参数估计趋近于参数真值，也就是收敛于参数真值）。不过其估计方差也比相应的 OLS 估计方差要大。工具变量 Z 和自变量 x_1 之间的关系越紧密，则估计方差越小。

要确保工具变量分析结果稳健可信，我们必须首先检验工具变量的合法性，同时还要观察工具变量模型和一般的单方程模型（如 OLS 或 Probit 模型）之间的分析结果有无系统差异。这里，有几个至关重要的统计量的判别是必不可少的。(1) Z 和 x_1 必须是强相关。否则，就会带来弱工具变量问题，导致估计量有偏。在使用二阶段估计法时（2SLS），一般我们可以依赖 F 统计量来判断两者之间的关系强弱。一般而言，如果 F 统计量大于经验值 10，则不存在弱工具变量问题（Stock & Yogo, 2005）。（2）工具变量的外生性是无法用统计方法直接验证的。不过当我们同时使用多个工具变量时（也即模型被过度识别时 overidentified），则可以进行沙根检验（Sargan Test）；此外，有一些研究会把工具变量直接加入主模型进行偏系数的显著性检验，不过严格意义上这一做法并不具有有效性。（3）豪斯曼内生性检验（Hausman Test of Endogeneity），用以检测 OLS 模型和工具变量模型之间是否存在系统差异。如果有，则应采纳工具变量估计量。（4）瓦尔德内生性检验（Wald Test of Endogeneity），用以检测单方程 Probit 模型与 IV-Probit 模型之间是否存在系统差异。如果有，则应采纳 IV-Probit 模型估计量。

三 工具变量的寻觅：逻辑和想象

本部分将对一些经典和较具说服力的工具变量分析案例进行分类总结。梳理这些工具变量，比一般性的文献综述更重要，这是因为，合格的工具变量非常难以寻找。因此，前人对某一类工具变量的使用，在很大程度上对我们今后寻找工具变量能够带来重要启发甚至灵感：严密的逻辑和辽远的想象力，是寻找到好的工具变量的必要条件。①

（一）来自"分析上层"的工具变量：集聚数据

经济学和社会学中一个非常热门的研究课题是同侪效应（peer effect）。其假说是，个人的经济社会结果，往往会受到所在集体的某个特征要素的影响。比如，一个人的成绩、收入、社会地位等，会受到他所在的学校、班级、邻里的特征的影响。但要验证这一假说，我们就必须解决个人异质性导致的内生性问题。这是因为，很多无法观测到的个人、家庭因素，会同时和个人结果与我们关心的集体要素相关（特别是，个体往往根据自己的某项特质和偏好来选择学校、选择班级、选择邻居）。为解决这一内生性问题，经济学家和社会学家常常把州、县或大都会地区层面的集聚数据

---

① 在面板数据分析中，一个标准化的方法是：解释变量的若干期滞后的线性组合（lagged terms）可以用来做工具变量。但这需要一定的假设。限于篇幅，且该方法不需要"寻找"工具变量，本文不做介绍。

(aggregation data)作为学校、班级和邻里等层面解释变量的工具变量（文献回溯参见 Card & Krueger, 1996）。例如，埃文斯等（Evans et al., 1992）试图验证学校中的贫困生比例对学生怀孕或辍学行为是否有显著影响。他们运用大都会地区的失业率、家庭收入中位数和贫困率作为学校中贫困学生比例的工具变量。其理由是：以都会为单位的失业率和贫困率必然和辖区内学校的贫困生比例有关，但又不直接影响学生的怀孕或辍学等行为。邦托利阿等（Bentolila et al., 2010）使用联邦就业率作为工具变量来分析"使用社会关系"对个人收入是否具有作用。联邦就业率与收入没有直接关系，但就业率高，则在联邦内使用关系求职的必要性就低。不过，使用集聚层数据作为工具变量，往往会引入噪音，甚至增加遗漏偏误——因为我们无法保证高级区划层面上的特征值是完全外生的（Grogger, 1996; Hanushek et al., 1996; Moffitt, 1995; Rivkin, 2001）。因此，这类工具变量的应用案例，在近年来的研究中有减少的趋势。

（二）来自"自然界"的工具变量：物候天象

河流、地震、降雨、自然灾害等自然现象在一定地域范围内具有高度的随机、外生特性，因此可以被假设为与个人和群体的异质性无关，同时，它们又能够影响一些社会过程。例如，霍克斯比（Hoxby, 2000）在一篇经典研究中，采用区域内河流数量作为该区域学校数量的工具变量，以此来验证学区内的学校竞争是否可以提高教学质量。区域内学校数量之所以是内生的，是因为它可能是该区域长期历史积累下的某种特征的结果。而使用河流数作为工具变量则具有很强的说服力：河流数量越多，就会因交通问题导致更多学校的设立；但河流数是天然形成的，本身和教学质量无直接关系。再如，卡尔特和克莱泽（Culter & Glaeser, 1997）把贯穿大都市的河流数量作为邻里区隔（segregation）的工具变量，以分析区隔程度对居住者的影响。该工具变量的合法性与上例工具变量异曲同工：河流越多，导致的邻里区隔程度必然越大，而河流数量和作为社会结果的居住者的收入无关。

除了河流，其他诸如地震、灾害、降水量甚至化学污染等现象，都曾被具有社会科学想象力的研究者所使用。例如，在班级效应（class effect）研究中，西波隆和罗索利亚（Cipollone & Rosolia, 2007）以地震导致的男性免征兵政策作为高中班级性别构成的工具变量，以分析意大利学生中班级性别构成对女生成绩的影响。地震作为一种天象，显然是随机和外生的。

在国际移民研究中，孟希（Munshi, 2003）则使用墨西哥移民来源地区的降水量作为移民数量的工具变量，证明了同乡的移民越多，他们在美国打工的收入会越高。用移民来源社区的降水量作为工具变量的理由是：墨西哥某社区的降水量和美国的劳动力市场显然没有任何关联；但降水量和社区的农业收入有关，并通过影响农业预期收入而影响到移民美国的决策。在社会资本和网络效应研究中，陈云松（2012）以中国农民工来源村庄的自然灾害强度作为本村外出打工者数量的工具变量，证明了同村打工网的规模直接影响农民工在城市的收入。使用自然灾害作为工具变量的合法性在于：灾害越重，外出打工的村民就越多；而在控制了地区间应对灾害的能力和来源省份之后，发生在村庄领域内的自然灾害可以被认为是外生的。

（三）来自"生理现象"的工具变量：生老病死

人类的生老病死既是社会现象，也是生理上的自然现象。出生日期、季度、性别、死亡率等，虽仅仅是有机体的自然历程，但既具有随机性，又往往和特定的经济社会过程相关。因此，无论在宏观还是微观社会科学层面，它们都曾被巧妙地作为工具变量运用在因果推断之中。比如，在制度经济学研究中，我们关心的是制度对一国的人均收入有无影响。但制度往往是内生的，或者说是选择性的（例如，好的制度也许总在人均收入高的国家或地区产生）。只有找到制度的工具变量，才能让人信服地证明制度的力量。阿西莫格鲁等在一项经典研究（Acemoglu et al., 2001）中，把殖民地时代一个国家的自然死亡率作为该国当今制度的工具变量。其理由非常巧妙：如果该地区当年的死亡率高，那么欧洲殖民者就相对不愿定居下来，从而在当地建立起更具掠夺性的"坏"制度。由于制度的"路径依赖"，殖民时代的制度显然和现在的制度关系密切。因此，历史上的死亡率作为工具变量，应该和当今制度紧密相关，而一百年前的死亡率作为一种自然生理现象，又和目前的人均收入没有直接关系。

在微观层面的研究中，个人的出生时段曾多次被作为工具变量使用。在教育回报研究中，安古瑞斯特和克鲁格（Angrist & Krueger, 1991）把被访者出生的季度作为教育的工具变量。其理由是：上半年出生的孩子退学的可能性大于下半年出生的孩子（美国《义务教育法》规定不满16周岁不得退学），因此后者平均受教育时间更长。除了个体的"生日"，人类的生育结果也往往作为一种随机现象而被当作工具变量使用。例如，安古瑞斯特和伊凡斯（Angrist & Evans, 1998）试图分析家庭中的孩子数是否影响母亲的就业。由于生育孩子数量是可以被选择的，因此解释变量显然是内生的。为解决这一问题，他们巧妙地挖掘了人类生育行为中偏好有儿有女的特征，将子女"老大"和"老二"的性别组合情况作为工具变量。理由是：头两胎如果是双子或双女，那么生育第三胎的可能性大大增加，进而增加子女数。而子女性别是完全随机的。莫林和莫斯基翁（Maurin & Moschion, 2009）考察了法国邻里中其他母亲的就业如何影响单个母亲的就业。为了消解内生性问题，他们用邻里平均的头两个子女的性别组合作为邻里母亲就业的工具变量。理由是，邻里平均的头两个子女的性别组合，会影响到邻里内母亲的平均就业情况，而邻里的下一代性别结构是随机的，和单个母亲的就业决定没有直接关系。前文提及的邦托利阿等人（Bentolila et al., 2010）的研究，在使用联邦就业率作为"使用社会关系"的工具变量的同时，还使用年长的兄姊数目作为工具变量。他们的理由是，兄弟姐妹数是随机的自然现象，因为家庭育儿数字在法国是随机的。但兄弟姐妹越多，则社会关系越多，托人帮助求职的可能性也就越大。

（四）来自"社会空间"的工具变量：距离和价格

社会空间的载体，包括具象性的城市、乡村，和非具象性的市场空间等，和人类的行为与社会结果息息相关，但往往又在特定分析层面上具有独立性、随机性。这类经典的工具变量分析案例，出现在教育回报研究中。卡德（Card, 1995）使用被访者的家到最近的大学的距离作为教育的工具变量，以此来分析教育是否能增加个人的收入和地位。我们知道，教育作为解释变量之所以是内生的，是因为人们会选择上或不上大学。而从家到大学的距离，会影响到是否上大学这个理性选择。但这一距离，作为城市空间的要素，显然又与个体的社会经济结果没有直接关系。当然，地理空间上的距离对于上学意愿的影响可能是微弱的，或者只影响到一部分人。这也就引出工具变量研究中的两个重要概念——弱工具变量和局部干预效应问题。这些在本文的下节将做说明。

在制度分析的研究中，豪尔和琼斯（Hall & Jones, 1999）则非常具有想象力地用各国到赤道的距离作为工具变量。理由是，到赤道的距离大致反映了各国受西方制度影响的深浅程度，而这一距离显然是外生的。此外，除了城市距离这样具体的社会空间要素，市场作为社会经济活动的空间，其要素也往往和社会学家关心的现象紧密相关，却又不直接干扰个体的某些具体社会特征。钱楠筠（Qian, 2008）巧妙地用茶叶的价格作为中国家庭中男性收入和女性收入之比的工具变量,证明了家庭收入的性别结构最终影响了中国家庭男女出生性别比例(传统上我们相信家庭的总收入影响男女出生比例)。用茶叶价格作为工具变量,是因为茶叶产业链的特性决定了从业人员以女性为主,茶叶价格提高就意味着女性在家庭中的经济地位提高,从而导致家庭女性胎儿被流产的几率降低。而茶叶的价格显然和家庭男女出生性别比例没有其他任何的因果逻辑联系。

(五)来自"实验"的工具变量:自然实验和虚拟实验

实验是一种外来的人为干预。它一方面对我们关心的解释变量带来冲击,同时又会置身模型之外。能够给我们提供工具变量的实验,既有政策干预、改革创新这样的社会实验,又有假想的虚拟实验。不少研究采用外生性政策干预所带来的自然实验来挖掘适当的工具变量。这方面,工具变量的重要权威安古瑞斯特有着极为经典的越南老兵系列研究。在越南战争期间,美国青年服兵役采取基于生日的抽签形式来决定。获得抽签号之后,小于一定"阈值"就去参加体检服兵役,大于阈值的则可免于兵役。抽签号的产生如同彩票一样是完全随机的,但又直接影响到是否服兵役这一重要的社会过程。利用各人获得的抽签号作为工作变量,安古瑞斯特等人从20世纪80年代末到今天的20多年,做出了一系列经典研究,分析服兵役是否会对当年的参战者、今天退伍老兵产生在收入、后续教育及健康等方面的影响(参见 Angrist, 1990, 1993; Angrist et al., 1996; Angrist et al., 2010)。[①] 因为服兵役必然会减少教育年限,安古瑞斯特甚至尝试把抽签号作为教育的工具变量以分析教育回报(Angrist & Krueger, 1992)。[②]

在同侪效应研究中也可以使用自然实验方法。例如,布泽和卡乔拉(Boozer & Cacciola, 2001)试图证明班级平均成绩对个体学业成绩具有同侪效应。他们把班级中曾经参与过"小班实验"的人数比例作为班级平均成绩的工具变量。其理由是:小班实验是随机设计的,学校之前从各个班级随机抽人去组成小班,因此外生性可以保证。而小班教学提高了这部分学生的成绩,故此对班级整体也必然有影响。类似方法还可参见博沃尔斯和

[①] 该工具变量后来引发了弱工具变量的争论。此外,抽签当兵者可能会更加关注健康,从而使得工具变量和因变量直接相关,导致工具变量估计量有偏。

[②] 不过,该研究引起了较大争议。因为抽签号大于阈值的人会钻政策的空子而采用接受教育来逃避战争,由此造成抽签号不再外生。

菲南（Bobonis & Finan，2008）对墨西哥教育的研究。他们把村庄中参与Progresa项目（国家给生活困难的母亲以补助）的比例作为村庄儿童平均就学的工具变量，以此来分析乡村同龄人的入学率是否影响个体的入学决定。实际上，这一系列的工具变量思路来自早前安古瑞斯特和拉维关于以色列班级规模效应的经典研究（Angrist & Lavy，1999）：小班是否有利于学生提高成绩。他们采用的工具变量是所谓迈蒙尼德（Maimonides）规则下的本地招生人数。根据迈蒙尼德规则，凡是班级人数超过40的就会被分裂为两个小班。因此，招生人数和班级规模之间就存在一个紧密的非线性关系。

更宏观社会空间层次的"自然实验"则是历史过程或大规模的社会运动。方颖、赵扬（2011）为估算各地区产权保护制度对经济增长的贡献，采用的工具变量是1919年中国不同城市基督教初级教会小学注册人数在当地人口中的比例。因为这一比例代表了该地区历史上受西方影响的程度：入读教会小学的人口比例越大，该地区受西方影响越大，也就越有可能在今天建立起较好的产权保护制度。而教会小学建立的初衷在于布道，这一变量和当年以及现在各地区的经济水平并不直接相关。在社会网分析中，章元、陆铭（2009）在分析农民工的家庭网、亲友网和收入之间的关系时，用农民工祖辈的社会背景及是否来自革命老区作为工具变量。其理由是，祖辈社会背景和是否来自老区会影响到农民工的社会网络规模，但这些历史因素和今天农民工在异地的收入没有其他直接联系。

虚拟实验则是一种非常有趣的工具变量方法，其原理有点接近于匹配方法。巴耶尔和罗斯（Bayer & Ross，2009）在研究就业是否存在邻里同侪效应时，为解决被访者个体异质性和自选择问题，他们用与被访者具有相同个人特征（也即方程1中的X中的一组控制变量）的其他被访者的平均邻里特征来作为被访者邻里特征的工具变量。其理由是，相似个体选择相似的邻里，那么基于类似者的平均邻里特征（也即工具变量）应该与被访者的邻里特征相关。而同时他们利用了控制变量是外生的这一标准假设：既然个体的可观测特征与未被观察因子无关（也即方程中的X事先假定是外生的），那么基于X的一组外生变量而生成的工具变量也就必然与个人异质性无关。孔特雷拉斯等（Contreras et al., 2007）采取类似的方法，发现邻里的非农就业对玻利维亚妇女获得非农工作具有正面影响。

四 工具变量估计量的诠释：
局部干预效应问题

把模型外的变量 Z 引入模型时，既为模型的识别增加了有效信息，同时也带来了噪音。其中一个最为重要的问题是：我们并不知道工具变量和解释变量之间相关的具体形式和特征。特别是，工具变量和解释变量之间的相关性，在样本中是均匀还是不均匀分布的呢？如果工具变量对样本人群的影响分布并不均匀，那么工具变量估计量应该更多地反映了部分样本上的因果效应。这就引出了工具变量分析中一个非常重要的解释框架——所谓的"局部平均干预效应"问题（local average treatment effect，简称为LATE。参见 Imbens & Angrist，1994；Angrist et al.，1996）。① 这一问题之所以重要，是因为社会也好、区域也好、城市也好、人群也好，群体往往具有内在的差异性。这种差异性导致样本对于外生冲击的反应步调并不一致。这样，工具变量估计量在很多情况下只是基于诸多局部样本估计量的加权平均值。理解了这一权重特性，我们就能更好地对工具变量的分析结果进行合理的社会学解释，而不仅仅是提供一堆表格和纯技术性的统计量。

本文以前面提及的陈云松（2012）为例来做个说明。该研究试图证明农民工收入和同村打工网规模之间存在因果效应，数据来自 CHIPS 2002 共 22 个省的农户调查。作者把赫克曼二阶段模型（此处简称为 Heckit 模型）和工具变量模型相结合，利用 IV-Heckit 模型进行识别，以最大限度地消除回归分析中的内生性偏误。其中，农民工来源村庄的自然灾害强度被作为工具变量来识别收入模型。本文把从 OLS 模型、Heckit 模型和 IV-Heckit 模型分别得出的网络效应估计量概括在表 1 中。

表 1　OLS、Heckit 和 IV-Heckit 模型估算结果（$N=2361$）

	OLS	Heckit	IV-Heckit
同村打工网规模（ln）	.125 *** (.0349)	.263 *** (.076)	.628 *** (.232)
工具变量第一阶段回归 F 统计量	17.42		

---

① 注意，在 LATE 框架下诠释工具变量估计值，需要的一个前提是自然灾害和网络之间的关系是单调的。

续表

	OLS	Heckit	IV-Heckit
豪斯曼内生性检验	$P = 0.007$		

注：（1）括号内是标准误差。（2）$^* p < 0.1$，$^{**} p < 0.05$，$^{***} p < 0.01$。

表1中，第三列的估计值来自Heckit模型，即考虑了可能的样本选择问题——外出打工本身就是一个选择性的过程。第四列的IV-Heckit模型是基于赫克曼二阶段法的工具变量模型，能够同时解决样本选择问题和一般的内生性问题。不难发现，IV-Heckit模型给出了一个比Heckit模型更大的网络效应估计值：后者是0.263，而前者达0.628。如何解释IV-Heckit估计值大于Heckit估计值呢？一个现成的解释是，遗漏变量和网络大小正相关，但与个人收入负相关。但这样的解释是"空对空"的揣测，没有社会学意义。而如果考虑到自然灾害促使农民做出外出打工决定的"压力"不是均质的，那么就可以在LATE的框架下给出比较合理和直观的解释。因此，该文做了进一步的诠释：由于能力、地缘、历史习俗等因素，不同村庄的农民，在做出外出打工决定时，对自然灾害的敏感度可能是不一样的。例如，能力弱的村民或者平均能力较弱的村庄，对自然灾害造成的损失更加担忧，也就更容易被自然灾害"拉动"而外出打工。这样，"弱能力村庄"外出打工网的规模，就更容易受自然灾害影响。当我们用自然灾害作为工具变量来估算同村打工网的工资效应时，IV-Heckit模型的估计值所体现的就不是基于样本的总体平均效应，而是一个加权平均值。其中，来自"弱能力村庄"的农民工会具有更大的权重。这一加权平均值，就是前面所谓的LATE。而理论和实证研究都表明，能力弱的农民工，对基于村庄的同乡网依赖更多，从村庄网获得的边际效益也更大。也就是说，同村打工网的网络效应，在来自"弱能力村庄"的农民工群体中更强。既然IV-Heckit模型更多地反映了"弱能力村庄"中的网络效应，它给出的估计值自然就要比Heckit模型大。

五 工具变量分析实例：社会网、选择性交友与求职

这一节我们通过采取虚拟实验来构建工具变量的实证分析案例来展示一个标准的工具变量分析过程。通过实例展示，我们强调工具变量分析不仅仅能对因果推断做出贡献，更能够通过对工具变量估计量和一般OLS/

Probit 估计量进行比较分析，使我们对社会机制及其过程产生深刻的理解和认识。解释和比较分析工具变量结果的过程，就是促使我们深入剖析社会机制的过程。

此项研究系国内社会学界一直比较关心的社会资本或社会网络课题，其直接目的在于检验一项经典假说：社会资本是否真有利于一个人找到工作（参见 Lin，1999）。在研究中，社会资本的操作化定义是密友圈子的平均教育程度，因变量的操作化定义则是是否有工作。由于交友的过程往往是选择性的（经典的理论就是人以群分，参见 McPherson et al.，2001），因此朋友的平均教育程度可能是一个内生变量。这样，一般的单方程模型就不能够证明社会资本的因果效用。

本研究数据来自2003年中国综合社会调查（CGSS 2003）。该问卷中设计了被访者的核心讨论网以及被访者自身一系列人口学指标的相关调查。利用这些数据，我们进行工具变量分析，分"建立模型""寻找工具变量""数据分析""诠释比较"四个步骤。

1. 第一步：建立模型

我们首先建立一个被访者是否找到工作的预测模型。考虑求职是二分变量，我们采用 Probit 模型，写方程如下：

$$P(y_i = 1) = \Phi(\beta_0 + \beta_1 S_i + \beta_2 X_i) \tag{4}$$

其中 $y_i = 1$ 表示被访者 i 找到工作，S_i 表示社会资本，也即被访者 i 的朋友的平均教育程度，X_i 是一系列的外生个人特征变量，如性别、年龄等。

方程（4）实际可以写作另外的形式：

$$\hat{S}_i = \hat{\gamma}_0 + \hat{\gamma}_1 Z_i + \hat{\gamma}_2 X_i \quad y_i = 1 \, if \, y_i^* > 0 \tag{5}$$

其中 y_i^* 是一个潜在变量，也即如果 $y_i^* > 0$ 则 $y_i = 1$。而工具变量模型（IV-Probit）可以用下面的方程组来表示：

$$y_i^* = \beta_0 + \beta_1 S_i + \beta_2 X_i + \varepsilon_i, \, y_i = 1 \, [y_i^* > 0] \tag{6}$$

$$S_i = \gamma_0 + \gamma_1 Z_i + \gamma_2 X_i + \xi \tag{7}$$

这里，Z_i 就是工具变量，ξ 是随机误差项。这里，Cov$(Z_i, \varepsilon_i) = 0$，Cov$(\xi, \varepsilon_i) = 0$，且 Cov$(Z_i, S_i) \neq 0$。

步骤要点：必须清楚地说明对模型进行无偏估计所需要的全部假设。同时，第一阶段回归方程里（即方程7），要把第二阶段方程（即主方程6）的全部外生变量都要放入，哪怕直觉上这些外生变量和方程左侧的内生变量没有关系。

2. 第二步：寻找工具变量

一般而言，我们都是从调查数据中寻找可能的工具变量。这是因为，凭空想象出一个有效的工具变量是非常难的。而运用逆向思维，从数据能提供的一系列变量里进行逐一排查和联想，则可能寻找到可用的工具变量。不过，本研究采用的是一种基于模型工作假设进行虚拟实验以人工构建工具变量的新方法。该方法在计量经济学文献中已经得到运用，其主要目的就是用来消除选择性偏误（如 Bayer & Ross，2009）。当然，如果我们采取一般的寻找工具变量的方法，那么本部分内容读者可以略去并直接跳转到第三步。

要对方程（5）进行无偏估计，我们的标准假设是 S_i 和 X_i 都是外生的。但由于交友的过程很可能是选择性的，因此我们将假设放松为 S_i 是内生的，而 X_i 仍然是外生的，即 Cov（X_i，ε_i）= 0 且 Cov（S_i，ε_i）≠ 0。也就是说，朋友圈的教育程度是内生的，其他控制变量是外生的。利用这一工作假设，我们可以巧妙地构造出一个虚拟的工具变量。

首先，我们知道 X_i 代表的这些个人特质基本都具有离散型的特点，例如被访者的个人教育程度、性别、年龄段等。为构建工具变量，我们为每个被访者 i 分配一批"虚拟朋友"。匹配的原则是，这些"虚拟朋友"都是除 i 之外的其他被访者，但同时具有和 i 相同的个人特质。这样，在每个虚拟的朋友圈子里，他们都具有相同的 X，然后，对每一个被访者 i，我们对其"虚拟朋友"所各自拥有的现实朋友圈的教育程度取平均值。而这个平均值，就是我们的工具变量。其合法性体现在如下两个方面：(1) 被访者 i 的现实朋友圈教育程度（S_i）和他的"虚拟朋友"的现实朋友圈教育程度平均值（Z_i）相关。这是因为被访者 i 和他的"虚拟朋友"具有相同的个人特性。而根据社会同质性理论（social homophily），相似的人往往会在交友时做出相似的选择。这一相关性及其强度，可以在2SLS的第一阶段回归中得到统计验证。(2) 被访者 i 的"虚拟朋友"的现实朋友圈教育程度平均值（Z_i）必然和误差项 ε_i 无关。这是因为，该工具变量的形成过程，没有基于任何非观测因素或者自选择。也就是说，"虚拟朋友圈"的形成，根据且仅仅根据的是一组既定的外生控制变量 X_i。而 X_i 的外生性，是我们的标准工作假设所规定了的。因此，只要我们从一开始就假定 X_i 是外生的，则该工具变量也必然是外生的。实际上，我们可以把这个工具变量理解成一个用非参数的选择模型来预测出的每个被访者 i 的朋友圈教育程度。

那么，如何理解我们构建工具变量时所依赖的工作假设 Cov（X_i，ε_i）= 0,① 也即控制变量是外生的假设？在假设的基础上人为构建一个工具变量，是不是使得工具变量的外生性不具备足够的说服力？在这一点上，正如巴耶尔和罗斯（Bayer & Ross，2009）所强调的，"如果我们的分析仅希望把因为自选择而导致的偏误消除掉，而不是野心勃勃地宣称要消除全部的内生偏误，那么在标准工作假设的基础上构造工具变量是有充分理由的"。实际上，本研究给出的工具变量估计量（IV-Probit 估计量）之所以比单方程的 Probit 估计量更具有意义，是因为它消除了基于干扰变量的自选择问题，而不是说它是无偏的。

在本研究中，我们使用以下几个离散的控制变量来构建"虚拟朋友圈"：年龄段（16—30，30—40，40—60）；性别（男，女）；教育程度（小于 13 年，13—16 年，17 年以上）；父亲政治面貌（党员和非党员）；父亲的行政管理级别（无级别，市区县，省级，中央部委），以及经济地理区划（根据 GDP 划分为四个等级）。显然，这 6 个控制变量可以产生 3 * 2 * 3 * 2 * 4 * 4 = 576 个"虚拟朋友圈子"。全部被访者都被分配到这 576 个虚拟圈子之中。圈子平均大小是 33。在这个基础上，我们对每个被访者的"虚拟朋友圈子"的全部成员的朋友圈教育程度进行取平均值，以此得到工具变量（此处略去数据描述）。

步骤要点：因为工具变量的外生性是无法直接进行统计证明的，所以在这一步中我们应该尽可能全面、详细地向读者论证其外生性，要做到令人信服；关于工具变量和解释变量的相关性，则可以不过多着墨。因为，我们可以在下一步骤中用第一阶段 F 统计量来证明。

3. 第三步：数据分析

有了工具变量，我们就可以进行基于 2SLS 的回归分析。单方程 Probit 模型估计量和 IV-Probit 模型估计量见表 2。

---

① 例如，有人会认为，诸如个人教育程度和政治面貌等控制变量也会是内生的。不过，控制变量被假定为外生，是我们用回归模型进行任何一种因果分析的标准假设。

表 2 求职模型估计量

自变量	Probit 单方程模型	IV-Probit 模型
朋友圈的平均教育年份	.066 ***	.26 ***
年龄	.044 ***	.060 ***
年龄的平方	-.00068 ***	-.0009 ***
教育年份	.086 ***	.026 **
父亲是党员	.18 ***	.068
父亲单位是市区县级	.188 ***	.202 ***
父亲单位是省级	.203 ***	.217 ***
父亲单位是中央级	.076	.124
女性	-.589 ***	-.54 ***
经济地理区划	YES ***	YES ***
截距	-1.79	-2.88
第一阶段 F 统计量	—	38.3
瓦尔德内生性检验	—	Chi2（1）= 5.69 $P = 0.017$
样本数	3974	3974

注：* $p < 0.1$，** $p < 0.05$，*** $p < 0.01$。

在分析 IV-Probit 估计量之前，我们先分析第一阶段回归的 F 统计量。其值为 38.3，显然大于经验值 10，故此不存在弱工具变量问题。也就是说，我们通过虚拟实验构建的工具变量和解释变量是紧密相关的（基本特征类似的被访者，在交友上具有一定的趋同性）。而瓦尔德内生性检验表明 IV-Probit 模型和 Probit 模型存在系统差异，因此要采用一致的工具变量估计量。因篇幅原因，对表 2 中各系数的基本分析、各类稳健性测试和第一阶段回归结果文中略去。

步骤要点：必须非常清楚地告诉读者有关关键统计量，以证实进行工具变量分析的必要性和工具变量的质量。最好能在表格中同时把单方程 OLS/Probit 模型回归的结果也纳入，以便在下一步和多方程工具变量模型的结果进行比较分析。

4. 第四步：机制诠释

从表中不难发现，IV-Probit 估计量不但统计上显著，其大小也几乎是 Probit 估计量的 3 倍多。这样，基于有关工作假设，本研究得出的技术性结论就是双重的：第一，朋友圈的教育程度对求职有作用；第二，原先的 Probit 模型低估了朋友圈教育程度对求职的作用。那么，如何解释 IV-Probit

估计量和 Probit 估计量之间的差异？我们的诠释是：工具变量估计量之所以更大，很可能是因为"差异性交友"的存在（heterophilous selection），而这与我们所常见的人以群分的"趋同性交友"（homophilous selection）完全相反。下面做一详细诠释。

如果交友的选择性是出于"同质性"（homophily），也即"人以群分"，那么普通 Probit 模型应该会高估——因为有偏的估计量实际上代表了社会资本和"能力""口才""性格"这一类干扰项的联合作用。反之，如果人们因为某种社会条件限定而采取特殊的"补偿策略"（compensation strategy），比如就业前景差的人主动和前景好、学历高的人交往，那么普通 Probit 估计量就从真实的网络效应中抵消了一些干扰项的作用，也就会比 IV-Probit 估计量小。因此，在这项研究中，我们的实质性诠释就是：就业能力或前景差的人，可能的确采取了一种补偿策略，在择友过程中努力结识文凭较高的人以获取社会资源。

作为一种诠释，"差异性交友"虽然可以解惑，但我们难免要就这一诠释背后的社会机制进一步追问。比如，"差异性交友"何以可能？毕竟我们长期以来对"人以群分"耳熟能详，而后者，也更符合我们的直觉。因此，我们必须从纯技术性的解读和揣测转向寻求更深层的社会学理论支持，以证明我们对工具变量估计量的诠释具有合理性。

虽然"趋同性交友"是众所周知的现象，但在实际的社会网络形成过程中，其程度和范围都未必有我们想象的那么深广。麦克费森等人（McPherson et al., 2001）的经典研究就承认，尽管在种族、性别、宗教、年龄方面"趋同性交友"很明显，但在教育、职业、社会网位置等方面则未必如此。特别是对于密友关系，教育程度的相似性实际上并不重要（Louch, 2000）。因此，正如林南（Lin, 2008）所说，同质或异质网络并不是对立的选择，选择朋友的动机非常复杂。从理论角度，我们起码可以为"差异性交友"的可能性提供四个方面的依据。

第一，"差异性交友"可能是工具性行动的表现形式。由于社会资源具有不平等性，在情感表达等社会关系中，"趋同性交友"比较普遍；但在寻求社会资源的工具性行动中，"差异性交友"占优势，并且能改善社会资源分布不均的情况（Lin, 2008; Briggs, 1998, 2002; Wellman & Gulia, 1999; Dominguez & Watkins, 2003）。本研究的数据来自 CGSS 2003 问卷，而我们从相关数据得知，作为密友圈子的核心讨论网，其所讨论的内容，有 70% 是和求职有关的。因此，这个核心讨论网，具有明显的工具性行动的特征。

第二,"差异性交友"形成的不对称关系可以是维系的。这种不平等的关系之所以可以维系下去,其原因就在于:"低位"者有可能愿意采取服从、跟随的姿态以消除内心情绪并获取资源,而"高位"者虽不能从关系中获得社会资源,但可以获得特定的满足感和成就感(Robins & Boldero, 2003; Dominguez & Watkins, 2003)。

第三,"差异性交友"往往由特定的社会背景和交往机会决定。例如,布劳(Blau, 1977)就指出,个人社会关系不仅仅是个人的愿望,更取决于社会经济结构所决定的交往机会。一个金字塔型社会中,高位者总是少数,社会资源的过度贫乏也会导致人们努力向上追求建立网络。

第四,"差异性交友"之所以出现在教育指标上,很可能是因为教育程度本身在转型期的中国,仍然不是社会资源最直接的表征。例如,"趋同性交友"可能会出现在权力、财富等直接资源的指标上:一个本科毕业的科长、处长,比一名拥有博士学位的教授、科学家的权力更大。也就是说,"差异性交友"很可能只是"弱者的选择",也是无可奈何的选择。

总结这一工具变量分析的实例,我们就不难理解摩根(Morgan, 2002)的一个重要观点,那就是:如果把工具变量分析仅仅作为因果推断的工具,未免太狭隘了。而通过对工具变量估计量和 IV - Probit 估计量的比较分析,我们就可以对选择性友谊的形成有更深的了解。这虽然与社会资本因果判断没有直接关系,但对于深化研究极为重要。

步骤要点:在诠释结果时应该尽量对工具变量估计量和 OLS 或 Probit 估计量进行比较分析,以探寻偏误的来源和方向,并寻找合理的社会学理论和实际社会现象来解释这些差异。没有社会学实质意义的工具变量诠释,会使得我们的工具变量研究沦为纯粹的数学技巧展示。

六 结语:局限抑或潜力?

既然工具变量方法功能如此强大、简洁明了,那么,为何社会学家还是一直敬而远之?笔者认为,这既因为学科方法的演进本身具有路径依赖的特征,同时也因为我们对工具变量局限性的认识仍然不够全面。这里,笔者针对加诸工具变量的质疑,[①] 逐一进行客观分析回应。

---

① 较新的综合性文献回溯可以参见迪顿对计量经济学特别是发展经济学中基于自然实验方法的工具变量运用的批评(Deaton, 2010)。除了对外生性的怀疑、局部干预效应的不利于诠释等方面,迪顿主要认为实验和自然实验工具变量方法往往难以具有我们期望的政策意义。

第一，找到好的工具变量非常之难，但难寻不该是不去尝试的理由。工具变量难寻就意味着该方法对数据本身有很大的依赖。如果数据不能提供合适的工具变量，我们就面临无米之炊的局面。但是，工具变量难寻，不应成为社会学家不去探索工具变量的理由。它难寻的原因，恰恰就是它的力量所在：因为它必须永远置身模型之"外"。当我们一心关注模型本身之时，我们的注意力自然只会放在模型之"内"。因此，只要我们变换思维的角度，开始习惯从模型之"外"寻找解决问题的武器，多从前人巧妙使用工具变量的实例里获得启发，我们就会发现，工具变量虽然难寻，但绝非了无痕迹。实际上，摩根（Morgan，2002）对社会学家提出了一个非常中肯的意见：只要和其他方法估计量进行比较和相互补充，就可以更大胆、更冒险地去发现和使用工具变量，哪怕其外生性有明显瑕疵或无法完全消除质疑，也是值得的。为此，他专门以自己用倾向值匹配方法进行教育回报研究的例子，说明了即使是有问题的工具变量，也会对倾向值匹配方法估计带来有益和重要的补充。在这个意义上，问题不在于有没有工具变量，而在于要善于把工具变量和其他模型相互结合、比较。

第二，工具变量的外生性无法直接用统计方法来验证，但实际上几乎所有的定量分析方法都基于诸多强假设。工具变量对于模型的外生性实际是无法用统计方法检验的。这一尴尬直接导致的结果就是：不管熟悉还是不熟悉工具变量方法的读者，面对一篇工具变量分析的论文，其第一反应总是首先质疑其合法性。一旦这一关通不过，整个后续的分析在读者眼中就失去了说服力。但平心而论，和其他一些解决内生性问题的常用模型相比，工具变量分析承受了过多的挑剔和压力。当固定效应模型假设干扰项不随时间变化，当倾向值匹配模型假设一切偏误都来自可观察的变量，读者们往往能不假思索地接受这些武断的假设。原因何在？这是因为，无论是固定效应模型还是倾向值匹配模型，确保它们可以运行的工作假设，往往在论文中被预设于数据分析之前，而对假设一旦不能满足所会带来的问题和解释力的局限性，则在文章最后一笔轻轻带过甚至不加提及。但工具变量的外生性作为一个工作假设，哪怕已经有充分的直觉、理论和实证支持，但却因为直接进入了分析过程之中而显得格外扎眼。有时候，学者宁可近乎偏执地争论地震是不是真正地"外生"（如 Deaton，2010），而对固定效应和倾向值匹配模型中假设个人异质性恒定不变、偏误来自可观测的干扰项等"强假设"不置一词。

第三，工具变量估计量往往因工具变量的选取而异，但细化的"局部效应"分析往往能够为我们带来对社会机制的深刻认识。工具变量对样本的影响，往往是非均质的，所以工具变量估计量带有权重性的特征，即前文提及的局部干预效应。这样，从工具变量分析里得到的结论，往往"适用"于样本中的一部分，有时候甚至很难诠释，因此降低了社会科学分析的政策意义（Deaton, 2010）。不过，摩根（Morgan, 2002）独辟蹊径地指出，与其说这是工具变量方法的不足，倒不如说是一种优势。因为基于 LATE 框架的工具变量分析，样本变得更加具有目标性，结论也更有说服力。从本文所举的农民工收入的网络效应例子来看，起码我们可以有把握地说，同村外出打工网，在能力较弱的一部分人中，具有很强的收入效应。当然，如果在 LATE 框架之下解释过度识别的模型，解释的难度确实会增加很多。特别是，为满足工具变量和解释变量之间关系单调的条件，我们不应在模型中直接联合使用工具变量，而应该各自使用，各自诠释。

第四，工具变量的使用看似难以举一反三，但哪怕是前人使用过的失败的工具变量，都可能具有借鉴和推广意义。美国的教育回报研究将地理距离作为工具变量的方法，看起来并不适用于中国。在中国的教育回报和社会网研究中，"文化大革命""上山下乡"等政策背景可以作为工具变量，这也无法推广到其他国家的研究中去。但是，并非所有的工具变量都无法推广。例如，降水量、自然灾害等作为外生工具变量，无论在哪个国家哪个地区，都会对社会进程产生外生的影响。甚至被诟病过的弱工具变量，在不同的研究情境中也有可能成为一个好的工具变量。前文提及曾有美国研究者把出生季度作为教育年份的工具变量（Angrist & Krueger, 1991），但后来研究者发现，出生季度的不同所导致的教育年份差异是非常微弱的，因此这是个弱工具变量（Bound et al., 1995）。不过，吴要武（2010）认为，美国数据中被访者的高中毕业比例一般非常高，因此出生季度导致的 1 年之差所占个人总教育年份的比例非常小。而在不发达国家由于高中毕业比例非常低，情况就会大有不同。因此，他利用 2005 年中国人口 1% 抽样调查数据，有力地证明了在中国的教育回报研究中，出生季节是受教育年份的一个非常好的工具变量，其 F 统计量达到 30 多。

尽管如此，在结束本文之前，仍然有必要提醒：工具变量分析者必须始终保持审慎的头脑。摩根在与笔者的讨论中，多次提及工具变量分析论文常有的过分自信（oversell）的情形。其主要原因，一是研究者本人确信了工具变量的外生性之后，难免会有一种自负，认为可以充分解决内生性问题，从而忽视很多细节；二是工具变量的寻找确实是一种高度的智力挑战，自以为找到圣杯的人自然会欢欣鼓舞。但是，一个人的思维力量往往是有限的。计量经济学中那些大名鼎鼎的经典案例，不管是使用抽签服役、河流数量、殖民地死亡率还是出生季度作为工具变量，在研究发表多年之后仍然受到不断的挑战。发现和使用工具变量，既能展示研究者具有一定的社会科学逻辑力、想象力和诠释力，但同时也会把研究最薄弱的环节（无法验证的外生性）直接展示给学术界。因此，工具变量既是展示社会科学想象力的舞台，也是可以让一篇论文失去价值的达摩克利斯之剑。从这个角度上来说，所有的工具变量方法使用者，都应该小心谨慎，清楚地说明所需假设，清楚地说明一旦工具变量外生性假设不能满足，估计量会发生偏移的方向。只有这样，才能把理论上的直觉和前人使用工具变量的经验教训结合起来，让我们的逻辑、想象和诠释，为社会科学定量分析中的因果推断提供更强的说服力和更高的可信度。

参考文献

陈云松，2012，《农民工收入与村庄网络：基于多重模型识别策略的因果效应分析》，《社会》第4期。

陈云松、范晓光，2010，《社会学定量分析中的内生性问题——测估社会互动的因果效应研究综述》，《社会》第4期。

——，2011，《社会资本的劳动力市场效应估算：关于内生性问题的文献回溯和研究策略》，《社会学研究》第1期。

方颖、赵扬，2011，《寻找制度的工具变量：估计产权保护对中国经济增长的贡献》，《经济研究》第5期。

胡安宁，2012，《倾向值匹配与因果推论：方法论述评》，《社会学研究》第1期。

梁玉成，2010，《社会资本和社会网无用吗?》，《社会学研究》第5期。

魏万青，2012，《户籍制度改革对流动人口收入的影响研究》，《社会学研究》第1期。

吴要武，2010，《寻找阿基米德的"杠杆"："出生季度"是个弱工具变量吗?》，《经济学》（季刊）第2期。

谢宇，2006，《社会学方法与定量研究》，北京：社会科学文献出版社。

章元、陆铭，2009，《社会网络是否有助于提高农民工的工资水平》，《管理世界》第3期。

Acemoglu, D., S. Johnson & J. A. Robinson 2001, "The Colonial Origins of Comparative Development: An Empirical Investigation." *American Economic Review* 91.

Angrist, J. D. 1990, "Lifetime Earnings and the Vietnam Era Draft Lottery: Evidence from Social Security Administrative Records." *American Economic Review* 80.

—— 1993, "The Effects of Veterans Benefits on Education and Earnings." *Industrial and Labor Relations Review* 46.

Angrist, J. D. & W. N. Evans 1998, "Children and Their Parents' Labor Supply: Evidence from Exogenous Variation in Family Size." *American Economic Review* 88 (3).

Angrist, J. D. & A. B. Krueger 1991, "Does Compulsory School Attendance Affect Schooling and Earnings?" *Quarterly Journal of Economics* 106 (4).

—— 1992, "Estimating the Payoff to Schooling Using the Vietnam-Era Draft Lottery." NBER Working Paper 4067.

—— 2001, "Instrumental Variables and the Search for Identification: From Supply and Demand to Natural Experiments." *The Journal of Economic Perspectives* 15 (4).

Angrist, J. D. & V. Lavy 1999, "Using Maimonides' Rule to Estimate the Effect of Class Size on Scholastic Achievement." *Quarterly Journal of Economics* 114 (2).

Angrist, J. D., G. W. Imbens & D. B. Rubin 1996, "Identification of Causal Effects Using Instrumental Variables." *Journal of the American Statistical Association* 91.

Angrist, J. D., S. H. Chen & B. R. Frandsen 2010, "Did Vietnam Veterans Get Sicker in the 1990s? The Complicated Effects of Military Service on Self-reported Health." *Journal of Public Economics* 94 (11 – 12).

Bayer, P. & S. L. Ross 2009, "Identifying Individual and Group Effects in the Presence of Sorting: A Neighborhood Effects Application." NBER Working Paper 12211.

Bentolila, S., C. Michelacci & J. Suarez 2010, "Social Contacts and Occupational Choice." *Economica* 77 (305).

Blau, P. M. 1977, *Inequality and Heterogeneity*. New York: Free Press.

Bobonis, G. J. & F. Finan 2008, "Neighborhood Peer Effects in Secondary School Enrollment Decisions." Working Paper.

Boozer, M. & S. E. Cacciola 2001, "Inside the 'Black Box' of Project Star: Estimation of Peer Effects Using Experimental." Working Paper.

Bollen, K. 2012, "Instrumental Variables in Sociology and the Social Sciences." *Annual Review of Sociology* 38 (22).

Bound, J., D. A. Jaeger & R. Baker 1995, "Problems with Instrumental Variables Estimation When the Correlation Between the Instruments and the Endogenous Explanatory Variables Is Weak." *Journal of the American Statistical Association* 90 (430).

Bramoullé, Y., H. Djebbari & B. Fortin 2007, "Identification of Peer Effects Through Social Networks." IZA Discussion Paper 2652.

Briggs, Xavier de Souza 1998, "Brown Kids in White Suburbs: Housing Mobility and the Multiple Faces of Social Capital." *Housing Policy Debate* 9 (1).

—— 2002, "Social Capital and Segregation: Race, Connections, and Inequality in America." Working Paper RWP 02-011, Kennedy School of Government, Harvard University.

Card, David 1995, "Using Geographic Variation in College Proximity to Estimate the Return to Schooling." In L. N. Christofides, E. K. Grant & R. Swidinsky (eds.), *Aspects of Labor Market Behaviour: Essays in Honour of John Vanderkamp*. Toronto: University of Toronto Press.

—— 1999, "The Causal Effect of Education on Earnings." In O. Ashenfelter & D. Card (eds.), *Handbook of Labor Economics* (Vol. 3A). Amsterdam: North Holland.

Card, D. & A. Krueger 1996, "School Resources and Student Outcomes: An Overview of the Literature and New Evidence from North and South Carolina." *Journal of Economic Perspectives* 10 (4).

Cipollone, Piero & Alfonso Rosolia 2007, "Social Interactions in High School: Lessons from an Earthquake." *American Economic Review* 97 (3).

Contreras, D., D. Kruger, M. Ochoa & D. Zapata 2007, "The Role of Social Networks in the Economic Opportunities of Bolivian Women." Working Paper.

Cutler, David & Edward Glaeser 1997, "Are Ghettos Good or Bad?" *Quarterly Journal of Economics* CXII.

Deaton, Angus 2010, "Instruments, Randomization, and Learning about Development." *Journal of Economic Literature* 48 (2).

Domínguez, S. & C. Watkins 2003, "Creating Networks for Survival and Mobility: Social Capital Among African-American and Latin-American Low-income Mothers." *Social Problems* 50.

Durlauf, S. N. 2002, "On the Empirics of Social Capital." *Economic Journal* 112 (483).

Durlauf, S. N. & M. Fafchamps 2004, "Social Capital." NBER Working Paper 10485.

Evans, W. N., W. E. Oates & R. M. Schwab 1992, "Measuring Peer Effects: A Study of Teenage Behavior." *Journal of Political Economics* 100.

Grogger, Jeff 1996, "School Expenditures and Post-schooling Earnings: Evidence from the High School and Beyond." *Review of Economics and Statistics* 78 (4).

Hall, R. E. & C. I. Jones 1999, "Why Do Some Countries Produce So Much More Output per Worker than Others?" *Quarterly Journal of Economics* 114 (1).

Hanushek, E. A., S. G. Rivkin & L. L. Taylor 1996, "Aggregation and the Estimated Effects of School Resources." *Review of Economics and Statistics* 78 (4).

Hoxby, Caroline 2000, "Does Competition Among Public Schools Benefit Students and Taxpayers?" *American Economic Review* 90 (5).

Imbens, Guido W. & J. D. Angrist 1994, "Identification and Estimation of Local Average Treatment Effects." *Econometrica* 62 (2).

Lin, N. 1999, "Social Networks and Status Attainment." *Annual Review of Sociology* 25.

—— 2008, "A Network Theory of Social Capital." In D. Castiglione, Jan van Deth & G. Wolleb (eds.), *The Handbook of Social Capital*. Oxford and New York: Oxford University

Press.

Louch, Hugh 2000, "Personal Network Integration: Transitivity and Homophily in Strong-tie Relations." *Social Networks* 22.

Manski, Charles F. 1993, "Identification of Endogenous Social Effects: The Reflection Problem." *Review of Economic Studies* 60 (3).

—— 2000, "Economic Analysis of Social Interactions." *Journal of Economic Perspectives* 14.

Maurin, E. & J. Moschion 2009, "The Social Multiplier and Labor Market Participation of Mothers." *American Economic Journal: Applied Economics* 1 (1).

McPherson, M., Lynn Smith-Lovin & J. Cook 2001, "Birds of a Feather: Homophily in Social Networks." *Annual Review of Sociology* 27.

Moffitt, R. A. 1995, "Selection Bias Adjustment in Treatment-effects Models as a Method of Aggregation." In 1996 Proceedings of the American Statistical Association.

—— 2001, "Policy Interventions, Low-level Equilibria and Social Interactions." In S. N. Durlauf & P. H. Young (eds.), *Social Dynamic*. Boston, MA: MIT Press.

Morgan, S. L. 2002, "Should Sociologists Use Instrumental Variables?" Working Paper, Cornell University.

Morgan, S. L. & C. Winship 2007, *Counterfactuals and Causal Inference: Methods and Principles for Social Research*. New York: Cambridge University Press.

Munshi, Kaivan 2003, "Networks in the Modern Economy: Mexican Migrants in the U. S. Labor Market." *Quarterly Journal of Economics* 118 (2).

Mouw, Ted 2003, "Social Capital and Finding a Job: Do Contacts Matter?" *American Sociological Review* 68 (6).

—— 2006, "Estimating the Causal Effect of Social Capital: A Review of Recent Research." *Annual Review of Sociology* 32.

Qian, Nancy 2008, "Missing Women and the Price of Tea in China: The Effect of Sex-specific Earnings on Sex Imbalance." *Quarterly Journal of Economics* 123 (3).

Rivkin, Steven 2001, "Tiebout Sorting, Aggregation and the Estimation of Peer Group Effects." *Economics of Education Review* 20 (3).

Robins, G. & J. Boldero 2003, "Relational Discrepancy Theory: The Implications of Self-discrepancy Theory for Dyadic Relationships and for the Emergence of Social Structure." *Personality and Social Psychology Review* 7 (1).

Sovey, A. J. & D. P. Green 2011, "Instrumental Variables Estimation in Political Science: A Readers' Guide." *American Journal of Political Science* 55 (1).

Stock, J. H. & F. Trebbi 2003, "Retrospectives: Who Invented Instrumental Variable Regression?" *Journal of Economic Perspectives* 17 (3).

Stock, J. H. & M. Yogo 2005, "Testing for Weak Instruments in Linear IV Regression." In J. H. Stock & D. W. K. Andrews (eds.), *Identification and Inference for Econometric Models: A Festschrift in Honor of Thomas Rothenberg*. Cambridge: Cambridge University Press.

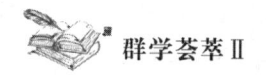

Wellman, Barry & Milena Gulia 1999, "The Network Basis of Social Support: A Network Is More than the Sum of Its Ties." In Barry Wellman (ed.), *Networks in the Global Village: Life in Contemporary Communities*. Boulder, CO: Westview.

作者单位：南京市玄武区政府

〔责任编辑：杨　典〕

颁奖词 《社会资本与教育获得——网络资源与社会闭合的视角》一文，将"网络资源"和"社会闭合"两类社会资本纳入到同一个研究框架，试图探讨两者之间的差异、联系及其对教育获得的影响机制。该文认为，两类社会资本之间的主要差异表现为社会资本来源的不同，前者来源于家长的社会网络，能为他们的子女提供更好的教育机会；后者来源于家长与子女本人、教师及其他家长之间形成的紧密社会结构，拥有此种社会资本的子女可以直接从中获益。两种社会资本之间又存在复杂的交互作用，可以共同促进子女的学业成绩。该文批判了过去分离地看待两类社会资本对教育获得机制的影响的研究路径，将它们加以融合，并且基于一项全国城市中小学生的大规模社会调查所得数据的分析，进一步检验了这两种社会资本对教育获得的具体作用，推进了相关研究。

社会资本与教育获得

——网络资源与社会闭合的视角[*]

赵延东　洪岩璧

摘　要：布迪厄的"网络资源"和科尔曼的"社会闭合"两种研究进路长期以来一直统治着社会资本与教育获得的研究领域，前者强调蕴含于社会网络中的资源对教育获得的影响，后者则强

---

[*] 本文原载于《社会学研究》2012年第5期。本文初稿曾在中国社会学会社会网与社会资本研究专业委员会2011年第二届"青年论坛"（广州）和中国社会学会2011年学术年会"当代中国社会分层与社会流动"论坛（南昌）上宣读，从与会同仁的批评中获益良多。佩德森（Jon Pedersen）、李煜、边燕杰、王素、陈陈、刘电、谢爱磊，以及《社会学研究》匿名审稿人均对文章提出了中肯的批评和建议，在此一并致谢。文责自负。

调闭合网络的支持作用。本研究试图将这两类社会资本纳入同一个研究框架中，探讨二者之间的差异、联系及其对教育获得的影响机制。本研究认为两类社会资本间的主要差异体现在社会资本来源的不同，"网络资源型"社会资本的来源是家长的社会网络，其作用主要是为孩子提供更好的教育机会；而"社会闭合型"社会资本的来源则是家长与孩子本人、教师及其他家长之间形成的紧密社会结构，孩子可以直接从此类社会资本中获益。但两种社会资本之间又存在复杂的交互作用，可以共同促进孩子的学业成绩。通过对一项全国城市中小学生的大规模社会调查所得数据的分析，本研究进一步检验了这两种社会资本对教育获得的具体作用。

关键词：社会资本　教育获得　网络资源　社会闭合

在现代社会，教育已成为影响个人地位获得的最重要因素之一，同时也成为人们相互竞争的一种稀缺资源。因此，教育资源获得与分配的公平问题一直是教育社会学和社会分层流动研究的一个核心主题（Moore，2004）。随着我国教育事业的发展，教育公平问题也日益成为社会关注的热点。在影响教育获得与教育公平的诸多社会因素中，"社会资本"的作用近年来引起了越来越多研究者的重视。这不仅因为社会资本理论的两位创始人布迪厄和科尔曼本身也是教育社会学大家（参见希尔迪约、帕斯隆，2002a；Coleman et al.，1966），更因为社会资本理论为人们透视教育获得问题提供了一种独特的结构视角。目前国内有关社会资本与教育的研究较少，且多囿于大学毕业生求职过程中社会资本使用情况的研究（参见薛在兴，2009）。这些研究既忽略了社会资本在教育获得过程中的作用，也未能揭示社会资本在早期教育中的影响。本文将根据一项大规模社会调查的数据，集中讨论社会资本对中小学生教育获得的作用机制。

一　理论背景与文献回顾

（一）社会资本与教育研究

布迪厄（Bourdieu，1986）最早将"社会资本"概念引入社会学研究，他将社会资本定义为个人通过体制化的社会关系网络所能获得的实际或潜在资源的集合；个人社会资本的多寡取决于其网络规模的大小和网络成员靠自己权力所占有资源的多少，拥有较多社会资本的人能够更方便地获取各种利益。其后的研究者进一步引入"社会网络"（Scott，1991）、"社会资源"（Lin，1982）、"关系强度"（Granovetter，1973）和"嵌入性"（Granovetter，1985）等概念，构建了一个可操作化的理论体系。这一分析进路通常被称为"微观/外在"层次的社会资本研究，它强调社会资本就是个人通过社会网络可获取的资源，这些资源可帮助人们完成工具性或情感性行动，最终有利于个人获得更好的社会地位（Portes，1998；赵延东，1998；张文宏，2003）。

科尔曼是社会资本理论发展过程中的另一位重要人物，他首次从社会结构和功能的角度来界定社会资本，指出社会资本由社会结构内部那些能给个人行动提供便利的要素组成（科尔曼，2008：279）。这一定义为社会资本概念从微观个人层次向宏观层次的提升创造了可能。在科尔曼的研究基础上，普特南等人（Putnam，1993）进一步提出了"宏观/外在"社会资本的理论框架，将社会资本理解为一种群体性资源，认为组织或群体中存在的网络、规范和信任等群体特征是一种宏观层次的社会资本，它们可以减少群体内的机会主义行为，促进成员为达到共同利益而团结合作。宏观社会资本概念的提出，使社会资本研究的范围大大拓宽，也为研究民主政治、经济发展和社会管理等诸多问题带来了全新的视角（Putnam，1995；Woolcock，1998；赵延东，2003）。

社会资本在社会学、政治学、经济学和管理学等社会科学研究中都得到了广泛的应用，而它与教育研究领域似乎有着某种天然的亲和性，社会资本在社会科学研究中的兴起即分别源自布迪厄和科尔曼对教育问题的研究，他们的研究也形塑了社会资本与教育研究的两种基本进路：网络资源（network resource）与社会闭合（social closure）。

（二）网络资源与教育获得

布迪厄在其社会资本理论中尤其关注社会资本、经济资本和文化资本等各类资本在社会再生产中的作用。虽然他认为这些资本都为社会结构的代际再生产提供了条件，但同时也指出"高的社会地位，并不能自动地、也不能全部地有利于出身于它的人"（布尔迪约、帕斯隆，2002a：33）。那么，各种资本（包括社会资本）的传递和社会再生产是如何完成的呢？布迪厄在此强调了教育的作用：教育是社会再生产的一个重要而又隐秘的渠道，社会资本、经济资本与文化资本一起在子代的教育获得中扮演了重要角色。为此，布迪厄强调在教育获得的研究中，"社会学研究应当怀疑并逐步揭露以天资差异为外衣的受社会条件制约的文化方面的不平等"（布尔迪约、帕斯隆，2002b：99）。由于社会资本在不同阶层或团体之间的分配是很不均匀的，因此不同阶层的孩子在高等教育入学以及毕业后求职过程中都会表现出阶层再生产效应。"随着社会等级的提高，家庭外的联系也在扩展，但仅限于相同的社会层次。所以，对社会地位最低的人来说，接受高等教育的主观愿望比客观机会还要小"（布尔迪约、帕斯隆，2002b：6）。布迪厄关于社会资本与教育获得研究的基本思路是：家长们传递给子女的社会资本可以为子女提供更多更好的机会，使子女获得更高水平的教育成就，从而以一种隐秘的方式实现了社会再生产。

其后的一些经验研究验证了布迪厄的社会资本概念在教育获得中的作用，瓦伦祖拉和哈甘等人都发现在子女教育问题上，移民家庭常常会通过动用来自家庭支持的社会资本来弥补其外在社会网络资本的不足（Valenzuela & Dornbusch, 1994; Hagan et al., 1996）。佩纳等人则从相反的方向证明：少数族裔学生之所以因学习不佳而无法进入大学，不仅因为他们缺乏足够的经济、文化资本，而且也因为他们缺乏从家庭成员的社会网络所能获得的资源（Perna & Titus, 2005）。雷姆等人指出有必要研究不同阶层背景的家庭所占有的社会关系对子女教育的影响，因为不同阶层家庭不仅拥有的社会资本数量不同，他们在社会资本向子女教育获得的转化率上也存在差异（Ream & Palardy, 2008）。黄善国在对前捷克斯洛伐克的研究中，专门考察了家庭所能动用的资源对孩子教育获得的影响，他列出的资源包括家庭的人力资本、经济资本、文化资本和社会资本，结果也发现社会资本对教育具有显著作用（Wong, 1998）。

（三）社会闭合与教育获得

与布迪厄相比，科尔曼在教育研究领域的影响更为广泛。科尔曼指出在人力资本的再生产中，社会资本担当了重要的中介作用，他认为在教育中发挥中介作用的社会资本表现为一种结构上的"社会闭合"，[①] 当父母与

[①] "social closure"是韦伯最早提出的一个概念，指社会中占统治地位的阶层为了保持本阶层的优势地位而制造出的一种与其他阶层相隔离的制度，一般译为"社会封闭"（Weber, 1968）。但科尔曼在此处使用这个概念更多的是描述家长、其他成年人与孩子之间形成的一种完整的网络联系结构，并没有强调资源封闭和排斥外来者的含义，因此我们借用社会网络分析中的"闭合"术语，将其翻译为"社会闭合"以示区别。

子女之间、父母与社区其他成年人之间的社会交流充分、社会网络封闭性高时，子女就会得到较丰富的社会资本。社会闭合具体可以区分为两种形式，一种是"父母参与"（parental involvement），指家庭内部代际关系的紧密性，包括父母与子女的交流、对子女的监督和学习指导等；另一种称为"代际闭合"（intergenerational closure），指家长与老师和其他家长也成为朋友，从而形成一个可以闭合的人际交往圈。在科尔曼看来，父母对子女的关注和时间、精力投入是社会资本的重要表现形式，而家长与其他孩子家长、老师之间的代际闭合则可以形成一种支持性社群（functional community），有利于各种有关孩子学习与生活信息的交流和传递，从而可以监督、鼓励和促进学生更加努力、有效地学习（Coleman，1990：325-340）。

  这一研究进路一度统治了社会资本与教育获得的研究，尤其是经验研究领域。研究者循着社会闭合的思路，将"父母参与"操作化为父母指导功课、监督学习、与子女的交流讨论等指标。大量研究的结果都证明了父母参与对子女成长的积极作用，特别是如果父母能经常与孩子讨论学校相关事宜，会对孩子学业成绩的提高起到至为显著的影响（Ho & Willms，1996；McNeal，1999；Pong, et al.，2005）。但与此同时，也有研究发现父母直接监督和指导孩子学习却对孩子的学业成绩影响不明显，甚至有显著的负效应（Israel et al.，2001；Sun，1998）。

  研究者对"代际闭合"的操作化多集中于家长与老师的联系频率、家长与其他家长之间的熟悉程度等。诸多研究发现，在各种代际闭合的表现形式中，父母参加家长会和学校的志愿活动，以及父母主动向老师了解孩子的学习或行为等变量都能显著提高孩子的成绩及上大学的几率（Pong et al.，2005；Perna & Titus，2005）。还有学者发现，如果学生的父母认识其他学生的父母更多，熟识程度更高，这些学生就更不容易辍学，会更积极地参与学校活动（Carbonaro，1998；Israel et al.，2001），且更不易成为问题少年（Parcel & Dufur，2001）。但也有一些经验研究质疑代际闭合的作用，发现代际闭合对学生成绩没有影响甚至是有负影响（Morgan & Sorensen，1999；Dijkstra et al.，2004）。

  综上所述，社会资本与教育的研究主要依循"社会闭合"与"网络资源"两种研究进路，其中社会闭合进路强调紧密的关系或者闭合的网络对学生学习行为和成绩的控制和支持作用，在教育社会学中应用最为广泛。而网络资源进路则更注重家庭的社会网络中所蕴含的资源对学生教育获得和社会再生产的影响，近年来，这一进路也重新引起经验研究者的关注

(参见 Dika & Singh，2002）。但这些经验研究大多是分别进行的，迄今仍鲜有研究系统地探讨这两种社会资本在教育获得过程中的作用以及相互间的关系。本文试图以中国中小学生的教育获得为背景，把这两种社会资本进路纳入到同一个研究框架和模型中，详细梳理它们对学生教育成就的影响及其机制，同时还将对这两种社会资本之间的交互作用做深入讨论。

二 研究问题与假设

（一）代际闭合与网络资源对教育获得的作用机制

波特斯对社会资本研究的一个批判是研究者们未能有效区分"资本的拥有者""资本的来源"和"资源本身"这几个要素，因此造成了社会资本概念的混乱（Portes，1998）。这一点在教育研究中也有所体现。研究者在使用社会闭合与网络资源等概念时，鲜能有意识地区分这两个概念之间的差别究竟何在。而当我们依波特斯的要求去审视教育领域中这两种社会资本的差别时，就会发现"社会闭合"与"网络资源"的一个主要差别正在于其资本来源的不同。在教育获得的过程中，"网络资源"资本的来源是家长的外部社会网络，因为这一资源是蕴含于家长社会网络中的，家长利用自己的网络社会资本为孩子提供帮助和机会，在此过程中，孩子只是一个间接的、被动的受益者。而与之相应地，"社会闭合"资本的来源则是家长与子女、老师和其他家长之间通过紧密互动而形成的闭合型社会结构，因为社会闭合为孩子成长构筑了一个有利的结构环境，孩子可以直接从这种环境中获益。在区分了这两类社会资本的来源之后，我们可以认为，在教育获得过程中，以"网络资源"为代表的社会资本的主要功能是为孩子提供更好的学习机会，而非直接提高孩子的成绩。而以"代际闭合"为代表的社会资本则能够更直接地影响孩子良好的学习习惯的形成和学习能力的加强，从而直接有助于孩子成绩的提高。

在我国，新中国成立之初开始推行的"重点学校"制度[①]导致了不同等级的学校之间存在巨大的软件和硬件差别。教育机会的差异在很大程度上表现为进入学校等级的差异。为了让孩子有机会进入更好的学校就读，父母们不得不"各显神通"，运用家庭的各类资本来达到目标。已有研究发

[①] 虽然国家现已明令取消重点学校制度，但其实际影响却仍然存在（杨东平，2006）。

现，为保证子女跨区进入好学校，父母不仅需要支付一定的经济资本，同时也必须动用自己的"关系"，即社会资本（方长春，2005；张东娇，2010）。据此，我们可以形成以下研究假设：

假设1：家长的网络资本量越丰富，则孩子更容易进入等级高的好学校。

中国素有重视子女教育的传统，家长"望子成龙"心切，对子女的学习往往会有较多的关注和干预。一些经验研究发现中国父母与子女的代际闭合对子女教育获得和教育预期都存在影响，如安雪慧（2005）发现父母与儿童的交流次数增多，可以增强儿童的教育期望、学业自信和学业努力程度。钟宇平等则发现家庭成员辅导学生功课、父母与子女沟通频率等父母参与因素对中国大陆学生的高等教育需求具有显著影响（钟宇平、陆根书，2006）。值得注意的是，国内外相关研究似乎都发现了父母与子女沟通对成绩有正向影响，但父母指导子女学习等直接干预方式对子女成绩的作用并不明显，甚至存在负影响。对此，有研究者试图用"负向选择"来解释，即越是那些成绩不好的孩子，父母直接监督和指导学习的可能性越高（Sun，1998），但这一假设尚未得到经验研究的验证。对此，我们在本研究中尝试加入"孩子在学校是否有不良行为"这一工具变量来加以验证，如果确实存在负向选择的话，这种作用应该在加入这一工具变量后消失。因此，根据社会闭合理论，我们形成以下研究假设：

假设2a：父母经常和孩子讨论学校相关事宜，则孩子学习成绩会更好。

假设2b：父母经常指导孩子的学习，则孩子学习成绩会更好（在加入工具变量之后）。

假设2c：父母经常与老师沟通交流，则孩子学习成绩会更好。

假设2d：父母与其他家长之间经常交流，则孩子学习成绩会更好。

（二）网络资源与社会闭合的交互影响

在前面的分析中，我们认为家长的网络资源对于孩子的学业成绩没有直接作用，但这是否意味着网络资源对学业成绩完全没有影响呢？事实可能并非如此，因为网络资源与社会闭合这两种社会资本之间，还可能存在着一些交互作用。

以往研究者发现代际闭合与学生家长的社会地位之间存在交互作用。首先，社会闭合在不同社会群体中的分布是不同的，尤其是在阶级和族群中（Sun，1998；Bankston & Zhou，2002；Goyette & Xie，1999；Pong et al.，

2005)。其次，社会闭合的效果与经济、文化资本也存在明显的交互效应（Teachman et al., 1997），上层阶级所拥有的雄厚文化资本会放大父母参与的效应，也使孩子从学校社会资本中获益更多（McNeal, 1999; Crosnoe, 2004）。这些都喻示着在父母的社会网络资本与代际闭合之间可能也存在着交互作用，父母拥有的网络资本多寡，可能直接影响其与老师和其他家长建立社会网络的能力，从而间接地影响孩子的学业成绩。在中国，学校提供给家长参与学校活动的正式渠道很有限，因此不同阶层的家长只能利用其现有资源各显其能，参与到孩子的学校学习中。有研究者发现，中上阶层的家长除了常规的家长会、家长信等联系方式外，还会主动到教师家里拜访，利用电话、手机短信、网络等通信方式联系教师，有些则利用一些特殊的时机宴请教师与学校领导，从而建立起较密切的家校关系；而底层的家长则往往是因为孩子的不良表现而被动地参与家校联系（李国强，2009）。谢爱磊在安徽某县农村的调查也发现，干部和专业人员能够利用自己的社会关系较好地参与子女在学校的活动，新兴的富裕阶层也可以把经济资本转化为有用的社会资本，而以往较多依赖于血缘和亲缘关系的农民阶层在孩子学校教育参与层面上则被相对边缘化（Xie, 2011）。据此，我们可以就两种社会资本的交互作用提出以下假设：

假设3a：网络资本更丰富的家长能更好地与学校老师交流和沟通，所以网络资本可通过代际闭合间接提高孩子的学习成绩。

假设3b：网络资本更丰富的家长能更好地与其他家长交流和沟通，所以网络资本可通过代际闭合间接提高孩子的学习成绩。

（三）社会资本对不同年龄段学生教育获得的影响

在教育获得中，社会资本对于不同年龄段的学生是否起着不同的作用？以往研究对这一问题关注较少，且没有稳定的结论。有的研究发现家庭和学校的社会资本与学生年龄没有显著交互作用，认为社会资本对教育的影响在不同年龄段的学生中并无差异（Parcel & Dufur, 2001）。而另一些研究则发现，随着学生的年龄增长，代际关系对学生成绩的影响会逐渐下降（Carnegie Council on Adolescent Development, 1995）。迪克等人（Dyk & Wilson, 1999）分析农村低收入家庭的跟踪调查数据后发现，相对于低年级的学生而言，高年级的学生与家庭成员讨论学习和工作计划的次数更少，讨论的效果也更不明显。我们猜想这可能是年龄较大的孩子有了更强的独立决定的能力和愿望，所以会更少和家人讨论的缘故。因此我们可以假设，社会闭合对中学生和小学生教育获得的影响存在差异性,对小学生的影响更为明显。

不仅代际闭合的影响存在年龄差异,父母的网络资源对教育机会获得的影响也可能存在年龄差异。特别是在当前中国,进入较好小学的难度往往远小于进入好中学的难度。尽管目前对于义务教育阶段择校的研究往往不区分小学择校和初中择校,而是笼统地归于义务教育阶段名下,但从日常观察可知,就小学和初中两个阶段的入学而言,"小升初"过程中的择校更加激烈。这主要是由于中学之间的资源分布更加不均衡,同时一些名校不断打破"初高中分离"的规定,重新恢复初中部,从而使得"小升初"与高考的关系日益紧密(21世纪教育研究院课题组,2012)。有调查发现,小学阶段的就近入学实行起来相对容易,最难的是小学就近对口进入初中,主要原因也在于中学之间的发展极不平衡(梁友君,1995)。因此我们认为,在中国目前的环境下,网络资源在中学和小学的择校过程中发挥作用的程度很可能存在差异。这样,我们可以提出以下两个与孩子年龄段相关的假设:

假设4a:父母社会网络资源对小学生和中学生学校等级的影响存在显著差异。

假设4b:社会闭合对小学生和中学生学业成绩的影响存在显著差异。

三 数据、变量和模型

(一) 数据

本研究使用的数据来自2009年开展的"全国青少年科技素养调查"。该项目受科技部政策法规司委托,由教育部中央教育科学研究所和科技部中国科学技术发展战略研究院共同实施。调查的样本总体是全国286个城市(指直辖市、省会城市和地级市的市辖区,不含下辖的县和县级市)的小学四年级和初中二年级在校学生。调查采用了多阶段整群随机抽样方法,以市辖区范围内的在校学生数为依据,先采用概率比例规模抽样(PPS)方法,在全国所有市辖区中共抽取了128个市辖区,然后在每个区依系统随机方法抽取一个小学和一个中学,再在每个小学中随机抽取一个四年级班,在每个初中随机抽取一个二年级班,最后选取班里的所有学生作为调查对象。调查要求每个学生填答一份问卷,并带一份家长问卷回家由监护人填答完成；此外，还对每个学校发放了一份学校问卷，由校长或其他负责人填答。最后实际调查完成的样本为 20 个省市的 61 个小学班和 57 个中学班，有效的学生问卷、家长问卷分别为 6079 份和 6028 份。

（二）研究变量

1. 因变量

本研究的因变量有两个。第一个是教育机会获得，以孩子就读的"学校等级"为指标。在学校问卷中，我们要求学校校长或负责人对自己学校在当地的等级做出评估，共列出了五个等级，从最差的20%到最好的20%。等级越高，说明学校在当地的排位越好。第二个是学业成绩，以孩子在班级中的"学习成绩等级"为指标。在学生问卷中，我们要求孩子对自己各科成绩在班上的排名做主观评估，共分为五类：前几名、中上、中等、中下和最后几名。对小学生，我们询问了其语文、数学和英语的成绩等级；对中学生，我们询问了其语文、数学、英语、物理、化学、地理六门功课的成绩等级。然后我们对这些成绩等级做了因子分析，计算出每个人成绩的综合因子分。为分析方便，我们将其转换为一个 1—100 的分数变量。这个分数反映了孩子综合成绩在全班的相对位置，得分越高，说明其在班上排名越靠前，成绩越好。

2. 自变量

我们研究的主要自变量是教育中的社会资本，具体分为网络资源和社会闭合两大类。先看"网络资源"，这里主要考察了孩子家长的社会网络中嵌入资源的情况，测量时我们沿用了"春节拜年网"的定位法（边燕杰、李煜，2000），在家长问卷中询问家长在当年春节时有过拜年往来的人数及其职业位置情况，然后根据网络中的职业位置数来计算网络资源。在计算网络资源时，我们没有沿用传统的职业声望分数测量法，而是使用职业权力分数的方法，计算了网络中所蕴含的社会资源分数（具体计算方法参见边燕杰、李煜，2000；尉建文、赵延东，2011）。

"社会闭合"则采取科尔曼的定义，且进一步细分为"父母参与"和"代际闭合"。"父母参与"程度由三个变量来反映：（1）上周父母和孩子讨论有关学校或学习相关事宜的频率；（2）上周父母指导孩子功课的频率；（3）上周父母检查孩子作业的频率。这三个变量都是四等级的定序变量，最低为"一次也没有"，最高为"几乎每天都有"。"代际闭合"程度由两个变量反映：（1）家长认识孩子好朋友的家长的数量，这是一个定序变量，分为五个等级,最高为"认识10个以上",最低为"一个也不认识";(2)家长主动与老师联系的频率,这也是一个定序变量,分四个等级,最高为"经常主动联系",最低为"从不主动联系"。

为检验上文提出的网络资源与社会闭合的交互影响,我们计算了家长社会网络资本与联系老师频率的交互项,以及家长社会网络资本与认识其他家长数量的交互项。

为检验"父母指导学业与学业成绩的负相关"是否存在"负向选择"问题,我们还引入了一个工具变量:"孩子是否有不良行为"。这是一个虚拟变量,在学生问卷中,我们询问了学生是否有过逃学旷课、顶撞老师、考试作弊、打架等不良行为,有过任何一种行为即定义为"1",否则定义为"0"。

3. 其他控制变量

除主要研究自变量外,我们还引入了一些常用的变量作为控制变量,具体有家庭的文化资本(包括父亲的教育年数、父亲是否会外语、家庭的藏书数量)、家庭的经济资本(包括家庭财产和家庭人均月收入)、家庭的政治资本(父亲是否中共党员)、父母对子女的教育期望(希望孩子完成什么样的教育程度)、父亲的户口类型、父亲的民族等。

本文涉及的部分研究变量的描述性统计情况如表1所示。

表1 部分研究变量的描述性统计及变量说明

	小学		中学		说明
学校等级	4.06	(1.01)	3.73	(1.06)	定序,1—5级,1为当地最差的20%,5为最好的20%
学业成绩	58.41	(20.31)	53.22	(21.45)	定距,1—100,学生在班上相对成绩的因子分
家长社会网络资本量	38.26	(24.12)	33.58	(22.94)	定距,1—100,网络中权力资源的因子分
父母检查作业频率	3.25	(.98)	2.20	(1.06)	定序,1—4,上周检查作业频率,1为一次也没有,4为天天有
父母指导功课频率	3.00	(1.03)	1.89	(1.00)	定序,1—4,上周指导学习频率,1为一次也没有,4为天天有

续表

	小 学		中 学		说 明
父母讨论学习频率	2.82	(1.02)	2.78	(1.00)	定序，1—4，上周讨论学校事宜频率，1 为一次也没有，4 为天天有
家长与老师联系频率	2.62	(.80)	2.48	(.84)	定序，1—4，家长主动联系老师频率，1 为从不，4 为经常
家长与其他家长熟识程度	2.91	(1.05)	2.59	(1.12)	定序，1—5，家长认识其他家长数，1 都不认识，5 认识 10 人以上
孩子有无不良行为	.40	(.72)	.55	(.98)	虚拟，1 为有不良行为
家中藏书数量	4.00	(1.70)	3.89	(1.75)	定序，1—6，1 为没有，6 为 200 本以上
父母对子女教育预期	5.40	(.83)	5.12	(1.05)	定序，1—6，1 没上过学，2 小学，3 初中，4 高中、中专和职高，5 大学，6 研究生及以上
家庭财产	3.92	(1.54)	3.55	(1.57)	定距，家庭中拥有的大宗资产数量
家庭人均月收入	1017.21	(1379.90)	767.24	(884.51)	定距，取自然对数后放入模型中
父亲教育年数	11.34	(3.24)	10.09	(2.94)	定距
父亲是否党员	.24	(.43)	.18	(.38)	虚拟，1 为党员
父亲是否城市户口	.67	(.47)	.54	(.50)	虚拟，1 为城市户口
父亲是否汉族	.95	(.22)	.96	(.19)	虚拟，1 为汉族
父亲是否会外语	.31	(.46)	.19	(.40)	虚拟，1 为会外语

注：表内数字为均值，括号内为标准差。

（三）研究方法与模型

本研究的两个因变量分别是定序变量（就读学校等级）和定距变量（学业成绩因子得分）。对于前者，我们使用了定序因变量回归（ordinal regression）模型，其基本原理是采用一般线性模型（generalized linear model），用指定的自变量来预测因变量不同类别的累加概率。在实际模型中，我们需要将因变量的累加概率转换为一个函数后再加以预测，这个函数称为"联结函数"（link function）。定序因变量回归模型的基本公式为：

$$link(y_{ij}) = \theta_j - (\beta_1 x_{i1} + \beta_2 x_{i2} + \cdots + \beta_p x_{ip})$$

其中：y_{ij}是第i个样本处于第j个类别的累加概率，$link$是联结函数，θ_j是第j个类别的阈值（threshold），x_{ip}是第i个样本的预测变量（自变量），β_p是这些自变量的回归系数（McCullagh & Nelder, 1989; Long, 1997）。在本研究中，我们以学校等级为因变量建构了两个定序因变量回归模型，分别探讨家庭网络社会资本对小学生（模型1）和初中生（模型2）教育机会的影响。

一般认为在研究影响学生成绩的因素时，由于学生成绩同时受到个体效应和环境效应（如学校和班级）的影响，所以应使用分层线性模型（hierarchical linear model）进行分析（Raudenbush & Bryk, 2007）。但由于本研究中反映学生成绩的因变量是学生在班级中的相对位置，没有理由认为这种相对位置会受到很强的环境效应影响，因此我们在分析时仍使用普通最小二乘回归法，而非分层线性模型。具体的做法是以学生的学业成绩因子分为因变量，分别建构了两套OLS回归嵌套模型分析网络社会资本和闭合社会资本对小学生（模型3、4、5、6）以及初中生（模型7、8、9、10）学业成绩的影响。

为了解社会资本对于不同年龄段的孩子的教育获得是否存在不同程度的影响，我们还需要检验我们关心的自变量在中学生和小学生模型中的回归系数是否存在显著差异。为此，我们可计算这些变量在两个模型中的回归系数b_i的差，计为d_i：

$$d_i = b_{pi} - b_{si}$$

在中、小学生的样本彼此独立的情况下，有：

$$s_i^2 = se_{pi}^2 + se_{si}^2$$

其中，s_i为d_i的标准差；se_{pi}为x_i在小学生模型中的标准误差，se_{si}为x_i在中学生模型中的标准误差。统计量$z_i = d_i/s_i$符合标准正态分布，可以检验两个回归系数的差d_i是否具有统计上的显著性（Clogg et al., 1995）。

最后，为了分析两类社会资本之间的交互作用，我们在模型中引入了网络型资本与闭合型资本的交互项。在回归分析中，交互项的引入往往会导致多重共线性问题。我们在分析中也出现了这一问题，当直接将网络资源和社会闭合的交互项引入回归模型时，对方差膨胀因子的诊断表明，模型出现了严重的多重共线性问题。为此,我们采用了"对中处理"的方法,即用低次项减去样本均值后再计算其交互项,然后将处理后的交互项引入模型(谢宇,2010)。共线性诊断的结果表明,经过这样的处理之后,模型的多重共线性问题得到了很好的控制。

四 计算结果

(一) 社会资本对教育机会获得的影响

首先考察社会网络资本对子女教育机会获得的影响,具体说就是看家长的社会网络资本对子女进入学校的等级的影响。我们分别以"小学生就读学校等级"和"中学生就读学校等级"为因变量,以家长社会网络资本及其他控制变量为自变量,建立两个定序因变量回归模型,结果列于表2中,其中模型1和模型2的因变量分别为"小学生就读学校等级"和"中学生就读学校等级"。由于两个模型中因变量的分布情况都是变量值越大,频率越高,因此它们的联结函数都选择了"Complementarylog-log"。

表2 影响中、小学生就读学校等级诸变量的 Ordinal regression 模型

	模型1 (小学生学校等级)		模型2 (初中生学校等级)	
	B	S.E	B	S.E
家长社会网络资本量	.003*	.001	.006***	.001
家中藏书数量	.161***	.021	.021	.018
父母的教育期望	.048	.034	.111***	.027
父亲教育年数	.023	.013	.044***	.013
家庭财产	.124***	.022	.095***	.024
家庭人均月收入对数	.147***	.036	.168***	.036
父亲是否党员(是=1)	.314***	.086	.008	.085
父亲是否城市户口(是=1)	.376***	.070	.339***	.064
父亲是否汉族(是=1)	.818***	.119	.589*	.144
学校等级阀值				
最差的20% =1	—		-1.597***	.306
较差的20% =2	-.344	.299	.341	.267

续表

	模型 1 （小学生学校等级）		模型 2 （初中生学校等级）	
	B	S.E	B	S.E
中间的 20% = 3	1.071***	.295	1.708***	.264
中上的 20% = 4	2.057***	.297	2.812***	.268
-2 log likelihood	5192.451		4905.554	
Chi	607.746***		451.345***	
Cox and Snell R^2	.225		.208	
N	2158		1938	

注：（1）两模型的联结函数均为 Complementary log-log。（2）表中 B 列为未经标准化的回归系数，S.E 列为标准误差。（3）* $p<0.05$；** $p<0.01$；*** $p<0.001$。

从统计结果看，在模型 1 中，家长网络资本的回归系数为 0.003，且在 0.05 水平上显著；而在模型 2 中，家长网络资本的回归系数达到 0.006，且在 0.001 水平上显著。这意味着小学生和中学生家长的网络社会资本量都对孩子就读学校的等级有着显著的提高作用。由于家长网络资源分是一个从 1 到 100 的分数变量，我们可以大致判断，来自网络资本量最高家庭的小学生，进入一个更高等级学校的发生概率大约会比来自网络资本量最低家庭的孩子高出 0.3 倍左右；① 而一个来自网络资本量最高家庭的中学生，进入一个更高等级学校的发生概率大约会比来自网络资本量最低家庭的中学生高出 0.6 倍左右。因此，我们的假设 1 得到了验证，即无论对小学生还是对中学生而言，家长的网络社会资本都可以为子女提供更好的学习机会。

从中小学生的差异看，对家长网络资本量在两个模型中的差异做 Z 检验，结果发现二者的差异在 0.05 水平上显著。由两个模型中的回归系数大小也可看出，父母的网络资本对中学生学校等级的影响显著高于对小学生学校等级的影响。这一结果支持了我们的研究假设 4a，即网络资本对不同年龄段学生的学习机会获得影响程度不同；在中国，家长网络资本对孩子能否进入好中学的作用更为重要。

---

① 定序因变量回归的系数可以理解为因变量从较低等级升为较高等级的发生几率（oddsratio）的对数，因此我们可以计算回归系数的 Exp（b）值。模型 1 中，家长网络资本量的回归系数为 0.003，其 Exp（b）值为 1.003，意味着家长网络资本量每增加 1 分，子女进入某一等级小学校的发生比是进入比该等级学校更低级别学校发生比的 1.003 倍。模型 2 中，家长网络资本量的 Exp（b）系数值为 1.006，说明家长网络资本量每增加 1 分，其子女进入某一等级中学校的发生比是进入比该等级更低级别学校发生比的 1.006 倍。

从其他自变量看，好的家庭经济状况、父亲拥有城镇户口和属于汉族都有助于孩子进入级别更好的中小学校学习，而家中藏书多、父亲是党员仅有利于小学生进入更好的小学校，父母的教育期望高、父亲受教育水平更高仅有利于孩子进入更好的中学校。

（二）社会资本对小学生学业成绩的影响

再来看社会资本对学业成绩的影响。表3分别列出了小学生（模型3、4、5、6）和初中生（模型7、8、9、10）学业成绩影响因素的嵌套回归模型。对于小学生模型，首先以不包含社会资本的其他控制变量为自变量建立基准模型3，模型解释力为0.108；加入社会网络和社会闭合两组社会资本变量后，模型4的解释力增加到0.137，有了明显的提高。从具体变量的影响看，我们首先看到反映网络资源的"家长社会网络资本量"的影响不显著，说明家长的网络资源不能直接作用于孩子的学业成绩。在反映父母参与的自变量中，"父母与子女讨论学校问题"对学业成绩表现出统计上显著的正向作用，从标准化回归系数看，这一变量也是影响学习成绩的所有自变量中最为重要的变量之一。[①]

与以往研究类似，我们也发现了父母直接参与孩子学习的消极作用。在模型中我们可以看到，"父母指导孩子学习的频率"和"父母检查孩子作业的频率"两个变量对孩子成绩的影响都是负向的，其中"指导学习"的负向影响在0.001水平上显著。换言之，就小学生而言，父母对子女学习活动的直接参与对孩子的成绩反而起着消极作用，直接参与越多，孩子成绩越不好。那么，这种现象是否是由于成绩差的孩子更可能引起家长的关注和干预所造成的呢（Sun, 1998）？我们在模型5中引入"孩子在学校的不良行为"这一工具变量就是为了验证这一解释。结果发现，孩子在学校的表现与孩子的学业成绩有着较强的相关，表现差的孩子学业成绩也明显更差。在引入这一变量后，模型解释力有了较大提高，上升到0.151。更重要的是，在引入这一工具变量后，父母直接干预孩子学习的消极影响完全没有变化。从模型5可见"父母指导孩子学习的频率"和"父母检查孩子作业的频率"两个变量对孩子成绩的影响仍是负向的，影响程度的变化亦不大，其中"指导学习"的影响仍在0.001水平上显著。我们由此可以判断，

[①] 标准化回归系数可以消除不同变量间量纲的差异，从而可以用来比较回归模型中不同自变量对因变量影响的大小（郭志刚主编，1999）。限于篇幅，本文中没有报告标准化回归系数，感兴趣者可向作者索要。

父母直接参与孩子的学习对学业成绩的不良影响，并不能由"负向选择"理论得到解释。

反映代际闭合作用的两个自变量中，"家长与老师的联系"对孩子的成绩没有显著影响，而"家长与其他家长的熟识程度"则体现出明显的正向作用，且在统计上显著。

最后，在模型6中，我们又加入了家长社会网络资本与联系老师和熟悉其他家长的两个交互项，结果发现网络资本与联系老师的交互项没有统计上的显著性，而网络资本与熟悉其他家长的交互项对学生成绩有正向作用且有统计显著性。与此同时，熟悉其他家长这一变量仍然显著。这一结果说明，虽然家长的网络资本对孩子成绩没有直接影响，但它却可以扩展家长与其他家长的联系，从而对孩子的成绩起到间接的积极作用。加入交互项后模型6的R^2上升到0.155，虽然只比模型5增加了0.004，但这种增加在统计上有显著性，说明交互项的引入确实提高了模型的解释力。

（三）社会资本对中学生学业成绩的影响

中学生模型的结果与小学生模型的基本趋势相同，但也存在一些差异（见表3）。

基准模型7的解释力为0.143，加入社会资本变量后，解释力增加到0.159。父母的网络资本量仍然不具统计显著性，可见网络资源无论对中学生还是小学生的学业成绩都没有直接作用。社会闭合变量中，"父母与子女讨论问题"仍然对孩子成绩具有显著的积极作用，而另外两个代表"父母参与"的变量均起着负向的影响；与小学生略有不同的是，中学生模型中在统计上具有显著负作用的变量是"家长检查作业频率"，而"家长指导功课频率"的作用不显著。

引入"孩子在学校的不良行为"这一工具变量后，模型解释力有大幅度的提高，同时"家长参与"诸变量对学业成绩的作用方向和强度没有太大变化。这说明家长直接参与孩子学习对孩子学业成绩的不良影响是比较稳定的，而且在不同年龄段的孩子中都存在这种效应。两个代际闭合变量在刚引入模型时（模型8），其作用都没有统计显著性，但在引入工具变量"孩子在学校的不良行为"后（模型9），"家长与老师联系"变量的回归系数有明显上升（从0.873升到1.411），且在0.05水平上显著，这一作用在最终模型10中仍然保持稳定。这一结果似乎暗示着：当孩子存在不良行为

表3 影响小学生和中学生相对学业成绩诸变量的OLS模型

	模型3 B	模型4 B	模型5 B	模型6 B	S.E	模型7 B	模型8 B	模型9 B	模型10 B	S.E
家中藏书数量	1.751***	1.271***	1.241***	1.224	(.278)***	1.385***	1.328***	1.235***	1.223	(.298)***
父母对子女教育预期	4.135***	3.966***	3.931***	3.949	(.507)***	6.386***	6.127***	5.695***	5.702	(.466)***
家庭财产	.575	.355	.357	.383	(.311)	-.629	-.625	-.843	-.826	(.380)
家庭人均月收入对数	-.519	-.453	-.547	-.556	(.512)	.443	.271	.473	.520	(.592)
父亲教育年数	.714***	.788***	.794***	.801***	(.177)***	.528**	.533**	.482**	.450	(.209)
父亲是否党员（是=1）	-1.461	-1.217	-1.210	-1.217	(.977)	-.453	-.526	-.377	-.537	(1.261)
父亲是否城市户口（是=1）	-.792	-.986	-.987	-.890	(.997)	-1.353	-1.443	-1.746	-1.681	(1.027)*
父亲是否汉族（是=1）	1.307	.925	.841	.820	(1.709)	-4.753	-4.885	-6.209	-6.023	(2.459)
父亲是否会外语（是=1）	2.220**	1.777	1.593	1.566	(.914)	2.108	1.915	1.918	1.861	(1.259)
家长社会网络资本量		-.008	-.007	-.012	(.019)		.009	.011	.007	(.022)
父母检查作业频率		-.738	-.849	-.773	(.472)		-1.954***	-2.149***	-2.206	(.535)***
父母指导功课频率		-1.233***	-1.347***	-1.333	(.468)**		-.796	-.624	-.630	(.584)
父母讨论学习频率		2.721***	2.683***	2.687	(.417)***		2.115***	1.857***	1.898	(.497)***
家长与老师联系频率		.493	.561	.535	(.520)		.873	1.411***	1.435	(.582)**
家长与其他家长熟识程度		2.043***	2.017***	1.937	(.390)***		.439	.358	.394	(.410)
孩子有无不良行为（有=1）			-3.358***	-3.329	(.545)***			-4.665***	-4.685	(.479)***
家长网络资本×联系老师				.009	(.021)				.053	(.023)**
家长网络资本×熟悉家长				.041	(.015)**				-.024	.017

续表

	模型 3 B	模型 4 B	模型 5 B	模型 6 B	S.E	模型 7 B	模型 8 B	模型 9 B	模型 10 B	S.E
Constant	21.643***	16.105***	19.001**	18.746	(4.438)**	15.528**	14.551**	20.566**	20.196	(4.607)**
F	31.979	25.219	26.376	20.713		35.131	23.776	29.314	26.479	
R^2	.108	.137	.151	.155		.143	.159	.199	.202	
N	2395	2395	2395	2395		1902	1902	1902	1902	

（1）模型 3—6 样本均为小学生，模型 7—10 样本均为中学生。（2）表内 B 列为未经标准化的回归系数，S.E 列为标准误差。（3）* $p<0.05$，** $p<0.01$，*** $p<0.001$。

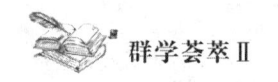

时，父母与老师的联系沟通是更为重要的，通过双方的交流，可以更好地找到帮助孩子成长的方法。

在最后加入交互项的模型10中，我们看到，家长的网络资本与家长与老师联系频率的交互项在0.05水平上显著。这也说明在中学生群体中，家长的网络资本可以通过提高其与老师的联系能力来间接地作用于孩子学业成绩。

以上的研究结果完全支持了假设2a，即无论对中学生还是小学生，父母与孩子的沟通交流都是提高孩子学业成绩的最为有效的途径之一。但我们的研究结果否定了假设2b，即使引入工具变量后，我们仍发现：父母对孩子学习的直接干预并不能取得理想的结果，反而会对孩子的成绩起到消极的作用。假设2c和假设2d均部分地得到支持：父母与教师的沟通对中学生成绩起到明显的促进作用，特别是当孩子有不良行为时更是如此。父母与其他孩子家长的联系则对小学生的成绩促进作用更为明显。

（四）社会资本对中小学生学业成绩影响的差异

最后我们还要审视一下社会资本对中、小学生学业成绩的作用是否存在着年龄段上的差异。我们对比了小学生最终模型6与中学生最终模型10中的回归系数，并对其差异显著性做了Z检验。结果发现，家长网络资源对中、小学生成绩的影响不存在年龄段上的差异，结合前面的分析，这说明无论在中学还是小学，家长网络资源对学生的成绩都没有直接作用。在父母参与变量中，只有"父母检查作业"对中学生成绩的负面影响明显高于小学生，且在0.05水平上显著。在代际闭合变量中，也只有"熟识其他家长"对小学生成绩的影响明显高于中学生，且具有统计上的显著性。其他变量的回归系数在中、小学生之间的差异均未达到0.05水平上的显著度。最后，家长网络资源与"熟识其他家长"的交互项的回归系数在中、小学生模型中存在统计上显著的差异。也就是说，我们关于社会闭合在不同年龄段学生中存在不同作用的假设4b得到了部分支持（见表3）。

五 讨论

本研究通过详细的梳理，认为"网络资源"和"社会闭合"这两种社会资本的差异主要在于其来源的不同，因此它们作用于教育获得结果的机制也有所不同。

布迪厄的网络资源型社会资本的来源是家长的社会网络,孩子只是间接受益者,因此网络资源对教育获得的直接作用主要表现在提供更好的教育机会上。在本研究中,我们确实发现家长网络资源主要起到保证孩子进入条件更好的学校学习的作用,并不能直接提高孩子的成绩。但进一步的分析表明,虽然家长的社会网络资本对学业成绩没有直接影响,但它们可以通过闭合型的社会资本间接发挥作用。通过对网络资本与闭合资本的交互项作用的考察,我们发现家长如拥有更丰富的网络资本,将有利于其与老师和其他家长的交流,从而可以间接地提高孩子的学习成绩。不同的社会阶层拥有不同的社会闭合资本和社会网络资本,同时他们所拥有的社会网络资本又会对社会闭合型资本的作用机制产生影响,丰厚的网络资本往往会放大社会闭合对孩子学业成绩的影响。本研究通过分析,进一步厘清了网络资源型社会资本的来源及其在儿童教育获得中的作用和机制,这是本研究的创新点之一。

科尔曼的社会闭合型社会资本主要来源于一种有利于孩子成长的社会结构环境,孩子可以直接从这种社会资本中获益,因此表现为社会闭合的社会资本可以直接帮助孩子提高学业成绩。本研究的结果发现,父母与孩子的沟通和交流对孩子成绩的提高起着非常重要的作用,同时父母与老师、其他家长的联系也能大大提高孩子的成绩。这些研究结论与以往的研究结果具有一致性,证明了父母的关心和代际间紧密的社会结构为儿童的成长提供了一种重要的社会资本。

但本研究也表明闭合型社会资本对教育获得的机制仍有待深入研究。例如,我们发现父母指导功课及检查作业等直接干预孩子学习的行为对孩子学业成绩表现出消极作用,这一发现与前人的一些经验研究结果具有一致性,但似乎与科尔曼的社会闭合资本理论存在矛盾之处。对此,有人提出了"负向选择"的解释,认为并非社会闭合导致学业成绩差,而是学习上有困难的学生更需要家长的课业辅导(Sun,1998)。本研究首次尝试在经验研究中引入"学生在校不良行为"这一工具变量来检验这一解释,结果发现父母干预对学业成绩的消极作用仍然显著。这说明"负向选择"解释并不成立。

本研究的另一个新发现是社会资本在青少年成长的不同阶段中可能会发挥不同的作用。从对中国中、小学生教育获得的影响来看,家长的网络资本对孩子能否进入更好的中学影响更为显著,这可能与中国当前教育资源的分布方式有关,想进入好中学更需要家庭动用自己的各类资本。从对中、小学生学业成绩的影响来看，在小学阶段，父母与其他父母的交往对孩子成绩影响更为明显，这种作用到了中学就有所削弱。而进入中学后，家长与教师的联系似乎更为重要。儿童、青少年的成长是一个漫长的过程，在成长的不同阶段，孩子所需要的资源、所能接受的教养方式等都会不断变化，与之相应，其对社会资本的需求也存在类型上的差异。我们认为，这种差异很可能会受到文化和社会制度环境的影响，因此有必要进一步探讨在不同的社会背景下，社会资本对教育发挥作用的年龄差异性问题。

参考文献

21世纪教育研究院课题组，2012，《北京市"小升初"择校热调查》，载杨东平主编《中国教育发展报告》，北京：社会科学文献出版社。

安雪慧，2005，《教育期望、社会资本与贫困地区教育发展》，《教育与经济》第4期。

边燕杰、李煜，2000，《中国城市家庭的社会资本》，《清华社会学评论》第2辑。

布尔迪约、帕斯隆，2002a，《再生产：一种教育系统理论的要点》，邢克超译，北京：商务印书馆。

布尔迪约、帕斯隆，2002b，《继承人：大学生与文化》，邢克超译，北京：商务印书馆。

方长春，2005，《家庭背景与教育分流：教育分流过程中的非学业性因素分析》，《社会》第4期。

郭志刚主编，1999，《社会统计分析方法》，北京：中国人民大学出版社。

科尔曼，2008，《社会理论的基础》，邓方译，北京：社会科学文献出版社。

李国强，2009，《家庭社会资本：家校合作的重要影响因素》，《中国教育学刊》第11期。

梁友君，1995，《就近入学成败得失如何：来自哈尔滨、大连的报告》，《人民教育》第10期。

尉建文、赵延东，2011，《权力还是声望：社会资本测量的争论与检验》，《社会学研究》第3期。

谢宇，2010，《回归分析》，北京：社会科学文献出版社。

薛在兴，2009，《社会资本与大学生就业研究述评》，《中国青年研究》第11期。

杨东平，2006，《中国教育公平的理想与现实》，北京：北京大学出版社。

张东娇，2010，《义务教育阶段择校行为分析：社会资本结构的视角》，《教育发展研究》第2期。

张文宏，2003，《社会资本：理论争辩与经验研究》，《社会学研究》第 4 期。

赵延东，1998，《社会资本理论述评》，《国外社会科学》第 3 期。

——，2003，《社会资本理论的新进展》，《国外社会科学》第 3 期。

钟宇平、陆根书，2006，《社会资本因素对个体高等教育需求的影响》，《高等教育研究》第 1 期。

Raudenbush, S. & Bryk, A., 2007,《分层线性模型：应用与数据分析方法》，郭志刚等译，北京：社会科学文献出版社。

Bankston, Carl L. Ⅲ & Min Zhou 2002, "Social Capital as Process: The Meanings and Problems of a Theoretical Metaphor." *Sociological Inquiry* 72.

Bourdieu, Pierre 1986, "The Forms of Capital." In J. E. Richardson (ed.), *Handbook of Theory of Research of the Sociology of Education*. CT.: Greenword Press.

Carbonaro, William J. 1998, "A Little Help from My Friend's Parents: Intergenerational Closure and Educational Outcomes." *Sociology of Education* 71.

Carnegie Council on Adolescent Development 1995, *Great Transitions, Preparing Adolescents for a New Century*. New York: Carnegie Corporation.

Clogg, Clifford C., Eva Petkova & Adamantios Haritou 1995, "Statistical Methods for Comparing Regression Coefficients Between Models." *American Journal of Sociology* 100.

Coleman, James S. 1988, "Social Capital in the Creation of Human Capital." *American Journal of Sociology* 94.

—— 1990, *Equality and Achievement in Education*. Boulder, San Francisco & London: Westview Press.

Coleman, James S., E. Campbell, C. Hobson, J. McParland, A. Mood, F. Weinfeld & R. York 1966, *Equality of Educational Opportunity*. Washington D. C.: US Government Printing Office.

Crosnoe, Robert 2004, "Social Capital and the Interplay of Families and Schools." *Journal of Marriage and Family* 66.

Dijkastra, A. B., R. Veenstra & J. Peschar 2004, "Social Capital in Education: Functional Communities Around High Schools in the Netherland." In H. Flap & B. Volker (eds.), *Creation and Returns of Social Capital: A New Research Program*. London: Routledge.

Dika, Sandra L. & Kusum Singh 2002, "Applications of Social Capital in Educational Literature: A Critical Synthesis." *Review of Educational Research* 72.

Dyk, Patricia Hyje & Stephan M. Wilson 1999, "Family-Based Social Capital Considerations as Predictors of Attainments among Appalachian Youth." *Sociological Inquiry* 69.

Goyette, Kimberly & Yu Xie 1999, "Educational Expectations of Asian American Youths: Determinants and Ethnic Differences." *Sociology of Education* 72.

Granovetter, Mark S. 1973, "The Strength of Weak Ties." *American Journal of Sociology* 78.

—— 1985, "Economic Action and Social Structure: The Problem of Embeddedness." *American Journal of Sociology* 91.

Hagan, John, Ross MacMillan & Blair Wheaton 1996, "New Kid in Town: Social Capital and the Life Course Effects of Family Migration on Children." *American Sociological Review* 61.

Ho, Sui-Chu Esther & J. Douglas Willams 1996, "Effects of Parental Involvement on Eighth-Grade Achievement." *Sociology of Education* 69.

Israel, Glenn D., Lionel J. Beaulieu & Glen Hartless 2001, "The Influence of Family and Community Social Capital on Educational Achievement." *Rural Sociology* 66.

Lin, Nan 1982, "Social Resources and Instrumental Action." In P. V. Marsden & N. Lin (eds.), *Social Structure and Network Analysis*. Beverly Hills, CA: Sage.

Long, J. Scott 1997, *Regression Models for Categorical and Limited Dependent Variables*. Thousand Oaks: Sage.

McCullagh, P. & J. A. Nelder 1989, *Generalized Linear Models*. London: Chapman and Hall.

McNeal, Ralph B., Jr. 1999, "Parental Involvement as Social Capital: Differential Effectiveness on Science Achievement, Truancy, and Dropping Out." *Social Forces* 78.

Moore, Rob 2004, *Education and Society: Issues and Explanations in the Sociology of Education*. Cambridge: Polity.

Morgan, Stephen L. & Aage B. Sorensen 1999, "Parental Networks, Social Closure, and Mathematics Learning: A Test of Coleman's Social Capital Explanation of School Effects." *American Sociological Review* 64.

Parcel, Toby L. & Mikaela J. Dufur 2001, "Capital at Home and at School: Effects on Child Social Adjustment." *Journal of Marriage and Family* 63.

Perna, Laura Walter & Marvin A. Titus 2005, "The Relationship between Parental Involvement as Social Capital and College Enrollment: An Examination of Racial/Ethnic Group Differences." *Journal of Higher Education* 76.

Pong, Suet-ling, Lingxin Hao & Erica Gardner 2005, "The Roles of Parenting Styles and Social Capital in the School Performance of Immigrant Asian and Hispanic Adolescents." *Social Science Quarterly* 86.

Portes, Alejandro 1998, "Social Capital: Its Origins and Applications in Modern Sociology." *Annual Review of Sociology* 24.

Putnam, Robert D. 1993, "The Prosperous Community: Social Capital and Public Life." *The American Prospect* 13.

—— 1995, "Bowling Alone: America's Declining Social Capital." *Journal of Democracy* 6.

Ream, Robert K. & Gregory J. Palardy 2008, "Reexamining Social Class Differences in the Availability and the Educational Utility of Parental Social Capital." *American Educational Research Journal* 45.

Scott, John 1991, *Social Network Analysis: A Handbook*. London: Sage Publications.

Sun, Yongmin 1998, "The Academic Success of East-Asian-American Students: An Investment Model." *Social Science Research* 27.

Teachman, Jay D., Kathleen Paasch & Karen Carver 1997, "Social Capital and the Generation of Human Capital." *Social Forces* 75.

Valenzuela, Angela & Sanford M. Dornbusch 1994, "Familism and Social Capital in the Academic Achievement of Mexican Origin and Anglo Adolescents." *Social Science Quarterly* 75.

Weber, Max 1968, *Economy and Society*. Berkeley, CA: University of California Press.

Wong, Raymond Sin-Kwok 1998, "Multidimensional Influence of Family Environment in Education: The Case of Socialist Czechoslovakia." *Sociology of Education* 71.

Woolcock, Michael 1998, "Social Capital and Economic Development: Toward a Theoretical Synthesis and Policy Framework." *Theory and Society* 27.

Xie, Ailei 2011, *Guanxi Exclusion in Rural China: Parental Involvement and Students' College Access*. PhD Thesis, The University of Hong Kong.

作者单位：中国科技发展战略研究院
科技与社会发展研究所（赵延东）、
香港大学教育学院（洪岩璧）
〔责任编辑：闻　翔〕

附录1　北京市陆学艺社会学发展基金会简介

北京市陆学艺社会学发展基金会于2008年11月23日在北京成立。基金会属于非公募基金会。原始资金来源于陆学艺本人、其子女以及其学生、学界朋友的捐赠。基金会正式在北京市民政局登记注册，业务主管单位是北京市社会科学界联合会，基金会的宗旨是：推动社会学的建设与发展。

基金会的公益活动包括。

1. 奖励社会学领域的优秀科研成果。

2. 资助社会学领域的学术研究、人才培养、调研、考察、出版等方面的公益活动。

北京市陆学艺社会学发展基金会于成立之日召开了基金会第一次理事会，投票选举出由23人组成的理事会和由7人组成的监事会。汝信、丁伟志担任基金会顾问，陆学艺担任基金会名誉理事长，李培林担任基金会理事长，景天魁担任基金会监事长。

北京市陆学艺社会学发展基金会接受关心和支持中国社会学学科发展的社会各界单位和个人的捐赠。基金会接受捐赠的管理机构为本基金会秘书处，基金会配备具有专业资格的会计人员，每年度依据基金会章程向理事会和监事会报告本年度的经费收支情况。

基金会设有秘书处及专职秘书，办公地点设在中国社会科学院社会学所，通讯地址：北京市建国门内大街5号1033房间，邮政编码：100732，电话：(010) 85195572，传真：(010) 65138276

电子邮箱：gaoge@cass.org.cn。

附录2 "社会学优秀成果奖"奖项简介

"社会学优秀成果奖"是一项旨在推进社会学学科的建设与发展，鼓励创新性成果的涌现，促进中国社会学研究的学术性、公益性的专门奖项。

"社会学优秀成果奖"由陆学艺社会学发展基金会为主办单位并组织评奖。

"社会学优秀成果奖"拟两年评选一次，主要评选对在我国社会变革中产生重大影响的学术论著和论文；评选将采取聘请社会学专家推荐、基金会的学术委员会审议的方式举行，每届拟评选出优秀学术著作奖3本，优秀学术论文奖6篇。

附录3　北京市陆学艺社会学发展基金会第三届"社会学优秀成果奖"获奖名单公示

2013年7月19日，北京市陆学艺社会学发展基金会在贵州省贵阳市进行了"社会学优秀成果奖"第三届评奖活动，基金会学术委员会根据基金会"社会学优秀成果奖"评奖条例规定，对第三届"社会学优秀成果奖"的初选情况进行了审查，经过无记名投票，产生了第三届"社会学优秀成果奖"优秀著作3部，优秀论文6篇。

优秀著作（以姓名拼音为序）

葛延风、贡森等著《中国医改：问题·根源·出路》，北京：中国发展出版社，2007年6月。

应星著《"气"与抗争政治：当代中国乡村社会稳定问题研究》，北京：社会科学文献出版社，2011年3月。

周怡著《中国第一村：华西村转型经济中的后集体主义》，香港：牛津大学出版社，2006年6月。

优秀论文（以姓名拼音为序）

蔡禾、李超海、冯建华：《利益受损农民工的利益抗争行为研究——基于珠三角企业的调查》，《社会学研究》2009年第1期。

陈光金：《市场抑或非市场：中国收入不平等成因实证分析》，《社会学研究》2010年第6期。

李路路：《再生产与统治——社会流动机制的再思考》，《社会学研究》2006年第2期。

毛丹：《村落共同体的当代命运：四个观察维度》，《社会学研究》2010年第1期。

附录 3　北京市陆学艺社会学发展基金会第三届"社会学优秀成果奖"获奖名单公示

吴愈晓：《家庭背景、体制转型与中国农村精英的代际传承（1978 - 1996）》，《社会学研究》2010 年第 2 期。

折晓叶、陈婴婴：《项目制的分级运作机制和治理逻辑——对"项目进村"案例的社会学分析》，《中国社会科学》2011 年第 4 期。

公 示 时 间：20 天（2013 年 7 月 25 日至 8 月 13 日）
受 理 单 位：陆学艺社会学发展基金会秘书处
受理截止时间：2013 年 8 月 20 日
联 系 电 话：(010) 85195572，13801330572
邮　　　　箱：gaoge@ cass. org. cn

陆学艺社会学发展基金会
2013 年 7 月 24 日

附录4 北京市陆学艺社会学发展基金会第四届"社会学优秀成果奖"获奖名单公示

2015年6月6日,北京市陆学艺社会学发展基金会在江苏省溧阳市进行了第四届"社会学优秀成果奖"评奖工作,基金会学术委员会根据基金会"社会学优秀成果奖"评奖条例规定,对第四届"社会学优秀成果奖"的初选情况进行了审查,经过无记名投票,产生了第四届"社会学优秀成果奖"优秀著作3部,优秀论文5篇:

优秀著作(以姓氏笔画为序):

朱迪著:《品味与物质欲望:当代中产阶层的消费模式》,社会科学文献出版社,2013年12月。

李春玲著:《断裂与碎片——当代中国社会阶层分化实证分析》,社会科学文献出版社,2005年8月。

翟学伟著:《中国人的脸面观:形式主义的心理动因与社会表征》,北京大学出版社,2011年1月。

优秀论文(以姓氏笔画为序):

冯仕政:《国家政权建设与新中国信访制度的形成及演变》,《社会学研究》2012年第4期。

孙秀林、周飞舟:《土地财政与分税制:一个实证解释》,《中国社会科学》2013年第4期。

杨典:《公司治理与企业绩效——基于中国经验的社会学分析》,《中国社会科学》2013年第1期。

陈云松:《逻辑、想象和诠释:工具变量在社会科学因果推断中的应用》,《社会学研究》2012年第6期。

附录4　北京市陆学艺社会学发展基金会第四届"社会学优秀成果奖"获奖名单公示

赵延东、洪岩璧：《社会资本与教育获得——网络资源与社会闭合的视角》，《社会学研究》2012年第5期。

公　示　时　间：10天
受　理　单　位：陆学艺社会学发展基金会秘书处
受理截止时间：2015年6月21日
联　系　电　话：（010）85195572，13801330572
邮　　　　　箱：gaoge@cass.org.cn

陆学艺社会学发展基金会
2015年6月10日

附录5　北京市陆学艺社会学发展基金会第一届组织机构

理事会

顾　　　问： 汝　信　丁伟志
名誉理事长： 陆学艺
理　事　长： 李培林
副 理 事 长： 汪小熙　陈光金
理事会秘书长： 汪小熙
理事会副秘书长： 王春光　张林江　樊　平　黎宗剑　高　鸽
理事会秘书处： 高　鸽　宋国恺　张林江
理　　　事：（按姓氏笔画排序）
王春光　乐宜仁　苏国勋　杨　团　杨　茹　李培林
何秉孟　邹农俭　汪小熙　沈　原　张大伟　张文敏
张林江　张宛丽　陆　雷　陈光金　单天伦　钱伟量
高　鸽　唐　钧　谢寿光　樊　平　黎宗剑

监事会

监事长： 景天魁
监　事：（按姓氏笔画排序）
刘　魁　张厚义　陈婴婴　赵克斌　唐　军　龚维斌　景天魁

附录5　北京市陆学艺社会学发展基金会第一届组织机构

学术委员会

主　　任：李培林

副 主 任：王思斌　谢寿光

秘 书 长：谢寿光

副秘书长：陈光金　王春光

委　　员：（按姓氏笔画排序）

王春光　王思斌　孙立平　李友梅　李培林　李　强
李路路　折晓叶　谷迎春　宋林飞　陆学艺　陈光金
周晓虹　赵子祥　曹锦清　谢寿光　蔡　禾　潘允康
戴建中

附录6 北京市陆学艺社会学发展基金会第二届组织机构

理事会

顾　　问： 景天魁
理 事 长： 陈光金
常务副理事长： 赵克斌
副 理 事 长： 张翼　陆雷
秘 书 长： 高鸽
副 秘 书 长： 王春光　乐宜仁　张林江　胡建国
秘 书 处： 高鸽　张林江　李晓壮　鞠春彦
理　　事：（按姓氏笔画排序）
王春光　乐宜仁　杨茹　邹农俭　沈原　张大伟　张林江
张宛丽　张翼　陆雷　陈光金　赵克斌　胡建国　钱伟量
高鸽　唐军　龚维斌　谢立中　谢寿光　樊平　黎宗剑

监事会

监 事 长： 汪小熙
监　　事：（按姓氏笔画排序）
吕红新　李晓壮　汪小熙　宋国恺　陈婴婴

附录6 北京市陆学艺社会学发展基金会第二届组织机构

学术委员会

主　　任：李培林

副主任：景天魁　王思斌　谢寿光

秘 书 长：谢寿光

副秘书长：王春光　刁鹏飞　童根兴

委　　员：（按姓氏笔画排序）

王春光　王思斌　刘世定　孙立平　李友梅　李培林　李　强
李路路　邴　正　折晓叶　谷迎春　沈　原　宋林飞　张　翼
陈光金　周晓虹　赵子祥　曹锦清　景天魁　谢寿光　蔡　禾
潘允康　戴建中

图书在版编目(CIP)数据

群学荟萃：陆学艺社会学发展基金会"社会学优秀成果奖"获奖论文集.Ⅱ，第3~4届/北京市陆学艺社会学发展基金会编.—北京：社会科学文献出版社，2016.5
　ISBN 978-7-5097-8943-8

　Ⅰ.①群…　Ⅱ.①北…　Ⅲ.①社会科学-文集　Ⅳ.①C53

　中国版本图书馆CIP数据核字（2016）第063433号

群学荟萃Ⅱ
——陆学艺社会学发展基金会"社会学优秀成果奖"获奖论文集（第3—4届）

编　　者／北京市陆学艺社会学发展基金会

出 版 人／谢寿光
项目统筹／谢蕊芬
责任编辑／任晓霞

出　　版／社会科学文献出版社·社会学编辑部（010）59367159
　　　　　　地址：北京市北三环中路甲29号院华龙大厦　邮编：100029
　　　　　　网址：www.ssap.com.cn

发　　行／市场营销中心（010）59367081　59367018
印　　装／三河市尚艺印装有限公司
规　　格／开本：787mm×1092mm　1/16
　　　　　　印张：20.5　插页：0.5　字数：350千字
版　　次／2016年5月第1版　2016年5月第1次印刷
书　　号／ISBN 978-7-5097-8943-8
定　　价／89.00元

本书如有印装质量问题，请与读者服务中心（010-59367028）联系

▲ 版权所有 翻印必究